民法典高职系列教材
审定委员会

主　　任　　万安中

副主任　　王　亮

委　　员　　陈碧红　刘　洁　林柔伟　刘树桥

　　　　　　周静茹　黄惠萍　顾　伟　刘宇翔

　　　　　　杨旭军

民法典高职系列教材

总主编◎万安中　副总主编◎王　亮

民法原理与实务
合同编

MINFA YUANLI YU SHIWU
HETONG BIAN

主　编◎但小红
撰稿人◎（按撰写章节顺序）
　　　黄惠萍　但小红　欧　滔
　　　杨　曼　梁瀚匀

中国政法大学出版社
2021·北京

图书在版编目（CIP）数据

民法原理与实务.合同编/但小红主编.—北京：中国政法大学出版社，2021.7
ISBN 978-7-5620-4194-8

Ⅰ.①民…　Ⅱ.①但…　Ⅲ.①合同法－中国－高等职业教育－教材　Ⅳ.①D923

中国版本图书馆CIP数据核字(2021)第128593号

书　　名	民法原理与实务：合同编
出 版 者	中国政法大学出版社
地　　址	北京市海淀区西土城路 25 号
邮　　箱	fadapress@163.com
网　　址	http://www.cuplpress.com (网络实名：中国政法大学出版社)
电　　话	010-58908435(第一编辑部) 58908334(邮购部)
承　　印	保定市中画美凯印刷有限公司
开　　本	787mm×1092mm　1/16
印　　张	18.25
字　　数	378 千字
版　　次	2021 年 7 月第 1 版
印　　次	2021 年 7 月第 1 次印刷
印　　数	1~5000 册
定　　价	56.00 元

Preface

总　序

　　高等法律职业化教育已成为社会的广泛共识。2008 年，由中央政法委等 15 部委联合启动的全国政法干警招录体制改革试点工作，更成为中国法律职业化教育发展的里程碑。这也必将带来高等法律职业教育人才培养机制的深层次变革。顺应时代法治发展需要，培养高素质、技能型的法律职业人才，是高等法律职业教育亟待破解的重大实践课题。

　　目前，受高等职业教育大趋势的牵引、拉动，我国高等法律职业教育开始了教育观念和人才培养模式的重塑。改革传统的理论灌输型学科教学模式，吸收、内化"校企合作、工学结合"的高等职业教育办学理念，从办学"基因"——专业建设、课程设置上"颠覆"教学模式："校警合作"办专业，以"工作过程导向"为基点，设计开发课程，探索出了富有成效的法律职业化教学之路。为积累教学经验、深化教学改革、凝塑教育成果，我们着手推出"基于工作过程导向系统化"的法律职业系列教材。

　　《国家中长期教育改革和发展规划纲要（2010～2020 年）》明确指出，高等教育要注重知行统一，坚持教育教学与生产劳动、社会实践相结合。该系列教材的一个重要出发点就是尝试为高等法律职业教育在"知"与"行"之间搭建平台，努力对法律教育如何职业化这一教育课题进行研究、破解。在编排形式上，打破了传统篇、章、节的体例，以司法行政工作的法律应用过程为学习单元设计体例，以职业岗位的真实任务为基础，突出职业核心技能的培养；在内容设计上，改变传统历史、原则、概念的理论型解读，采取"教、学、练、训"一体化的编写模式。以案例等导出问题，根据内容设计相应的情境训练，将相关原理与实操训练有机地结合，围绕关键知识点引入相关实例，归纳总结理论，分析判断解决问题的途径，充分展现法律职业活动的演进过程和应用法律的流程。

法律的生命不在于逻辑，而在于实践。法律职业化教育之舟只有驶入法律实践的海洋当中，才能激发出勃勃生机。在以高等职业教育实践性教学改革为平台进行法律职业化教育改革的路径探索过程中，有一个不容忽视的现实问题：高等职业教育人才培养模式主要适用于机械工程制造等以"物"作为工作对象的职业领域，而法律职业教育主要针对的是司法机关、行政机关等以"人"作为工作对象的职业领域，这就要求在法律职业教育中对高等职业教育人才培养模式进行"辩证"地吸纳与深化，而不是简单、盲目地照搬照抄。我们所培养的人才不应是"无生命"的执法机器，而是有法律智慧、正义良知、训练有素的有生命的法律职业人员。但愿这套系列教材能为我国高等法律职业化教育改革作出有益的探索，为法律职业人才的培养提供宝贵的经验、借鉴。

2016 年 6 月

Foreword

前 言

　　《中华人民共和国民法典》（以下简称《民法典》）于 2020 年 5 月 28 日十三届全国人大三次会议上高票通过，并将于 2021 年 1 月 1 日实施。这是中华人民共和国历史上首个以"法典"命名的法律。从此，我国进入了民法典时代。

　　2020 年 5 月 29 日，习近平总书记在十九届中央政治局第二十次集体学习时的讲话中指出：《民法典》在中国特色社会主义法律体系中具有重要地位，是一部固根本、稳预期、利长远的基础性法律，对推进全面依法治国、加快建设社会主义法治国家，对发展社会主义市场经济、巩固社会主义基本经济制度，对坚持以人民为中心的发展思想、依法维护人民权益、推动我国人权事业发展，对推进国家治理体系和治理能力现代化，都具有重大意义。要加强《民法典》重大意义的宣传教育，讲清楚、实施好《民法典》。

　　高职法律院校肩负着"讲清楚"《民法典》的重大责任，以培养优秀的高职法律人才。为适应需要，从如何处理民事纠纷的角度入手编写一部民法典教材，以便让学生迅速掌握民法知识、更好地应对和解决民事纠纷就显得尤为重要。基于此，广东司法警官职业学院法律系组织教师进行了民法典系列教材的编写，命名为《民法原理与实务》，分五编撰写。本编为《民法原理与实务：合同编》。

　　《民法原理与实务：合同编》教材共分五个学习单元、十九个学习项目。本教材凸显了以合同订立、合同履行、合同纠纷处理为核心的项目内容和课程体系的设计，每一个学习项目按照合同法律实务分析能力要求设计内容，整个课程体系内容反映了合同法律事务分析能力的要求，力求实现岗位能力与学习内容的融合。在此基础上，本教材进行了"教、学、做"一体化的"工学结合"的情境设计，根据"知识目标"和"能力目标"的培养要求，从"引例"入手，导入从合同订立到合同履行再到解决合同纠纷以及典型合同、准合同的基本理论知识，并紧随基本理论知识进行了"引例解析"，设计了"思考与练习""情境训练""拓展阅读"等，从而形成了符合高职教育要求的完整的知识体系，体现了理论必需性、职业针对性的高职教育理念。

本教材由主编但小红拟定编写提纲和编写计划，黄惠萍、欧滔、杨曼、梁瀚匀参与了编写。具体编写分工如下（按单元项目顺序）：

黄惠萍：单元一项目一、项目二；

但小红：单元一项目三、项目四，单元五；

欧滔：单元二；

杨曼：单元三；

梁瀚匀：单元四。

本教材在立项、拟纲、编写过程中，得到了学院领导的大力支持，在此表示由衷的感谢。为圆满完成本教材的编写，编著者参阅和借鉴了有关学者和相关部门的研究成果和文献资料，在此对他们表示诚挚的谢忱！

由于编著者水平有限，不足和缺陷在所难免，恳请读者多提宝贵意见。

编　者

2020 年 10 月 15 日于广州

目 录

单元一 签订合同

■ **知识目标**

通过本单元学习，了解合同、合同分类及《民法典》的基本原则；掌握合同订立过程中的"要约"与"承诺"；熟悉合同的内容和形式，尤其是关于格式条款的规制制度。

■ **能力目标**

通过本单元学习，能够正确判断实践中发生的合同纠纷是否受《民法典》的调整；能够正确认定合同是否成立及成立的时间、地点；具备草拟合同及完善合同内容的实践能力。

■ **内容结构图**

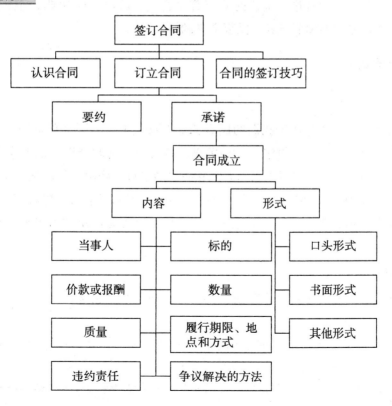

项目一　认识合同

引例

　　甲运输公司将其客户乙公司委托其运输的货物转交丙运输公司运输，丙公司又将此货物交由陈某个人运输。但是丙公司和陈某仅仅口头约定运输事宜，并没有签订合同。陈某按照与丙公司的约定将货物运送到指定地点，丙公司按照口头约定将运输费用通过银行汇款的形式汇到陈某的账户。2019年9月到2019年12月期间，丙公司和陈某之间的合作一直正常，但是2020年3、4月，丙公司以陈某丢失运输货物为由拒绝支付运输费用。陈某一纸诉状将丙公司告上法庭。

　　庭审时，陈某提交了货运代理凭证、甲公司的物流详情单和乙公司的出库凭证，用以证实自己与丙公司之间建立了运输合同关系，自己将委托运输的货物运至指定地点，收货人在相关单据上加盖了收货凭证。丙公司主张陈某曾丢失货物，回单没有盖章及签字，不同意支付运费，但并没有提交相关证据。

　　问题：本案原、被告双方未签订书面运输合同关系，合同是否成立？[1]

基本原理

　　合同是一种协议，但并不是任何协议都是合同。我国《民法典》上规定的合同，是设立平等主体之间的民事权利、民事义务的协议。

一、合同简介

（一）合同是什么？

　　合同大量地发生和存在于我们的民事活动领域之中。合同又称契约、协议，是民法中最重要的概念之一。合同作为一种民事法律行为，是两个以上的当事人协商一致的产物，也是两个以上的当事人意思表示相一致的协议。我国《民法典》第464条第1款规定："合同是民事主体之间设立、变更、终止民事法律关系的协议。"依法成立的合同自成立之日起生效，具有法律约束力。但是法律另有规定或者当事人另有约定的除外。

知识链接

　　民事主体是受民法调整的平等主体，即民事法律关系主体，包括自然人、法人和非法人组织。

　　1. 自然人，是指与法人相对应的生物学意义上的人，是从出生时起到死亡时止，

---

〔1〕 "未签订书面合同是否可以认定合同关系存在"，载找法网，http://china.findlaw.cn/hetongfa/hetong-dedingli/smht/1148234.html，访问时间：2020年9月27日。

具有民事权利能力，依法享有民事权利，承担民事义务的人，包括本国人、外国人和无国籍人。

2. 法人，是相对于自然人而言的另一类重要民事主体，是法律拟制的人。法人是具有民事权利能力和民事行为能力，依法独立享有民事权利和承担民事义务的组织。法人的民事权利能力和民事行为能力，从法人成立时产生，到法人终止时消灭。依据《民法典》的规定，法人包括营利法人、非营利法人、特别法人。

3. 非法人组织，是不具有法人资格，但是能够依法以自己的名义从事民事活动的组织。依据《民法典》的规定，非法人组织包括个人独资企业、合伙企业、不具有法人资格的专业服务机构等。

合同的特点：

1. 合同是一种双方或多方的民事法律行为。《民法典》第133条规定："民事法律行为是民事主体通过意思表示设立、变更、终止民事法律关系的行为"；第134条规定："民事法律行为可以基于双方或者多方的意思表示一致成立……"合同以协议的方式设立、变更、终止双方或多方民事主体之间的民事权利义务关系，是一种双方或多方的民事法律行为，要求反映当事人的真实意思。只有双方或多方合同当事人达成一致的意思表示而且符合法律的要求，合同才具有法律约束力，并受到国家法律的保护；如果当事人作出了违法的意思表示，即使达成协议，也不能产生合同的效力。因此，合同是发生、变更、消灭民事法律关系的法律事实。

2. 合同是平等主体之间的协议。合同的成立必须有两个或两个以上的当事人，在法律地位平等的基础上自由协商而订立，不允许任何一方将自己的意志强加给另一方当事人；如果当事人不具有平等的法律地位，其就不能自由真实地表达自己的意志；而且当事人之间的意思表示必须一致，也就是说当事人达成了"合意"，"合意"的外在表现方式就是合同。根据《民法典》规定，任何单方法律行为都不能构成合同。

3. 合同是设立、变更、终止民事权利义务关系的协议。任何民事法律行为都有其特定的目的，合同作为一种民事法律行为，其目的是设立、变更、终止民事权利义务关系。当事人订立合同旨在形成某种民事法律关系（如买卖关系、租赁关系等），从而具体地享受民事权利、承担民事义务。因此，不是以设立、变更、终止民事权利义务关系为目的的协议就不属于《民法典》上的合同，如两人达成的结伴出游的协议。

> ▦ **相关案例**

张某和陆某是大学同学，毕业后在不同的地方工作。某日，张某来到陆某工作的地方，打电话给陆某，盛情邀请共进晚餐，陆某愉快地答应。后来陆某没有依约赴宴，张某到法院起诉陆某违约，要求陆某承担违约责任。

法院认为，张某和陆某之间邀请吃饭一事，只是一种约定，不存在合同关系，不享受民事权利、承担民事义务。所以，陆某不需要承担违约责任。

4. 合同具有相对性。合同是当事人协商一致的产物，合同尊重当事人的约定，只有参与合同约定的当事人才受到合同的约束。我国《民法典》第 465 条第 2 款规定："依法成立的合同，仅对当事人具有法律约束力，但是法律另有规定的除外。"

知识链接

两大法系国家法律关于合同的界定

大陆法系对合同的界定继承了罗马法的理论。罗马法将合同界定为"得到法律承认的债的协议"。但作为大陆法系两大支系的德国法系和法国法系对合同又有不同的定义。

第一，"合意"说。《法国民法典》第 1101 条规定："契约为一种合意，以此合意，一人或数人对于其他一人或数人负担给付作为或不作为的债务"。依此解释，合同是基于双方当事人的合意而产生的一种法律关系。合同的基本内容是给付，而这种给付要具有一定的原因。这里的"合意之债"实际上就是狭义的债权合同。

第二，"私法合同"说。在《德国民法典》中，同时存在法律行为、债和合同三个概念，合同是债的种概念。《德国民法典》第 305 条规定："以法律行为发生债的关系或改变债的关系的内容者，除法律另有规定外，必须有当事人双方之间的契约。"可见德国民法上的合同是广义上的私法合同，泛指一切以意思表示一致为要素而发生的私法行为，除债权合同外，还包括物权合同、身份合同等。

在英美法系国家，合同法并没有对合同作出界定。学者间有不同的学说，大致有三种学说：允诺说、协议说以及法定债务说。

第一，允诺说，认为合同实际上就是一种允诺或一组允诺。所谓允诺，实际上就是某人对其他人所作出的确保某种事务状态存在、自己将会从事某种特定的行为或自己将会不从事特定行为的宣告或担保的请求权授予他人。

第二，协议说，认为合同实际上就是具有法律上强制执行力的协议，该协议是由两个或两个以上的当事人基于资源订立，它使当事人之间因此而产生可以由法院强制执行的权利和义务。

第三，法定债务说，认为合同实际上就是通过某种交易而创设的全部法定债，该法定债实际上就是双方当事人之间的权利和义务，此种定义为美国《统一商法典》所采用。

（二）合同的分类

1. 双务合同与单务合同。根据合同当事人是否互负对等义务，合同可以分为双务合同和单务合同。双务合同是指当事人双方互负对待给付义务的合同，即一方当事人愿意负担履行义务旨在使他方当事人因此负有对待履行义务，或者说一方当事人所享有的权利即为他方当事人所负担的义务，如买卖合同、互易合同、租赁合同等均为双务合同。双务合同是建立在"你与则我与"的原则之上的，它是财产交换在法律上最典型的表现。适用于双务合同的各项交易规则均强调平等、等价原则。单务合同，是指仅有一方负担给付义务的合同，即由一方承担义务，另一方并不负有相对义务的合同，如赠与合同。单务合同又有两种情况：一是只有单方承担合同义务，如借用合同，只存在借用人按照约定使用并按期返还借用物的义务；二是一方承担合同的主要义务，另一方不承担主要义务，只承担附属义务，双方的义务没有对待关系。如《民法典》第661条规定："赠与可以附义务。赠与附义务的，受赠人应当按照约定履行义务"。允许赠与附义务，但赠与人交付赠与财产和受赠方承担附属义务之间不存在对价关系，因而仍属于单务合同。

区分单务合同和双务合同的法律意义在于：在双务合同中双方当事人之间的权利义务具有对应和依赖关系，一方的权利与对方的义务之间不能分离，权利的享有与义务的履行互为条件；单务合同就不存在这种特殊关系。具体表现在：

（1）是否适用同时履行抗辩权。同时履行抗辩权是当事人一方在对方没有为对待给付之前可以拒绝履行自己承担的给付义务的权利。同时履行抗辩权的享有显然以合同双方存在对待给付关系为前提，因而只有双务合同才存在同时履行抗辩权，单务合同则不适用。

（2）在风险的负担上不同。由于双务合同中双方的权利义务互相依存、互为条件，如果非因一方当事人的原因（如不可抗力）导致其不能履行合同义务，其合同债务应被免除，其享有的合同权利也应归于消灭。在此情况下，一方因不再有合同义务，因此也无权要求对方作出履行；如果对方已经履行的，则应将其所得返还给对方。而在单务合同中，如果一方因不可抗力导致其不能履行义务，不会发生双务合同中的风险负担问题。

（3）因一方过错致合同不履行的后果不同。在双务合同中，当事人一方因自己的过错而不履行合同，该行为构成违约，非违约方可以要求违约方继续履行或承担违约责任；如非违约方要求解除合同，则对于其已履行部分有权要求未履行给付义务的一方返还。但是在单务合同中，因义务主要由一方承担，如果义务方已履行了部分义务同时也违反了合同义务，则无权要求对方对待履行或返还财产。

2. 有偿合同与无偿合同。根据当事人从合同中获取利益是否需要偿付代价，合同可以分为有偿合同和无偿合同。有偿合同是指一方在取得合同规定的利益时需向对方支付相应代价的合同，如买卖合同、租赁合同、保险合同等均是有偿合同。在实践中，绝大多数反映交易关系的合同都是有偿合同，不过一方付出的代价与对方支付的代价在经济价值上不一定完全相等。无偿合同，指一方在取得合同规定的利益时无需向对方支付相应代价的合同。如赠与合同、借用合同等。需要注意，一方当事人不向他方支付任何费用并非等同于不承担任何义务。如借用人借用他人物品虽不用支付费用但负有正当使用和按期返还的义务。有偿合同大多数是双务合同，无偿合同原则上是单务合同。

区别有偿合同与无偿合同的法律意义在于：

（1）有利于确定合同的性质。在债权合同中，许多合同只能是有偿的而不能是无偿的，如果要变有偿为无偿，或者变无偿为有偿则合同关系在性质上就要发生根本的变化。如买卖合同是有偿的，如果变为无偿就成了赠与合同。也有些合同既可以是有偿的也可以是无偿的，如保管合同，可以是无偿保管，也可以是有偿保管。

（2）义务的内容不同。由于合同是交易关系的反映，合同义务内容常常受到当事人之间利益关系的影响。在无偿合同中，利益的出让人原则上只应承担较低的注意义务，而在有偿合同中当事人所承担的注意义务要较无偿合同中的注意义务重。如保管合同，保管期间内，因保管人保管不善造成保管物毁损、灭失的，保管人应承担赔偿责任。但是，无偿保管人如能证明自己没有故意或者重大过失的，就不承担赔偿责任；有偿保管人，不论其过错大小，都应负赔偿责任。

（3）主体要求不同。订立有偿合同的当事人一般需具备完全民事行为能力，限制民事行为能力人自己订立有偿合同，必须与其年龄、智力、精神健康状况相适应，或得到其法定代理人同意，否则合同无效。而无偿合同的订立则不要求行为人都具有完全民事行为能力，如赠与合同中的受赠人，因其是纯获利益者，所以限制民事行为能力人，也可以自己订立赠与合同，成为合同中的受赠人。

（4）对债权人行使撤销权来说，如果债务人将其财产无偿转让给第三人，严重减少债务人的责任财产，有害于债权人的债权实现，则债权人可以直接请求撤销该无偿行为。但对于债务人明显低价有偿转让财产的行为，债权人要行使撤销权，则必须以债务人及第三人在实施交易行为时都有加害于债权人的恶意为要件。

相关案例

某日，某乡村村民王某比较忙，就找李某帮其从县城把 3000 元的货款收回来，李某到了县城之后，取了自己的 3000 元钱，也把张某的 3000 元货款带了回来，为了安全李某把 6000 元放在了身上穿的棉袄内兜里，于当天的中午 12 点乘坐长途公共汽车回乡村。半路上，遇到劫匪抢劫，6000 元都被抢走了。回到村子后，张某立刻聘请了律师起诉到法院，要求李某向自己返还 3000 元。

法院判决，李某无须向张某返还 3000 元。根据《民法典》第 897 条的规定，保管期内，因保管人保管不善造成保管物毁损、灭失的，保管人应当承担赔偿责任。但是，无偿保管人证明自己没有故意或者重大过失的，不承担赔偿责任。李某无重大过失，更无故意，因此，李某不承担损害赔偿责任。

法条链接

《中华人民共和国民法典》

第 535 条　因债务人怠于行使其债权或者与该债权有关的从权利，影响债权人的到期债权实现的，债权人可以向人民法院请求以自己的名义代位行使债务人对相对人的权利，但是该权利专属于债务人自身的除外。

代位权的行使范围以债权人的到期债权为限。债权人行使代位权的必要费用，由债务人负担。

相对人对债务人的抗辩，可以向债权人主张。

第897条 保管期内，因保管人保管不善造成保管物毁损、灭失的，保管人应当承担赔偿责任。但是，无偿保管人证明自己没有故意或者重大过失的，不承担赔偿责任。

3. 诺成合同与实践合同。根据合同成立是否以标的物交付为要件，合同可分为诺成合同和实践合同。诺成合同，指当事人一方的意思表示一旦为对方同意即能产生法律效果的合同，即"一诺即成"的合同。实践合同，又称要物合同，除经当事人意思表示一致外，还须交付合同的标的物，合同才能成立。诺成合同是一般的合同形式，实践合同是特殊的合同形式。除非有法律的特别规定，或依交易习惯确定，一般合同均为诺成合同。在我国《民法典》中，实践合同主要有三种：一是客运合同，"客运合同自承运人向旅客出具客票时成立，但是当事人另有约定或者另有交易习惯的除外"；二是一般保管合同，"保管合同自保管物交付时成立，但是当事人另有约定的除外"；三是自然人之间的借款合同，"自然人之间的借款合同，自贷款人提供借款时成立"。

两者的区分对于确定两类合同成立时间、标的物所有权使用权转移时间以及风险转移时间有重要意义。

法条链接

《中华人民共和国民法典》

第679条 自然人之间的借款合同，自贷款人提供借款时成立。

第814条 客运合同自承运人向旅客出具客票时成立，但是当事人另有约定或者另有交易习惯的除外。

4. 主合同与从合同。根据合同相互间的主从关系，合同可分为主合同和从合同。主合同，是不需依赖其他合同即可独立存在的合同。从合同，是依赖于主合同而存在并为主合同的实现服务的合同，又被称为"附属合同"。一般的买卖合同、借款合同为主合同；而保证合同、抵押合同、质押合同为从合同。

区分主合同与从合同的意义在于：从合同的主要特点在于其附属性，即它不能独立存在，必须以主合同的存在和生效为前提。主合同不成立，从合同就不能单独成立；主合同发生变更或转让，从合同亦随之发生变更或转移；主合同被宣告无效或撤销，从合同也将失去效力；主合同终止，从合同也随之终止。

相关案例

甲公司卖给乙公司一批走私手表，甲（债权人）先交货，乙（债务人）后给钱，给债务人提供担保的是丙,甲和丙约定主合同无效,从合同继续有效。后丙拒绝提供担保,主张从合同无效。甲则主张:双方在担保合同中有关于"主合同无效,从合同继续有效"约定,因此从合同有效。甲公司起诉,要求法院认定担保合同有效。

法院认定担保合同无效。因为从合同不能独立存在,必须以主合同的存在和生效为前提。《民法典》第388条第1款规定:"……主债权债务合同无效的,担保合同无效,但是法律另有规定的除外。"本案中丙提供的担保是从合同,甲公司与乙公司的买卖合同是主合同,作为主合同的买卖合同因违法无效,从合同的担保合同虽"另有约定"也无效。

5. 要式合同与不要式合同。根据合同是否应以一定形式为要件,合同分为要式合同和不要式合同。要式合同是指法律规定当事人必须采取一定形式才能订立的合同。如《民法典》规定,订立建设用地使用权出让合同、居住权合同、地役权合同、抵押合同、质押合同、借款合同、租赁合同、融资租赁、保理合同、建设工程合同等合同,当事人应当采用书面形式订立相应的合同。不要式合同则是法律对合同形式未作要求而由当事人任意选择的合同。如《民法典》第469条第1款规定:"当事人订立合同,可以采用书面形式、口头形式或者其他形式"。

区别要式合同与非要式合同的意义在于某些法律和行政法规对合同的形式特别要求会影响合同的成立或生效。法律规定必须采取要式合同的,如果未采用相应形式,合同原则上不能成立或不可生效。

6. 有名合同和无名合同。根据法律对合同的名称和规则是否有明确规定,合同可以分为有名合同和无名合同。有名合同又称为典型合同,指法律为其确定了特定的名称和规则的合同。我国《民法典》规定了19类典型合同,如买卖合同、赠与合同、保理合同、物业服务合同、合伙合同、中介合同、租赁合同、承揽合同、保管合同等都是属于有名合同,还有《中华人民共和国保险法》(以下简称《保险法》)规定的保险合同也属于有名合同。无名合同又称非典型合同,指法律没有确定一定的名称和相应的具体规则的合同,如旅游合同、停车合同、救助合同等。根据合同自由原则,合同当事人可以自由决定合同的内容,因此即使当事人订立的合同不属于有名合同的范围,只要不违背法律的禁止性规定和社会公共利益,也仍然是有效的。

区分有名合同与无名合同的法律意义在于两者的法律适用不同。有名合同应当直接适用《民法典》的规定或其他法律的有关规定。无名合同依据《民法典》第467条规定:"本法或者其他法律没有明文规定的合同,适用本编通则的规定,并可以参照适用本编或者其他法律最相类似合同的规定。"即无名合同的法律适用,首先适用《民法典》合同编通则的规定,其次可以参照适用合同编或者其他法律最相类似的规定。

7. 实定合同和射幸合同。根据合同内容是否在订立合同时已经确定,合同可以分为实定合同与射幸合同。实定合同也称为是确定合同,是指合同当事人的权利义务在合同成立时已确定的合同。射幸合同也称为是非确定合同,是指合同当事人的权利义务在合同成立时并非完全确定的合同，当事人一方是否履行义务有赖于偶然事件的出现，这种合同的效果在订约时带有不确定性。保险合同是典型的射幸合同，在合同的有效期间，如发生保险标的的损失，则被保险人从保险人那里得到的赔偿金额可能远远超出其所支出的保险费，反之，如果无损失发生，则被保险人只能付出保费而无任何收入。此外赌博合同、有奖抽彩合同等也属于射幸合同。

区分实定合同和射幸合同的法律意义在于两者在合同成立时给付的内容和范围在合同成立时是否确定。实定合同在合同成立时给付的内容和范围已经确定的合同，不以偶然的事件为产生前提，一般要求等价有偿，不能显失公平，否则会影响合同的效力，如显失公平的合同为可撤销合同，暴利合同因违背公序良俗可被认定无效。而射幸合同在合同成立时给付的内容和范围尚不确定，其确定取决于合同成立后是否发生偶然事件为产生前提的合同，因双方的给付义务严重不对等，一般不能从实际支付的对价是否充分来衡量合同是否显失公平，法律对其种类、效力加以限制。

▓▓▓ 引例分析

《中华人民共和国民法典》第 490 条第 2 款规定："法律、行政法规规定或者当事人约定合同应当采用书面形式订立，当事人未采用书面形式但是一方已经履行主要义务，对方接受时，该合同成立。"引例案件中虽然双方未采用书面形式签订货物运输合同，但是陈某实际按照与丙公司的约定将货物运送到指定地点，丙公司按照口头约定将运输费用通过银行汇款的形式汇到陈某的账户。按照前述法律规定，陈某和丙公司之间的运输合同成立，该口头运输合同自成立之日起发生法律效力。陈某依约定履行了运输货物至指定目的地的义务，丙公司应当按照当时双方之间的口头约定全面履行支付运输费用的义务。丙公司提出陈某在运输期间造成了货物丢失及不同意支付运输费用的抗辩理由，因为丙公司没有提出相关证据证明，不能得到法院支持。最终法院判决丙公司支付陈某相应运输费用。

二、《民法典》合同编适用的合同范围

我国《民法典》合同编第 463 条规定："本编调整因合同产生的民事关系。"第 464 条规定："合同是民事主体之间设立、变更、终止民事法律关系的协议。婚姻、收养、监护等有关身份关系的协议，适用有关该身份关系的法律规定；没有规定的，可以根据其性质参照适用本编规定。"

据此规定，《民法典》合同编适用的合同，具有主体范围的广泛性、合同类型的多样性以及调整合同过程的完整性等几方面特点。凡平等主体的自然人、法人、非法人组织之间订立的合同，只要符合合同编规定的要件，均受其调整，因此合同编调整的合同当事人的范围具有广泛性。合同类型的多样性表现在合同编的通则规定不仅适用于《民法典》合同编所规定的 19 类有名合同，而且还适用于合同编没有规定的无名合

同；也适用于《民法典》物权编中的合同，比如设定担保物权的担保合同；还适用于其他特别法所规定的有名合同，如保险法所规定的保险合同、《中华人民共和国农村土地承包法》（以下简称《农村土地承包法》）所规定的土地承包合同。有关婚姻、收养、监护等身份关系的合同，《民法典》婚姻家庭编没有规定的，也可以根据其性质参照适用合同编通则的规定。调整合同过程的完整性是指从合同的订立、履行、合同纠纷的解决及合同终止，全过程均适用合同编的规定。

三、合同法的基本原则

合同法的基本原则，乃是合同法的主旨和根本准则，它是制定、解释、执行和研究合同法的出发点。合同法的基本原则贯穿在整个合同法制度和规范之中，是从事交易活动的当事人所必须遵循的行为模式，但基本原则本身并不是具体的合同法规范，也不是具体规范所确定的具体行为标准。合同法的基本原则对于合同的订立、履行及争议的解决有普遍指导意义，在合同法中有着十分重要的地位。根据《民法典》第 4 条至第 9 条以及具体合同制度的规定，合同法的基本原则包括平等原则、自愿原则、公平原则、诚实信用原则、公序良俗原则和绿色原则。

1. 平等原则。《民法典》第 4 条规定："民事主体在民事活动中的法律地位一律平等。"这就确立了合同双方当事人法律地位是平等的，意味着双方是在平等的基础上，经过充分协商达成意思表示的一致，然后通过履行实现各自的合同利益。平等原则具体体现在以下方面：

（1）合同当事人之间的法律地位平等。在合同关系中当事人之间不存在管理与被管理、服从与被服从的关系。在订立合同时，合同当事人必须以平等的身份就合同条款进行充分协商达成一致，合同才能成立。任何一方不得把自己的意志强加给另一方，如果以胁迫、命令、强制等手段签订合同，将会影响合同的效力，得不到法律的保护。

（2）机会平等。不论人的天赋、才能或者机遇如何，法律为其提供同等的订立合同的机会，就构成了机会平等或程序平等，至于订立合同的结果如何，那是由当事人的天赋、才能或机遇决定，不影响合同的效力。

2. 自愿原则。合同自愿是指当事人依法享有的在订立合同、选择相对人、决定合同内容以及在变更和解除合同、选择合同补救方式等方面的自由。《民法典》第 5 条规定："民事主体从事民事活动，应当遵循自愿原则，按照自己的意思设立、变更、终止民事法律关系。"合同自愿原则的主要表现在于：一是订不订立合同自愿，当事人依自己意愿自主决定是否签订合同，不受任何单位和个人的非法干预；二是与谁订合同自愿，在签订合同时，有权选择对方当事人；三是合同内容由当事人在不违反法律法规的情况下自愿协商确定；四是在合同履行过程中，当事人可以自由协议补充、变更有关内容；五是当事人双方也可以自由协议解除合同；六是在发生争议时，当事人可以自愿选择解决争议的方式，只要不违背法律、行政法规强制性的规定，合同当事人有权自愿决定。

当然，合同自由不是无限制的，当事人订立合同、履行合同，应当遵守法律、行政法规，尊重社会公德，不得扰乱社会经济秩序，损害社会公共利益，否则合同无效。在任何社会中，都不存在绝对的自由。随着社会经济的发展，国家干预经济生活的规模与程度不断加强，对合同自由的限制成为趋势。这种限制并非旨在剥夺当事人的自由意志，其目的一般是通过限制合同关系中强者一方的自由，以保护弱者和社会公共利益。

3. 公平原则。公平原则要求合同双方当事人之间的权利义务要公平合理，要大体上平衡，强调一方给付与对方给付之间的等值性，合同上的负担和风险分配的合理性。《民法典》第 6 条规定："民事主体从事民事活动，应当遵循公平原则，合理确定各方的权利和义务。"公平原则在合同关系中的意义和作用就是坚持正义与效益的统一，既要求合同当事人依公平原则确定合同权利义务，也要求裁判机关依公平原则解决当事人之间的合同纠纷。

公平原则具体表现在：其一，在订立合同时，要根据公平原则确定双方的权利和义务，不得滥用权利，不得欺诈，不得假借订立合同恶意进行磋商；其二，根据公平原则确定风险的合理分配；其三，根据公平原则确定违约责任。

4. 诚实信用原则。诚实信用原则是指合同主体订立合同、履行合同必须诚实、善意，行使权利不损害他人与社会的合法利益，履行义务信守承诺和法律规定，不仅应使当事人之间的利益得到平衡，而且也必须使当事人与社会之间的利益得到平衡。《民法典》第 7 条规定："民事主体从事民事活动，应当遵循诚信原则，秉持诚实，恪守承诺。"

诚实信用原则贯穿合同的始终，该原则：要求合同当事人应当以善意方式行使权利和履行义务，在订立合同时应当诚实、守信、不作假、不欺诈；在履行合同时，双方互相协商，应当忠于事实真相，秉持诚实，恪守承诺，不得欺骗对方，损人利己，应全面适当地履行自己的义务；在合同终止时，应当根据交易习惯履行通知、协助、保密等义务。

诚实信用原则作为合同法的一项基本原则理应具有强制性规范的性质，裁判者应尽可能平衡合同当事人之间的利益冲突以及当事人利益与社会公共利益之间的利益冲突。诚实信用原则可以用来补充和解释合同的缺陷或不明确，在立法有欠缺时，也可以援引为解决法律纠纷的依据，但在具体适用该原则解决合同争议时，也应当慎重行事，避免滥用。

5. 公序良俗原则。公序是指公共秩序，良俗是指善良风俗，二者合称为公序良俗。公共秩序既包括一个国家的现行法律秩序，也包括作为法律秩序基础的根本原则和根本理念等。善良风俗是指某一社会应有的道德准则和伦理秩序。《民法典》第 8 条规定："民事主体从事民事活动，不得违反法律，不得违背公序良俗。"该原则表现在合同关系中，要求合同当事人订立、履行合同，应当遵守法律、行政法规，遵守社会公共秩序，符合社会的公共道德标准，不得扰乱社会经济秩序，不得损害社会公共利益。

6. 绿色原则。《民法典》第9条规定："民事主体从事民事活动，应当有利于节约资源、保护生态环境。"这是民法中绿色原则的直接概括。绿色原则在合同编中的体现，具体表现为《民法典》第509条第3款、第558条、第625条的规定，要求合同当事人履行合同时，应遵循绿色原则，避免浪费资源、污染环境和破坏生态；要求合同当事人在合同终止以后承担依诚实信用原则所产生的旧物回收义务，以符合绿色发展的要求。

 法条链接

《中华人民共和国民法典》

第509条 当事人应当按照约定全面履行自己的义务。

当事人应当遵循诚信原则，根据合同的性质、目的和交易习惯履行通知、协助、保密等义务。

当事人在履行合同过程中，应当避免浪费资源、污染环境和破坏生态。

第558条 债权债务终止后，当事人应当遵循诚信等原则，根据交易习惯履行通知、协助、保密、旧物回收等义务。

第625条 依照法律、行政法规的规定或者按照当事人的约定，标的物在有效使用年限届满后应予回收的，出卖人负有自行或者委托第三人对标的物予以回收的义务。

思考与练习

一、不定项选择题

1. 下列合同中，既可以是有偿合同也可以是无偿合同的有哪些？（　　）

A. 保管合同

B. 委托合同

C. 借款合同

D. 互易合同

2. 下列哪些合同既属于双务合同，又属于有偿合同？（　　）

A. 买卖合同

B. 借贷合同

C. 租赁合同

D. 付有保管费的保管合同

3. 根据《民法典》的规定，下列合同中属于实践性合同的是：（　　）

A. 赠与合同

B. 租赁合同

C. 借用合同

D. 自然人与银行的借款合同

4. 下列各项关于合同的各项表述，不符合合同法律特征的是：（　　）

A. 平等主体之间的民事法律关系

B. 双方或多方当事人的民事法律行为

C. 从法律上明确当事人之间特定权利与义务关系

D. 合同当事人的法律地位因行政权力、经济实力而不平等

二、问答题

1. 举例说明合同的分类。

2. 论述合同法的基本原则。

三、案例分析

原告张某因仓库施工，冰箱无处存放，遂与被告钱某签订了一份保管合同，合同约定由被告为原告保管 50 台冰箱，期限为 6 个月，原告支付 2 万元保管费。1 个月后，原告又有一批办公用纸需要存放，就与被告商量，被告同意原告将纸张存放在其仓库内并同意不再另外收费。6 月中旬，因天降大雨，被告仓库漏水使得原告纸张被淋湿大半，原告遭受损失 8 千元。数月后，原告在搬纸时发现纸张受潮，并发现丢失 2 台价值共计 1 万元的冰箱，张某向法院起诉，要求被告钱某赔偿 1.8 万元的损失。

问：

1. 分析两个合同的性质。

2. 钱某应如何承担赔偿责任？

项目二　订立合同

▓▓▓▓ 引例〔1〕

2012 年 8 月 22 日，天际电子公司（以下简称"天际公司"）因培训职工的需要，向静安酒店电话咨询了服务情况后，向该酒店发出传真，传真中写明：现将我公司培训计划传真给贵店，敬请确认，如有问题请随时联系。具体项目：①入住时间 2012 年 8 月 25 日，离店时间 8 月 28 日；②入住人数：40 人；③住宿标准：2 人间 360 元/天（5 间），3 人间 300 元/天（10 间）；④用餐安排：8 月 25 日晚餐为桌餐，标准 50 元/人，其余时间早餐 15 元/人、午餐及晚餐 30 元/人；⑤8 月 26、27 日晚餐后安排温泉洗浴。后附：敬请经理按以上计划安排有关事宜。静安酒店为此做了安排与准备。8 月 23 日，天际公司的生活部长到静安酒店实地了解，对客房住宿及就餐环境表示满意，但对于温泉洗浴安排未明确表示态度。后天际公司到滨河景区培训，但未入住静安酒

---

〔1〕 "有关'要约'与'承诺'的案例"，载豆丁网，http://www.docin.com/p-691051115.html，访问时间：2018 年 2 月 7 日。

店，而是入住天鹅酒店。

基于以上事实，静安酒店起诉天际公司，其诉称：天际公司向我酒店发出传真，写明双方商定的房间数量及价格，我酒店为此做了相应准备，但天际公司未依约入住，故要求判令天际公司赔偿经济损失5600元。

天际公司辩称：我公司所发传真只不过是要约邀请，对方收到该要约邀请后，未予以确认，故双方的旅店服务合同未能成立；退一步说，即使我方的传真构成要约，但对方未确认前，我方有权撤销该要约。由于合同未成立，我方不同意赔偿其经济损失。

问：

1. 天际公司发出传真的行为是要约还是要约邀请？

2. 天际公司与静安酒店之间的旅店服务合同是否成立？

基本原理

一、合同订立与合同成立

我国《民法典》第471条规定："当事人订立合同，可以采取要约、承诺方式或者其他方式。"即订立合同的一般过程就是要约、承诺的方式，除此之外，还有其他特殊的方式，如招标投标、拍卖等。

合同的订立是当事人（即缔约人）以订立合同为目的，通过一定程序协商一致，最终达成合意并在当事人之间建立合同关系的一种法律行为。合同订立是缔约双方从接触、协商直到达成合意的整个过程，是动态的缔约过程与静态的合同成立的结合，是动态行为与静态协议的统一体。动态的合同订立包括要约邀请、要约、反要约、承诺等步骤，反映了当事人之间反复协商的过程；静态合同成立是经过当事人之间反复协商最后达成合意。所以，合同的成立是当事人协商的结果，双方的权利义务以静态协议的形式得以确定的结果状态。各方当事人享有的权利和承担的义务得以确定，简言之，合同成立了。[1]

合同的成立，是指当事人就合同的主要条款达成合意即意思表示一致的状态。合同成立是合同订立的组成部分，合同订立是合同成立的基础和前提，合同订立是当事人为订约而进行相互协商的全过程，而合同的成立仅是缔约当事人达成合意的状态。

合同成立需要两个要件：

1. 合同当事人。合同是一种协议，因此合同至少应有两方或两方以上的当事人，这是合同成立对当事人的要求。根据《民法典》规定，合同当事人既可以是自然人，也可以是法人或非法人组织。

2. 当事人就合同主要条款达成合意。合同成立是当事人就合同主要条款经谈判协

---

〔1〕 柳经纬：《合同法》，中国民主法制出版社2014年版。

商达成统一共识的结果。合同的主要条款是指根据特定合同性质所应具备的条款，如果缺少这些条款合同不能成立。现行立法对合同的主要条款的规定比较宽泛，我国《民法典》对主要条款做了一般包括的规定，但并不是每个合同都必须包括主要条款。合同的主要条款因合同性质不同而有所不同。只要合同当事人就合同的主要条款达成一致的协议，就意味着当事人意思表示一致，合同就可以成立，至于当事人的意思表示是否真实，则是确定合同效力所要考虑的问题。

▓▓▓ **知识链接**

所谓意思表示就是行为能力适格者将意欲实现的私法效果表现于外部的行为。意思表示一致，是指双方或多方的外在表示意思达成了合意。

我国《民法典》第 471 条规定："当事人订立合同，可以采取要约、承诺方式或者其他方式。"即订立合同的一般过程就是要约、承诺的方式，除此之外，还有其他特殊的方式，如招标投标、拍卖等。

二、要约

（一）什么是要约

要约又称为发价、报价或发盘、出盘等，是指一方当事人向另一方当事人发出的希望订立合同的意思表示。发出要约的一方称为要约人，接受要约的一方称为受要约人（或相对人、承诺人）。

要约是合同订立的启动点和起始点，也是合同订立的必经阶段，不经过要约阶段，合同不可能成立。要约的意思表示必须"内容具体确定"并"表明经受要约人承诺，要约人即受该意思表示约束"。要约对要约人的效力表现在对要约人的拘束力，即要约人非依法律规定，不得变更、撤销要约；要约对受要约人的效力表现为受要约人取得承诺的资格，即受要约人一经承诺，合同即成立。要约的性质仅仅是一项意思表示而非民事法律行为，要约必须经过受要约人的承诺，当事人之间的合同才能成立。

▓▓▓ **法条链接**

《中华人民共和国民法典》

第 471 条　当事人订立合同，可以采取要约、承诺方式或者其他方式。

第 472 条　要约是希望与他人订立合同的意思表示，该意思表示应当符合下列条件：

（一）内容具体确定；

（二）表明经受要约人承诺，要约人即受该意思表示约束。

（二）要约的构成要件

一项订约的建议要成为一个要约，取得法律效力，必须具备一定的条件。要约的构成要件有：

1. 要约是特定合同当事人作出的意思表示。发出要约的目的在于订立合同，要约人发出的要约必须使受要约人能够明白是谁发出了要约以便作出承诺，因此，发出要约的要约人必须是确定的。由于要约人欲以订立合同为目的而发出某项要约，因此，要约人不论是自然人还是法人，应当是具有相应的民事权利能力和民事行为能力的人。如果是代理人，需要取得本人的授权，否则对本人不发生法律约束力。

2. 要约必须向要约人希望与之缔结合同的受要约人发出。要约原则上应向一个或数个特定人发出，即受要约人原则上应当特定。一方面，受要约人的特定意味着要约人对谁有资格作为承诺人的问题作出了选择，也只有特定才能明确确定承诺人。如果受要约人不能确定，则意味着要发出提议的人并未选择真正的相对人，该提议不过是为了唤起他人发出要约，如向公众发出某项提议，常常是希望公众中的某个特定人向其发出要约。另一方面，如果要约的对象不确定，仍可以称为要约的话，那么向不特定的许多人同时发出以出让某一特定物为内容的要约是有效的，这就可能会造成一物数卖、影响交易安全的后果。所以，如果不是向特定人发出的表示，原则上视为要约邀请。

要约原则上应向特定的人发出，但在特殊情况下，要约也可以向不特定人发出。一方面，法律规定在某些特定情况下向不特定的人发出的提议具有要约的效力，如《民法典》第473条第2款规定："商业广告和宣传的内容符合要约条件的，构成要约"。另一方面，要约人愿意向不特定人发出要约，并自愿承担由此产生的后果，在法律上也是允许的。例如，向不特定的多数人散发其已经起草的标准合同。但是，向不特定人发出要约，必须具备两个要件，一是必须明确表示其作出的建议是一项要约而不是要约邀请。所谓"明确表示"可以以各种方式表示，如在广告中注明"本广告构成要约"，或者注明"本广告所列的各种商品将售予最先支付现金或最先开来信用证的人"等；二是必须明确承担向不特定的人发出要约的责任，特别是要约人向不特定人发出要约后，应当具有在合同成立以后，向不特定的受要约人履行合同的能力，如自动售货机的设置、超级市场内陈列的商品、行驶运营中的公共汽车及出租车为空车且没有标明"停运"牌示的。

3. 要约的内容必须具体明确。《民法典》规定，要约的内容必须具体确定。所谓"具体"，是指要约的内容必须具有足以使合同成立的主要条款，如果不能包含合同的主要条款承诺人即难以作出承诺，即使作了承诺，也会因为这种合意不具备合同的主要条款而使合同不能成立；所谓"确定"，是指要约的内容必须明确，而不能含糊不清，使受要约人不能理解要约人的真实意图，否则无法承诺。当然，合同的主要条款应当根据合同的性质和内容来加以判断。合同的性质不同，它所要求的主要条款是不同的。如按照美国统一商法典的规定，一个货物买卖合同只要有标的和数量就是一个成立生效的合同，因为价格、履行地点与时间可以事后确定。《联合国国际货物销售合同公约》第14条中规定："向一个或一个以上特定的人提出的订立合同的建议，如果十分确定并且表明发价人在得到接受时承受约束的意旨，即构成发价。一个建议如果写明货物并且明示或暗示地规定数量和价格或规定如何确定数量和价格，即为十分确定。"此条仅要求货物是明确的，数量和价格只要能够确定就算是满足了要约的条件。

4. 要约必须具有缔约目的并表明经受要约人承诺，要约人受该意思表示的约束。要约必须具有订立合同的意图。要约是希望和他人订立合同的意思表示，要约中必须表明要约经受要约人承诺，要约人即受该意思表示约束。例如，甲对乙声称，"我打算1000元把我的电脑卖掉"，显然甲并没有决定订立合同，但如甲向乙提出，"我愿意1000元把我的电脑卖给你"，则表明甲已经决定订立合同，且在该意思表示中已表明如果乙同意购买，则甲要受到此承诺的约束。再如，一方向另一方传达了有关商业上的信息，或者发布了有关的价目表或商品目录或销售广告，但并没有明确地表明要与对方订约，也不是要约。如新产品发布会、不是为销售而仅是为展出的产品展销会等，因不具有与出席展会的人订立合同的意思，所以不构成要约。由于要约具有订约意图，意味着要约人愿意接受承诺人的后果，因此要约一经承诺，就可以产生合同，要约人要受到拘束。

███ **相关案例**

甲、乙系朋友，同时也分别是甲厂和乙厂的法定代表人，甲写信给乙时，谈到甲厂将在半年后新开一条生产线，届时将用30万元向乙厂订购一套设备，并希望到时候乙厂能送货上门，乙回信表示没问题。半年后，乙厂送货上门，甲厂拒收。问：合同是否成立？

合同没有成立，因甲信不是要约，其目的是向乙通报信息而不是为订约，且未表明经受要约人承诺，要约人即受该意思表示约束。

（三）要约的形式

要约属意思表示，有其外在表现形式，一般分为口头形式和书面形式。所谓要约的口头形式，是指要约人以直接对话或电话方式向相对人发出要约。所谓要约的书面形式，是指采用合同书、信件、电报、电传、传真等可以有形地表现所载内容的形式，或以电子数据交换、电子邮件等方式能够有形地表现所载内容，并可以随时调取查用的数据电文等形式进行要约。要约是采用口头形式还是书面形式，一般是以拟成立的合同类型为标准，拟成立要式合同的要约须采取一定格式的书面形式，如保证合同、长期租赁合同等。为促进交易便捷，法律对合同要式性的要求日益减少，当事人的合同自由能够得到更充分的体现。

反要约是受要约人对要约的内容作了实质性的变更，是新要约。

悬赏广告一般被认为是一种特殊的要约。

███ **知识链接**

反要约是受要约方对收到的要约提出异议或者从本质上改变了原要约，受要约方所发出的就不能视作是承诺而是反要约，又称新要约。《中华人民共和国民法典》第488条规定："承诺的内容应当与要约的内容一致。受要约人对要约的内容作出实质性变更的，为新要约。有关合同标的、数量、质量、价款或者报酬、履行期限、履行地点和方式、违约责任和解决争议方法等的变更，是对要约内容的实质性变更。"

悬赏广告是指广告人以广而告之的方式对不特定的人完成指定的行为而给予报酬的一种意思表示。《中华人民共和国民法典》第499条规定："悬赏人以公开方式声明对完成特定行为的人支付报酬的，完成该行为的人可以请求其支付。"

相关案例1[1]

甲学校向乙公司发出要约，要定作一批桌椅，要约中提出："双方发生争议，提交某市仲裁委员会仲裁。"乙公司回信接受甲公司的一切条件，但在回信中指出，双方发生争议，任何一方有权向法院起诉。问题：乙公司的回信是承诺还是新要约？

乙公司的回信接受甲公司的一切条件，但在回信中指出，双方发生争议，任何一方有权向法院起诉。根据《民法典》第488条的规定，乙公司对甲学校要约中提出的解决争议方法的变更，属于对要约内容的实质性变更，为新要约。

相关案例2[2]

张某在餐馆吃饭时发现座位上有一个黑色提包，包里有一些证件和文件，但没有任何联系方式，过了几天，张某在报纸上发现一则寻包启事，对包的描述与张某捡到的相同并表明"如一周之内送还，酬金5000元"，张某随即联系了失主并见了面，但失主表示寻包启事许诺给付酬金不是其真实意思表示，返还失物是张某的法定义务，张某无权要求支付酬金。请问张某是否有权要求失主支付酬金？

失主在报纸上刊登的"寻包启事"是一种悬赏广告，其明确表明了酬金的数额，属内容合法的悬赏广告，而张某，即悬赏广告中的行为人，在广告发出的"一周内"完成了广告指定的返还提包的行为，根据《民法典》第499条规定，悬赏人以公开方式声明对完成特定行为的人支付报酬的，完成该行为的人可以请求其支付。故张某完全有权要求失主支付在悬赏广告中允诺的酬金。

（四）区分要约和要约邀请

要约的成立必须具备要约的条件。如果一项意思表示不符合要约成立的条件，则不能构成要约，只能成立要约邀请。

要约邀请，又称为邀请要约、要约引诱，是希望他人向自己发出要约的表示。我国《民法典》第473条第1款规定："要约邀请是希望他人向自己发出要约的表示……"要约邀请是当事人订立合同的预备行为，在发出要约邀请时，当事人仍处于订

---

〔1〕 全国2017年10月高等教育自学考试合同法试题，多项选择题第28题。
〔2〕 全国2017年10月高等教育自学考试合同法试题，多项选择题第28题。

约的准备阶段，其目的在于引诱他人向自己发出要约，其内容往往是不明确、不具体的，其相对人是不特定的，所以，要约邀请不具有要约的约束力，发出要约邀请的人不受其约束。要约邀请与要约的区别在于：

1. 目的不同，要约的目的在于与受要约人订立合同，其作用是唤起受要约人的承诺，而一经受要约人承诺，合同即成立；要约邀请的目的在于希望他人向自己发出订立合同的要约，以使自己取得承诺的资格。

2. 内容不同，作为要约的意思表示，内容必须明确具体，包含足以使合同成立的主要条款，以供受要约人确认要约人的意思表示，并考虑是否作出承诺，而且必须标明一经受要约人承诺，自己即受该意思表示的约束；而要约邀请一般比较笼统抽象，不含有合同所必须的主要条款，有的要约邀请虽然也可能做到内容具体明确，但缺少要约邀请发出者受自己意思表示约束的内容。

3. 效力不同，要约是一种意思表示，要约发出后即会产生一定的法律约束力，要约人如违反有效要约则应承担法律责任，要约一经受要约人承诺，合同即告成立；而要约邀请只是引诱他人发出要约，它不能因相对人的承诺而成立合同，要约邀请处于合同的准备阶段，没有法律拘束力。

4. 两者的后果不同，要约生效后，要约人即负有与对方订立合同的义务，受要约人即取得承诺的资格；而要约邀请只是处于订立合同的准备阶段，其本身并不发生必须与对方订立合同的效力，即使对方完全同意，对发出者也无法律上的约束力，但要约邀请发出者如果违背诚实信用原则，假借订立合同恶意进行磋商或者故意隐瞒与订立合同有关的主要事实，或者提供虚假情况，而给要约邀请接受者造成损失的，则应当依法承担损害赔偿责任。

确定一项意思表示是要约还是要约邀请比较复杂微妙，应按照意思表示解释的主客观相结合原则，探究当事人的真实意思，并最终结合诚实信用的原则、交易习惯加以确定。根据我国司法实践和理论，区分要约与要约邀请可以从以下几个方面判断：

（1）依法律规定作出区分。法律如果明确规定了某种行为为要约或要约邀请，即应按照法律的规定作出区分。如我国《民法典》第 473 条规定："……拍卖公告、招标公告、招股说明书、债券募集办法、基金招募说明书、商业广告和宣传、寄送的价目表等为要约邀请。商业广告和宣传的内容符合要约条件的，构成要约。"

▓▓▓ **知识链接**

1. 寄送的价目表。寄送的价目表包含了商品名称及价格条款，且含有行为人希望订立合同的意思，但从该行为中并不能确定行为人具有一经对方承诺即接受承诺后果的意图，而只是向对方提供某种信息，希望对方向自己提出订约条件（如需要购买多少吨水泥和什么型号的水泥），因此这只是要约邀请，而不是要约。当然，如果行为人向不特定的相对人派发的商品订单中明确表示愿受承诺的约束，或从订单的内容中可以确定有此意图，则应认定该订单为要约，而不是要约邀请。

2. 拍卖公告。拍卖是指拍卖人在众多的报价中，选择报价最高者订立买卖合同的特殊买卖方式。拍卖一般要经过三个阶段：拍卖公告；拍卖；竞拍。对拍卖公告，各国合同法一般认为是要约邀请，因为其中并未包含合同成立的主要条件（即价格条款），而只是希望竞买人提出价格条款。

3. 招标公告。招标行为都要发出公告，招标是指订立合同的一方当事人采取招标公告的形式向不特定人发出的、以吸引或邀请相对方发出要约为目的的意思表示。因此招标公告为要约邀请，其目的在于引诱更多的相对人提出要约，从而使招标人能够寻找到条件最佳的投标人订立合同，一般认为，投标在性质上为要约。值得注意的是，如果招标人在招标公告中明确表示将与报价最优者订立合同，则可视为要约。

4. 招股说明书。招股说明书是指拟公开发行股票的人经批准公开发行股票后，依法在法定的日期和证券主管机关指定的报刊上刊登的全面、真实、准确地披露股票发行人的信息以供投资者参考的法律文件。所以招股说明书在其性质上是通过向投资者提供股票发行人的各方面的信息，从而吸引投资者向发行人发出购买股票的要约，它是一种要约邀请。

5. 商业广告。商业广告是指商品经营者或者服务提供者通过一定的媒介和形式直接或间接地介绍自己所推销的产品或者所提供的服务的文字、图形或影印作品。商业广告旨在宣传和推销某种商品或服务，而一般并没有提出出售该商品或提供该服务的主要条款。发出广告的人通常只是希望他人向其发出购买该商品或要求提供该服务的要约，所以商业广告只是要约邀请，发出商业广告不能产生要约的效力。但如果商业广告内容符合要约规定，应视为要约，或注明为要约或商业广告中含有希望订立合同的愿望，或写明相对人只要做出规定的行为就可以使合同成立者，即应认为是要约。

▓▓▓ 法条链接

最高人民法院《关于审理商品房买卖合同纠纷案件适用法律若干问题的解释》

第3条　商品房的销售广告和宣传资料为要约邀请，但是出卖人就商品房开发规划范围内的房屋及相关设施所作的说明和允诺具体确定，并对商品房买卖合同的订立以及房屋价格的确定有重大影响的，构成要约。该说明和允诺即使未载入商品房买卖合同，亦应当为合同内容，当事人违反的，应当承担违约责任。

（2）根据当事人的意愿作出区分。当事人的意愿，是指根据当事人已经表达出来的意思来确定当事人对其实施的行为主观上认为是要约还是要约邀请。如果某项意思表示表明当事人不愿意接受要约的拘束力，则只是要约邀请，而不是要约。当事人在其行为或提议中特别声明是要约还是要约邀请，则应根据当事人的意愿来作出区分。例如，某时装店在其橱窗内展示的衣服上标明"正在出售"或标示为"样品"，并且都标示了价格，则"正在出售"的标示视为要约，而"样品"的标示可认为是要约邀请，因为不一定有现货。同时，当事人也可以对其所作的提议明确作出"任何人不得就提议作出承诺"或明确指出"无意使其提议具有法律拘束力"，这样，他所作的提议只能是要约邀请，而不是要约。由于要约是旨在订立合同的意思表示，因此，要约中应包含明确的订约意图；而要约邀请人只是希望对方向自己提出订约的意思表示，所以，在要约邀请中订约的意图并不是明确的。

（3）依订约提议的内容是否包含了合同的主要条款来作出区分。要约的内容中应当包含合同的主要条款，这样才能因承诺人的承诺而成立合同。而要约邀请只是希望对方当事人提出要约，因此，它不必要包含合同的主要条款。例如，甲对乙声称："我有一部苹果 11 手机，愿低于市场价出售，你是否愿意购买？"因该提议中并没有明确规定价格，不能认为是要约。如果甲对乙说："我有一部苹果 11 手机，愿低于市场价10% 出售，你是否愿意购买？"因该意思表示中包含了合同的主要条款而应认为是一项要约。但是应当指出，仅仅以是否包含合同的主要条款来作出区分是不够的。即使表意人提出了未来合同的主要条款，但如果他在提议中声明不受该意思表示的拘束，或提出需要进一步协商，或提出需要己方最后确认等，都将难以确定他具有明确的订约意图，因此都不能认为是要约。

（4）依交易的习惯来区分。复杂的交易，可以根据当事人历来的交易做法以及被各方当事人接受的习惯来确定当事人的意思表示是要约还是要约邀请。交易习惯指的是在交易行为当地或者某一领域、某一行业通常采用并为交易对方订立合同时所知道或者应当知道的做法，或当事人双方经常使用的习惯做法。例如询问商品的价格，根据交易习惯，一般认为是要约邀请而不是要约。再如，行使中的出租车司机只要是空车而且未标明"停运"牌示的，一般认为是要约而不是要约邀请。再如，当事人之间因多次从事某种物品的买卖，始终未改变其买卖货物的品种和价格，那么根据双方的交易习惯，一方仅向对方提出买卖的数量，也可以成为要约。如采取招标投标的形式订立合同，一般需要经过招标、投标、开标评价、中标几个阶段，其中招标阶段旨在向不特定的多数人发出的要约邀请，以形成竞争局面，因此，招标公告一般为要约邀请；投标则是投标人报价，以参与竞争的过程，因为投标人在表述中明确提出自己的价额，故投标一般视为要约。此外，在区分要约和要约邀请时，还应当考虑到其他情况，诸如是否注重相对人的身份、信用、资力、品行等情况，是否需要实际接触，一方发出的提议是否使他方产生要约的信赖，等等。即综合各种因素考虑某项提议是要约还是要约邀请。确定一方向另一方发出的与订立合同有关的意思表示是要约还是要约邀请，直接决定了当事人的地位和合同的成立与否以及是否应当承担合同上的义务和责任等问题，有重要的现实意义。

▦ 相关案例

某超市想要购进一批毛巾，于是向几家毛巾厂发出电报，称：本超市欲购进毛巾，如果有全棉新款，请附图样与说明，我商场将派人前往洽谈购买事宜。于是有几家毛巾厂都回电，称自己满足该超市的要求并且附上了图样与说明。其中一家毛巾厂甲厂寄送了图样和说明后，又送了100条毛巾到该超市，超市看货后不满意，于是决定不购买甲厂的毛巾。甲厂认为超市发出的是要约，他送毛巾的行为是承诺，合同因为承诺而生效；超市拒绝购买是违约行为，应该承担违约责任。而超市认为他的发出电报行为是一种要约邀请而不是要约，超市不受该行为约束。根据上述要约和要约邀请的关系分析判断，超市发出的电报是一项要约邀请。

（五）要约的法律效力

要约的法律效力又称要约的约束力。一个要约到底对要约人有无约束力，在合同法理论上存在着不同的观点。英美法对此持否定态度，而大陆法则持肯定态度。我国《民法典》虽然没有明确规定要约对要约人的拘束力，但从维护受要约人的利益出发，应当肯定要约的约束力，即一个要约如果符合一定的构成要件，就会对要约人和受要约人产生一定的效力。关于要约的法律效力，要注意以下几个问题：

1. 要约的生效时间。要约的生效时间就是要约从什么时间对要约人产生约束力。要约是一种意思表示，根据《民法典》第137条的规定，口头形式的要约，其法律效力从相对人知道要约的内容时开始生效。非对话方式要约的生效时间，采取的是到达主义。所谓到达主义，又称为受信主义，是指要约必须到达受要约人之时才能产生法律效力。即要约到达受要约人时生效，所谓到达并不一定实际送达到受要约人及其代理人手中，只要要约送达到受要约人所能够控制的地方（如受要约人的信箱等）即为到达。其中，采用数据电文形式作出的要约，相对人指定特定系统接收数据电文的，该数据电文要约进入该特定系统时生效；未指定特定系统的，相对人知道或者应当知道该数据电文要约进入其系统时生效。当事人对采用数据电文形式的意思表示的生效时间另有约定的，按照其约定。而以公告方式所作出的要约，则在公告发布时生效。

 法条链接

《中华人民共和国民法典》

第474条　要约生效的时间适用本法第一百三十七条的规定。

第137条　以对话方式作出的意思表示，到达相对人时生效。

以非对话方式作出的采用数据电文形式的意思表示，相对人指定特定系统接收数据电文的，该数据电文进入该特定系统时生效；未指定特定系统的，相对人知道或者应当知道该数据电文进入其系统时生效。当事人对采用数据电文形式的意思表示的生效时间另有约定的，按照其约定。

第139条　以公告方式作出的意思表示，公告发布时生效。

2. 要约效力的存续期间。要约效力的存续期间是指要约人受要约约束的期限，也是受要约人进行承诺的期限。要约是要约人作出的意思表示，所以要约效力的期限当由要约人确定，如果要约人没有明确规定，则只能以要约的具体情况来确定该期限。以对话方式作出的要约，如果要约人未确定承诺期限，那么受要约人应当即时作出承诺，如果受要约人没有立即作出承诺，要约就失去了法律效力。以非对话方式作出的要约，如果要约中未确定期限，则受要约人的承诺应当在合理期限内到达要约人。实践中要根据要约的具体情况来确定该合理期限，要考虑要约的传递方式、行业习惯、交易的性质等多种因素。

相关案例〔1〕

甲公司于 2015 年 6 月 10 日向乙公司发出订购一批红木的要约，要求乙公司于 6 月 15 日前答复。6 月 13 日，甲公司收到乙公司的回复，乙公司表示可以为甲公司提供红木。问：甲公司的要约存续期限是多长？

甲公司以书面形式发出的要约，要求乙公司于 6 月 15 日前答复。故甲公司的要约存续期限为 6 月 15 日。

3. 要约效力的内容。

（1）对要约人的效力。指要约一经生效，要约人即受到要约的拘束，不得随意撤销或对要约内容随意加以限制、变更和扩张。禁止要约人违反法律规定随意撤销变更要约的内容，这对于保护受要约人的利益，维护正常的交易安全是十分必要的。当然，法律允许要约人在要约到达之前、受要约人承诺之前撤回、撤销要约，只要符合这些规定，则撤回或变更要约内容的行为是有效的。

（2）对受要约人的效力。此种拘束力又称为要约的实质拘束力，在民法中也称为承诺适格，即受要约人在要约生效时即取得依其承诺而成立合同的法律地位。具体表现在：其一，要约生效以后，只有受要约人才享有对要约人作出承诺的权利，因为受要约人是要约人选择的，要约人才是要约的主人，要约人确定了受要约人以后，受要约人才是有资格对要约作出承诺的人。如果第三人代替受要约人作出承诺，此种承诺只能视为第三人对要约人发出的要约，而不具有承诺的效力。其二，承诺的权利也是一种资格，不能由受要约人随意转让，否则承诺对要约人不产生效力。当然，如果要约人在要约中明确允许受要约人具有转让的资格，或者受要约人在转让承诺时征得了要约人的同意，则此种转让是有效的。其三，承诺是受要约人享有的权利，但是否行使这项权利应由受要约人自己决定，这就是说受要约人可以行使也可以放弃该项权利，他在收到要约以后并不负有必须承诺的义务，除法律有特别规定或者双方事先另有约定外，受要约人不为承诺时也不负通知的义务；即使要约人单方在要约中明确规定承诺人不作出承诺通知即为承诺，该规定对受要约人也没有任何法律拘束力。

（六）要约的撤回和撤销

1. 要约的撤回。我国《民法典》规定要约可以撤回。要约的撤回是指要约人在发

---

〔1〕 全国 2017 年 10 月高等教育自学考试合同法试题，单项选择题第 3 题。

出要约以后，未达到受要约人之前，宣告取消要约。任何一项要约都是可以撤回的，只要撤回的通知先于或同时与要约到达受要约人，便能产生撤回的效力，视为要约人未发出要约。允许要约人撤回要约，是尊重要约人的意志和利益的体现。由于撤回是在要约到达受要约人之前作出的，因此在撤回时要约并没有生效，撤回要约也不会影响到受要约人的利益。而要约一旦生效，要约人的撤回权就消灭了。如甲在某日给乙去函要求购买电视机，但甲同日又与丙达成了购买该电视机的协议，就立即给乙发去传真要求撤回要约，因为传真比信件快，其先于信件到达受要约人，所以这种撤回是有效的。

2. 要约的撤销。要约的撤销是指要约人在要约到达受要约人并生效以后，受要约人承诺之前，将该项要约取消，从而使要约的效力归于消灭。

撤销与撤回都旨在使要约作废，或取消要约，并且都只能在承诺作出之前实施。但两者的区别在于：撤回要约发生在要约未到达受要约人而且并未生效之前，而撤销要约则发生在要约已经到达受要约人并已生效，但受要约人尚未作出承诺的期限内。由于撤销要约时要约已经生效，因此对要约的撤销必须有严格的限定，如果因为撤销要约而给受要约人造成损害，要约人应负赔偿责任。而对要约的撤回并没有这些限制。我国《民法典》规定，如果要约中规定了承诺期限或者以其他形式表明要约是不可撤销的，或者尽管没有明示要约不可撤销，但受要约人有理由认为要约是不可撤销的，并且已经为履行合同做了合理准备工作，则不可撤销要约。如果受要约人在收到要约以后，基于对要约的信赖，已为准备承诺支付了一定的费用，在要约撤销以后有权要求要约人给予适当补偿。

 相关案例

某市职业学校（以下简称"学校"）因准备建立电脑室，需购买 100 台电脑，便向甲公司发出传真，要求以每台 3000 元的价格购买 100 台某型号电脑，并要求甲公司在半个月内送货上门。传真发出后，学校收到了乙公司的广告，其价格比甲公司的价格低 5% 并且能马上送货上门。于是，学校立即要求乙公司送货上门。收货后，学校想起自己曾经答应过购买甲公司的电脑，便立即打电话联系退货。因电话没有打通，便派专人到甲公司联系退货事宜。学校派出的人刚走，甲公司发来一传真，称同意学校意见，半个月内按时送货。学校派出的人到甲公司后，甲公司的人表示不能退货。半个月后，甲公司的货送到学校，可是学校拒收货物。于是甲公司提起诉讼。学校应否承担责任？

某市职业学校向电脑甲公司发出的传真符合要约的构成要件，甲公司在要约期限内发来的承诺是属于承诺。《民法典》第 477 条规定："撤销要约的意思表示以对话方式作出的，该意思表示的内容应当在受要约人作出承诺之前为受要约人所知道；撤销要约的意思表示以非对话方式作出的，应当在受要约人作出承诺之前到达受要约人。"

学校对要约的撤销不符合法律规定的撤销条件，所以学校对要约的撤销不能成立。甲公司在规定期限内进行了承诺，合同已经成立，学校拒收货物构成了违约，应当承担违约责任。

法条链接

《中华人民共和国民法典》

第475条　要约可以撤回。要约的撤回适用本法第一百四十一条的规定。

第141条　行为人可以撤回意思表示。撤回意思表示的通知应当在意思表示到达相对人前或者与意思表示同时到达相对人。

第476条　要约可以撤销，但是有下列情形之一的除外：

（一）要约人以确定承诺期限或者其他形式明示要约不可撤销；

（二）受要约人有理由认为要约是不可撤销的，并已经为履行合同做了合理准备工作。

第477条　撤销要约的意思表示以对话方式作出的，该意思表示的内容应当在受要约人作出承诺之前为受要约人所知道；撤销要约的意思表示以非对话方式作出的，应当在受要约人作出承诺之前到达受要约人。

（七）要约的失效

要约失效，是指要约丧失了法律拘束力，即不再对要约人和受要约人产生拘束。要约失效后，受要约人也丧失了其承诺的资格，即使其向要约人表示了承诺，也不能导致合同的成立。要约失效的原因有以下几种：

1. 拒绝要约的通知到达要约人。拒绝要约是指受要约人不接受要约所规定的条件，即受要约人接到要约后，通知要约人不同意与之签订合同。拒绝要约的通知到达要约人时，该要约即失去法律效力。当然，受要约人拒绝了要约后，也可以撤回拒绝的通知，但撤回拒绝要约的通知必须在拒绝要约的通知到达之前或者同时到达要约人，撤回拒绝通知才产生效力。

2. 要约人依法撤销要约。要约可以撤销。撤销要约的通知应当在受要约人发出承诺通知之前到达受要约人。但要约人确定了承诺期限或者以其他形式明示要约不可撤销，或者受要约人有理由认为要约是不可撤销且已经为履行合同做了准备工作的，要约不能撤销。要约一旦依法撤销，效力就消灭。

相关案例[1]

甲公司于10月20日向乙公司发出一项要约，欲向其购买材料一批，第二天因为发生安全事故公司停产，便想反悔，于10月23日发出通知取消之前发出的要约。要约于10月26日到达乙公司。10月27日，乙公司正在组织讨论是否应该接受这个要约的时

---

〔1〕　浙江省2016年4月高等教育自学考试合同法原理与实务试题，单项选择题第4题。

候，取消通知到达。根据《民法典》第 475、476 条规定，要约可以撤销。撤销要约的通知应当在受要约人发出承诺通知之前到达受要约人。甲公司发出的要约已被撤销，要约无效。

3. 承诺期限届满，受要约人未作出承诺。要约中明确规定了承诺期限的，表明要约人规定了要约发生法律效力的期限，则承诺必须在该期限作出，超过该期限不承诺，要约的效力自动消灭。

4. 受要约人对要约内容作出实质性变更。受要约人对要约的内容作出实质性的变更，形成了反要约。提出反要约就是对原要约的拒绝，原要约当即失去效力。如果受要约人作出的承诺通知只是对要约的非实质性内容予以变更，而要约人又没有及时表示反对，则该承诺有效，但要约人事先声明要约的任何内容都不得改变的除外。

法条链接

《中华人民共和国民法典》

第 478 条　有下列情形之一的，要约失效：

（一）要约被拒绝；

（二）要约被依法撤销；

（三）承诺期限届满，受要约人未作出承诺；

（四）受要约人对要约的内容作出实质性变更。

三、承诺

（一）什么是承诺

承诺是受要约人同意要约的意思表示。即受要约人同意接受要约的条件以缔结合同的意思表示。承诺的法律效力在于承诺一经生效，合同便告成立。但是，受要约人必须完全同意要约人提出的主要条件，如果对要约人提出的主要条件并没有表示接受，则意味着拒绝了要约人的要约，并形成了一项反要约或新的要约。

法条链接

《中华人民共和国民法典》

第 479 条　承诺是受要约人同意要约的意思表示。

第 483 条　承诺生效时合同成立，但是法律另有规定或者当事人另有约定的除外。

（二）承诺的构成要件

承诺的效力在于使合同成立，确定一项意思表示为承诺，也就确定当事人之间的合同成立。一项意思表示只有符合以下条件才构成承诺：

1. 承诺必须由受要约人以通知的方式作出。这就是说，受要约人必须将承诺的内容通知要约人，但受要约人应采取何种通知方式，应根据要约的要求确定。如果要约规定承诺必须以一定的方式作出，否则承诺无效，那么承诺人作出承诺时，必须符合要约人规定的承诺方式，在此情况下，承诺的方式成为承诺生效的特殊要件。例如，要约要求承诺应以电报方式作出，则不应采取邮寄的方式。如果要约没有特别规定承诺的方式，则不能将承诺的方式作为有效承诺的特殊要件。

承诺原则上应采取通知方式，但根据交易习惯或者要约表明可以通过行为作出承诺的除外。这就是说，如果根据交易习惯或者要约的内容并表明可以以行为承诺，则受要约人可通过一定的行为作出承诺。比如买卖交易中，买主问鸡蛋多少钱一斤，此为要约邀请，卖主答 5.5 元一斤，此为要约；买主又问："10 元买两斤，可以吗？"卖主未明确答复，而是拿起鸡蛋称了两斤，按交易习惯，卖主称鸡蛋的行为就表示承诺。以行为作出承诺，绝不同于沉默。沉默是指受要约人没有作任何意思表示，也无任何行为，不能确定其具有承诺的意思，因此不属于承诺。例如，甲向乙、丙同时兜售手机一部，价值 1000 元，甲问乙、丙是否愿意购买，乙沉默不语，未作任何表示，而丙直接掏出 1000 元交给甲。乙为沉默，不能算承诺，而丙的付钱行为则属于以行为作出承诺。

2. 承诺须由受要约人向要约人作出。要约原则上是向特定人发出的，因此只有接受要约的特定人即受要约人才有权作出承诺，受要约人以外的第三人无资格向要约人作出承诺，第三人向要约人所作出的同意其要约的意思表示只能是向要约人发出的一项要约而已。而受要约人也只有向要约人作出同意要约的意思表示，才为承诺。受要约人以外的人或者受要约人向要约人以外的人作出的意思表示，都不为承诺。

3. 承诺的内容必须与要约的内容一致。所谓内容一致，是指承诺的意思表示是对要约的同意，其同意内容须与要约的内容一致，才构成意思表示的一致即合意，从而使合同成立。承诺的内容与要约的内容一致，意味着承诺不得限制、扩张或者变更要约的内容，也就是说，承诺不得对要约的内容作出实质性的变更。《民法典》第 488 条规定："承诺的内容应当与要约的内容一致。受要约人对要约的内容作出实质性变更的，为新要约。有关合同标的、数量、质量、价款或者报酬、履行期限、履行地点和方式、违约责任和解决争议方法等的变更，是对要约内容的实质性变更。"但并不是承诺不得对要约的内容作丝毫改变，如果承诺并未更改要约的实质性内容，要约人也未表示反对，则承诺仍然有效。《民法典》第 489 条规定："承诺对要约的内容作出非实质性变更的，除要约人及时表示反对或者要约表明承诺不得对要约的内容作出任何变更外，该承诺有效，合同的内容以承诺的内容为准"。例如，要约人发出一项要约，内容为 10 天内向受要约人供应某种型号的惠普电脑 100 台，价格为每台 4000 元，受要约人则在回函中表示 100 台惠普电脑及价格均同意，并愿意在限定的期限内付款，但提出付款方式由电汇改为支票，这种意思表示应当视为未对要约作出实质性修改，只要要约人不表示反对，即构成承诺。但是，在以下两种情况下即使承诺并未对要约的内容作非实质性内容的变更，承诺也不能生效：

（1）要约人及时表示反对，即要约人在收到承诺通知后，立即表示不同意受要约人对非实质性内容所作的变更；如果经过一段时间后仍不表示反对，则承诺已生效。

（2）要约人在要约中明确表示，承诺不得对要约的内容作出任何变更，否则无效，则受要约人作出非实质性变更也不能使承诺生效。

4. 承诺必须在承诺期限内到达要约人。承诺期限通常都是在要约人发出的要约中规定的，如果要约规定了承诺期限，则应当在规定的承诺期限内到达；要约没有规定期限时，根据《民法典》第481条规定，如果要约是以对话方式作出的，承诺人应当即时作出承诺，如果要约是以非对话方式作出的，承诺应当在合理期限内作出并到达要约人。合理期限的长短应当根据具体情况来确定，一般包括，根据一般的交易惯例受要约人在收到要约以后需要考虑和作出决定的时间，以及发出承诺并到达要约人的时间。《民法典》第482条规定："要约以信件或者电报作出的，承诺期限自信件载明的日期或者电报交发之日开始计算。信件未载明日期的，自投寄该信件的邮戳日期开始计算。要约以电话、传真、电子邮件等快速通讯方式作出的，承诺期限自要约到达受要约人时开始计算。"未能在合理期限内作出承诺并到达要约人，不能成为有效承诺。如果要约已经失效，承诺人也不能作出承诺。对失效的要约作出承诺，视为向要约人发出新的要约，不能产生承诺效力。如果超过了规定的期限作出承诺，则为逾期承诺，逾期的承诺实质上不是承诺，而是一项新的要约，故不能产生承诺的法律效力。

相关案例

广州甲公司于2008年3月1日给上海乙公司发出信件："愿意购买贵公司某型号儿童玩具1万件，每件价格100元，你方负责运输，货到付款，30天内答复有效。"3月10日信件到达乙公司，乙公司收发员李某签收，但由于正逢下班时间，于第二天将信交给公司办公室。恰逢乙公司董事长外出，2008年4月6日才回来，看到甲公司信件后，立即给甲公司发去传真："如果价格为120元/件，可以卖给贵公司1万件某型号儿童玩具。"甲公司不予理睬。4月20日，上海丙公司经理吴某在乙公司董事长办公室看到了甲公司的信件，当天回去也向甲公司发了传真："我司愿意以每件100元的价格出售1万件某型号儿童玩具。"甲公司于第二天传真丙公司："我们只需要5000件。"丙公司当天回复："明日发货。"

请分析甲公司、乙公司、丙公司所发出的信件及各个传真的性质。

法条链接

《中华人民共和国民法典》

第480条　承诺应当以通知的方式作出；但是，根据交易习惯或者要约表明可以通过行为作出承诺的除外。

第481条　承诺应当在要约确定的期限内到达要约人。

要约没有确定承诺期限的，承诺应当依照下列规定到达：

（一）要约以对话方式作出的，应当即时作出承诺；

（二）要约以非对话方式作出的，承诺应当在合理期限内到达。

（三）承诺的效力

承诺从何时开始生效，两大法系的规定截然不同。大陆法采纳了到达主义，或称送达主义，即承诺的意思表示于到达要约人支配的范围内时生效，合同即告成立。英美法系采纳了送信主义，或称发送主义，在美国也常常称为"信筒规则"，是指如果承诺的意思以邮件、电报表示的，则承诺人将信件投入邮筒或电报交付电信局即生效力，除非要约人和承诺人另有约定。我国现行立法采纳到达主义。承诺生效的时间以到达要约人时确定。所谓到达，是指承诺的通知到达要约人支配的范围内，如要约人的信箱或营业场所等。承诺通知一旦到达于要约人，合同即宣告成立。如果承诺不需要通知，则根据交易习惯或要约的要求，一旦受要约人作出承诺的行为，承诺即生效。如在一项长期供酒协议中，乙惯常接受甲的订单不需要明确表示承诺。后甲为准备新年向乙订一大批货。乙没有答复，直接供货。此时乙的行为构成对甲的订单的承诺。

法条链接

《中华人民共和国民法典》

第484条　以通知方式作出的承诺，生效的时间适用本法第137条的规定。

承诺不需要通知的，根据交易习惯或者要约的要求作出承诺的行为时生效。

第137条　以对话方式作出的意思表示，相对人知道其内容时生效。

以非对话方式作出的意思表示，到达相对人时生效。以非对话方式作出的采用数据电文形式的意思表示，相对人指定特定系统接收数据电文的，该数据电文进入该特定系统时生效；未指定特定系统的，相对人知道或者应当知道该数据电文进入其系统时生效。当事人对采用数据电文形式的意思表示的生效时间另有约定的，按照其约定。

（三）承诺迟延与承诺撤回

1. 承诺迟延。承诺迟延是指受要约人所作承诺未在承诺期限内到达要约人。包括两种情况：

（1）逾期承诺，指受要约人在承诺期限届满后发出承诺而使承诺迟延。逾期承诺是受要约人向要约人发出的同意接受要约的意思表示，因为它作出的时间晚于要约确定的承诺期限，所以不符合有效承诺的全部要件，不能发生承诺的法律效力。但是如果要约人在接到逾期承诺时，还希望与承诺人成立合同，那么逾期承诺是否还可以成为有效的承诺呢？《民法典》第486条规定："受要约人超过承诺期限发出承诺，或者在承诺期限内发出承诺，按照通常情形不能及时到达要约人的，为新要约；但是，要约人及时通知受要约人该承诺有效的除外。"据此规定，逾期承诺有两种效力：一是要约人及时通知承诺人，承认该承诺有效的，合同成立；二是如果要约人接到逾期承诺后未及时通知承诺人该承诺有效的，就只能认为是一个新的要约，而不能认为是承诺。

（2）承诺迟到，指受要约人在承诺期限内发出承诺，按照通常情况可以适时到达，却因为意外原因而超过承诺期限到达要约人的承诺。如因邮局、电报局的原因造成承诺延误。承诺迟到与逾期承诺不同，逾期承诺是在发出时就已超出承诺期限，而承诺迟到却是在承诺期限内发出，只是在到达要约人时超出承诺期限。根据送信主义，承诺迟延不影响合同的成立。《民法典》第487规定："受要约人在承诺期限内发出承诺，按照通常情形能够及时到达要约人，但是因其他原因致使承诺到达要约人时超过承诺期限的，除要约人及时通知受要约人因承诺超过期限不接受该承诺外，该承诺有效。"可见，承诺迟到必须具备三个要件：①承诺在要约确定的承诺期限内发出；②承诺非因受要约人原因在承诺期限内未到达要约人；③该承诺在承诺期限后到达要约人。在承诺迟到情形下，要约人负有通知不接受承诺的义务，要约人未及时通知受要约人承诺迟到并拒绝该承诺的，该迟到承诺则为有效，承诺到达要约人之日合同成立。

2. 承诺撤回。承诺撤回是指受要约人（承诺人）在承诺通知发出之后、生效之前为阻止承诺生效实施的行为。根据到达主义，受要约人发出承诺通知后可以将其撤回，只要撤回的通知先于或者同时与承诺通知到达要约人，则承诺撤回有效。《民法典》第485条规定："承诺可以撤回。承诺的撤回适用本法第141条的规定。"允许受要约人在一定条件下撤回承诺符合其意志，也有利于使当事人根据市场交易的变化而作出是否缔约的决定，以实现其利益。

 法条链接

《中华人民共和国民法典》

第485条　承诺可以撤回。承诺的撤回适用本法第一百四十一条的规定。

第141条　行为人可以撤回意思表示。撤回意思表示的通知应当在意思表示到达相对人前或者与意思表示同时到达相对人。

四、合同的成立

合同的成立是当事人就合同的内容协商一致而达成协议的结果，判断合同之成立应以当事人的意志为标准确认和解释。

（一）合同成立的时间

《民法典》第483规定："承诺生效时合同成立……"合同成立的时间是由承诺的生效时间决定，承诺的效果在于使合同成立，承诺一旦生效，合同便宣告成立，当事人就享受合同上的权利和承担合同上的义务，因此承诺生效时间在合同法中具有极为重要的意义。我国合同法采取到达主义，因此承诺生效的时间以承诺到达要约人的时间为准，即承诺何时到达于要约人，则承诺便在何时生效。在确定承诺生效时间时应注意以下问题：

1. 受要约人虽在承诺期限内发出了承诺通知，但因其他原因导致承诺迟延的，如果要约人没有及时通知受要约人因承诺超过期限而不接受该承诺，则该承诺应视为有效，承诺生效时间以承诺通知实际到达要约人的时间来确定。承诺期限的确定方法要根据要约的方式来确定承诺发出的时间，如果要约是以信件或者电报发出的，承诺期限自信件载明的日期或者电报交发之日开始计算。信件未载明日期的，自投寄该信件的邮戳日期开始计算。要约以电话、传真等快速通讯方式作出的，承诺期限自要约到达受要约人时开始计算。

2. 采用数据电文形式订立合同的，如果要约人指定了特定系统接收数据电文的，则受要约人的承诺的数据电文进入该特定系统的时间，视为到达时间；未指定特定系统工程，该数据电文进入要约人的任何系统的首次时间，视为到达时间。

3. 以直接方式作出承诺，应以收到承诺通知的时间为承诺生效时间，如果承诺不需要通知的，则受要约人可根据交易习惯或者要约的要求以行为的方式作出承诺，一旦实施承诺的行为，则应为承诺的生效时间。如果合同必须以书面形式订立，则应以双方在合同书上签字或盖章的时间为承诺生效时间。如果合同必须经批准或登记才能成立，则应以批准或登记的时间为承诺生效的时间。

（二）合同成立的地点

《民法典》第 492 条第 1 款规定："承诺生效的地点为合同成立的地点。"可见，承诺生效地就是合同成立地，由于合同的成立地对确定法院管辖权及选择法律的适用等问题有重要意义，因此明确合同成立的地点十分重要。合同成立地点的确定有几种情况：一是采用数据电文形式的合同成立地点为收件人的主营业地，《民法典》第 492 条第 2 款规定："采用数据电文形式订立合同的，收件人的主营业地为合同成立的地点；没有主营业地的，其住所地为合同成立的地点。当事人另有约定的，按照其约定"；二是采用合同书形式的合同成立地点为当事人签字盖章的地点，但当事人另有约定的除外。《民法典》第 493 条规定："当事人采用合同书形式订立合同的，最后签名、盖章或者按指印的地点为合同成立的地点，但是当事人另有约定的除外。"

（三）合同的实际成立

对于要式合同，必须采用特定的形式，合同才能成立。在实践中，当事人虽未采用特定的形式，但从其实际履行合同义务的行为中，推定其已经形成了合意，则可认定合同成立。我国《民法典》规定，法律、行政法规规定或者当事人约定采用书面形式订立合同，当事人未采用书面形式但一方已经履行主要义务，对方接受时该合同成立。采用合同书形式订立合同，在签字或者盖章之前，当事人一方已经履行主要义务，对方接受时该合同成立。

法条链接

《中华人民共和国民法典》

第 483 条　承诺生效时合同成立，但是法律另有规定或者当事人另有约定的除外。

第 490 条　当事人采用合同书形式订立合同的，自当事人均签名、盖章或者按指印时合同成立。在签名、盖章或者按指印之前，当事人一方已经履行主要义务，对方接受时，该合同成立。

法律、行政法规规定或者当事人约定合同应当采用书面形式订立，当事人未采用书面形式但是一方已经履行主要义务，对方接受时，该合同成立。

第491条　当事人采用信件、数据电文等形式订立合同要求签订确认书的，签订确认书时合同成立。

当事人一方通过互联网等信息网络发布的商品或者服务信息符合要约条件的，对方选择该商品或者服务并提交订单成功时合同成立，但是当事人另有约定的除外。

第492条　承诺生效的地点为合同成立的地点。

采用数据电文形式订立合同的，收件人的主营业地为合同成立的地点；没有主营业地的，其住所地为合同成立的地点。当事人另有约定的，按照其约定。

第493条　当事人采用合同书形式订立合同的，最后签名、盖章或者按指印的地点为合同成立的地点，但是当事人另有约定的除外。

▨▨▨ 引例分析

旅店服务合同属于无名合同，《民法典》未对旅店服务合同所包含的主要条款予以明确规定，但就交易习惯或旅游实践而言，住宿人数、住宿标准、住宿时间等构成了旅店服务合同的主要条款。引例中，天际公司给静安酒店的传真中，明确载明了入住时间、入住人数、房间标准与价格、用餐安排与价格以及温泉洗浴的要求，并要求静安酒店"按此计划安排有关事宜"，该传真内容包含了旅店服务合同的主要条款；传真附言中"按此计划安排有关事宜"的用语直接表明了天际公司希望对方承诺的意思；"敬请确认，如有问题请随时联系"的用语也佐证了要约的内容具体确定，传真有明确的订约目的。因此，天际公司发给静安酒店的传真构成要约，该要约对天际公司具有约束力。静安酒店也已按天际公司传真的内容作出了相应的准备，以实际行动作出了承诺。《民法典》第484条第2款规定："承诺不需要通知的，根据交易习惯或者要约的要求作出承诺的行为时生效。"据此，静安酒店的准备行为作出时，承诺即已生效，双方合同也已成立。所以天际公司与静安酒店的旅店服务合同已经生效。

▨▨▨ 思考与练习

一、不定项选择题

1. 某酒店客房内备有零食、酒水供房客选用，价格明显高于市场同类商品。关某入住该酒店，由于缺乏住店经验，又未留意标价单，误以为系酒店免费提供而饮用了一瓶洋酒。结账时酒店欲按标价收费，关某拒付。下列哪一项是正确的？（　　　）

A. 关某应按标价付款

B. 关某应按市价付款

C. 关某不应付款

D. 关某应按标价的一半付款

2. 碧溪公司与浦东公司订立了一份书面合同，碧溪公司签字、盖章后邮寄给浦东公司签字、盖章。该合同于何时成立？（　　　）

A. 自碧溪公司与浦东公司口头协商一致并签订备忘录时成立

B. 自碧溪公司签字、盖章时成立

C. 自碧溪公司将签字、盖章的合同交付邮寄时成立

D. 自浦东公司签字、盖章时成立

3. 甲公司于4月11日信件方式向乙公司发出采购100吨钢材的要约，4月14日信件寄至乙公司。乙公司于5月1日寄出承诺信件，5月8日信件寄至甲公司，适逢其董事长出差，5月9日，董事长知悉了该信内容，遂于5月10日打电话告知乙公司收到承诺。问：该承诺何时生效？承诺期限从何时开始计算？（　　　）

A.5月1日　　　4月11日

B.5月8日　　　4月11日

C.5月9日　　　4月14日

D.5月10日　　　4月14日

4. 甲公司于2月5日以普通信件向乙公司发出要约，要约中表示以2000元1吨的价格卖给乙公司某种型号钢材100吨，甲公司随即又发了一封快信给乙公司，表示原要约中的价格作废，现改为2100元1吨，其他条件不变。普通信件于2月8日到达，快信于2月7日到达，乙公司均已收到两封信，但秘书忘了把快信交给董事长，乙公司董事长回信对普通信件发出的要约予以承诺。请问：甲乙之间的合同是否成立？（　　　）

A. 合同未成立，原要约被撤销

B. 合同未成立，原要约被新原要约撤回

C. 合同成立，快信的意思表示未生效

D. 合同成立，要约与承诺取得了一致

二、简答题

1. 什么是要约？什么是承诺？

2. 实践中如何判断一项意思表示是要约还是要约邀请？

三、案例分析

11月7日，某国土局在报纸上刊登了《土地使用权挂牌出让公告》，载明经人民政府批准，挂牌出让国有土地使用权。根据公告，11月21日某房地产公司在某国土局规定的挂牌地点依法参加了挂牌竞投活动，并于当日挂出了5000万元报价的竞买单。11月22日，某国土局以该开发宗地未经省国土资源厅批准为由，通知某房地产公司该开发宗地停止挂牌出让，拒绝与某房地产公司订立国有土地使用权出让合同。某房地产公司要求某国土局继续履行合同，将开发宗地出让给某房地产公司。

问：

1. 某国土局的挂牌出让公告是属于要约还是要约邀请？为什么？

2. 某国土局与某房地产公司的挂牌出让合同是否成立，为什么？

项目三　合同的内容与形式

引例

郑州市的罗某打算为自己的新家购买一套高档家具。罗某经过挑选，看中了某家具卖场的一套组合家具，该家具是由大面积玻璃制造而成，晶莹剔透，在灯光下十分美丽，但罗某十分担心家具的运输问题，家具卖场的销售人员表示，卖场承诺在市区范围内免费送货上门。于是罗某向卖场支付了 13000 元的价款，家具卖场在向罗某交付发票的同时，让其填写一张托运票，票上用红色印刷了十几条托运条款，其中第 4款称："本卖场免费托运家具至指定地点，保证安全及时，但在运输过程中由于货物相互碰撞或者车辆与货物相互碰撞造成的货物破损，本公司不予负责。"罗某认为这一条忽略了对货物包装不善或者运输人员重大过失导致出现货物破损的情况，因此与销售人员协商该问题，销售人员当即应罗某要求，在托运单空白处注明："因货物包装不善或司机重大过失导致货物破损的，公司仍承担赔偿责任。"但销售人员的行为没有经过上级领导同意。罗某随即离开。

家具卖场对罗某的家具只是按照一般的包装方法进行包装，即在四周加上棉套和塑料泡沫，并没有采取特别保护措施，而且采用层叠摆放的方式装车，结果在路上由于玻璃之间反复摩擦，最终发生碎裂。罗某接收货物后，发现家具碎裂，坚持要求运输人员更换家具，对方不同意，在双方僵持不下的情况下，罗某向法院提起诉讼，要求家具卖场承担违约赔偿责任。[1]

问：家具卖场应否承担责任？

基本原理

上述引例纠纷主要涉及合同中格式条款的效力和解释问题，即合同的内容问题。当事人依程序订立合同，意思表示一致，便形成合同条款，构成作为法律行为的合同的内容。合同条款固定了当事人各方的权利义务，成为法律关系意义上的合同的内容。

一、合同的内容

（一）合同的一般条款

1. 合同条款的类型。我国传统民法理论将合同条款区分为主要条款和普通条款。

合同的主要条款，是指合同的必备条款，欠缺主要条款则导致合同不成立。合同

---

〔1〕　徐海燕：《债权法案例选评》，对外经济贸易大学出版社 2006 年版，第 100~101 页。

的主要条款决定着合同的类型，确定着当事人各方权利义务的质和量。合同的主要条款分为三类：①法律直接规定的条款，如《民法典》第 668 条第 2 款规定的借款合同应有借款币种的条款；②根据合同的类型和性质必须具备的条款，如价款条款是买卖合同的主要条款，却不是赠与合同的主要条款；③当事人约定的条款，如买卖合同中关于交货地点的条款，如一方提出必须就该条款达成协议，它就是合同的主要条款，若双方均未提出必须在某地交货，则该条款不是主要条款。

合同的普通条款，是指合同主要条款以外的条款。包括以下类型：其一，法律未直接规定，亦非合同的类型和性质要求必须具备的，当事人无意使之成为主要条款的合同条款。例如，关于包装物返还的约定和免责条款等均属此类。其二，当事人未写入合同中，甚至从未协商过，但基于当事人的行为，或基于合同的明示条款，或基于法律的规定，理应存在的合同条款。英美合同法称之为默示条款。

知识链接

默示条款是源自英美法系的称谓。依据产生的原因，默示条款可以分为行为默示条款、交易习惯默示条款、法定默示条款。

行为默示条款，是指双方当事人的行为所表达的意思一致，构成合意而形成默示条款。例如，双方未约定交易方式，一方履行合同，另一方接受履行，那么双方当事人以自己的行为对交易方式达成合意，构成默示条款。我国《民法典》第 490 条的规定就是对行为默示条款的认可。

交易习惯默示条款，是指在某个地区或行业通行的交易惯例被推定为默示条款。例如，在英国 1836 年的汉顿诉瓦伦案中，当事人因土地租赁发生纠纷时，承租人证明，根据当地习惯，承租人应按照特定耕作程序从事种植，而当租期届满时，他有权就青苗地上已投入的种子和劳务得到合理补偿。法院认为，尽管当事人在合同中对此未作明示，但按当地习惯应解释为合同中有此条款。[1] 我国《民法典》第 510 条确认了交易习惯默示条款。

法定默示条款，是指根据法律直接规定而形成的合同默示条款。如我国《民法典》第 712 条规定："出租人应当履行租赁物的维修义务，但是当事人另有约定除外。"在租赁合同中，当事人对租赁物由谁维修未作约定时，该法律规定即成为合同的普通条款，即由出租人承担租赁物的维修义务。

2. 合同一般条款的内容。根据《民法典》第 470 条规定，合同的一般条款包括：

（1）当事人的姓名（或者名称）和住所。当事人是合同权利义务的承受者，没有当事人，合同关系无法存在，合同权利和合同义务就失去存在的意义，给付和受领给付也无从谈起。因此，订立合同必须有当事人这一条款，该条款是一切合同的主要条款。当事人由其名称或姓名及住所加以特定化、固定化，所以，合同的草拟必须写清

〔1〕 转引自王利明、崔建远主编：《合同法》，北京大学出版社 2003 年版。

当事人的姓名、名称和住所。

（2）标的。标的是合同权利和义务指向的对象。合同没有标的，权利义务就无所指向，且标的是其他合同条款的基础和前提，所以标的是合同成立必须具备的条款，而且必须明确、具体，当事人应使用有效手段使合同标的得以确定。以标的物为例，对标的物的品种、规格、花色、型号、商标，必要时连生产地、生产商、生产日期等都要具体规定。

（3）数量。标的的数量是确定合同标的的具体条件，是判断合同义务方是否全面履行的具体标准。标的数量要确切，首先应选择双方共同接受的计量单位，其次要确定双方认可的计量方法，最后应允许规定合理的磅差和在途自然减（增）量及计算方法。

（4）质量。标的的质量条款也是确定合同标的的具体条件，是这一标的区别于同类另一标的的具体特征。对质量条款的约定，一般应考虑五个方面：①标的的物理和化学成分；②标的的规格；③标的的性能；④标的的款式；⑤标的的感觉要素。[1]

（5）价款或报酬。价款或报酬是指当事人取得合同标的所付出的货币代价，是有偿合同的条款。价款是取得标的物一方当事人向对方支付的代价，如货款、租金等。报酬是获得服务的一方当事人向对方支付的代价，如运费、保管费、加工费等。价款或报酬一般由当事人在订立合同时自由约定，但对与国民经济发展和人民生活关系重大的少数商品、资源稀缺商品、垄断经营的商品、重要的公用事业及公共产品等，有相关国家定价或政府指导价的，必须执行政府定价或政府指导价。

（6）履行期限、地点和方式。履行期限是合同中享有权利的一方当事人要求对方履行义务的请求权发生的时间界限。履行期限涉及当事人的期限利益，也是确定违约与否的因素之一。履行期限可以规定为即时履行，也可以规定为定时履行，还可以规定为在一定期限内履行。如果分期履行，还应明确规定每期履行的准确时间。

履行地点是合同约定的一方当事人履行义务和对方接受该履行的地点。合同的履行地点直接关系到运输费用由谁负担、风险由谁承受，又是确定标的物所有权转移的依据，还是确定诉讼管辖的依据之一，对于涉外合同，它更是确定法律适用的一项依据。所以，当事人必须根据合同的性质和内容，对合同履行地点作出明确、具体的约定。

履行方式是当事人履行合同义务的具体方式和要求。例如，是一次性交付还是分期分批交付，是交付实物还是交付标的物的所有权凭证，是铁路运输还是空运、水运等，这些都同样事关当事人的利益。因此，当事人应当根据合同的性质和内容，对合同的履行方式作出约定。

（7）违约责任。违约责任是合同当事人不履行合同义务或不适当履行义务时应承

---

〔1〕 王利明、崔建远：《合同法新论·总则》，中国政法大学出版社 1996 年版，第 206 页。

担的法律后果。违约责任是促使当事人履行义务，使守约方免受或少受损失的法律措施，对当事人的利益关系重大，合同对此应予明确。例如，明确规定违约致损的计算方法、赔偿范围等。值得注意的是，违约方之所以要承担违约责任，并不是基于合同的约定，而是由合同的效力决定的。所以，即使合同中没有约定违约责任条款，如果一方当事人违约，另一方当事人仍可以请求对方承担违约责任。当事人所约定的违约责任条款，只决定着违约方所应承担责任的范围和程度。

（8）解决争议的方法。合同履行过程中，当事人可能会产生各种争议，对此应及时、妥善地解决。为了在发生纠纷时尽快合理的解决，合同当事人在订立合同时，对解决争议的方法也应作出明确规定。解决争议的方法一般有协商、调解、仲裁、诉讼等。

如果欠缺上述8项内容之某一项或某几项，是否必然导致合同不成立，在实践中应具体问题具体分析。比如，合同欠缺标的条款，因标的是权利义务指向的对象，是民事法律关系的客体要素，因此标的条款的欠缺往往导致合同不成立。而合同欠缺质量、履行期限等条款，并不会导致合同不成立，《民法典》第510条、511条针对这些欠缺条款规定了补充和确定方法。

法条链接

《中华人民共和国民法典》

第142条第1款 有相对人的意思表示的解释，应当按照所使用的词句，结合相关条款、行为的性质和目的、习惯以及诚信原则，确定意思表示的含义。

第466条 当事人对合同条款的理解有争议的，应当依据本法第一百四十二条第一款的规定，确定争议条款的含义。

合同文本采用两种以上文字订立并约定具有同等效力的，对各文本使用的词句推定具有相同含义。各文本使用的词句不一致的，应当根据合同的相关条款、性质、目的以及诚实信用原则等予以解释。

第510条 合同生效后，当事人就质量、价款或者报酬、履行地点等内容没有约定或者约定不明确的，可以协议补充；不能达成补充协议的，按照合同相关条款或者交易习惯确定。

第511条 当事人就有关合同内容约定不明确，依照前条规定仍不能确定的，适用下列规定：

（一）质量要求不明确的，按照强制性国家标准履行；没有强制性国家标准的、按照推荐性国家标准履行；没有推荐性国家标准的，按照行业标准履行；没有国家标准、行业标准的，按照通常标准或者符合合同目的的特定标准履行。

（二）价款或者报酬不明确的，按照订立合同时履行地的市场价格履行；依法应当执行政府定价或者政府指导价的，依照规定履行。

（三）履行地点不明确，给付货币的，在接受货币一方所在地履行；交付不动产的，在不动产所在地履行；其他标的，在履行义务一方所在地履行。

（四）履行期限不明确的，债务人可以随时履行，债权人也可以随时要求履行，但应当给对方必要的准备时间。

（五）履行方式不明确的，按照有利于实现合同目的的方式履行。

（六）履行费用的负担不明确的，由履行义务一方负担；因债权人原因增加的履行费用，由债权人负担。

（二）格式条款

按照合同自由原则的内涵，民事主体享有缔结合同的自由，选择对方当事人的自由以及决定合同内容的自由。而随着商品生产和商品交换的高速发展，商品交易日益频繁、复杂，在不断重复发生、数量巨大的合同交易中，提供商品或服务的公用事业或者企业一方，不可能也无必要与每一个消费者就合同条款逐一进行协商。在这种条件下，就可以预先将双方都关注的交易条件格式化，使双方当事人在缔结合同过程中减少不必要的协商过程，从而得以节省时间，减少交易成本，提高生产经营效率，这是格式条款产生的经济动因。同时，格式条款所具有的标准性及书面明示性特征，可以让缔结合同的双方当事人，尤其是格式条款制定方，可以预先估计交易风险并进行合理分配，增加对生产经营预期效果的确定性，从而提高生产经营的计划性，促进生产经营的合理性；也可以使智力、知识、经验、精力、地位不同的消费者受到同等对待，从而平衡消费心理。因此，格式条款自19世纪初出现后到现在，其适用范围不断扩大，从最初的铁路、邮电等公用事业领域逐渐扩充到保险、银行、通信、制造、出版等行业。

1. 格式条款的概念。格式条款，德国法称为一般交易条款，英国法称为标准合同条款，我国《民法典》合同编则称为格式条款。

根据《民法典》第496条第1款的规定，所谓格式条款是指当事人为了重复使用而预先拟定，并在订立合同时未与对方协商的条款。在我国，电信、移动、邮电、铁路、航空等行业形成了全国性的或者行业性的垄断经营，这些行业在我国已经实行了格式条款。

2. 格式条款的特征。格式条款具有以下几个特征：

（1）格式条款拟定的单方性。格式条款是由一方当事人预先拟定的，在拟定之时并没有征求对方当事人的意见，在合同的订立过程中，不容对方讨价还价，必须接受该条款，否则合同不可能成立。相对人只能"要么接受，要么走开"。

（2）格式条款适用对象的广泛性。格式条款是一方当事人为了重复使用而预先拟定的，它适用于与其交易的所有同类交易对象，只要这些交易对象与其交易，都以格式条款作为基础。

（3）格式条款适用时间的持续性。一方当事人为了重复使用而预先拟定的格式条款，是为了在一定期限内多次使用该条款，而不是为某一笔或者少量几笔特定交易而专门拟定的条款，因此同一格式条款可以多次持续地使用于大量的交易行为。

（4）格式条款具有明示性。格式条款需以明确的书面形式向公众表达，这是由其适用对象的广泛性决定的。

3. 格式条款的规制制度。在当今社会经济生活中，通过格式条款订立合同已经十分普遍，比如保险合同、航空或旅客运输合同、供电、供水、供热合同和邮政电信服务合同等。如前所述，格式条款的应用具有重大的积极意义，但格式条款的普遍使用也易产生严重的弊端：格式条款大多以垄断为基础，而格式条款的普遍使用又在一定程度上助长了垄断；格式条款只充分实现了格式条款提供一方的合同自由，而相对方的合同自由是极为有限的，虽然相对方仍然享有是否订立合同的自由，但从实践来看，适用格式条款的多为相对人生活中不可或缺的垄断行业，因此实际上相对人无法拒绝，只能接受；合同内容由格式条款提供一方在未与相对方协商的情况下预先单方拟定，格式条款提供者在制定格式条款时，为了追求自己单方面的最大利益，有可能极少甚或完全不顾及相对方之利益，从而使得格式条款常含有不公平的内容，如不合理地扩大自己的免责范围，规定对方必须放弃某些权利，等等。这些不公平的格式条款损害了相对人的利益，危及社会交易的公平与安全，违背了诚实信用、公平自愿、等价有偿、公序良俗等原则，是以形式上的合同自由掩盖了实质上的合同不自由。因此国家法律必须对格式条款予以规制，以保护相对方的利益，保证交易安全，维护社会公平正义。

我国《民法典》合同编对格式条款的规制主要从保障公平的角度进行规定，包括三个方面：其一，对格式条款提供者课加特别的义务；其二，规定具有特定情形的格式条款无效；其三，规定格式条款的解释规则。具体分述如下：

（1）格式条款提供者的三项特别义务。《民法典》第496条第2款规定：采用格式条款订立合同的，提供格式条款的一方应当遵循公平原则确定当事人之间的权利和义务，并采取合理的方式提示对方注意免除或者减轻其责任等与对方有重大利害关系的条款，按照对方的要求，对该条款予以说明。因此，格式条款提供者负有三项义务：

第一，应当遵循公平原则确定当事人之间的权利和义务。公平原则是合同法的基本原则之一，格式条款提供者在预先拟定格式条款时，应将双方当事人在合同中享有的权利和承担的义务规定的大致对等，而不能将义务和责任全推给对方，权利全留给自己，或者自己多享有权利、少承担义务，而让相对方多承担义务、少享受权利。如果格式条款提供者未遵循公平原则确定双方的权利和义务，则构成显失公平，按照《民法典》第151条的规定，显失公平的合同属可撤销的合同，因此，该格式合同即使签订，非格式条款一方也可请求人民法院或仲裁机构予以撤销或变更。

法条链接

《中华人民共和国民法典》

第151条 一方利用对方处于危困状态、缺乏判断能力等情形，致使民事法律行为成立时显失公平的，受损害方有权请求人民法院或者仲裁机构予以撤销。

相关案例

原告曲某至被告广州市白云天鲜阁酒楼处消费，原告自带白酒并自己开启，结账时被告收取了186元餐饮费和20元"开瓶费"，原告认为被告收取20元"开瓶费"不合理而诉至法院。广州市白云区法院认为被告规定"谢绝自带酒水，自带酒水收取开瓶费20元"，侵犯了原告的自主消费权，被告将其张贴在显眼位置，实质上是被告对消费者作出的格式条款的规定，但该格式条款没有依据公平原则合理确定权利义务，故不具有法律效力，法院判决被告返还原告20元。被告不服提起上诉，广州市中级人民法院经二审维持了原判。[1]

第二，提示义务。由于采用格式条款订立合同时，相对方并不能就格式条款提出修改的要求，而只能完全同意或者拒绝，相对方往往对格式条款的内容注意不够或者不理解条款的内容，因此，《民法典》规定，提供格式条款的一方应当采取合理的方式提请对方注意免除或者减轻其责任等与对方有重大利害关系的条款。这有利于合同相对方更加全面地获取合同重要信息、缩小与格式条款提供者之间信息获取、认知能力的差距。认定条款是否属于"重大利害关系条款"应当根据具体情况来判断，作为合同的主要条款、与合同目的有关的其他条款以及影响合同当事人权利义务平衡的条款，应当被认定为"与合同相对方有重大利害关系的条款"。所谓以合理方式提请对方注意，是指格式条款中的有关免责条款应该以显著，并且容易为相对方所发觉的方式出现，并且在必要的时候应该主动提醒对方注意该条款的存在。例如，使用足以引起对方注意的文字、符号、字体等特别标识，很多格式合同中会有黑体字显示的条款，格式条款提供者还会明确提示相对人注意黑体字的条款，这实际上就是格式条款提供者在履行法律所规定的提请对方注意的义务。依《民法典》第496条第2款的规定，提供格式条款的一方未履行提示义务，致使相对方没有注意与其有重大利害关系的条款的，相对方可以主张该条款不成为合同的内容，对合同双方均没有约束力。

第三，说明义务。由于格式条款是提供一方单方拟定而未与相对方协商的条款，相对方对于不理解、不明白的格式条款，有权要求格式条款提供者作出说明，涉及说明义务的条款主要是指免除或者减轻格式条款提供方责任等与相对方有重大利害关系的条款，当相对人对这些条款涉及事项的确切内涵和法律意义存在疑惑时，可要求格式条款提供者予以说明，格式条款提供者应该明确解释该条款的含义，使相对方了解

---

〔1〕 最高人民法院中国应用法学研究所编：《人民法院案例选》，人民法院出版社2007年，第79~100页。

情况，以便相对方能够在知悉和了解免责等条款内容的前提下，作出是否订立合同的决定。依《民法典》第 496 条第 2 款的规定，提供格式条款的一方未履行说明义务，致使对方没有理解与其有重大利害关系的条款的，对方可以主张该条款不成为合同的内容，对合同双方均没有约束力。

■■■ 相关案例

2009 年 1 月 9 日，田某与合众人寿保险股份有限公司许昌中心支公司（以下简称"保险公司"）签订"合众睿智人生终身寿险（万能型）"保险合同一份，附加睿智意外伤害保险一份。"合众睿智人生终身寿险（万能型）"主要约定：投保人和被保险人为田某，身故受益人为配偶刘某，受益比例 100%。基本保险金额为 50 000 元，交费年限为终身交费，每年保费为 5000 元。本主合同的保险期间为终身，自保险责任开始日 0 时起，至被保险人身故时止。被保险人因意外伤害（见释义 8.4）所致身故或于保险责任开始 180 日后因疾病身故，保险公司根据身故当时的个人账户价值与基本保险金额之和给付身故保险金，本主合同终止。被保险人于年满 65 周岁的保单周年日前遭受意外伤害事故，并自事故发生之日起 180 日内以该事故为直接且单独的原因身故的，保险公司在给付上述身故保险金的基础上按基本保险金额额外给付意外身故特别保险金，本主合同终止。关于保险责任的免除条款中显示"被保险人因以下情形之一造成身故的，我们不承担保险责任：……④被保险人酒后驾驶、无合法有效驾驶证驾驶（见释义 8.5）或驾驶无有效证件行驶证的机动车……"2009 年 1 月 9 日，田某通过保险费自动转账授权的方式向保险公司支付保险费 5000 元。该份综合保险合同于 2009 年 1 月 10 日 0 时生效。

2009 年 12 月 18 日 16 时 20 分许，王某驾驶其本人的无号牌小型货车，在豫 S237 线 156km+700m 处路段，由公路西侧上公路左转弯时，与由北向南行驶的田某驾驶的无号牌两轮摩托车相撞，造成摩托车损坏、田某死亡的交通事故。事故发生后王某驾车逃逸。该事故经禹州市公安交通警察大队认定：王某未依法取得机动车驾驶证，驾驶未经公安机关交通管理部门登记的机动车上道路行驶，发生事故后肇事逃逸，违反《中华人民共和国道路交通安全法》第 8 条、第 19 条第 1 款及第 45 条第 1 项之规定，应负此事故的全部责任；田某无责任。田某死亡后，刘某向保险公司申请赔付保险金 100 000 元。保险公司以田某无合法有效驾驶证驾驶无有效行车证的机动车造成身故为由拒付保险金，并作出退还刘某保单现金价值 2234.92 元、险种责任终止的处理。刘某起诉至许昌市魏都区人民法院，要求被告保险公司赔付保险金 100 000 元。

一审法院审理后认为：《中华人民共和国保险法》第 17 条规定："保险合同中规定有保险责任免除条款的，保险人应当向投保人明确说明，未明确说明的，该条款不发生法律效力。"被告所举的证据不能证明在订立保险合同时对"被保险人因以下情形之一造成身故的，我们不承担保险责任：……④被保险人酒后驾驶、无合法有效驾驶证驾驶（见释义 8.5）或驾驶无有效证件行驶证的机动车……"免责条款向投保人田某作出了明确说明，因此，该条款对投保人田某不产生效力。但投保人田某与被告签订的"合众睿智人生终身寿险（万能型）"其他保险条款真实有效，被告应当按照合同约定承担保险责任。同时，上述保险合同条款应理解为：无合法有效驾驶证驾驶或驾驶无有效行车证的机动车是导致被保险人死亡的主要原因时，保险人不承担保险责任。而本案田某死亡的主要原因系交通事故对方过错造成，田某驾驶无有效行车证的机动车并非本次事故的主要原因，故被告不能依据此条款免除保险责任。因此判决被告支付原告保险金 100 000 元。被告不服上诉，二审法院维持原判。[1]

（2）具有特定情形的格式条款无效。《民法典》要求格式条款提供者在拟定格式条款时，应按公平原则确定双方当事人的权利和义务。但在实际生活中，格式条款提供者为了追求自身利益的最大化，往往不遵循公平原则确定双方当事人的权利和义务，甚至明显免除自己责任，加重对方责任，排除对方主要权利，严重损害对方当事人的合法权益。为抑制这种情况，我国《民法典》对格式条款的无效明确规定了四种情形：

第一种情形，具有《民法典》第一编第六章第三节规定的无效民事法律行为的情形。如本单元项目一所述，合同是一种民事法律行为，作为合同一种的格式条款自应遵从《民法典》中关于无效民事法律行为的强制性规定，因此格式条款中存在《民法典》第一编第六章第三节规定的无效民事法律行为的任一情形，该格式条款就无效，如违背公序良俗的格式条款无效，违反法律、行政法规的强制性规定的格式条款无效等，具体详述内容见单元二项目一。

第二种情形，具有《民法典》第 506 条规定情形的格式条款无效。《民法典》第506 条规定是关于一般合同中的无效免责条款的规定，即合同中的造成对方人身损害的免责条款，因故意或重大过失造成对方财产损失的免责条款都是无效条款。这两种免责条款是针对所有合同所作的强制性规定，当然也适用于格式条款。

第三种情形，格式条款提供一方不合理地免除或者减轻其责任、加重对方责任、限制对方主要权利的格式条款无效。相比于《合同法》将免责、限责的格式条款一律认定为无效的规定，《民法典》就这些情形新增了"不合理"要件，即免除或者减轻责任、加重对方责任、限制对方主要权利的格式条款仅在人民法院合理性审查后认为不合理时方才无效。这样的新规定体现了《民法典》对合同双方意思自治的尊重，免责限责条款仅在不合理时司法方才介入、否定其效力。同时，《民法典》新增"限制对方主要权利"这一无效情形，更有利于保护合同相对方的利益。

第四种情形，提供格式条款一方排除对方主要权利的格式条款无效。合同中当事人所享有的主要权利直接关系到当事人合同利益的取得和合同目的的实现，如果提供

---

[1] "上诉人合众人寿保险股份有限公司许昌中心支公司与被上诉人刘某人身保险合同纠纷"，载判裁案例网，http://www.110.com/panli/panli_ 35087715.html，访问时间：2020 年 10 月 20 日。

格式条款一方排除了相对方的主要权利，则相对方的合同目的将落空，所以，该条款应为无效。

《中华人民共和国民法典》

第 497 条　有下列情形之一的，该格式条款无效：

（一）具有本法第一编第六章第三节和本法第五百零六条规定的无效情形；

（二）提供格式条款一方不合理地免除或者减轻其责任、加重对方责任、限制对方主要权利；

（三）提供格式条款一方排除对方主要权利。

第 146 条　行为人与相对人以虚假的意思表示实施的民事法律行为无效。

以虚假的意思表示隐藏的民事法律行为的效力，依照有关法律规定处理。

第 153 条　违反法律、行政法规的强制性规定的民事法律行为无效。但是，该强制性规定不导致该民事法律行为无效的除外。

违背公序良俗的民事法律行为无效。

第 154 条　行为人与相对人恶意串通，损害他人合法权益的民事法律行为无效。

第 506 条　合同中的下列免责条款无效：

（一）造成对方人身伤害的；

（二）因故意或者重大过失造成对方财产损失的。

相关案例

肖某、崔某某系夫妻关系。2016 年 2 月 16 日，肖某与被告中国太平洋人寿保险股份有限公司商丘中心支公司签订了"心安·怡住院费用医疗保险（H2014）"费用补偿型医疗保险合同，被保险人为原告崔某某。合同约定：合同的保险期间为 1 年，合同可在 1 年保险期间届满时续保；若在合同保险期届满后 30 日内未提出书面续保申请，以后则按重新投保处理。自动续保特约：对照上一期投保人的告知事项，若被保险人健康、职业、参加当地公费医疗或基本医疗保险或农村合作医疗保险等状况发生变化的，投保人应在上一年保险期间届满前以书面形式告知保险人，若投保人未作书面告知的，由投保人承担未如实告知的相应法律后果。同日，被告收取肖某保险费，并向原告出具案涉保险合同，案涉保险合同健康调查事项显示原告均选择"否"。肖某、崔某某在合同上签名。2017 年、2018 年被告在肖某未出具书面申请的情况下，每年均收取肖某保险费，亦未出具新的保险合同。2018 年 12 月 3 日，原告崔某某住院治疗，被诊断为心律失常 SVT、2 型糖尿病，进行了心内电生理检查及射频消融术，花去医疗费 73 925.24 元，通过职工医疗保险报销 41 598.62 元，下余 32 326.62 元医疗费未报销。原告崔某某向被告申请未报销医疗费补偿，被告 2019 年 2 月 22 日出具理赔决定书，以原告未如实告知为由终止保险合同，并不退还保险费。

河南省民权县人民法院经审理认为，2016 年 2 月 16 日，肖某与被告签订的案涉费用补偿型医疗保险合同，自动续保特约规定的关于被保险人告知事项发生变化应书面向被告告知的约定，系免除保险人依法应承担询问的义务、加重被保险人责任的条款，应属无效条款，亦无证据证明续保时被告向原告崔某某进行询问，故被告应当承担向原告崔某某补偿医疗费的责任。依据《合同法》第 40 条、第 41 条、第 44 条第 1 款，《保险法》第 13 条、第 14 条、第 16 条、第 19 条第 1 项之规定，判决：被告保险公司于本判决生效后五日给付原告崔某某住院医疗保险金 32 326 元。案件受理费 608 元，减半收取 304 元，由被告负担。

宣判后，各方当事人均未提出上诉，判决已发生法律效力并履行完毕。[1]

（3）格式条款的解释规则。《民法典》第 498 条规定：对格式条款的理解发生争议的，应当按照通常理解予以解释。对格式条款有两种以上解释的，应当作出不利于提供格式条款一方的解释。格式条款和非格式条款不一致的，应当采用非格式条款。因此，对格式条款的解释有三种规则：

第一，按通常理解予以解释。由于有效的格式条款已成为合同的有效组成部分，因此，合同的解释原则也适用于格式条款的解释。

第二，采用不利于格式条款提供者的解释。对限制格式条款最具意义的是第二种，即不利解释规则。法律如此规定的原因在于，格式条款多是垄断企业或行业的合同范本，是经其有关专家精心研究起草的，其内容，尤其是免责条款，必定是经过深思熟虑仔细推敲的，而且格式条款由提供者单方预先拟定，出于经济目的，其总是从维护自身的利益出发，而忽视了相对方的利益，相对方在合同的订立中处于弱势地位，因而在双方当事人对格式条款的理解发生不一致时，法院应当作出对提供者不利的解释，以维护处于弱势的相对方的利益。

第三，采用非格式条款进行解释。当格式条款和非格式条款不一致时，由于非格式条款是双方协商确定的，较好地体现了双方当事人的意思自治，而格式条款是由一方当事人单方预先拟定且未与相对方协商，因此，当两者相冲突时，应当优先采用非格式条款。

相关案例

2008 年 6 月 12 日，桂阳县第一中学通过公开招租，谭某以年租金 9500 元承租了桂阳县第一中学东大门从北至南第 13 号门面，双方在学校提供的印刷好的格式租赁合同书上签字盖章。该合同第 2 条规定，"租赁时间为叁年，即从 2008 年 5 月 22 日起至 2011 年 4 月 20 日止"。其中具体租赁起止时间为手工填写，所有门面租赁期限均为 3 年，合同还约定，承租期满后，学校重新组织招标，在同等条件下，优先考虑租赁者，

---

〔1〕 河南省民权县人民法院崔振江："格式保险合同免除保险人应承担责任、加重被保险人责任无效条款的认定"，载《人民法院报》2020 年 10 月 29 日，第 7 版。

租赁者所剩物品，学校概不接受，由租赁者自行处理，更不能因此而延误交房时间，否则按中标金的3倍收取租金。2009年8月，谭某退出承租该门面，由雷某接手承租该门面。2010年4月20日，桂阳县第一中学与雷某正式就该门面签订了书面租赁合同。桂阳县第一中学仍然是提供原2008年印刷好的格式合同。在该格式合同中第2条约定，"租赁时间为叁年，即从2010年4月21日起至2011年4月20日止"。该条约定的前半句"租赁时间为叁年"由于是印刷而成，双方当事人均未注意到，也未更改，没有将"叁年"更改为"壹年"，而后半句"即从2010年4月20日起至2011年4月20日止"是手工填写，合同最后落款时间由原来格式合同印刷好的"二〇〇八年"改为手写的"二〇一〇年四月二十日"。合同的其他条款包括年租金的与谭某承租时一样，均未变动。2011年3月23日，桂阳县第一中学在2008年时与各租赁户签订的包括雷某承租的共24个门面租赁合同即将到期情况下，为进行下一轮租赁进行了统一公开招标。包括雷某在内的租赁户均参加了招租投标大会，招投标采用暗标方式，由各租赁户对自己想要租赁的门面一次投标，价高则中标，雷某对其原承租的第13号门面投标年租金为23 000元，而另一投标者李某对13号门面投标年租金为23 001元，并为最高价格而得以中标。招标工作结束，桂阳县第一中学定于原租赁合同到期后的2011年4月27日统一交接门面进行下一轮租赁。学校24个门面有22个门面交接成功，只有雷某拒绝移交，从而导致中标13号门面的原11号门面租赁者李某也未移交11号门面，影响了桂阳县第一中学下一轮租赁工作的开展。桂阳县第一中学于2011年5月24日起诉至桂阳县人民法院，要求雷某立即交还学校东大门从北至南第13号门面，并按合同的约定赔偿因延期交房近3个月的房租的3倍损失12 000元。雷某则辩称租赁合同尚未到合同约定的3年期限，故拒绝移交租赁门面。[1]

问：本案如何处理？

▓▓▓ 引例分析

家具卖场出示的托运票上面印制的条款，是其预先拟定，未与消费者协商，并与每一位购买家具的顾客重复、统一适用的条款，属于格式条款，因此应遵从《民法典》对格式条款的规制。其一，罗某所购买的是玻璃家具，属易碎商品，家具卖场应对该易损家具妥善包装以避免其破碎，但家具卖场仅进行了一般包装，因而在运输过程中造成家具的损坏，这属于承运人家具卖场的重大过失，根据《合同法》第506条的规定，因重大过失造成对方财产损失的免责条款无效，因此格式条款中"在运输过程中由于货物相互碰撞或者车辆与货物相互碰撞造成的货物破损，本公司不予负责"的免责条款是无效的。其二，罗某与家具卖场的托运合同中还存在非格式条款，即卖场销售人员应罗某请求手写的"因货物包装不善或司机重大过失导致货物破损的，公司仍

_____

〔1〕"雷某与桂阳县第一中学房屋租赁合同纠纷案"，载判裁案例网，https：//www.110.com/panli/panli_47134458.html，访问时间：2020年10月20日。

承担赔偿责任",此手写条款行为未得到上级领导的同意,能否发生效力呢?销售人员即便超越权限手写该非格式条款,因其是家具卖场的销售代理人,罗某有理由相信该销售人员的行为代表着卖场本身,销售人员的行为构成表见代理,因此该非格式条款虽未得到上级领导的同意,却是当然有效的。该非格式条款体现了罗某和家具卖场双方当事人的意志,因此该非格式条款应优先于格式条款来适用。综上,在前述引例中,家具卖场应向罗某承担赔偿责任。

二、合同的形式

合同的形式,是当事人合意的表现形式,是合同内容的外部表现,是合同内容的载体。

《民法典》第 469 条第 1 款规定:"当事人订立合同,可以采用书面形式、口头形式或者其他形式。"根据该条规定,合同的形式有以下几种:

(一)口头形式

口头形式是指当事人以口头语言的方式达成协议,订立合同的形式。包括对话、电话联系等形式。

口头形式的优点在于简便易行,缺点是"口说无凭",发生合同纠纷时难以取证,不易分清责任。所以,口头形式一般适用于小额、即时清结等交易,如商店的零售买卖。

(二)书面形式

书面形式是指当事人以书面文字等可以有形地表现合同内容的方式。书面形式不如口头形式简便易行,但其优点恰恰弥补了口头形式的缺点,即发生合同争议时有据可查,有利于减少纠纷,即使发生了纠纷也因举证简单而易于分清责任、解决争议。根据《民法典》第 469 条第 2 款、第 3 款规定:"书面形式是合同书、信件、电报、电传、传真等可以有形地表现所载内容的形式。以电子数据交换、电子邮件等方式能够有形地表现所载内容,并可以随时调取查用的数据电文,视为书面形式。"

1. 合同书。合同书是记载当事人达成的合同内容的纸面文书。它包括格式合同书和非格式合同书。当事人采用合同书形式订立合同的,应当签字或者盖章。当事人在合同书上摁手印的,司法实践也认定其具有与签字或者盖章同等的法律效力。

2. 信件、电报、电传。信件是合同当事人以传统的纸张为介质,就合同的内容进行往来协商的记载合同内容的信函。它经常在远途当事人之间订立合同时使用,是一种经常被采用的订立合同的书面形式。电报、电传也是以纸张为介质,能够记载合同内容的一种书面形式。

3. 电子数据交换、电子邮件等数据电文。数据电文形式的合同的特点是,通过电讯信号表示,没有书面原件,故有人称为电子合同、无纸合同。其最大的优点在于迅捷，国际商务已普遍采用。随着电讯业特别是计算机技术的运用和发展，采用数据电文形式订立合同，在我国商业领域也已十分平常。

▦▦▦ **相关案例**

　　某糖厂因在甲县订购的甘蔗没能及时到达，不能向客户交货，情急之下，立即向乙县某农场发出电报，要求立即给自己发出 100 吨甘蔗，价钱按过去购买该农场的甘蔗的价格计算。农场收到电报后，立即回电：按糖厂的意见办，立即发货，货到糖厂后请将货款汇到农场账户。农场发货后，甲县的甘蔗也运到糖厂。两地甘蔗均运到糖厂后，糖厂没有更多的加工能力，便去电乙县农场请求退货。农场不允，糖厂便以双方没有签订书面合同为由拒收。农场诉至法院，法院判决糖厂败诉。为什么？

　　（三）其他形式

　　其他形式，是指当事人并非或者不完全以书面文字表述或者以语言对话方式为意思表示，而是通过其他方式确定相互之间权利义务关系的协议。

　　其他形式主要指默示形式。默示形式可分为作为的默示形式和不作为的默示形式。在合同当事人没有通过语言或者文字表达其意思的情况下，通过其作为或者不作为来推断其意思表示，属于法律的推定。但在法律效果认定上，两者存在很大的不同。

　　作为的默示虽不以口头或者书面形式表达其意思表示，但它仍是一种积极的意思表示方式，其主张权利或者接受义务的意思表示明确，可以直接根据行为人的行为推定其意思。如摆放在商场门口的自动售货机，行驶在公路上的无人售票公共汽车，消费者需购买自动售货机内的商品或乘坐公共汽车，不需要以语言或文字作出购买或乘车的意思表示，而只需按规定完成投币的行为，该投币行为就是作为的默示，行为完成，双方合同成立。

　　不作为的默示就是沉默。按照《民法典》第 140 条第 2 款规定，沉默只有在有法律规定或者当事人约定或者符合当事人之间的交易习惯时，才可以视为意思表示，才能产生相应的法律后果。例如，甲对乙说，我的本田车 5 万元卖给你要不要？乙保持沉默，此时乙的沉默（不作为）不能作为其购买的意思表示的形式，因为对此法律既没有特别规定，当事人也没有特别约定，当事人之间也无交易习惯。

　　（四）合同欠缺法定或约定形式的法律后果

　　就合同成立的一般原则而言，在法律、行政法规规定或者当事人约定合同必须采用书面形式时，则该书面形式成为合同成立的特殊要件。当事人只有满足这一要求，即采用书面形式订立合同，合同才能依法成立。如果当事人未采用书面形式，应当认定合同是不成立的。但是，按照我国《民法典》490 条的规定，欠缺法律规定或当事人约定的书面形式，并不必然导致合同不成立，只要符合"一方已经履行主要义务，对方接受"的条件，在对方接受时，该欠缺书面形式的合同成立。

■■■■■ **法条链接**

《中华人民共和国民法典》

第490条　当事人采用合同书形式订立合同的，自当事人均签名、盖章或者按指印时合同成立。在签名、盖章或者按指印之前，当事人一方已经履行主要义务，对方接受时，该合同成立。

法律、行政法规规定或者当事人约定合同应当采用书面形式订立，当事人未采用书面形式但是一方已经履行主要义务，对方接受时，该合同成立。

■■■■■ **相关案例**

某制衣厂为生产高档毛衣向某机械厂订购一套机织设备。按有关法律规定，双方本应签订书面合同，但由于机械厂表示肯定能够在两个月内送货上门，并安装调试成功，故双方没有签订书面合同。两个月后，机械厂准时将设备送到制衣厂，并进行了安装调试。在安装完毕后的试生产过程中，机器出现故障。制衣厂请机械厂的专业人员又进行了两次调试，但故障仍未排除。于是，制衣厂以合同未采用法律规定的书面形式为由，要求认定合同不成立。制衣厂和机械厂的合同是否成立？

■■■■■ **思考与练习**

一、不定项选择题

1. 下列条款中，不属于合同必备条款的是（　　　）。

A. 标的

B. 当事人的姓名

C. 借款合同的币种

D. 争议解决条款

2. 下列关于格式条款的说法，不正确的是（　　　）。

A. 格式条款需采用明确的书面形式

B. 格式条款提供者应依公平原则确定当事人之间的权利和义务

C. 格式条款提供者未按公平原则确定合同内容的，对方可主张该条款不成为合同的内容

D. 提供格式条款一方排除对方主要权利的格式条款无效

3. 下列关于口头形式合同说法不正确的是（　　　）。

A. 口头形式的有点是简便易行

B. 口头形式的缺点是"口说无凭"，发生纠纷难以取证

C. 口头形式多适用于标的额较小且能及时清结的合同

D. 口头形式的合同不会产生任何文字凭证

4. 下列合同中必须采用书面形式的是（　　　）。

A. 买卖合同

B. 保证合同

C. 赠与合同

D. 保管合同

二、问答题

《民法典》对格式条款的规制表现在哪些方面？

三、案例分析

刘某系在校大三学生，2011 年 8 月 29 日，刘某与淮安恒大房产公司签订一份商品房买卖合同，约定刘某购买淮安恒大房产公司开发的恒大名都 12 幢 3 单元 607 号房，总价款 813 591 元，刘某应于签订合同之日支付首付款 244 591 元，余款 56.9 万元须在 2011 年 8 月 29 日前办理完毕银行按揭贷款的申请手续。

双方在签订商品房买卖合同的同日，还订立了一份补充协议，其中"关于银行按揭付款方式的约定"的条款约定：如买受人的按揭申请未获银行最终审批同意，买受人应在银行审批终了之日起 5 日内付清剩余房款。该补充协议文本由淮安恒大房产公司提供，全文字号为"小五号"，前述约定在补充协议中未作任何特别提示。淮安恒大房产公司在与其他买受人签订购房合同时，均签订了与前述内容一致的补充协议。

商品房买卖合同签订后，刘某依约向淮安恒大房产公司交付了首付款 244 591 元，并办理了按揭贷款申请。后银行以刘某为在校学生无还款能力为由，未予批准贷款申请。刘某在与淮安恒大房产公司协商退房未果后，诉至法院，要求解除双方签订的商品房买卖合同并退还首付款 244 591 元。[1]

问：

1. 双方签订的商品房买卖合同补充协议的条款如何形成？

2. 补充协议应受何种约束？

3. 按照格式条款的规制制度的规定，如何处理该合同纠纷？

项目四　合同的签订技巧

> **基本原理**

合同签订是合同双方当事人依法就合同的条款协商议定的法律行为，是双方当事人确立合同关系的第一步，当事人双方只有协商一致，并以一定的形式将双方的权利义务确定下来，才谈得上合同的履行，也才能最终实现当事人的经济目的。在合同的签订中，掌握合同的签订技巧，有助于合同双方当事人遵纪守法维权，以趋利避害，减少失误与受骗，依法公平合理地从事经济活动，维护正常的经济秩序。

---

〔1〕 参见孙坚："明显加重购房人付款义务的格式条款无效"，载《人民法院报》2013 年 8 月 22 日，第 6 版。

一般而言，合同签订主要涉及以下四个方面：

一、选定合格的合同签约人员

（一）合同签约人员的种类

合同的签约人员包括合同当事人和代理人两类：

1. 合同当事人。合同当事人是合同关系的主体，即合同权利义务的承担者。合同当事人希望通过合同实现自己的经济利益，合同的设立、变更和终止都直接与当事人的利益休戚相关，因此合同当事人往往亲自参与合同的谈判磋商、签订、变更和解除，此时合同当事人即以签约人员的身份参与合同关系。依照我国《民法典》的规定，能够以合同当事人的身份参与合同签订的签约人员包括：自然人、法人和非法人组织。

法条链接

《中华人民共和国民法典》

第464条第1款　合同是民事主体之间设立、变更、终止民事法律关系的协议。

2. 代理人。早在罗马法时期，法律要求合同必须由当事人亲自到场并完成一定的仪式才能成立，随着商品经济的发展，交易越来越频繁和广泛，合同当事人不可能做到事必躬亲，因此，法律便允许合同当事人通过授权委托行为选任代理人来代理订立合同，以扩大其活动能力，同时也弥补了某些民事主体在民事行为能力方面的欠缺。按照我国《民法典》的规定，代理分为委托代理和法定代理。委托代理人是基于被代理人的委托授权而行使代理权，如公司的采购员以公司名义订立原材料购销合同；法定代理人是基于法律规定而行使代理权，如父母代理未成年子女订立合同。

（二）选定合格签约人员的标准

不管是合同当事人亲自订立合同，还是通过代理人订立合同，签约人员的素质直接关系着当事人权益能否得到充分维护，合同能否依法成立，双方的权利义务清晰，从而最终决定合同是否能顺利履行。因此，在选定签约人员时，应注意以下标准：

第一，诚实守信。合同签约人员要诚实守信，才能取信于对方，保证合同依法成立，使各方当事人利益得到平衡。

第二，熟悉业务知识。许多合同都具有专业性，尤其是技术合同、知识产权类合同，如果签约人员不懂业务，就不能清楚地表达当事人的意思，也不能正确议定合同的条款。

第三，了解有关法律、法规。合同必须依法成立，才能受到法律的保护，因此签约人员在签订合同的过程中必须以法律、行政法规作为基本的活动指导，这就要求签约人员要了解基本的和与具体合同签订有关的法律、法规，最重要的就是应知晓《民法典》的相关法律规定。

第四，具备一定的谈判技巧和心理素质。签约人员在签订合同的过程中，最主要的任务是与对方承办人磋商、谈判、议定合同的内容和条款。由于双方当事人的利益冲突的存在，要最终协商一致达成协议是一个非常艰苦的过程，这就需要签约人员具备一定的判断技巧和心理素质，做到既维护己方当事人的权益，又不至于与对方发生矛盾和冲突，既做到缔结合同的成功，又考虑到合同履行的顺利。

二、签订合同的前期准备——可行性研究

合同一旦有效成立，便对当事人产生拘束力，当事人必须严格按合同履行义务，否则要承担违约责任，因此，合同签订前应充分做好可行性研究工作，避免错误签约或签订不利于自己的条款。签订合同的可行性研究包括三个方面：市场调查、资格审查和履约能力审查。

（一）市场调查

对于企业而言，当事人在签约前充分进行市场调查，了解本企业产品的市场供求情况、价格趋势、同类企业的产品生产、销售情况、消费者购买能力与具体要求等，在签约时就能言之有理、据理力争，既能实现自己的利益，又能使对方当事人较易接受，从而在合同签订后能够得到顺利履行。市场调查的内容十分广泛，凡是可以作为签订合同参考的资料情况都是市场调查的对象。但在实践中，当事人时间、精力有限，不可能对各种市场情况进行详尽的调查。这就需要合同当事人一方面充分利用已掌握和积累下来的市场资料，另一方面应选准调查重点，以做到事半功倍。这些重点既可以是市场经营环境，也可以是供求关系变化趋势；既可以是市场购买力，也可以是商品流通方式、渠道；既可以是产品的技术水平，也可以是消费者的消费心理。总之，要立足于客观情况，满足实际需要。

（二）资格审查

资格审查包括两方面：一是对合同当事人主体资格的审查，二是对签约人员的资格审查。

1. 对合同当事人主体资格的审查。对合同当事人主体资格的审查即审查合同当事人主体资格是否合法，是否具备国家法律规定的条件和资格，即审查合同当事人是否具备成为合同主体的民事权利能力和民事行为能力。合同主体性质不同，审查的内容和方法也不同。

第一，对自然人的资格审查。对自然人的资格审查主要是对自然人的自然状况的了解，确定其是否具有相应的民事行为能力。如果该自然人所签合同是其依法不能独立订立的合同，应及时取得该自然人的法定代理人的追认。

第二，对法人的资格审查。以营利法人为例，首先应审查其是否具备法人资格，按照《民法典》等相关法律的规定，营利法人应经依法登记并取得营利法人营业执照，才能进行民事活动，如签订合同，所以有无营业执照是其是否具备法人资格的关键。

其次应审查法人的能力。营利法人取得营业执照，并不代表其能够签订市场经济中的各种合同，其还必须具有签订该具体合同的民事权利能力和民事行为能力。法人的民事权利能力和民事行为能力的范围一致。营利法人只有在其核准的业务经营范围内才享有民事权利能力和民事行为能力，营利法人超越经营范围订立合同，该合同效力如何呢？《民法典》第505条规定："当事人超越经营范围订立的合同的效力，应当依照本法第一编第六章第三节和本编的有关规定确定，不得仅以超越经营范围确认合同无效"。因此要具体问题具体分析，要结合《民法典》总则编关于无效的民事法律行为的规定和合同编中的相关规定综合认定。

第三，对非法人组织的资格审查。非法人组织是指未取得法人资格，但依法定程序和条件取得营业执照，法律允许其从事生产经营活动的组织。对这类组织，应审查其是否按规定登记并取得营业执照。有些法人设立的分支机构或经营单位，可以在授权范围内，以其所从属的法人的名义签订合同，产生的权利义务由该法人承受，对这类组织，主要审查其所从属的法人的资格及其授权。

第四，对保证人的资格审查。合同的签订要求有保证人担保时，还应审查保证人的主体资格的合法性。《民法典》规定，两类主体不能成为保证人：其一，机关法人，但是经国务院批准为使用外国政府或者国际经济组织贷款进行转贷的除外；其二，以公益为目的的非营利法人不得为保证人；其三，以公益为目的的非法人组织不得为保证人。

第五，对于特殊行业的当事人，从事一些重要的生产资料或特殊商品的生产和经营，法律或行政法规要求取得生产许可证、经营许可证或相应的资质。在这种情况下，在审查合同主体资格合法性的时候，还应要求对方出示相应的证明。

2. 对签约人员的资格审查。审查代理人的资格，一定要审查代理人的代理身份和代理资格，即是否有被代理人签发的授权委托书，其代理行为是否超越了授权范围，其代理权是否超出了代理权限。以企业法人的业务员为例，业务员的代理行为属职务代理，对其资格的审查，应注意三个方面：一是其职务代理是否属实；二是其签约行为是否符合该企业的业务经营范围；三是签约行为是否与其职务相称，如与其职务不相称，是否有企业的特别授权等。

（三）履约能力的审查

当事人是否具备履约能力，直接关系到合同能否得到全面有效的履行，从而实现合同的目的。合同的类型不同，当事人在合同中的地位不同，履约能力的要求亦不同。如购销合同中，卖方须有供货的能力，买方须有付款的能力。总体而言，审查当事人是否有履约能力，应注意以下四个方面：

1. 财产状况审查。当事人的财产状况是其履行合同和承担违约责任的物质基础。以企业法人为例，企业法人的财产状况主要表现在注册资本、固定资产、流动资金等方面。在签订合同时，要注意审查对方当事人的注册资本数额以及其注册资本和实有资金是否与所签订的合同相适应；对固定资产的审查主要是审查其现有价值、所有权状况、有无被设立担保等方面；对流动资金的审查，应注意付款方银行存款的数量，审查其到合同履行时能否通过正常的途径筹集到款项，如银行贷款、收回债权、变卖债券股票等方式。

2. 供货能力的审查。对买卖合同中卖方及购销合同中供方都应审查其供货能力。供货能力的审查主要体现在生产能力、库存商品状况及进货渠道等方面。如果供方库存商品不足以提供时，应注意审查其可否在履行期前通过正当的进货渠道组织货源。

3. 人员、技术及设备条件的审查。对一些专业性较强的合同，如基本建设承包合同、技术转让与开发类合同等，人员素质、技术水平和设备条件是履行合同的关键因素，在签订这些合同时必须认真审查相对人是否具备相应的人员、技术条件等。

4. 履约信用的审查。市场经济中，重合同守信用是企业形象的内涵之一，企业只有严格履行合同义务，才能取信于人，树立良好的社会形象。一个企业一贯履行合同的情况，反映了该企业履约信用的高低。这是履约信用审查的重点所在。

三、合同内容的谈判磋商

（一）谈判的方法

1. 软式谈判。软式谈判也称关系型谈判，是一种为了保持同对方的某种关系所采取的退让与妥协的谈判类型。软式谈判的一般做法是：信任对方→提出建议→做出让步→达成协议→维系关系。在有长期友好关系的互信合作伙伴之间，或者在合作高于局部近期利益、今天的"失"是为了明天的"得"的情况下，软式谈判的运用是有意义的。

2. 硬式谈判。硬式谈判也称立场型谈判，是谈判者以意志力的较量为手段，很少顾及或根本不顾及对方的利益，以取得己方胜利为目的的立场坚定、主张强硬的谈判方法。硬式谈判有明显的局限性，一般应用于以下两种情况：一是一次性交往，这种谈判必然是"一锤子买卖"，也就是为取得一次胜利而拿未来的合作做赌注；二是实力相差悬殊，在这种情况下，己方处于绝对优势。

3. 原则式谈判。原则式谈判也称价值型谈判。这种谈判，最早由美国哈佛大学谈判研究中心提出，故又称哈佛谈判术。原则式谈判吸取了软式谈判和硬式谈判之所长而避其极端，强调公正原则和公平价值，是一种既理性又富有人情味的谈判态度与方法，是一种既关心利益也关心关系的谈判风格，在谈判活动中的应用范围很广泛。实践证明，这种谈判风格达成的协议，在履行过程中比较顺利，毁约、索赔的情况也比较少。运用原则式谈判要求：当事各方从大局着眼，相互尊重，平等协商；处理问题坚持公正的客观标准，提出相互受益的谈判方案；以诚相待，采取建设性态度，立足于解决问题；求同存异，争取双赢。原则式谈判法的谈判态度与方法，同现代谈判强调的实现互惠合作的宗旨相辅，因此愈益受到社会的推崇。

 知识链接

原则式谈判法的三个阶段

原则式谈判法为商务谈判建立了一个可以充分借鉴的框架，在具体应用中，可以分为如下三个阶段：

1. 第一阶段：分析阶段。这一阶段是谈判人员对谈判双方的情况进行分析，达到知己知彼的阶段。此阶段的要点是：尽可能利用各种有效的途径获取信息，对信息进行组织、思考并对整体谈判形势作出判断。

（1）关于人的因素，谈判者要考虑：谈判各方都持有什么样的观点？双方对同一个问题有没有认识上的差异？有没有敌对情绪？存在什么样的交流障碍？

（2）关于利益因素，谈判者应考虑：并认知各方的利益所在。双方是否存在共同的利益？是否存在彼此矛盾但是可以兼容的利益等？

（3）关于方案因素，谈判者应审核既定的谈判方案，即是否存在可供选择的谈判方案。

（4）关于标准因素，谈判者应该考虑建议作为协议基础的谈判标准，即是否存在可以划分利益的公平标准？

2. 第二阶段：策划阶段。这一阶段也就是谈判者在分析谈判形势的基础上，作进一步周密策划的阶段。此阶段的要点是要求谈判人员利用创造性思维，策划如何实施谈判。谈判者要再次思考以下四个方面的原则。

（1）关于人的问题，谈判者要对可能遇到的人的问题作出解决方案的策划。若出现了双方认识上的差异，如何解决？若出现了双方情绪上的冲突，又如何解决？

（2）关于利益问题，谈判者应考虑：在你的各种利益中，哪些利益是对你非常重要的？哪些利益是对对方非常重要的？用什么样的方法可以满足双方的要求？

（3）关于方案问题，谈判者应考虑：用什么样的方法可以找出最终双方都能接受的解决方案，如何让双方摆脱僵局？

（4）关于标准问题，谈判者应找出供最终决策的客观标准。如双方各不让步，哪些标准可以用来公平地划分利益？

3. 第三阶段：讨论阶段。这一阶段也就是谈判双方讨论交流阶段。此阶段的要点是要谈判各方充分交流，努力达成协议，同样还要根据以下四个原则来考虑：

（1）关于人的问题，要探讨观念的差异，让对方发泄挫折和气愤的情绪，克服交流的障碍。

（2）关于利益问题，谈判每一方都要充分了解并关注对方的利益所在，使用各种询问方式进一步证实对方的利益所在。

（3）关于方案问题，双方都应积极配合对方在互利基础上寻求谈判解决方案。

（4）关于标准因素，对于相冲突的利益，努力以客观标准划分利益，并达成协议。

（二）合同谈判实务

原则式谈判法只是解决了谈判的策略，合同谈判是一个从要约到新要约再到新要约，直至最后承诺的复杂、反复的过程，在这一过程中，谈判人必须经过精心的准备，灵活运用原则式谈判法，果断、耐心，才能使合同谈判既富有成效，又满足谈判者双方的利益要求和符合法律的规定。在合同谈判过程中，应注意以下具体问题：

1. 确定明确的谈判目标。明确的谈判目标使谈判人铭记自己的利益立场，在谈判中做到正确而得当的让步和妥协，防止由于疏忽而匆忙地签订了不利己的协议。合同目标一般包括：①目标价格，即获得所需要的东西而应付的对价；②谈判极限；③为达到协议可以做哪些让步，并按先后顺序排列；④达成协议的时间限制；⑤影响谈判进行的外界因素及障碍，并计算如何来克服。

2. 选定合适的谈判代表。选择合适的谈判代表，既要考虑具体谈判的内容要求，又要考虑谈判者个人的素质，应注意以下几个方面：①具有良好的个人品质和性格；②熟悉业务知识，了解有关法律、法规和政策规定，知识面宽广；③与整个谈判策略相适应，善于外交；④思维敏捷，能言善辩，应变能力强；⑤具有所需的专门技能。

3. 制定周密的谈判计划和多个谈判方案。制定周密的谈判计划可以使谈判者处于有利的谈判位置，在计划中确定何种事项放于首要关注的地位，何种因素应予以充分注意以及谈判步骤的先后顺序等。但"人算不如天算"，谈判进行中，也可能会有预料之外的事情发生，应灵活应对。

在制定多种可供选择的谈判方案时，应该清楚合同是由多项条款组成的，如在价款上作出些让步，而在质量上要求补偿；或者在交货期限上作出让步，而在履行费用上要求补偿，这些实际上都是不同的方案。

4. 分析对方，相互交流，寻找突破。谈判中要清楚表明己方的观点，注重倾听对方的发言，琢磨谈判对手的计划，确定对方谈判权限，积极排除交流中的障碍。

5. 改变劣势，识破圈套陷阱。改变劣势的积极做法是迫使对手处于防御地位，如可以从根本上忽视对方的要求，而只讲己方的强项，或是抓住对手的薄弱点出击，或是适时提出新颖建议，或给对手表露有另外的竞争者存在，制造一种你确无劣势的幻觉，等等。

要提防谈判中五花八门的圈套，如以特价作诱饵，引人上钩；或馈赠礼品，施小恩惠以收买对方谈判人员；或制造假象，掩人耳目。要提防这些圈套，须保持警觉，稳住阵脚，切不可唯利是图，贪小失大。

6. 制作与谈判有关的文书。谈判过程中应及时制作相关文书，如合同意向书、谈判记录、谈判备忘录等。

四、合同主要条款的完善及协商订立中应注意的问题

（一）标的条款

合同当事人在签订合同，确定合同标的条款时，应注意以下两个问题：①要注意各种不同标的物的性质，保证合同标的物的合法性。合同标的物有流通物和限制流通物两种。对流通物，法律允许在民事主体之间自由转让，而法律对限制流通物的转让就加以限制或禁止私下相互转让。限制流通物的转让主体由法律或国家有关机关确定，非转让主体不得经营限制流通物业务。否则，不仅合同无效，还要追究当事人的违法责任。如金银制品即属限制流通物，如果自然人之间进行转让，买卖合同无效。②标的条款和标的物必须是具体的、确定的。标的物有种类物与特定物之分，在合同签订后，不仅特定物不可替代，而且种类物除少数情况外，也应从大量的种类物中分离出来，让其独立化、特定化。此外，与标的物有关的数量、质量条款，也必须完整、清楚，以免出现无法确认合同标的物是什么或合同标的物有多少的现象。

相关案例

某实业公司与某服装厂签订一份 1000 米 7030 全毛雪花大衣呢的买卖合同，合同规定：全毛雪花大衣呢规格为双幅，每米 51 元，价款 51 000 元，产品质量标准按 7030 型号标准，交货时间为 2000 年 8 月 1 日，款到交货。8 月 1 日，服装厂付清货款，实业公司按时交货，但服装厂收货后，发现该批雪花大衣呢不是全毛的，遂要求退货，遭实业公司拒绝，后诉诸法院。经查，7030 既非标准，也不是货品，7030 表示的是混纺比例，即含羊毛 70%，含粘胶 30%，属混纺产品。

该案例中，双方当事人对合同标的物约定不明，"7030" 和 "全毛" 不应该同时出现指合同标的物，致使合同履行发生纠纷。

（二）数量条款

1. 要明确合同标的的计量单位。不同种类的合同，有不同的计量单位和计量单位的习惯及不同的计算方式。没有计量的合同标的无法计算，没有使用统一规定的计量的合同标的同样无法计算。

相关案例

某竹木器厂和某机电设备厂签订竹签的购销合同，约定：机电设备厂向竹木器厂购买 1000 打竹签，每根 8 分钱，一个月内交货，货到付款。后竹木器厂按时发货至机电设备厂，机电设备厂只接受部分货物，双方为此发生纠纷。经查，竹木器厂对外销售竹签是按 "打" 销售，其一打为 100 根，而机电设备厂理解的一打为 12 根，双方未明确约定合同标的的计量单位，由此导致纠纷的产生。

2. 合同中的数必须清楚、准确，不能使用 "大约" "左右" 等概念。同一份合同中的数必须用大写和小写两种方式同时表明，两者有矛盾时，除可证明和明显笔误外，

一律以大写为准。

（三）质量条款

①应具体、明确地规定合同标的的质量标准。当事人就质量没有约定或者约定不明确，又不能达成补充协议，按合同有关条款或者交易习惯也不能确定，则有国家标准、行业标准的，按照国家标准、行业标准履行；没有国家标准、行业标准的，按照通常标准或者符合合同目的的特定标准履行。②如有标的物样品，应及时封存样品。③应明确规定对合同标的物质量的检验办法。

（四）合同价款、酬金条款

①应具体明确规定合同价款、酬金的多少，不能使用含糊的词语。当事人对价款、报酬没有约定或约定不明确的，又不能达成补充协议，按照合同有关条款或者交易习惯也不能确定，则按照订立合同时履行地的市场价格履行；依法应当执行政府定价或者政府指导价的，按照规定履行。②需明确约定价款或酬金的计算方法，合同中有单价和总价时，应把二者写明。③必须遵守国家的物价政策。有些合同的价格国家有统一规定的，应执行政府定价；国家规定了浮动价格及幅度的，当事人应当在浮动幅度的范围内确定合同价格。违反国家价格政策的合同价格条款时无效的。

（五）合同履行中的期限、地点和方式条款

当事人在约定合同履行期限时，应注意合同的期限应具体明确。合同不规定履行期限，无法约束合同双方；合同履行期限规定不明确，同样无法明确合同双方各自责任。如某建筑公司与某水泥厂订立水泥购销合同，约定 1 年中水泥厂向建筑公司供应1200 吨水泥，每吨 1000 元，分 4 批发运，每批 300 吨。该购销合同虽约定了 1 年的履行期限，但对于分 4 批发运的具体时间却并未作出明确规定，履行中易产生纠纷。

当事人在确定合同履行地点和方式时应注意两点：①应明确规定履行的具体地点。②应规定履行方式及费用负担。履行方式可以是需方自提，也可以是供方送货交付；可以是一次性交付，也可以是分期分批交付。需方自提货物，费用由需方自负，由供方送货交付的，一般要明确规定送货的费用负担，或由供方自负，或由需方负担，或双方按比例分担。

（六）违约责任条款

①责任条款的议定必须体现公平原则，不能只由一方承担责任或责任大小相差悬殊，否则合同会因显失公平而被当事人申请撤销。②议定责任条款时，应注意违约责任条款的形式要求，一方面应明确何种情况构成违约，另一方面应明确在该种情况出现时，违约方应承担何种形式的责任。③违约金条款的约定不能违反有关法律规定。按《民法典》规定，违约金责任的承担以约定为前提，所以当事人若想选择在一方违约后要求其承担违约金责任，就必须在合同中明确约定。当事人约定的违约金低于造

成的损失时，当事人可以请求人民法院或者仲裁机构予以增加；约定的违约金过分高于造成的损失的，当事人可以请求人民法院或者仲裁机构予以适当减少。④赔偿金责任的范围要约定清楚。可约定具体的赔偿额，也可以约定损失赔偿额的计算方法。⑤定金条款。定金是保证合同债权实现的有力手段，也是违约责任的一种形式。订立定金条款时，应注意以下问题：其一，定金的适用范围。有几类合同按合同自身的性质不需要或不宜采用定金的担保方式，如保险合同、借款合同、供电合同、货物运输合同等。其二，定金的数额约定。按《民法典》规定，定金的数额最高不得超过合同标的总额的20%。其三，定金与违约金不必同时在合同中约定，因为根据《民法典》规定，定金和违约金不能同时并用。

相关案例

企业集团总公司与粮油公司经协商签订大米买卖合同，约定：企业集团总公司向粮油公司订购国际二级大米，数量750吨，单价2400元，共计价款1 800 000元，交货时间为当年7月4日、7月14日、7月24日、8月4日、8月24日，分5批交货，每批150吨，交货地点为某火车站，货到付款。如有违约，严惩不贷。后粮油公司按合同约定交付了第一批大米，要求企业集团总公司付款，企业集团总公司则说合同中写明"货到付款"，现粮油公司只交付了150吨大米，要求付款定不适当的。双方由此发生纠纷。

该合同中，企业集团总公司与粮油公司就货款的结算方式约定不清楚，交货义务是分批履行的，则合同约定的货到付款是全部货到付款还是分批货到付款应加以明确。同时合同中的违约责任条款规定"如有违约，严惩不贷"，此种约定更加不明确，违约责任条款作为买卖合同的主要条款，应明确约定一方违约后应承担的违约金的具体比例。该合同多项条款约定不明，由此导致纠纷的产生。

（七）争议解决方式条款

合同纠纷的解决可选择诉讼或仲裁方式，由当事人双方平等协商达成共识。需注意，合同纠纷发生后，当事人如若想通过仲裁解决，就必须事先在合同中作明确约定，或在纠纷发生后达成专门的仲裁协议，同时对仲裁机构也必须作明确约定，否则，当事人只能通过诉讼途径解决纠纷。

思考与练习

1. 合同签订技巧主要涉及哪几个方面？

2. 如何运用合同的签订技巧在合同谈判中进行反欺诈？

拓展阅读

1. 王利明："论民法典代理制度中的授权行为"，载《甘肃政法大学学报》2020年9月30日。

2. 张晓虎：《附负担赠与合同的理论构建》，中国政法大学2018硕士学位论文。

3. 孙涛："我国民事合伙的重新审视及完善"，载《红河学院学报》2020年6月8日。

4. 曹钰："网络悬赏广告纠纷案——'人工刷量'行为不应得到支持和鼓励"，载《法治论坛》2020年8月31日。

5. 蒋子瑶："悬赏广告法律问题研究"，载《法制与经济》2019年12月28日。

6. 王俣璇："格式条款规制研究"，山东大学2019年博士学位论文。

7. 胡安琪："互联网服务格式条款法律规制问题研究"，安徽大学2019年博士论文。

情境训练 合同是否成立的认定

情境设计

S省建筑工程公司因施工期紧迫，而事先未能与有关厂家订好供货合同，造成施工过程中水泥短缺，急需100吨水泥。该建筑工程公司同时向A市海天水泥厂和B市的丰华水泥厂发函，函件中称："如贵厂有300号矿渍水泥现货（袋装），吨价不超过1500元，请求接到信10天内发货100吨。货到付款，运费由供货方自行承担。"A市海天水泥厂接信当天回信，表示愿以吨价1600元发货100吨，并于第3天发货100吨至S省建筑工程公司，建筑工程公司于当天验收并接收了货物。B市丰华水泥厂接到要货的信件后，积极准备货源，于接信后第7天，将100吨袋装300号矿渍水泥装车，直接送至某建筑工程公司，结果遭到某建筑工程公司的拒收。理由是：本建筑工程仅需要100吨水泥，至于给丰华水泥厂发函，只是进行询问协商，不具有法律约束力。丰华水泥厂不服，遂向人民法院提起了诉讼，要求依法处理。

目的与要求

掌握合同成立的要件，正确分辨合同订立中双方当事人意思表示的性质，正确认定合同成立的时间和合同的内容。

工作任务

任务一：丰华水泥厂与建筑工程公司之间是否成立合同关系？

任务二：建筑工程公司拒收丰华水泥厂的100吨水泥是否于法有据？

任务三：水泥厂的发货行为如何定性？

任务四：海天水泥厂与建筑工程公司的合同何时成立？合同内容如何确定？

任务五：设建筑工程公司收到海天水泥厂的回信后，于次日再次去函表示愿以吨价1550元接货，海天水泥厂收到该第二份函件后即发货100吨至建筑工程公司。那么，二者之间的合同是否成立？如果成立，则何时成立？合同内容如何确定？

任务六：请用生活中的实例叙述合同的订立过程，要包括要约邀请、要约和承诺。

训练方法与步骤

学生自由组合，4~8 名为一组，先在组内开展讨论，再与其他小组进行交流，小组代表发言，最后由授课教师点评。

1. 各小组将本组意见写成书面材料；

2. 每一小组推选 1~2 名代表发言，并可与其他小组展开辩论。

考核标准

1. 能正确辨别合同订立过程中的要约邀请、要约和承诺。

2. 能正确认定合同成立的时间。

3. 能确定合同的内容。

情境训练　合同条款的拟定和完善

情境设计

房屋租赁合同

出租方（下称甲方）：

承租方（下称乙方）：

根据《中华人民共和国民法典》及相关法律、法规的规定，甲乙双方在平等自愿、友好协商的基础上，达成如下协议。

第一条　甲方同意将自己的房屋出租给乙方使用，租期为___壹___年，从___2019___年___7___月___5___日至___2020___年___7___月___5___日止。乙方保证自己家庭居住，并承诺不得将物业与他人进行合租。

第二条　甲乙双方约定月租金为人民币___肆仟___元整（￥4000.00）。

第三条　乙方于甲方交付房屋之日向甲方交付保证金人民币___捌仟___元整（￥8000.00）。

第四条　甲方提供家私电器（详见附件1：家私电器清单）予乙方于租赁期间使用。

第五条　因乙方使用该房屋而产生的相关费用包括但不限于水电费、煤气费、电话费、有线电视费、物业管理费、垃圾费等由乙方负责支付。

第六条　乙方有下列情况之一的，甲方有权终止本合同，收回房屋，没收保证金；因此而造成损失的，乙方还应赔偿经济损失：

1. 未征得甲方同意，擅自将该房屋转租、分租给他人使用或调换使用的；

2. 利用该房屋进行违法活动的；

3. 拖欠租金或相关费用超过十五天的；

4. 未征得甲方及物业管理部门同意，擅自改变房屋结构和用途的；

5. 故意损坏该房屋的。

第七条 租赁合同期满或提前终止，乙方必须迁出并将自置家具、杂物全部搬走。否则，将视为乙方对余下物品放弃权利，由甲方全权处理，乙方不得有任何异议。

第八条 租赁期间，该房屋遭受不可抗拒的自然灾害导致毁灭，本合同自然终止，互不承担责任。

第九条 本合同一式两份，甲、乙方各执一份，具有同等效力，经双方签字后生效。

甲方：   乙方：
日期：   日期：

目的与要求

掌握合同的一般条款的内容。

工作任务

结合基本原理，对该合同进行修改完善。

训练方法与步骤

学生自由组合，4~8名为一组，先在组内开展讨论，再与其他小组进行交流，小组代表发言，最后由授课教师点评。

1. 各小组将本组意见写成书面材料；
2. 每一小组推选1~2名代表发言，并可与其他小组展开辩论。

考核标准

能正确把握租赁合同的内容条款。

单元二 履行合同

通过学习本单元，了解合同成立与生效的区别，合同的生效要件以及欠缺生效要件的合同的效力状态；熟悉合同履行的一般原理，合同的补缺规则，履行抗辩权的含义和行使方法；掌握合同履行中的保全措施和行使条件；把握履行过程中合同的变更、转让与终止问题。

通过学习本单元，能够正确判断合同是否生效以及如何按照法律规定或约定履行合同；能够在履行合同过程中正确行使履行抗辩权、代位权、撤销权等各项权利；能够正确理解合同变更和转让的条件和法律后果，正确判断合同终止的原因及其法律后果。

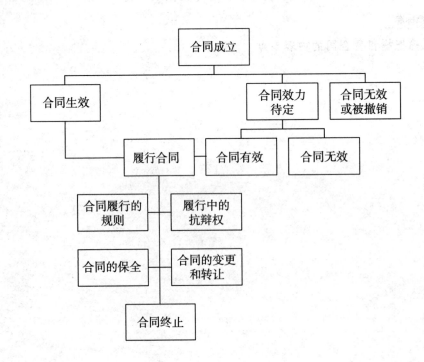

合同的履行是合同法中一个极为重要的问题。当事人之所以要订立合同，完全是为了实现合同的目的。合同权利义务的实现，只有通过履行才能达到。所以合同的订立是前提，合同的履行是关键。因此，在合同法律制度中，围绕履行合同设计了一系列制度。

项目一　合同的效力

引例

汤某、刘某龙、马某太、王某刚与彦海公司于 2013 年先后签订多份借款合同，通过实际出借并接受他人债权转让，取得对彦海公司合计 2.6 亿元借款的债权。为担保该借款合同履行，四人与彦海公司分别签订多份商品房预售合同，并向当地房屋产权交易管理中心办理了备案登记。该债权陆续到期后，因彦海公司未偿还借款本息，双方经对账，确认彦海公司尚欠四人借款本息 361 398 017.78 元。双方随后重新签订商品房买卖合同，约定彦海公司将其名下房屋出售给四人，上述欠款本息转为已付购房款，剩余购房款 38 601 982.22 元，待办理完毕全部标的物产权转移登记后一次性支付给彦海公司。汤某等四人提交与彦海公司对账表显示，双方之间的借款利息系分别按照月利率 3%和 4%、逾期利率 10%计算，并计算复利。后因彦海公司逾期支付房屋，汤某等 4 人诉至人民法院，彦海公司辩称房屋买卖合同无效，该案应为借贷合同纠纷。

问题：汤某、刘某龙、马某太、王某刚与彦海公司签订的商品房房屋买卖合同是否有效？

基本原理

一、合同效力的概述

（一）合同效力的含义

合同的效力，又称合同的法律效力，是指法律赋予依法成立的合同具有的拘束当事人各方乃至第三人的强制力。对于法律效力的理解不尽一致。一种观点是严格区分合同的效力与合同的拘束力。王泽鉴老师认为："所谓契约之拘束力，系指除当事人同意或有解除原因外，不容任何一方反悔请求解约，无故撤销。易言之，即当事人一方不能片面废止契约。"这一拘束力通常用来指称合同成立后，生效前当事人不得变更或废止已经成立的合同；这一拘束力由于在合同生效前，还没有强大到能够要求当事人履行合同义务的程度，而只是在形式上约束当事人对合同存在的破坏，即不允许当事人随意地撤销或撤回。此外，"与此应予严格区分者，系所谓契约的效力，即基于契约而生的权利义务"合同的效力表现为当事人必须实质性的按照合同的约定履行义务，否则就应当承担债不履行的法律责任。[1] 另一种观点认为合同的拘束力与合同效力等同，不加区分。因为根据德国学者的梅迪库斯关于"拘束"一语与"义务"具有同一含义的观点，那么合同的拘束力作为拘束当事人乃至有关第三人的法律之力，应当自合同生效开始具有。上述两种观点的不同主要源自于对"拘束力"一词的内涵与外延的理解不同而已，并未影响我们对"合同效力"的理解。但从中引申出两个概念，"合同成立"与"合同生效"，我们有必要做区分。

（二）合同的成立与生效

一般情况下来说，合同成立仅仅是当事人之间就合同的主要条款达成合意，意思表示一致就可以成立；而生效则是法律对成立的合同按照特定的标准（如标的合法、意思表示真实、符合公序良俗等）进行评价后所作的肯定。但是，从时间点上来看，通常情况下合同成立后即刻生效，除非法律规定或者当事人约定有特别的生效条件。因此，我国《民法典》第 502 条第 1、2 款规定："依法成立的合同，自成立时生效，但是法律另有规定或者当事人另有约定的除外。""法律另有规定或者当事人另有约定的除外"是指：有些合同依据法律规定还需要特定条件，例如，需要审批的，审批后才能生效，有些合同当事人对于合同生效约定了专门的生效条件，只有当这些条件发生的时候合同才能生效，例如附条件的合同或者附期限的合同。[2]

合同的成立着眼于合同当事人表意行为的事实构成，属于事实问题。而合同的效力是法律所赋予的，因此法律必然要对已经成立的合同进行评价，已经成立的合同符合法律规定的生效条件，才能具有法律效力，因此合同的生效着眼于法律对当事人意思表示的效力评价，属于法律问题，二者的判断标准不同，构成要件不同，法律后果也不同。合同生效与否，决定着当事人承担的责任是违约责任还是缔约过失责任。

（三）合同效力的根源

合同为什么能产生拘束力？当事人的意志为什么能产生一种法律效力？根本原因就在于它符合国家的意志，符合了法律所规定的生效标准，因此国家才给予它这样一种法律效力。合同效力从反映的意志看，是法律评价当事人各方合意的表现，是国家意志的反映；同时是当事人各方为了满足其需要"寻找"法律的依据和支持，将自己的意思符合于已上升为法律的国家意志的结果。某项合同之所以具有法律效力，总是具有双重原因：一是合同双方当事人达成了这项约定的共同的、使他们受到自我约束的意志行为；二是为法律制度对这种行为的承认。[3]

（四）合同效力的范围

根据《民法典》第 465 条规定："依法成立的合同，受法律保护。依法成立的合

---

〔1〕 崔建远：《合同法总论》，中国人民大学出版社 2011 年版，第 253 页。

〔2〕 李永军：《合同法》，中国人民大学出版社 2020 年版，第 85 页。

〔3〕 崔建远：《合同法总论》，中国人民大学出版社 2011 年版，第 263 页。

同，仅对当事人具有法律约束力，但是法律另有规定的除外。"可知，合同奉行相对性原则，合同的效力原则上仅仅及于合同当事人各方，第三人既不享有合同项下的权利，也不承担合同项下的义务。但由于客观实际的需要，立法政策在一定情况下允许突破合同的相对性原则使某些合同对特定第三人也有法律效力。合同对第三人的效力，在一般情况下表现为：任何第三人不得侵害合同债权；在合同保全中，合同债权人行使撤销权或代位权的效力及于第三人；在涉他合同中，具有向第三人履行或由第三人履行的效力。

合同对当事人各方的效力表现在如下方面：①当事人负有适当履行合同的义务；②违约方依法承担违约责任；③当事人不得擅自变更、解除合同，不得擅自转让合同权利和合同义务；④当事人享有请求给付的权利、保有给付的权利、自力实现债权权利、处分债权的权利、同时履行抗辩权、先履行抗辩权、不安抗辩权、为保全债权的代位权、撤销权、担保权等；⑤当事人负有依法律规定而产生的附随义务等。

二、合同的生效要件

合同的生效要件分为一般生效要件和特别生效要件。合同是一种民事法律行为，因此，合同要发生法律效力，必须具备民事法律行为的生效要件。民事法律行为的生效要件在本系列教材总则编中有详述，此处仅结合合同做简要介绍。根据我国《民法典》第143条、第153条的规定，合同的一般生效要件是：

（一）行为人具有相应的民事行为能力

合同是以当事人的意思表示为基础的，并且以产生一定的法律效果为目的，故行为人必须具备正确理解自己行为性质和后果、独立表达自己意思的能力，也就是说必须具备与订立某项合同相应的民事行为能力。

1. 自然人。自然人签订合同，通常应有完全行为能力。限制行为能力人可以独立订立纯获利益的合同或者与其年龄、智力、精神健康状况相适应的合同，超出该范围的合同应由其法定代理人代理签订，或者征得其法定代理人的同意、追认。限制民事行为能力人，可以独立订立的与其年龄、智力、精神健康状况相适应的合同，主要有：①纯获利益的合同，比如，接受奖励、赠与、报酬等纯获益或被免除义务的合同；②必需合同，如购买食物或饮料；③社会类型行为，如利用自动售货机、搭乘交通工具、进入公园等。

根据《民法典》第144条的规定，"无民事行为能力人实施的民事法律行为无效"，无民事行为能力人订立的合同当属无效。

2. 法人。法人是具有民事权利能力和行为能力，依法独立享有民事权利和承担民事义务的组织。我们应当注意法人签订合同时，其法定代表人超越代表权限以及法人超越其经营范围的情况。根据《民法典》第504条规定，法定代表人越权代表所订立的合同是否有效，取决于合同相对人之善意与否，如相对人不知道或者不应当知道其超越权限，则代表行为有效，订立的合同对法人发生效力。根据《民法典》第 505 条规定，法人超越经营范围订立的合同是否有效，需结合其他生效要件加以判断。若其他生效要件都符合，仅仅只是超越经营范围，则合同有效；但是，违反国家限制经营，特许经营以及法律、行政法规禁止经营规定的除外。另外，还需注意的是，专为特定目的而设立的法人签订合同，仍不得超过其营业执照上规定的经营范围及其辐射的合理范围，否则，合同无效。法人的分支机构，在得到法人书面授权后，可以自己名义签订合同。[1]

 法条链接

《中华人民共和国民法典》

第 504 条　法人的法定代表人或者非法人组织的负责人超越权限订立的合同，除相对人知道或者应当知道其超越权限外，该代表行为有效，订立的合同对法人或者非法人组织发生效力。

第 505 条　当事人超越经营范围订立的合同的效力，应当依照本法第一编第六章第三节和本编的有关规定确定，不得仅以超越经营范围确认合同无效。

3. 非法人组织。非法人组织是不具有法人资格，但是能够依法以自己的名义从事民事活动的组织。《民法典》已承认非法人组织是独立于自然人、法人的第三类民事主体，因而具备民事权利能力与民事行为能力，这与法人的分支机构有所不同。根据《民法典》第 504 条与第 505 条规定可知，非法人组织的缔约能力与法人相同。

（二）意思表示真实

意思表示真实是指表意人的表示行为应当真实地反映其内心的效果意思。意思表示中含有效果意思和表示行为这两个要素即告成立，但须真实始能有效，即其效果意思与表示行为相一致。效果意思是指使法律效果发生的意思。意思表示不真实，合同的效力会因此而受影响，有的为无效，有的为可撤销。

（三）不违反法律、行政法规的强制性规定，不违背公序良俗

1. 不违反法律、行政法规的强制性规定。这里的强制性规定只是指强制性规定中的"效力性规范"。效力性规范与管理型规范相对应。所谓效力性规范，就是指一经违反即导致合同无效的强制性规定。其判断的标准有：①法律法规已经明确指明违反这种规定将导致合同无效的，或者明确指明了一旦违反这种规范，合同将不成立或无效。例如《民法典》第 506 条规定："合同中的下列免责条款无效：造成对方人身损害的；因故意或者重大过失造成对方财产损失的。"②借助立法目的的解释来判断。在法律法规没有明确规定违反规则将导致合同无效的情况下，必须要考察法律设置这一规则的

〔1〕　崔建远：《合同法总论》，中国人民大学出版社 2011 年版，第 297 页。

目的究竟是什么。尤其应当判断的是，法律设置这个规则，究竟是为了行政管理的需要，还是针对具体的合同行为而设置的规范。例如，《民法典》第791条是关于建设工程合同的规定，其第3款规定："禁止承包人将工程分包给不具备相应资质条件的单位。禁止分包单位将其承包的工程再分包。建设工程主体结构的施工必须由承包人自行完成。"其法律措辞都使用的是"禁止"，这是由于在社会中建设工程出现了大量非法转包、分包的现象，最终造成"豆腐渣工程"，这直接关系到人民群众的人身安全，关系到社会公共利益，所以这是一个效力性规范。③判断是不是效力性规范的时候，要坚持公共利益的标准。以公共利益作为判断效力性规范的标准，即能够解释、论证出如违反该规定将会损害公共利益，损害交易的安全和秩序，那么可以认为它就是一个效力性规范。[1]

2. 不违背公序良俗。公序良俗，即公共秩序与善良风俗。合同不违背公序良俗是合同适法性的一项重要内容，违反公序良俗的合同严重背离合同制度的目的，危害巨大。将违反公序良俗作为合同的有效要件，一方面可弥补社会发展使法律调整出现的漏洞和脱节的不足；另一方面，也有利于醇化社会道德伦理和整肃社会风气。

根据我国《民法典》第502条第1款的规定，一般情况下，当事人订立的合同，只要符合上述三个条件，自成立之日起即发生法律效力。但某些合同除具备上述三个生效要件外，还需要特别的生效条件。如法律、行政法规规定的应当办理批准或登记等手续才能生效的合同，以办理批准或登记手续为其特别生效条件，附生效条件或生效期限的合同，以当事人约定的条件成就或期限届至为其特别生效条件。

法条链接

《中华人民共和国民法典》

第143条 具备下列条件的民事法律行为有效：

（一）行为人具有相应的民事行为能力；

（二）意思表示真实；

（三）不违反法律、行政法规的强制性规定，不违背公序良俗。

第153条 违反法律、行政法规的强制性规定的民事法律行为无效。但是，该强制性规定不导致该民事法律行为无效的除外。

违背公序良俗的民事法律行为无效。

三、附条件的合同与附期限的合同

1. 附条件的合同。当事人对合同效力可以约定附条件。附条件，是指当事人选定将来可能发生的某种事实作为条件，以条件的成就与否作为合同效力发生与消灭的根

---

〔1〕 王利明："合同无效的几个比较重要的问题"，2012年12月13日在中国人民大学法学院发表的公开讲课内容

据。附生效条件的合同，自条件成就时生效。附解除条件的合同，自条件成就时失效。例如，甲乙双方约定，当甲的女儿考上外地大学，甲的房屋就让乙进来居住（即租赁合同产生履行效力），这就是附生效条件的合同。再如，甲乙又约定，当甲的女儿大学毕业回来，乙就从甲的房屋中搬出（即解除租赁合同），这就是附解除条件的合同。

在附条件的合同中，条件具有限制合同效力的作用。合同中所附的条件，必须符合如下要求：

（1）将来性，即条件必须是将来发生的事实，已经发生的事实不能作为条件。

（2）或然性，即条件是不确定的事实，必然的事实和根本不能发生的事实，都不能设定为条件。

（3）约定性，即条件必须是当事人基于平等自愿约定的事实，法律规定的事实不是附条件的合同中的条件。

（4）合法性，即条件必须是合法的事实，必须符合法律的规定，必须符合公共道德。例如，"如果你把那辆自行车偷来，我会以两倍的价格购买"，这样的条件就不能成立。

当事人为自己的利益不正当地阻止条件成就，视为条件已成就；不正当地促使条件成就的，视为条件不成就。

2. 附期限的合同。当事人对合同的效力可以约定附期限。附生效期限的合同，在期限到来之前，合同已经成立，但其效力仍然处于停止状态，合同自期限届至时生效。附终止期限的合同，在期限到来之前，合同一直有效，在期限届至时失效。例如，甲乙双方4月1日签订合同，约定该合同自9月1日起生效，这是附生效期限的合同；又如，甲乙双方4月1日签订合同，约定该合同自9月1日起终止，这是附终止期限的合同。

附条件和附期限合同的主要区别在于，作为期限的事实具有必然性，为将来确定要发生的事实；而作为条件的事实具有或然性，将来可能发生，也可能不发生。

法条链接

《中华人民共和国民法典》

第158条　民事法律行为可以附条件，但是根据其性质不得附条件的除外。附生效条件的民事法律行为，自条件成就时生效。附解除条件的民事法律行为，自条件成就时失效。

第159条　附条件的民事法律行为，当事人为自己的利益不正当地阻止条件成就的，视为条件已经成就；不正当地促成条件成就的，视为条件不成就。

第160条　民事法律行为可以附期限，但是根据其性质不得附期限的除外。附生效期限的民事法律行为，自期限届至时生效。附终止期限的民事法律行为，自期限届满时失效。

四、欠缺生效要件合同的效力状态

如前所述，只有具备合同的生效要件，合同才能生效。但在司法实践中，大量的合同往往欠缺部分生效要件，这些合同是否一概无效呢？我国《民法典》从充分尊重当事人的合同自由、鼓励交易、提高交易效率、维护国家利益等目的出发，对欠缺不同生效要件的合同区别对待，并不是一概认为其无效，而是规定了不同的效力状态及其救济方法。《民法典》关于欠缺生效要件的合同的效力分为四类：未生效、效力待定、无效、可撤销。

（一）合同未生效

所谓未生效的合同，是指合同生效应当满足特别的要件，在这些要件未被满足时合同的状态。

未生效合同的典型形态是依据法律、行政法规应当办理批准才能生效的合同，对于此类合同，如果当事人未办理批准手续，则该合同就属于未生效的合同。未生效的合同是与法律法规明确规定的审批义务联系在一起的。在实践中，有一些合同如采矿权、探矿权的转让，从事证券经纪、期货经纪业务、国有企业转让国有资产等合同，依据法律法规必须经过有关部门的批准方能生效。同时我们应当注意，依据《民法典》第502条第2款规定："依照法律、行政法规的规定，合同应当办理批准等手续的，依照其规定。未办理批准等手续影响合同生效的，不影响合同中履行报批等义务条款以及相关条款的效力。应当办理申请批准等手续的当事人未履行义务的，对方可以请求其承担违反该义务的责任。"可知，报批义务条款在性质上具有独立性，也就是说，尽管合同因未报批而未生效，但是该条款仍应被认定为有效，因此负报批义务的当事人应履行该义务。

未生效的合同也可以基于当事人的约定产生，如附生效条件的合同以及附始期的合同。附条件或期限的，可以是整个合同，也可以是合同的部分条款。就后者而言，未附条件或期限的合同条款，可以自依法成立之时起生效，附生效条件或始期的合同条款，则自条件成就或者期限届至时，始发生效力。

（二）无效合同

1. 无效合同的概念。无效合同是指当事人所缔结的合同因严重欠缺生效要件，因而自始当然地、确定地不发生法律效力的合同。应当注意，合同无效，表明合同不能约束双方当事人，即当事人通过合同所要达到的预期法律后果不能实现，但仍会引起其他的法律后果，如无效合同中的过错方依法律规定（而非依当事人的意思）应承担赔偿损失等法律效果（参照《民法典》第157条）。[1]

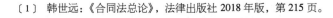

〔1〕 韩世远：《合同法总论》，法律出版社2018年版，第215页。

法条链接

《中华人民共和国民法典》

第157条 民事法律行为无效、被撤销或者确定不发生效力后，行为人因该行为取得的财产，应当予以返还；不能返还或者没有必要返还的，应当折价补偿。有过错的一方应当赔偿对方由此所受到的损失；各方都有过错的，应当各自承担相应的责任。法律另有规定的，依照其规定。

2. 合同无效的特性。依通常学理，合同无效是指该合同自始地对所有人不发生效力并且保持其不发生效力的状态。它是不发生效力情形中的最高级。合同无效具有三种特性，即无效的当然性、自始性及确定性。

（1）当然性。合同的无效为当然无效，无需主张，也不必经由一定程序使其失效。当事人对于合同效力有争执时，可提起确认之诉，但此项判决仅有宣示的性质，无效的合同并非因判决而成为无效。

（2）自始性。无效的合同自成立时起即不发生当事人所欲发生的效力。这一点在《民法典》第155条"无效的或者被撤销的民事法律行为自始没有法律约束力"的规定中，有明确的反映。

（3）确定性。无效的合同确定无效，不因时间的经过而补正。例如，以法律禁止流通物作为标的物的合同，纵然后来法律修改准予该类标的物流通，该合同也不能变为有效。因此，学说上称无效的民事行为犹如死胎，虽有妙手神医，亦不能使之复生。故在这点上，无效合同与可撤销合同及效力未定的合同，均有不同。因为可撤销合同得因撤销权的消灭而成为完全有效的合同；效力未定的合同，则可因被追认而转变为完全有效的合同。

3. 无效合同的种类。根据《民法典》的相关规定，无效合同有五种：

（1）无民事行为能力人订立的合同。根据《民法典》第144条的规定，无民事行为能力人订立的合同，应为无效合同。但是，无民事行为能力人作为受赠人订立纯获利益的赠与合同，承认该合同有效显然最有利于无民事行为能力人，最符合未成年人保护原则。但通过什么途径及方法承认无民事行为能力人订立的纯获利益的合同有效，学者意见不一。因此，无民事行为能力人订立的合同无效，有无例外情况还需要等待法律明确。

（2）行为人与相对人以虚假的意思表示订立的合同。我国《民法典》第146条规定："行为人与相对人以虚假的意思表示实施的民事法律行为无效。以虚假的意思表示隐藏的民事法律行为的效力，依照有关法律规定处理。"社会生活中经常存在名为某个合同，而当事人的真实意思却是另一个合同的现象。"概括地说，如果表意人和相对人通谋，共同订立合同的外观，却不使该合同本应产生的法律效果发生，则构成虚伪表示。如果虚伪表示的目的，在于掩饰另一真正愿意实现的合同，该真正愿意实现的合同即为隐匿行为。"[1] 依《民法典》146条的规定，通谋虚伪行为所订立的合同无效，其背后的隐匿行为合同并非绝对无效，而应依照有关法律规定认定处理。具体来说，如果这种隐藏行为本身符合该行为的生效要件，那么就可以生效；若欠缺生效要件则可以是未生效、无效、可撤销或效力待定这几种情形。如在名为赠与实为买卖的行为中，赠与行为属于双方共同以虚假意思表示实施的民事法律行为，无效；而隐藏于赠与形式之后的买卖则是双方共同的真实意思表示，其效力能否成就取决其是否符合买卖合同有关的法律规定：如果符合买卖合同生效要件的法律规定，则为有效；反之，则无效。[2]

（3）违反法律、行政法规的强制性规定的合同。《民法典》第153条第1款规定："违反法律、行政法规的强制性规定的民事法律行为无效。但是，该强制性规定不导致该民事法律行为无效的除外。"即对于法律、行政法规的强制性规定，当事人必须遵守，如果合同当事人在订约目的、具体内容或形式上违反法律、行政法规的强制性规定，则导致合同无效。如前所述，强制性规定分为效力性强制规定与管理性强制规定，违反效力性的强制性规定，合同无效；违反管理性的强制性规定，合同不一定无效。

▦ 相关案例

2009年2月15日，贵州省清镇市人民政府颁发林权证确定清镇市流长苗族乡对冒井村木叶高坡115.4亩防护林林地、森林或林木享有所有权和使用权。2013年12月6日，流长乡政府与黄某发签订《贵州省清镇市流长苗族乡木叶高坡林场经营权转包合同》，约定"流长乡政府将前述林地、林木发包给黄某发从事农业项目（特色经果林）种植生产经营，转包经营权期限为65年，转包价格20万元"。黄某发与王某合伙共同经营，将转包林地中约14亩用于栽种折耳根，其余大部分用于栽种天麻。2016年2月5日，王某将部分林木卖与周某，周某砍伐林木78株，被林业部门处以罚款并被责令补种林木。2017年1月9日，流长乡政府向法院提起诉讼，请求确认其与黄某发签订的林场经营权转包合同无效，黄某发、王某返还林场。黄某发、王某提起反诉，请求判令流长乡政府返还转包费20万元及资金占用损失138 493.13元，补偿损失753 644元。

贵州省清镇市人民法院一审认为，流长乡政府与黄某发签订合同，约定将作为防护林的木叶高坡林场转包与黄某发从事农业项目种植生产经营，将防护林的用途更改为商品林，违反了《森林法》第15条第3款的强制性规定，依法应认定为无效合同。流长乡政府主张该合同无效的诉讼请求依法应予支持。流长乡政府与黄某发签订合同后，从黄某发处取得的转包款扣除已经履行的部分后应当返还。黄某发因该合同取得

---

[1] 崔建远主编：《合同法》，法律出版社2016年版，第72页。

[2] 沈德咏主编：《中华人民共和国民法总则条文理解与适用》，人民法院出版社2017年版，第976～977页。

案涉林地使用权应当返还流长乡政府。鉴于黄某发、王某在该地上栽种的经济作物尚未收获，综合考虑生态保护与当事人损失之间的关系，以及黄某发、王某栽种的经济作物收获问题，酌定返还期限为 2017 年 12 月 31 日前。黄某发、王某在返还之前应当对林地内的植被妥善保护，在收获天麻和折耳根作物时应当采取最有利于生态保护的收获方法，流长乡政府应当对此进行监督。流长乡政府与黄某发所签合同无效，流长乡政府作为国家机关，对相关法律规定的掌握程度明显高于黄某发，确定流长乡政府对合同无效承担70%的过错责任，黄某发承担30%的过错责任。一审法院判决：确认案涉转包合同无效，黄某发、王某返还防护林，流长乡政府返还转包款并赔偿70%资金占用损失和经济损失。一审判决已发生法律效力。[1]

（4）违背公序良俗的合同。《民法典》第 153 条第 2 款规定："违背公序良俗的民事法律行为无效。"合同的内容若违反公序良俗应当无效，如赌博合同、违反人格尊严的合同、危害家庭关系的合同等。然而公序良俗的特征在于内涵的不确定性，是富有弹性的概念，如欲发挥规范功能，则需要法官在个案中对其具体内涵予以充实。

（5）恶意串通损害第三人的合同。顾名思义，恶意串通，损害国家、集体或者第三人利益的合同是指双方当事人或代理人为牟取非法利益而互相串通、订立造成他人利益损害的合同。恶意串通损害他人合法权益的合同，其构成分为主观和客观两方面因素，主观因素为恶意串通，即当事人双方具有共同的故意，明知或应当知道某种行为将造成他人利益的损害，却都希望通过合同追求这种后果的发生，并且就该意思进行联络、互相配合、共同实施了该非法行为。客观因素为合同损害他人的利益，如在招标投标过程中，投标人之间恶意串通，以抬高或压低标价，或者投标人与招标人恶意串通以排挤其他投标人等。

4. 无效的免责条款。免责条款是当事人在合同中约定的免除或者限制其未来责任的条款。根据合同自由的原则，当事人可以在合同中约定免责条款。但根据我国《民法典》第 506 条的规定，合同中的下列免责条款无效：一是造成对方人身损害的；二是因故意或者重大过失造成对方财产损失的。

之所以如此规定，原因是人身安全是合同当事人最重要的人身权利，是法律重点保护的对象，因此不能允许合同当事人漠视对方的人身安全，以免责条款的方式免除自己的责任。至于财产权，法律不允许当事人约定免除一方故意或因重大过失而给对方造成的损失，否则会给当事人一方提供滥用基于故意和重大过失侵害他人财产权利的机会，或至少会使当事人对对方的财产抱有漠不关心的态度。

---

〔1〕 "贵州省清镇市流长苗族乡人民政府诉黄某发等确认合同无效纠纷案"，载中国法院网，https://www.chinacourt.org/article/detail/2018/06/id/3327028.shtml。

（三）可撤销合同

1. 可撤销合同的概念。可撤销合同是指当事人在订立合同时，因一些原因造成当事人的意思表示并非真实，法律允许意思表示不真实的合同当事人通过行使撤销权使已经生效的合同归于无效。可撤销合同具有以下特征：

（1）可撤销合同因意思表示不真实而引起。如因重大误解而成立的合同、因欺诈而成立的合同、因胁迫而成立的合同等。

（2）合同的撤销要由撤销权人行使撤销权来实现。可撤销合同主要是由于合同当事人意思表示不真实造成的，而当事人的意思表示是否真实，局外人通常很难判断，若当事人不主动提出撤销合同，自愿承担损害后果，出于尊重当事人的合同自由，法律并不强加干涉，而是把这类合同的撤销权交给意思表示不真实的合同当事人，由其决定是否撤销合同，即撤销权人是否行使撤销权由他自己决定。这也是可撤销合同与无效合同的区别所在。

（3）撤销权不行使，合同继续有效；撤销权行使，合同自始无效。这是合同的撤销与合同的无效、合同效力待定的又一区别。

2. 可撤销合同的种类。根据《民法典》的相关规定，可撤销合同有四种：

（1）因重大误解订立的合同。《民法典》第 147 条规定："基于重大误解实施的民事法律行为，行为人有权请求人民法院或者仲裁机构予以撤销。"所谓误解，是指表意人所表示出来的意思与其真实意思不一致，而这种不一致是表意人为意思表示时所不知或误认的。误解方的利益而言，误解人作出意思表示时，对涉及合同法律效果的重要事项存在认识上的显著缺陷，其后果是使误解人受到较大损失，以至于根本达不到缔约目的。构成重大误解应当符合一定的条件：

第一，误解与合同订立有因果关系。合同当事人作出的意思表示必须是因为误解所造成的，即正是由于当事人的误解，才导致了订立合同，或者基于当事人的误解而设定了合同条件。如果合同并不是因误解而成立，或者合同条件不是因误解而设定，则不能按重大误解的规则处理合同。

第二，误解应当是重大的。一般的误解不能使合同撤销。我国司法实践认为，只有对合同的主要内容产生误解，同时误解对当事人造成重大不利后果，才构成重大误解。通说认为，行为人因对行为的性质，对方当事人，标的物的品种、质量、规格和数量等的错误认识，使行为的后果与自己的意思相悖，并造成较大损失的，可以认定为重大误解。

第三，当事人不愿承担对误解的风险。如果当事人自愿承担了误解的风险，就不能构成重大误解。比如甲方向乙方出售古玩（双方均不知其真假），如果是真的，价值 10 万元；如果是赝品，则一文不值，双方都明知这一点，最终以 5 万元的价格成交。如果是赝品，买方不得要求变更或撤销合同；如果是真品，卖方不得要求变更或撤销合同。

 相关案例

原告路某芳与被告胡某敏均是收藏爱好者，于 2010 年 10 月经朋友薛某介绍相识，后原告通过网络将西方三圣铜佛像的图片发给被告观看。2011 年 1 月，被告与薛某一同至原告家中验看实物并洽谈交易事宜，期间，被告另看上原告家中的碧玉千手观音佛像。双方最终商定，碧玉千手观音佛像交易价为 70 万元，西方三圣铜佛像交易价为 60 万元（20 万元/尊），合计 130 万元。被告当即付款 10 万元，余款 120 万元由被告向原告出具欠条。后被告将四尊佛像运回南京，但未按约定给付余款。原告要求被告给付余款 120 万元。被告反诉请求以重大误解为由撤销合同。

原告（反诉被告）路某芳诉称：原、被告均是收藏爱好者，经朋友薛某介绍相识。约定的付款期限已过，原告多次索要未果，特诉请法院判令被告给付货款 120 万元，由被告承担诉讼费用。

被告（反诉原告）胡某敏辩称并反诉称：双方达成买卖四尊佛像协议属实，对欠条的真实性予以认可，但原告在交易时向被告介绍西方三圣铜佛像是明代的，碧玉千手观音佛像是唐代的且材质是碧玉的，现经鉴定该四件佛像均为现代仿品，且碧玉千手观音佛像的材质是大理石，并非碧玉。故构成重大误解，请求判令：①撤销双方达成的买卖合同；②相互返还佛像和货款；③诉讼费由法院依法处理。

反诉被告路某芳辩称：自己从未向其介绍过四件佛像的年代分别是明代、唐代的物件，也未承诺四件佛像是明代、唐代的及碧玉千手观音佛像材质是碧玉的。反诉原告是具有 20 年收藏史的收藏爱好者，且双方的交易是先验货后成交的。按收藏界惯例，藏品当面验货，售出概不退换，货款两清。反诉原告以重大误解为由要求撤销合同，不能成立。

法院查明：在交易过程中，薛某曾向被告介绍三尊铜佛像是明代的物件，碧玉千手观音佛像材质是碧玉且是唐代的物件。在薛某向被告作介绍时原告并不在场，且原告从未向被告介绍或承诺四尊佛像的年代。诉讼中，原告自认千手观音佛像是碧玉材质。

诉讼中，被告申请对三尊铜佛像制作年代及碧玉千手观音佛像的材质和制作年代进行鉴定。经北京东博古玩字画鉴定中心鉴定，西方三圣铜佛像质地均为黄铜，碧玉千手观音佛像质地为大理石，上述四尊佛像结论均为现代。

南京市白下区人民法院于 2012 年 6 月 15 日作出（2011）白民初字第 2694 号民事判决：一、被告（反诉原告）胡某敏于本判决生效后十日内给付原告（反诉被告）路某芳货款 50 万元并赔偿逾期付款期间的利息损失（利息计算方式：自 2011 年 7 月 6 日起至本判决确定付款之日止，按中国人民银行同期贷款基准利率计付）。二、驳回原告（反诉被告）路某芳的其他诉讼请求。三、撤销原告（反诉被告）路某芳与被告（反诉原告）胡某敏订立的关于买卖碧玉千手观音佛像部分合同。四、被告（反诉原告）胡某敏应于本判决生效后十日内将碧玉千手观音佛像返还给原告（反诉被告）路某芳。五、驳回被告（反诉原告）胡某敏的其他反诉请求。一审宣判后，双方当事人在法定期限内均未提出上诉，一审判决已经发生法律效力。[1]

（2）因欺诈订立的合同。《民法典》第 148 条规定："一方以欺诈手段，使对方在违背真实意思的情况下实施的民事法律行为，受欺诈方有权请求人民法院或者仲裁机构予以撤销。"第 149 条规定："第三人实施欺诈行为，使一方在违背真实意思的情况下实施的民事法律行为，对方知道或者应当知道该欺诈行为的，受欺诈方有权请求人民法院或者仲裁机构予以撤销。"欺诈，"是指故意欺骗他人，使其限于错误判断，并基于此错误判断而为意思表示之行为"[2]。

构成欺诈应当符合以下条件：①于客观层面，欺诈方应实施了欺诈行为。大体可分为三种：虚构事实，以假乱真；恶意不披露关键信息，隐瞒真相；利用被欺诈方错误并恶意扩大。欺诈行为通常表现为积极的作为，消极的不作为（沉默）也可构成欺诈，在依诚实信用原则而产生告知义务时，单纯的沉默就构成欺诈。②于主观层面，欺诈方须有欺诈之恶意。恶意，是指欺诈方通过欺诈行为旨在诱使被欺诈方作出错误的意思表示，欺诈的故意应当是在订立合同时已具有。若在合同成立后，履行过程中才萌生的欺诈，则不适用《民法典》第 148 条的规定，而应当适用违约责任的相关规定。③于逻辑层面，被欺诈方之错误意思表示与欺诈方欺诈行为之间存在因果关系，即受欺诈方产生错误判断之认知并基于此作出错误之意思表示，是源于欺诈方的欺诈行为。

（3）因胁迫订立的合同。《民法典》第 150 条规定："一方或者第三人以胁迫手段，使对方在违背真实意思的情况下实施的民事法律行为，受胁迫方有权请求人民法院或者仲裁机构予以撤销。"胁迫，是指不法地向相对人表示施加压力，使之恐惧，并且基于此种恐惧而为一定意思表示的行为。

构成胁迫应当符合以下条件：①有胁迫行为。这种行为包括两种情况：一种是胁迫者以直接面临的损害相威胁；另一种是以将要发生的损害相威胁。②相对人因胁迫而产生恐惧，并因此订立了合同。相对人所生产的恐惧与胁迫行为之间具有因果关系，并因此而签订了合同。即：受胁迫方因此陷入恐惧并基于恐惧而作出意思表示。③胁迫缺乏正当性。一是胁迫的手段具有非正当性，如使用暴力或限制人身自由等具有人身攻击性的强制方式迫使相对人订立合同。二是目的具有非正当性。如以揭发对相对人不利的事实为要挟，使之订立不利合同，典型的例子是"以检举某人犯罪行为为手

---

〔1〕 "特殊商品交易中重大误解的认定"，载包头律师专家服务网，http：//www.zwjkey.com/onews.asp？ID＝13775，访问时间：2020 年 10 月 20 日。

〔2〕 梁慧星：《民法总则讲义》，法律出版社 2018 年版，第 123 页。

段，要求犯罪行为人给自己一笔'沉默费'"。

 相关案例

2012年5月11日，被告谷歌旅行社与案外人杭州师范大学（以下简称"杭师大"）就赴日本神户参加国际音乐比赛及观光旅游等事项，签订了一份"出境旅游合同"，约定由谷歌旅行社安排杭师大83名师生于同年8月2日上午从上海浦东机场出发前往日本，8月9日返回。5月16日，谷歌旅行社通过传真向原告途易旅游公司发送一份"团费确认单"，将上述赴日旅游团委托途易旅游公司具体负责，其中载明来回航班、酒店要求，并说明团费为7650元/人。还特别注明：确认以上航班和酒店，已与客人签订合同，故不得修改，若有更改，按照合同赔偿客人损失。途易旅游公司在该确认单附言处加盖业务专用章予以确认，附言记载：在出票前3个工作日之内付全款的80%，归国后7天内付清余款。途易旅游公司盖章后又将确认单传真给谷歌旅行社。谷歌旅行社也先后预付了507 960元的团费，途易旅游公司依约为该团队中的旅客购买了机票。

2012年7月31日下午，谷歌旅行社与途易旅游公司就该次赴日旅游的团费价格问题发生纠纷，双方前往浙江省旅行社协会进行调解。经该协会秘书长协调，双方达成口头一致意见，双方认可团费报价按之前确认的7650元/人。但各方对上述口头意见未签署书面合同确认。协调之后，途易旅游公司又提出该团队在日本的接待车辆没有安排，并于当日下午15：30分提出该团队的最新报价为8589元/人，又于次日向谷歌旅行社发出书面通知要求对新的一份"团费确认单"进行确认，否则即取消赴日旅行的一切安排，谷歌旅行社只得在8月1日的"团费确认单"上盖章确认。后途易旅游公司完成全部旅游项目并带团回国，通过"出境旅游服务质量调查表"向游客征集了对本次旅游的意见，旅客普遍较为满意。后因双方关于团费事宜发生争议，途易旅游公司诉至法院。

法院认为：本案中存在先后两份"团费确认单"，第一份为双方于2012年5月16日签订，第二份为双方于同年8月1日签订，即该团队出发前一日。在签订第二份确认单之前，途易旅游公司已为双方约定的旅客购买了机票，说明途易旅游公司已经认可并按照前一份确认单开始履行合同。谷歌旅行社也已经预先支付了80%的团费，符合上述第一份确认单中的约定，故谷歌旅行社也认可并按照上述第一份确认单履行义务。

但在团队出发前两天，途易旅游公司告知谷歌旅行社日本当地的车辆未安排好，且在无任何正当理由的前提下将团队报价从7650元/人提高至8589元/人。由于该团队性质特殊，系杭师大学生前往日本参加国际音乐比赛，故谷歌旅行社为确保顺利出行，遂与途易旅游公司共同前往省旅行社协会协商。而途易旅游公司在达成初步口头意见后又单方反悔、继续要求提高团费报价。此时如果谷歌旅行社不接受新的团费报价，途易旅游公司即停止该团队的出行活动，谷歌旅行社一方面将要对旅客承担违约责任，另一方面会造成不利的国际影响，谷歌旅行社临时亦不可能再行联系其他旅游公司接手该团队出行工作，故此时属于受胁迫在违背己方真实意思表示的情况下签订了第二份确认单。根据相关法律规定，该合同系可变更、可撤销合同，因此谷歌旅行社主张撤销双方于 8 月 1 日签订的"团费确认单"于法有据，双方应当按照 5 月 16 日签订的"团费确认单"履行。

（4）乘人之危致使显失公平的合同。《民法典》第 151 条规定："一方利用对方处于危困状态、缺乏判断能力等情形，致使民事法律行为成立时显失公平的，受损害方有权请求人民法院或者仲裁机构予以撤销。"按照《民法典》151 条的规定，显失公平行为的构成要件是：①客观要件：须给付与对待给付之间显失均衡。显失公平的判断时点是合同成立时，若合同成立生效之后因情事变更导致双方对待给付显失公平的，不能适用本条，而应依情事变更的解释规则处理。②主观要件：须一方利用了对方处于危困状态、缺乏判断能力等不利情势。所谓危困状态，一般指因陷入暂时性的急迫困境而对于金钱、物的需求极为迫切等。所谓缺乏判断能力，是指缺少基于理性考虑而订立合同或对合同的后果予以评估的能力。利用是指为获取过度利润故意利用行为相对方的窘境，如果行为人不知情（无论是否有过失）而与对方签订合同，即使对方客观上有危困状态、缺乏判断能力等情形，也不构成"利用"。[1]

相关案例

被告刘某明系个体工商户，为广汉市亿达胶合板加工厂业主。原告黄某华在广汉市亿达胶合板加工厂上班。2009 年 7 月 17 日 15 时 10 分，原告在工作时受伤，到广汉市骨科医院和广汉市人民医院救治，广汉市亿达胶合板加工厂垫付了医药费。2009 年 8 月 3 日，广汉市亿达胶合板加工厂向德阳市劳动和社会保障局申请对原告所受伤进行工伤认定。2009 年 8 月 4 日，原告出院。同日，原告与广汉市亿达胶合板加工厂就工伤事故赔偿达成协议，协议书未加盖被告公章，由广汉市亿达胶合板加工厂生产厂长刘某明代表厂方签字。协议签订当日，原告收到了厂方支付的一次性伤残补助金、一次性伤残就业补助金和医疗补助金、一次性护理费共 4000 元，并出具收条一份。2009 年 8 月 21 日，德阳市劳动和社会保障局受理了被告的工伤认定申请，于同年 10 月 10 日作出了工伤认定。

2010 年 2 月 9 日，经德阳市劳动能力鉴定委员会鉴定，黄某华为十级伤残。十级伤残依法获得的各项赔偿应在 5 万元左右，黄某华认为签订的协议显失公平，且违反法律强制性规范，当属无效。[2]

本案的争议焦点：双方签订的赔偿协议是否违反强制性规定，是否构成显失公平。

---

〔1〕 韩世远：《合同法总论》，法律出版社 2018 年版，第 292 页。
〔2〕 "黄某华诉刘某明债权人撤销权纠纷案"，载中华人民共和国最高人民法院公报网，http：//gongbao. court. gov. cn/Details/b50af0ef3bbdf59479eb5b705eb807. html。

3. 可撤销合同中的撤销权。撤销权是指撤销有瑕疵民事法律行为的权利，因其行使而使被撤销的民事法律行自开始起无效。

（1）撤销权的行使。对可撤销的合同，根据我国《民法典》第148、149、150、151条的规定可知，受欺诈方、受胁迫方、受损害方有权请求人民法院或者仲裁机构予以撤销。从法律规则看，撤销权的行使应采取诉讼或者仲裁的方式。须注意的是，当事人是否可以以抗辩的方式主张撤销权？《全国法院民商事审判工作会议纪要》（以下简称《九民纪要》）对此作了详细的解答："撤销权应当由当事人行使。当事人未请求撤销的，人民法院不应当依职权撤销合同。一方请求另一方履行合同，另一方以合同具有可撤销事由提出抗辩的，人民法院应当在审查合同是否具有可撤销事由以及是否超过法定期间等事实的基础上，对合同是否可撤销作出判断，不能仅以当事人未提起诉讼或者反诉为由不予审查或者不予支持。一方主张合同无效，依据的却是可撤销事由，此时人民法院应当全面审查合同是否具有无效事由以及当事人主张的可撤销事由。当事人关于合同无效的事由成立的，人民法院应当认定合同无效。当事人主张合同无效的理由不成立，而可撤销的事由成立的，因合同无效和可撤销的后果相同，人民法院也可以结合当事人的诉讼请求，直接判决撤销合同。"

（2）撤销权行使的后果。当事人行使撤销权将导致合同自始无效，即在当事人之间不产生合同权利与合同义务。但应当注意无合同效力并不意味着无合同责任，后文将详述。

（3）撤销权的消灭。撤销权消灭的原因可分为两类，一是除斥期间的经过，二是当事人的放弃。依照《民法典》第152条第1款规定："有下列情形之一的，撤销权消灭：①当事人自知道或者应当知道撤销事由之日起1年内、重大误解的当事人自知道或者应当知道撤销事由之日起90日内没有行使撤销权；②当事人受胁迫，自胁迫行为终止之日起1年内没有行使撤销权；③当事人知道撤销事由后明确表示或者以自己的行为表明放弃撤销权；"《民法典》第152条第2款规定："当事人自民事法律行为发生之日起5年内没有行使撤销权的，撤销权消灭。"

（4）无效合同与可撤销合同的法律后果。根据我国《民法典》第157条的规定，合同被撤销或被确认无效后有以下法律后果：

第一，合同自始没有法律约束力。合同被撤销或被确认无效后，合同自成立之日起就没有法律约束力。即法律对合同当事人之间的债权债务关系不予认可和保护，当事人不能按照合同的约定履行债务，实现债权。若当事人就无效合同发生纠纷时，当事人的权利义务关系，直接依据法律规定而产生，无效合同中约定的权利义务只能作为某种证据，不能成为判决或裁决的依据。合同无效并不影响合同中独立存在的有关解决争议方法的条款的效力；以及未办理批准等手续影响合同生效的，不影响合同中履行报批等义务条款以及相关条款的效力。合同部分无效，不影响其他部分效力的，其他部分仍然有效。如合同中违反《民法典》第506条的免责条款无效，但并不会影响整个合同的效力，在处理时可确认该免责条款无效，而不必确认整个合同无效。当然，若合同中带有根本性的条款如合同标的、合同主体等将涉及整个合同的效力，该条款的无效就会导致整个合同无效。

第二，返还财产。合同被确认无效后，因该合同取得的财产，应当予以返还。返还财产的形式可以分为单方返还和双方返还。单方返还是指只有当事人一方没有违法行为，另一方有故意违法行为，则无违法行为的一方有权请求返还财产，而另一方当事人则无权请求返还财产，其被对方当事人占有的财产应依法上缴国库。双方返还是指双方当事人都从对方接受了给付的财产，则将双方当事人的财产都返还给对方。如果双方当事人故意违法，则应将双方当事人从对方处取得的财产收归国库。不能返还或者没有必要返还的，应当折价补偿。出于保护善意第三人的目的，合同无效的法律后果难以及于善意第三人返还财产。如甲因受乙欺诈，将一幅画卖给乙，乙又将画卖给丙，甲以受欺诈为由请求撤销与乙之间的买卖合同，但其撤销不得对抗善意第三人丙，因为丙不知道或不应当知道甲乙之间的买卖合同存在可撤销的情形，根据善意取得制度，善意第三人丙仍然取得此画的所有权，甲无权要求丙返还该画，甲的损失由乙赔偿。此外，《九民纪要》进一步细化了财产返还与折价补偿的相关规则。

法条链接

《全国法院民商事审判工作会议纪要》

第 32 条第 2 款【合同不成立、无效或者被撤销的法律后果】在确定合同不成立、无效或者被撤销后财产返还或者折价补偿范围时，要根据诚实信用原则的要求，在当事人之间合理分配；不能使不诚信的当事人因合同不成立、无效或者被撤销而获益。合同不成立、无效或者被撤销情况下，当事人所承担的缔约过失责任不应超过合同履行利益。比如，依据《最高人民法院关于审理建设工程施工合同纠纷案件适用法律问题的解释》第 2 条规定，建设工程施工合同无效，在建设工程经竣工验收合格情况下，可以参照合同约定支付工程款，但除非增加了合同约定之外新的工程项目，一般不应超出合同约定支付工程款。

第 33 条【财产返还与折价补偿】合同不成立、无效或者被撤销后，在确定财产返还时，要充分考虑财产增值或者贬值的因素。双务合同不成立、无效或者被撤销后，双方因该合同取得财产的，应当相互返还。应予返还的股权、房屋等财产相对于合同约定价款出现增值或者贬值的，人民法院要综合考虑市场因素、受让人的经营或者添附等行为与财产增值或者贬值之间的关联性，在当事人之间合理分配或者分担，避免一方因合同不成立、无效或者被撤销而获益。在标的物已经灭失、转售他人或者其他无法返还的情况下，当事人主张返还原物的，人民法院不予支持，但其主张折价补偿的，人民法院依法予以支持。折价时，应当以当事人交易时约定的价款为基础，同时考虑当事人在标的物灭失或者转售时的获益情况综合确定补偿标准。标的物灭失时当事人获得的保险金或者其他赔偿金，转售时取得的对价，均属于当事人因标的物而获得的利益。对获益高于或者低于价款的部分，也应当在当事人之间合理分配或者分担。

第34条【价款返还】双务合同不成立、无效或者被撤销时，标的物返还与价款返还互为对待给付，双方应当同时返还。关于应否支付利息问题，只要一方对标的物有使用情形的，一般应当支付使用费，该费用可与占有价款一方应当支付的资金占用费相互抵销，故在一方返还原物前，另一方仅须支付本金，而无须支付利息。

第三，赔偿损失。过错是确定赔偿责任的重要构成要件，如果是单方的过错，有过错的一方应当赔偿对方因此所受到的损失，双方都有过错的，则根据双方的过错程度，各自承担相应的责任。在确定损害赔偿范围时，既要根据当事人的过错程度合理确定责任，又要考虑在确定财产返还范围时已经考虑过的财产增值或者贬值因素，避免双重获利或者双重受损的现象发生。

第四，法律另有规定的，依照其规定。

（四）效力待定的合同

1. 效力待定的合同的概念。效力待定的合同是指合同虽然已经成立，但因其不完全符合合同的生效要件，即合同当事人欠缺订立合同的能力或权利，以至于合同效力能否发生尚未确定，须经权利人追认才能生效的合同。效力待定的合同主要是因为合同当事人缺乏订立合同的能力、代理订立合同的资格所造成的，因此，只要弥补了合同当事人主体资格不足的缺陷，通过权利人的追认，合同仍然可以生效，经过追认而有效既有利于促成更多的交易，也有利于维护相对人的利益。

2. 效力待定的合同的种类。根据我国《民法典》的相关规定，效力待定的合同有两种：一是限制民事行为能力人订立的与其年龄、智力、精神状况不相适应的合同；二是狭义无权代理情况下订立的合同。

（1）限制民事行为能力人订立的与其年龄、智力、精神状况不相适应的合同。《民法典》第145条规定："限制民事行为能力人实施的纯获利益的民事法律行为或者与其年龄、智力、精神健康状况相适应的民事法律行为有效；实施的其他民事法律行为经法定代理人同意或者追认后有效。相对人可以催告法定代理人自收到通知之日起一个月内予以追认。法定代理人未作表示的，视为拒绝追认。民事法律行为被追认前，善意相对人有撤销的权利。撤销应当以通知的方式作出。"从该法律规定可知，限制行为能力人依法不能独立订立的合同处于效力待定状态，法律之所以如此规定，乃是考虑到限制行为能力人所订立的合同有可能使其利益受损，在此情况下，合同须经法定代理人追认后才有效。

对于需要追认的合同，相对人（即与限制行为能力人订立合同的人）可以催告限制行为能力人的法定代理人自收到通知之日起30日内予以追认。追认的意思表示自到达相对人时生效，合同自订立时起生效。法定代理人未作表示的，视为拒绝追认。合同被追认前，为维护善意相对人的利益，法律还规定善意相对人有撤销合同的权利，撤销应当以通知的方式作出。所谓"善意"，是指相对人在订立合同时不知道，也没有义务知道与其订立合同的人欠缺相应的行为能力。例如，中学生赵某17周岁，未经父母同意，私自拿自己的压岁钱6000元，买了一台苹果手机。此合同与赵某的年龄智力不相适应，赵某不能自己订立，因此该合同属于效力待定合同，如果赵某的父母追认赵某买苹果手机的行为，合同就自订立时起生效，如果赵某的父母拒绝追认，则合同无效。卖方如果是"善意相对人"，即其并不知道赵某是未成年人，那么在赵某父母追认之前，卖方并不是只能被动等待赵某父母追认，其不仅有权催告赵某父母追认该买卖合同，还享有撤销该买卖合同的权利。

（2）狭义无权代理情况下订立的合同。在民法上，通常将无权代理区分为两类，即狭义无权代理和表见代理。这两种代理行为中，代理人都不具有代理权，表见代理是指代理人虽无代理权，但在其实施代理行为时，善意的相对人有正当的理由相信其有代理权而与其实施法律行为，则该法律行为的效果由被代理人承担。狭义无权代理是指表见代理以外的欠缺代理权的代理，包括无权代理人根本未得到授权而进行代理，或超越代理权范围进行的代理以及在代理权消灭以后的代理三种情形。狭义无权代理情况下订立的合同就是指无权代理人在以上三种情形下以被代理人名义与相对人订立的合同。

狭义无权代理情况下订立的合同，是一种效力待定的合同。我国《民法典》第171条规定："行为人没有代理权、超越代理权或者代理权终止后，仍然实施代理行为，未经被代理人追认的，对被代理人不发生效力。相对人可以催告被代理人自收到通知之日起一个月内予以追认。被代理人未作表示的，视为拒绝追认。行为人实施的行为被追认前，善意相对人有撤销的权利。撤销应当以通知的方式作出。行为人实施的行为未被追认的，善意相对人有权请求行为人履行债务或者就其受到的损害请求行为人赔偿，但是赔偿的范围不得超过被代理人追认时相对人所能获得的利益。相对人知道或者应当知道行为人无权代理的，相对人和行为人按照各自的过错承担责任。"

狭义无权代理所订立的合同经被代理人追认，对被代理人发生法律效力。追认的方式可以是明示，也可以是积极的默示，即被代理人虽然未明示追认，但已经开始履行合同义务的，视为对合同的追认。相对人也可以催告被代理人自收到通知之日起30日内予以追认，被代理人未作表示的，视为拒绝追认，由行为人承担合同责任。善意相对人有权请求行为人履行债务或者就其受到的损害请求行为人赔偿，但是赔偿的范围不得超过被代理人追认时相对人所能获得的利益。同时，法律为了保护相对人的利益，合同在被追认之前，善意相对人有撤销的权利。所谓"善意"，是指相对人在与无权代理人订立合同时，不知道同时也没有义务知道行为人没有代理权。撤销应当以通知的方式作出。但是相对人知道或者应当知道行为人无权代理的，相对人和行为人按照各自的过错承担责任。

判断当事人之间法律关系的性质，不能仅看合同的名称、形式和内容，更重要的是分析当事人之间法律关系的实质。引例中存在两份合买卖合同，一份是在债务届满前签订的，为了担保对彦海公司的 2.6 亿元的借款债权；一份是在债务届满后，彦海公司未偿还借款本息，经双方经对账，约定将欠款转为已付购房款而重新签订的房屋买卖合同。《最高人民法院关于审理民间借贷案件适用法律若干问题的规定》第 23 条第 1 款规定："当事人以订立买卖合同作为民间借贷合同的担保，借款到期后借款人不能还款，出借人请求履行买卖合同的，人民法院应当按照民间借贷法律关系审理。"据此规定，如果当事人发生争议的是第一份房屋买卖合同，则应以借贷合同纠纷审理。而引例中当事人发生争议的是第二份房屋买卖合同，彦海公司对汤某等四人的债务到期却未偿还借款本息，经双方重新协商并对账，将借款合同关系转变为商品房买卖合同关系，将借款本息转为已付购房款，并对房屋交付、尾款支付、违约责任等权利义务作出了约定。按照合同自由原则，民事交易过程中当事人通过意思表示一致达成的民事法律关系的变更，除为法律特别规定所禁止外，均应准许。引例中争议的房屋买卖合同并非为双方之间的借款合同履行提供担保，而是借款合同到期彦海公司难以清偿债务时，通过将彦海公司所有的商品房出售给汤某等四位债权人的方式，实现双方权利义务平衡的一种交易安排，该交易安排并未违反法律、行政法规的强制性规定，所以，争议的房屋买卖合同有效。

1. 根据《民法典》第 144 条规定，"无民事行为能力人实施的民事法律行为无效"，但是否有例外，法律没有明确规定。是否可类推适用《民法典》第 19 条的但书前段，"但是可以独立实施纯获利益的民事法律行为"？

2. 请分析第三人胁迫与第三人欺诈的构成要件的区别，以及立法理由。

3. 在欺诈和胁迫场合，《民法典》第 148 条和第 150 条中均出现了"使对方违背真实意思"字样，在显失公平场合，法条中却没有出现相同字样，对于显失公平的构成，是否要求"使对方违背真实意思"作为构成要件呢？

项目二　合同的履行

据经济之声"天天 315"报道，陈先生从事 IT 行业，父母已经退休。因为平时大家都要上班，所以相聚度假的时间有限，基本上每年只有春节一家人才一起外出度假。陈先生一家人之前五六年都是选择到海南三亚度假，这似乎已经成了家里的一个习惯，今年仍然准备春节到三亚度假，吸取了以往的经验，陈先生特意提前了半年，于 2015

年 8 月 10 日在携程网上订了酒店。父母、姐姐一家三口加上自己一共 6 个人，为了住得舒适一点，陈先生特意选择了一个别墅酒店三室二厅的房子，从 2 月 6 号到 12 号一共 6 晚 14 268 元，并在 8 月 11 日收到了预订成功的网页确认页面和短信通知。眼看着就要到年底，一家人也是非常期待这一天的到来，但是 12 月 10 日，陈先生忽然被告知，因为这个酒店现在满房且无法协调，可以取消订单并退款。陈先生傻眼了，提前半年就成功预订的酒店，怎么现在突然满房了？眼看春节临近，他查了一下其他酒店的价格，发现都没有原本预订的三亚半山半岛别墅酒店划算。陈先生立即与携程网进行沟通，想要携程网继续履行此订单，或者更换相同标准等级的其他酒店入住，但都未能如愿。

携程网投诉处理部陈主管说：今年 8 月 11 日，三亚半山半岛别墅酒店口头向携程网确认陈先生所订房间可以入住，因此携程网确认了陈先生的订单。到 12 月 8 日，接到酒店单方面的通知，因为排房出现问题，导致陈先生所订房间无法入住。陈主管称，从 12 月 8 日开始，携程方面与酒店进行协调，但始终没有成功，因此在 12 月 10 日通知陈先生无法入住。陈先生非常气愤，签了合同不履行，商家诚信何在？[1]

问：该纠纷如何处理？

基本原理

合同依法成立生效后，当事人就应当按照合同的约定和法律的规定履行合同。合同的履行不仅是合同法律效力的主要内容，而且是整个合同法律制度的核心。无论是订立，生效，还是担保，违约责任的规定，究其实质，无一不是为了确保生效合同能得以切实履行，都是围绕着合同履行展开的。因此可以说，合同履行是其他一切合同法律制度的归宿与延伸。当事人在履行合同的过程中，应当遵循合同履行的原则，并符合合同履行的规则。当合同内容有漏洞时，需要对合同的漏洞进行填补，以便合同能够得以履行。同时，在双务合同履行过程中，为了确保交易安全，促使合同当事人能够公平、及时地履行合同义务，当事人还享有法律规定的抗辩权。还应当注意的是，《民法典》合同编通则分编发挥债法总则的功能，因此合同履行的原则、规则，不仅仅是针对合同之债而言的，同样针对非合同之债，即各种债的履行都应当遵循。

一、合同履行概述

(一) 合同履行的概念

合同的履行，是指合同债务人或第三人全面地、适当地完成其合同义务，使债权人的合同债权得到完全实现的行为。从合同关系消灭的角度来看，债务人全面、适当地履行合同义务的行为将导致合同关系的消灭，因此，合同的履行又被称为债的清偿。

---

〔1〕 "签了合同不履行，商家诚信何在？"，载央广网，http://finance.cnr.cn/315/gz/20151227/t20151227_520939052.shtml。

合同的履行是债务人完成合同债务的行为，即所谓债务人为给付行为，没有债务人完成合同债务的行为，就不会有债权人达到成立合同目的的结果。

（二）合同履行的原则

合同履行的原则，是指合同当事人在履行合同过程中所应遵循的基本准则。这些原则是贯穿在合同履行全过程中的具有指导意义的行为准则，是当事人履行合同的基本依据，当事人违反这些原则，便会构成违约。诚实信用原则是整个《民法典》的基本原则，当然贯穿于合同履行过程之中，除此之外，全面履行原则是专属于合同履行过程中必须遵守的原则。

1. 全面履行原则。全面履行原则，又称为适当履行原则，指当事人应当按照合同约定的各个条款，全面、适当地履行自己的义务。对于合同的任何一个条款包括主体、标的、数量、质量、价款、报酬、期限、地点、方式等，当事人都应不折不扣地履行。我国《民法典》第 509 条第 1 款确立了全面履行原则："当事人应当按照约定全面履行自己的义务。"具体而言，全面履行原则包括以下几个方面的内容：

（1）当事人必须正确地履行合同规定的内容。也就是说，合同当事人要按照合同约定的时间、地点、方式、标的、质量、数量等履行自己的义务。

（2）当事人必须全面履行合同约定的内容。即，当事人要履行合同所规定的全部义务，部分履行合同的行为将构成违约。

（3）当事人一般应当亲自履行合同，但另有约定的除外。

但应当注意全面履行原则存在例外情况。《民法典》第 530 条规定："债权人可以拒绝债务人提前履行债务，但是提前履行不损害债权人利益的除外。债务人提前履行债务给债权人增加的费用，由债务人负担。"第 531 条规定："债权人可以拒绝债务人部分履行债务，但是部分履行不损害债权人利益的除外。债务人部分履行债务给债权人增加的费用，由债务人负担。"严格意义上说，提前履行和部分履行都不符合全面履行原则，但依据《民法典》第 530 条、第 531 条之规定，不损害债权人利益的提前履行和部分履行仍算是适当履行。

2. 诚实信用原则。诚实信用原则被称为私法活动的"帝王"原则。具体到合同履行中，诚实信用原则是指合同关系中债务人对履行合同应抱有善良愿望和真诚努力，它是对债务人履行合同的根本要求。同时，它也要求债权人应尽积极的协助等义务，帮助债务人如约履行义务。

诚实信用原则在合同履行方面主要表现是合同履行中附随义务的产生，即合同当事人除了履行合同约定的义务外，还应当履行合同虽未约定，但依诚实信用原则所产生的法定的附随义务，我国《民法典》第 509 条第 2 款规定："当事人应当遵循诚信原则，根据合同的性质、目的和交易习惯履行通知、协助、保密等义务。"合同履行中的附随义务根据合同的性质、目的和交易习惯可分为以下几种：

第一，通知义务。比如，债务人准备履行义务前，通知债权人作好准备；债权人分立、合并的情况及住所变更的情况及时通知债务人等。否则，根据我国《民法典》第529条之规定，债权人分立、合并或者变更住所没有通知债务人，致使履行债务发生困难的，债务人可以中止履行或者将标的物提存。

第二，协作义务。当事人在履行合同义务时，诚实信用原则要求合同当事人秉承诚实守信的态度，不仅应履行自己的义务，而且还应当协助对方履行义务。合同是双方的民事法律行为，不仅仅是债务人一方的事情，债务人履行合同义务，往往需要债权人积极配合受领给付，才能达到合同目的，所以，债务人在履行债务时，就需要债权人予以协助，创造必要条件，提供方便。如技术受让方应提供安装设备的必要物质条件以方便技术出让方履行义务。

第三，保密义务。因为合同内容往往涉及商业秘密，对于此类合同，诚实信用原则要求当事人在整个合同过程中要遵循保密义务，在合同履行过程中自然不得例外。例如，使用他人技术秘密的一方不得向第三人泄露其所知悉的技术秘密。

第四，告知义务。债务人应向债权人告知有关其利益的重大事项。包括使用方法的告知义务、瑕疵告知义务等，如机器设备的出卖人在交付设备时，应告知对方设备装配、使用、维修以及保养的方法；出卖人或赠与人应将其出卖或赠与的物品的瑕疵，特别是隐蔽瑕疵告知买受人或受赠人。

此外，在法律和合同规定的义务内容约定不明或欠缺规定的情况下，当事人应依据诚实信用原则并考虑事实状况合理履行义务。甚至即使合同有明确的约定，但当债务人确有正当理由无法按合同约定履行而需要变更履行时，根据诚实信用原则，只要当事人的履行不会给债权人造成损失，债权人不得无故拒绝。例如，因为特殊原因，债务人不能交付原约定的标的物，债务人提出愿交付同种类、同质量的替代物品，此种替代物品交付后也不影响债权人利益的，债权人不得无故拒绝。

如果说全面履行原则旨在通过严格要求债务人全面、适当地履行合同义务，保证债权人利益的话；诚实信用原则旨在不影响当事人利益的情况下，要求当事人本着互相配合、互相谅解、为对方利益考虑的态度来履行债务或接受履行，甚至允许债务人在确有正当理由的情况下作出履行，即便不符合合同约定，但只要不损害债权人的利益，债权人也不得无故拒绝。诚实信用原则在此体现其灵活性和协调作用。实践中，对此原则的适用需要严格把握，以免合同当事人轻易就以此原则来逃避合同债务的全面适当履行。

3. 绿色原则。《民法典》第509条第3款规定："当事人在履行合同过程中，应当避免浪费资源、污染环境和破坏生态。"该条规定与总则编当中的绿色原则内涵相同，是绿色原则在合同编的具体体现之一。

（三）合同履行的规则

合同履行的规则是法律关于履行主体、履行标的、履行期限、履行地点、履行方式等方面的具体要求。当合同条款明确具体时，合同履行规则较易确定，当事人能够全面履行合同义务。但是，如果合同条款欠缺或约定不明确，将导致合同难以履行，应该如何解决呢？此时，为保证合同当事人利益的实现，应遵循合同自由原则、诚实信用原则、公平原则等处理其履行问题。具体规则如下：

1. 履行主体。合同是作为主体的自然人、法人、非法人组织之间设立民事权利义务关系的协议。合同的当事人是具体、确定的。没有明确、具体的当事人，合同是不能成立的。因此合同的履行只能是作为该合同当事人的债务人向作为该合同另一方当事人的债权人履行自己的义务。根据《民法典》第465条第2款的规定："依法成立的合同，仅对当事人具有法律约束力，但是法律另有规定的除外。"即通常情况下，合同的当事人向合同当事人以外的其他人为一定行为或不为一定行为，不能称之为合同履行，但是为了适应社会丰富多彩的客观需要，满足合同当事人的特殊需求，合同的当事人也可在合同中约定债务人向第三人履行债务，或者债务由第三人履行。合同中涉及第三人分为两种情况：

（1）向第三人履行的合同，又称利他合同、为第三人利益订立的合同。根据《民法典》第522条规定："当事人约定由债务人向第三人履行债务，债务人未向第三人履行债务或者履行债务不符合约定的，应当向债权人承担违约责任。法律规定或者当事人约定第三人可以直接请求债务人向其履行债务，第三人未在合理期限内明确拒绝，债务人未向第三人履行债务或者履行债务不符合约定的，第三人可以请求债务人承担违约责任；债务人对债权人的抗辩，可以向第三人主张。"可知，向第三人履行的合同分为不真正利益的第三人合同与真正利益的第三人合同。真正利益的第三人合同又称直接利益第三人合同，是指约定第三人可直接向债务人要求履行给付义务，该权利体现为直接请求给付的权利；若仅约定向第三人给付，而不赋予第三人向债务人请求直接给付，则为不真正的第三人利益合同。第三人对于债务人的直接请求权如已在合同中明确约定，自然可直接认定第三人享有履行请求权，但在合同未明确约定时，如何判断第三人是否享有直接请求权，《民法典》并未规定具体的认定标准。有学者认为，在判断是否为真正利益第三人合同时，应当根据具体的内容与交易习惯进行解释。

真正第三人利益合同是《民法典》新增内容，根据法律规定，真正利益第三人的直接请求权源自于"法律规定"和"合同约定"两种。其中，"法律规定"的第三人相对明确，包括建设工程合同中实际施工人的直接请求权，也包括《民法典》第535条、第539条合同保全中代位权人和撤销权人等；"合同约定"是合同双方当事人通过约定使债对特定第三人发生效力的，原则上须为第三人赋益，且第三人未在"合理期间""明确拒绝"。第三人享有利益与否，有其自由，故第三人虽直接取得请求履行的权利，但该权利非经第三人为"受益的意思表示"或"不受益的意思表示"则不确定。为保护第三人的意思自治，《民法典》赋予第三人具有追溯力的拒绝权，并规定这种第三人的拒绝应明确作出。即若第三人未在合理期间内作出不欲享受利益的意思表示，则视为接受利益；在第三人表示不欲享受其合同利益，应视权利自始未取得。需要注意的是，第三人不欲享受利益的意思表示应在"合理期间"内作出，因"合理期间"的概念并非确定的时间范围，往往需要通过对合同条文、交易习惯等进行综合认定。

第三人直接请求权是真正第三人利益合同区别于其他合同最主要的标志，其权利内容十分丰富，最为核心的是赋予第三人向债务人请求履行的权利。这种请求权的体现不仅是债务人未履行时要求其履行，亦体现在债务人不完全履行、迟延履行或履行义务行为有瑕疵，第三人要求其重新履行、继续履行，并可就债务人给其造成的损失主张损害赔偿，承担违约责任。但是要注意：第三人并非合同的当事人，尽管其对债务人取得债权人的地位，可以行使一般债权，但是合同的解除权、撤销权，第三人不得行使。

（2）由第三人履行的合同，即第三人负担的合同约定。《民法典》第 523 条规定："当事人约定由第三人向债权人履行债务，第三人不履行债务或者履行债务不符合约定的，债务人应当向债权人承担违约责任。"在该规则中，第三人本身不属于合同相对人，也并非债务人，只是合同履行主体，故债权人不能直接请求第三人履行债务，双方之间的履行约定对第三人不具有约束力。

在债务人不履行债务的情况下，如果合同外第三人对履行该债务有合法利益的，即使未经债权人同意，第三人可直接越过债务人向债权人代为履行，此即为《民法典》第 524 条新增规定的第三人代为履行制度的补充规则，弥补了此前《合同法》在债的清偿方面的不足，促进了债的实现和债的相对消灭。

▎▎▎ 法条链接

《中华人民共和国民法典》

第 524 条　债务人不履行债务，第三人对履行该债务具有合法利益的，第三人有权向债权人代为履行；但是，根据债务性质、按照当事人约定或者依照法律规定只能由债务人履行的除外。

债权人接受第三人履行后，其对债务人的债权转让给第三人，但是债务人和第三人另有约定的除外。

本条中"合法利益"可以是财产利益，也可以是身份利益。合法利益的认定，在审判实践中可由法官根据具体案情进行判断。例如，《民法典》第 719 条规定，合法承租的次承租人有权向出租人代付租金，系依据其对出租房屋享有的合法承租权益，但非法转租的除外；再如作为担保人的第三人为防止丧失抵押财产的所有权，也对履行债务享有"合法利益"，故依据本条规定有权替债务人偿还债务并进行追偿。在满足代为履行的第三人必须对履行债务具有合法利益的前提条件下，第三人有权直接代为履行，并不需要经过债务人同意，债权人也不得拒绝。当然若根据债务性质、按照当事人约定或者依照法律规定只能由债务人履行的，则不能适用第三人代为履行规则。

第三人代为履行后，债权人对债务人的债权依法转让给第三人，原债权人与债务人之间的债务归于消灭，第三人（受让人）可基于新的债权人的身份，要求债务人清偿债务。这里需要注意的是，第三人必须得实际向债权人清偿债务后，才发生债权转让的法律效果，仅有第三人的单方承诺，并不直接发生债权转让的效果。那么，原债权人是否需根据《民法典》第546条的规定通知债务人？该条第2款仅规定了法定的债权转让，效力等同《民法典》第545条规定的合意下的债权转让，故应适用相同的通知债务人的规则。因为同合意的债权转让一样，既然第三人代为履行不需要经过债务人的同意，债务人甚至不知晓已有人代自己履行完毕原债务的事实，故应当由原债权人通知债务人，使债务人知晓债权转让的事实以及将来自己的债务清偿对象的变更情况。在债务人接到债权转让通知后，债务人与原债权人的抗辩，可向新债权人（第三人）主张。

2. 履行标的。履行标的是指债务人应履行的义务的内容，包括交付实物、支付货币、提供劳务等。债务人应当按照合同约定的标的履行合同。

（1）债务人以实物履行合同债务的，履行标的应符合当事人约定或法律规定的规格、型号、数量、质量。标的物的数量，应按照法定或约定的计量方法确定。凡是约定或规定有合理差额的，交付的标的物数量在规定的幅度以内，其标的即是适当的。对于履行标的，债务人原则上应全部履行，而不应部分履行。但如前文所述，在不损害债权人利益的情况下，也允许部分履行。无论是全部履行或部分履行，如果债权人同意接受债务人以某种其他标的代替合同标的的履行的，债务人也可以代替履行，即代物清偿。标的物的质量，应按照当事人约定的质量标准履行。当事人就质量标准没有约定或者约定不明确的，根据我国《民法典》第510条的规定，当事人可以协议补充。这种补充协议和原协议一样反映了各方当事人的共同意志和愿望，所以，补充协议和原协议一样具有法律效力。当事人不能达成协议的，按照合同有关条款或者交易习惯确定。如果质量要求按照合同有关条款或者交易习惯仍不能确定的，则根据《民法典》第511条第1款第1项规定确定，即"质量要求不明确的，按照强制性国家标准履行；没有强制性国家标准的，按照推荐性国家标准履行；没有推荐性国家标准的，按照行业标准履行；没有国家标准、行业标准的，按照通常标准或者符合合同目的的特定标准履行"。

（2）债务人以货币履行合同债务的，当事人应当按照合同约定的支付方法支付价款或报酬。当事人就价款或报酬没有约定或者约定不明确的，当事人可以协议补充。当事人不能达成协议的，按照合同有关条款或者交易习惯确定。如果按照合同有关条款或者交易习惯仍不能确定的，按照订立合同时履行地的市场价格履行；目前，我国实行主要由市场形成价格的价格机制，只有极少数商品和服务价格实行政府定价或政府指导价，对于依法应当执行政府定价或者政府指导价的合同，按照规定履行。《民法典》第513条规定："执行政府定价或者政府指导价的，在合同约定的交付期限内政府价格调整时，按照交付时的价格计价。逾期交付标的物的，遇价格上涨时，按照原价格执行；价格下降时，按照新价格执行。逾期提取标的物或者逾期付款的，遇价格上涨时，按照新价格执行；价格下降时，按照原价格执行。"在合同交付期限内标的物价格变动，由于合同当事人都没有违约行为，则按交付时的价格计价。在交付期限外价格变动的履行规则则体现了惩罚违约方、保护守约方，即"谁违约，谁受损；谁守约，谁受益"的价值取向。以支付金钱为内容的债，除法律另有规定或者当事人另有约定外，债权人可以请求债务人以实际履行地的法定货币履行。

3. 履行期限。履行期限是债务人履行债务和债权人接受履行的时间。履行期限既可表现为一个时间点，也可表现为一段期间。

合同履行期限的确定应根据合同的约定与法律的规定加以确定。履行期限明确的，当事人应按确定的期限履行；一般情况下，债务人不得提前履行，但如果债务人确有正当理由需要提前履行，提前履行也不会给债权人造成损害的，债权人依诚实信用原则不得无故拒绝。但是因为债务人提前履行给债权人增加的费用，应由债务人负担。《民法典》第530条对此也作了明确规定。合同中履行期限不明确的，当事人可以协议补充。当事人不能达成协议的，按照合同有关条款或者交易习惯确定。如果按照合同有关条款或者交易习惯仍不能确定的，则债务人可以随时履行，债权人也可以随时请求履行，但是应当给对方必要的准备时间。除《民法典》合同编通则的一般规定外，在分则部分也有些关于履行期限的具体规定，如《民法典》第674条（借款利息支付期限）、第675条（还款期限）、第721条（租金支付期限）、第899条（保管期间）、第914条（存储期间）。当然这些规定不是强制性的，在适用上这些具体规定优先于通则部分的一般规定。

法条链接

《中华人民共和国民法典》

第530条　债权人可以拒绝债务人提前履行债务，但提前履行不损害债权人利益的除外。债务人提前履行债务给债权人增加的费用，由债务人负担。

第674条　借款人应当按照约定的期限支付利息。对支付利息的期限没有约定或者约定不明确，依据本法第五百一十条的规定仍不能确定，借款期间不满一年的，应当在返还借款时一并支付；借款期间一年以上的，应当在每届满一年时支付，剩余期间不满一年的，应当在返还借款时一并支付。

第675条　借款人应当按照约定的期限返还借款。对借款期限没有约定或者约定不明确，依据本法第五百一十条的规定仍不能确定的，借款人可以随时返还；贷款人可以催告借款人在合理期限内返还。

第721条　承租人应当按照约定的期限支付租金。对支付租金的期限没有约定或者约定不明确，依据本法第五百一十条的规定仍不能确定，租赁期限不满一年的，应当在租赁期限届满时支付；租赁期限一年以上的，应当在每届满一年时支付，剩余期限不满一年的，应当在租赁期限届满时支付。

第899条　寄存人可以随时领取保管物。

当事人对保管期限没有约定或者约定不明确的，保管人可以随时请求寄存人领取保管物；约定保管期限的，保管人无特别事由，不得请求寄存人提前领取保管物。

第914条　当事人对储存期限没有约定或者约定不明确的，存货人或者仓单持有人可以随时提取仓储物，保管人也可以随时请求存货人或者仓单持有人提取仓储物，但是应当给予必要的准备时间。

4. 履行地点。履行地点又称清偿地，是债务人应为履行行为的地点。

（1）履行地点的确定。①依合同确定履行地点。合同的履行地点通常会在合同中作出约定，或可从合同中确定。合同生效后，当事人就履行地点没有约定或者约定不明确的，可以协议补充，不能达成补充协议的，按照合同有关条款确定，如按照债的性质，房屋的装修，应在房屋所在地进行；而汽车的修理，一般应在汽车修理厂。②依交易习惯确定履行地点。在当事人没有约定，又没有达成补充协议时，可以依交易习惯确定合同债务的履行地点。③依法律规定确定履行地点。如果按照合同有关条款或者交易习惯仍不能确定的，则按下列标准确定：给付货币的，在接受货币一方履行；交付不动产的，在不动产所在地履行；其他标的，在履行义务一方所在地履行。

5. 履行方式。履行方式是债务人履行义务的方法。例如，标的物的交付方法、工作成果的交付方法、运输方法、价款或报酬的支付方法等。合同的履行方法由当事人约定，当事人要求一次性履行的，债务人不得分批履行；凡要求分批履行的，债务人也不得一次性履行。如果合同对履行方式没有约定或者约定不明确，当事人可以协议补充。当事人不能达成协议的，按照合同有关条款或者交易习惯确定。如果按照合同有关条款或者交易习惯仍不能确定的，则按照有利于实现合同目的的方式履行。

6. 履行费用。履行费用是指债务人履行合同所支出的费用。履行费用的负担由当事人在合同中约定。如果合同对履行费用没有约定或约定不明确，当事人可以协议补充。当事人不能达成协议的，按照合同有关条款或者交易习惯确定。如果按照合同有关条款或者交易习惯仍不能确定的，履行费用由履行义务一方负担；因债权人原因增加的履行费用，由债权人负担。

法条链接

《中华人民共和国民法典》

第511条　当事人就有关合同内容约定不明确，依据前条规定仍不能确定的，适用下列规定：

（一）质量要求不明确的，按照强制性国家标准履行；没有强制性国家标准的，按照推荐性国家标准履行；没有推荐性国家标准的，按照行业标准履行；没有国家标准、行业标准的，按照通常标准或者符合合同目的的特定标准履行。

（二）价款或者报酬不明确的，按照订立合同时履行地的市场价格履行；依法应当执行政府定价或者政府指导价的，依照规定履行。

（三）履行地点不明确，给付货币的，在接受货币一方所在地履行；交付不动产的，在不动产所在地履行；其他标的，在履行义务一方所在地履行。

（四）履行期限不明确的，债务人可以随时履行，债权人也可以随时请求履行，但是应当给对方必要的准备时间。

（五）履行方式不明确的，按照有利于实现合同目的的方式履行。

（六）履行费用的负担不明确的，由履行义务一方负担；因债权人原因增加的履行费用，由债权人负担。

相关案例

2006 年 10 月 13 日，南京丁山花园酒店有限公司（以下简称"丁山花园酒店"）与朱某订立了一份婚宴服务协议，双方约定于 2007 年 1 月 20 日由丁山花园酒店在其大宴会厅为朱某提供预计 35 桌的婚宴服务，每桌中式婚宴套餐的净价为 2288 元（不含酒水）。双方约定的婚宴菜单中，包含了"白灼基围虾""清蒸左口鱼"等 16 道菜（含冷盘）。

合同签订后当日，朱某按照约定向丁山花园酒店预付了 32000 元费用。2007 年 1 月 20 日，朱某婚宴在酒店如期举行，婚宴用餐实际共计 41 桌。婚宴期间，双方对菜单中"白灼基围虾"所用的虾是否为"基围虾"存有争议，朱某为此而未在婚宴结束后立即支付余款，丁山花园酒店遂向南京市鼓楼区人民法院起诉，要求朱某支付余款63 065.6 元；朱某则以丁山花园酒店构成消费欺诈，应当按照每桌基围虾价格 285.2 元的标准双倍赔偿损失等为由提起反诉，要求丁山花园酒店赔偿其相应损失23 386.4 元。[1]

如何确定本案中"白灼基围虾"的履行标准呢？

二、双务合同中的履行抗辩权

双务合同中的履行抗辩权，是双务合同中一方当事人为保护自己债权实现，在法定条件下对抗另一方当事人的请求权，拒绝其履行要求的权利。设立双务合同履行抗辩权的目的是为了确保交易安全，促使合同当事人公平、及时地互相履行双务合同，以实现合同利益。双务合同履行中的抗辩权属于延期抗辩权，它的行使只是在一定期限内中止履行合同，并不消灭合同的效力。我国《民法典》规定了同时履行抗辩权、先履行抗辩权、不安抗辩权。

---

〔1〕 参见（2007）宁民二终字第 452 号判决书。

（一）同时履行抗辩权

1. 同时履行抗辩权的概念。同时履行抗辩权，是指在双务合同中应当同时履行义务的一方当事人，在履行期限届至、对方不履行或者履行不符合约定时，享有的拒绝履行债务或者拒绝履行相应债务的权利。《民法典》525 条规定："当事人互负债务，没有先后履行顺序的，应当同时履行。一方在对方履行之前有权拒绝其履行请求。一方在对方履行债务不符合约定时，有权拒绝其相应的履行请求。"

2. 同时履行抗辩权在法律上的根据。同时履行抗辩权在法律上的根据，是双务合同双方所负债务的关联性。①双方所负债务同时发生，一方债务不成立或不生效另一方债务也不成立不生效。②一方债务为他方债务的对价，一方履行了债务，另一方的债务也必须履行。《民法典》之所以设立同时履行抗辩权，其目的在于维护双务合同当事人之间的利益平衡。因为一方当事人不履行自己所负债务而要求对方履行债务，显然是与公平原则相悖的。此外，同时履行抗辩是以诚实信用原则为基础，体现"一手交钱，一手交货"的交易观念，具有双重机能：担保自己债权的实现（你不交货，我不付款）；迫使对方履行合同（你要我付款，必须同时交货）。

3. 同时履行抗辩权的成立要件。①当事人须因同一双务合同而互负义务。"同一双务合同"的要求，说明同时履行抗辩权的成立与单务合同无关。②当事人双方互负的债务应同时履行，且已到履行期。同时履行抗辩权旨在使双方所负的债务同时履行，以同时实现双方享有的债权。同时履行有几种情况：法定的同时履行，如《民法典》第 628 条规定，约定的同时履行和按照交易习惯产生的同时履行。③对方当事人没有履行或未按照约定履行债务。如果一方当事人按合同约定履行了义务，则另一方也应按合同约定为对待给付。④对方履行时有可能的。如对方履行已经不可能，此时合同应终止，而非行使抗辩权。

4. 同时履行抗辩权的效力。同时履行抗辩权是延期的抗辩权，仅产生阻却对方请求权的效力。当对方履行合同义务时，行使抗辩权的当事人应当恢复履行。

相关案例

甲学校与乙服装厂签订加工承揽合同，为学生定作校服 1000 套。双方约定开学前 5 日钱货两清。乙服装厂如期完成加工任务后，甲学校以资金困难为由，请求乙服装厂提供服装，待开学向学生收取服装费后再结清货款。乙服装厂拒绝了甲学校的请求，双方发生纠纷。

乙服装厂拒绝甲学校的请求，有无法律依据？

（二）先履行抗辩权

1. 先履行抗辩权的概念。我国《民法典》第 526 条规定："当事人互负债务，有先后履行顺序，应当先履行债务一方未履行的，后履行一方有权拒绝其履行请求。先履行一方履行债务不符合约定的，后履行一方有权拒绝其相应的履行请求。"本来，如果合同中业已明定履行先后的顺序，应当先履行的一方未履行合同，后履行的一方当然有权拒绝其履行请求，这应当是不言自明的，但是实践中，并非所有人都了解这一法律的含义。为了维护合同秩序，我国《民法典》明确了先履行抗辩权规定为双务合同应当后履行一方当事人的一项合法权利。

先履行抗辩权不同于同时履行抗辩权。同时履行抗辩权是在双方当事人的债务没有先后履行顺序情况下适用的，任何一方当事人都可以享有，而先履行抗辩权则是在双方当事人的债务有先后履行顺序的情况下适用的，先履行抗辩权是后履行一方当事人所享有的权利。

2. 先履行抗辩权的成立要件。①当事人因同一双务合同互负债务；②合同当事人的债务有先后履行顺序；③先履行一方当事人未履行债务或履行债务不符合约定。

先履行抗辩权是由于先履行一方未履行债务或履行债务不符合约定而引起，这时先履行一方的行为属于违约，因此后履行一方有权拒绝履行，所以有人将先履行抗辩权称为先违约抗辩权。若先履行一方部分违约，后履行一方只能就其违约部分，拒绝其相应的履行要求。

3. 先履行抗辩权的效力。先履行抗辩权是延期的抗辩权，仅产生阻却对方请求权的效力。先履行抗辩权不消灭合同的效力，当先履行一方履行合同义务或采取合理的补救措施时，后履行一方应当恢复履行。

（三）不安抗辩权

1. 不安抗辩权的概念。不安抗辩权，是指在双务合同中先履行义务方有确切证据证明后履行义务方有丧失或可能丧失履行能力的情形时，享有的中止履行合同的权利。在市场经济条件下，双务合同当事人互负债务的履行往往有先后顺序之分，对于先履行义务方而言，按合同约定其应当先履行义务，所以先履行义务方不可能享有同时履行抗辩权和先履行抗辩权。但当合同成立以后，如果发生了后履行义务方不能履行债务或者可能不能履行债务的情形，必然会危及先履行债务方债权的实现，此时仍要求应当先履行义务方先为给付，显然有悖于公平原则。因此《民法典》第527条、第528条明确规定了不安抗辩权制度，其设立的目的在于：保护先履行义务方的合同权利，避免出现不良债权；平衡双方当事人的利益，使不能履行债务或有不能履行债务之虞的后履行义务方得不到合同利益；维护合同秩序，及时阻却债的链条断裂。易言之，关于我国不安抗辩权制度的制定本意，正如顾昂然先生所指出的，"规定不安抗辩权是为了保护当事人的合法权益，防止借合同进行诈骗，也可以促使对方履行合同义务"。

2. 不安抗辩权的成立要件。根据我国《民法典》规定，不安抗辩权的构成要件有：

（1）合同双方当事人因同一双务合同而互负债务。不安抗辩权的适用应当存在于双务合同中，这一点在司法实践中没有争议，但对于具有人身性质的双务合同能否适用的问题，学界颇有争议，比如有学者认为，原则上劳务等具有人身性质的合同，不安抗辩权不应被适用。但即使适用，也要考虑劳务与财产之间是否直接具有牵连关系。[1] 不安抗辩权制度主要解决的是信用不安问题，在承揽合同、劳务合同中均会出现非由金钱债务引起的债务履行能力问题，不可否认在这些合同中存在不安抗辩权的适用空间。并且这一观点已被我国司法实践所接纳。例如，最高院审理的一起承揽合同纠纷案中，法院认为，"在定作人履行能力明显下降而又不能履行之虞时，承揽人可以行使不安抗辩权。"[2]

（2）合同当事人的债务有先后顺序，且先履行义务方的履行期限已届至。不安抗辩权必须存在于异时履行合同中，对此，最高法院曾有案例提出："不安抗辩权的适用必须是合同履行义务有先后顺序，本案中提出不安抗辩权的投资公司，并不是先履行义务人，因此不具备适用不安抗辩权的第一个先决条件。"[3] 同时，不安抗辩权作为一种抗衡请求权的权利，要求在异时履行的合同中，作为权利行使前提的请求权必须存在。因此，在行权时间上要求先履行债务人的债务已到期。

（3）后履行方存在丧失或者可能丧失履行债务能力的情形，并危及对方当事人债权的实现。根据《民法典》第527条规定，后履行一方当事人丧失或可能丧失履行能力的情形主要包括：①经营状况严重恶化；②转移财产、抽逃资金，以逃避债务；③丧失商业信誉；④有丧失或者可能丧失履行债务能力的其他情形。

如何妥当地把握"丧失"与"可能丧失"的尺度，需要在司法实践中通过法院裁判案例进行研究。例如，后履行义务方存在违法行为，买卖合同中"一物二卖"情形，标的物被查封情形、商品房买卖合同开发商未取得预售许可证明等情形都有可能被认定为行使不安抗辩权的理由。与前述相反的是，据统计，以下几种情形法院认定不成立不安抗辩权：后履行方是国家机关；后履行方的履行可能存在瑕疵，但并非不能给付；合同标的物存在诉讼；未办理工程装修规划许可证或未办理竣工验收手续等。此外，如果仅仅只是违反了或者不能履行合同准备工作、从给付义务、附随义务等不影响合同根本履行的义务，也不能行使不安抗辩权。另外，尤其需要注意的是，构成不安抗辩权适用的上述事由，应当发生在合同成立之后，且在订立合同时非当事人能预知。合同订立时即具有上述事由的，先履行义务方如不知情，可以援引欺诈、错误等进行抗辩，寻求救济；如明知这些情况而仍然签订合同，承担风险是其预料之中的事，就没有给予不安抗辩权保护的必要。如果订立合同时，明知对方存在不能履行合同的事由或者有不能履行合同之虞的情形而仍与其签订合同的，视为其自愿承担不能得到对待给付的风险，也不能行使不安抗辩权。[4]

---

[1] 张俊浩主编：《民法学原理》，中国政法大学出版社2000年版，第667页。

[2] 最高人民法院国家法官学院编：《法律教学案例精选》，中国政法大学出版社2008年版。

[3] 最高人民法院（2002）民四终字第3号判决书。

[4] 李俊："'不安'的时候就可行使不安抗辩权吗？又如何操作？"，载"法务之家"微信公众号。

3. 不安履行抗辩权的行使。

（1）通知义务。不安抗辩权的行使并不以解除合同为其主要目的，其目的在于敦促后履行义务方向先履行方提供履行保证，从而使合同能够按照约定的期限与顺序继续履行，最终实现合同利益。"通知"义务除了能达到敦促的效果以外，还能使双方通过沟通的方式核实与处理不安事由，避免无故中止合同。规定先履行义务方及时通知对方的义务，既保护后履行义务方的知情权，又为后履行义务方提供了及时抗辩的机会。先履行义务方的此种通知行为是行使不安抗辩权的必经程序，并直接影响不安抗辩权的成立乃至违约责任承担。

（2）举证义务。在双务合同履行中，主张不安抗辩权的先履行义务方应负举证义务，且我国《民法典》进一步明确规定了此种证据必须是"确切证据"。这一规定将凭空猜测或主观臆断的行为排除在外，但对于"确切证据"的认定是有难度的，并且当今市场环境下信息保密性程度较高，当事人往往难以举证。因此，个别法院在实践中对证明标准作适当调整，采用"高度盖然性"原则。例如，在浙江省宁波中院于2012年审理的一起案件里，裁判要旨写明："合同先履行方行使不安抗辩权的举证义务，宜采取外部表象的举证标准，即在主张不安抗辩权时仅需提供基本证据，用来证明对方存在财产明显减少或商业信誉显著受损的情形，即产生中止履行的法律效力。对方在收到通知后，负有一定的反证责任以对抗并消灭不安抗辩权，从而使原合同得以继续履行。"[1]

4. 不安抗辩权的法律效果。

（1）中止履行。《民法典》第527条规定的"可以中止履行"是一种主动的对抗效力，不同于《民法典》第525、526条规定的"有权拒绝其履行要求"的被动的对抗效力。中止履行的内容，应是先履行义务方的合同义务，不包括为履行合同而做的准备行为，因为先履行义务方行使不安抗辩权的时间点是在其履行期限届至时，而准备工作必然发生在履行期限届至之前。中止履行的持续时间，应至后履行义务方恢复履约能力或者提供相应担保之时，一旦后履行义务方恢复履约能力或提供了适当担保，行使不安抗辩权的先履行义务方就应当恢复履行。

（2）解除合同。根据《民法典》第528条的规定，先履行义务方"中止履行后，对方在合理期限内未恢复履行能力且未提供适当担保的，视为以自己的行为表明不履行主要债务"，此时中止履行的先履行义务方可以解除合同并可以请求对方承担违约责任。也就是说，在符合不安抗辩权的情形下，如果后履行义务方未能在合理期限内提供担保，则构成默示的预期违约，此时先履行义务方即有权解除合同。《民法典》并未明文规定"合理期限"的具体时长，实践中必须结合具体案件中中止履行合同的事由、合同的具体类型、标的额大小等因素综合考虑。

---

〔1〕 李俊："'不安'的时候就可行使不安抗辩权吗？又如何操作?"，载"法务之家"微信公众号。

《中华人民共和国民法典》

第525条　当事人互负债务，没有先后履行顺序的，应当同时履行。一方在对方履行之前有权拒绝其履行请求。一方在对方履行债务不符合约定时，有权拒绝其相应的履行请求。

第526条　当事人互负债务，有先后履行顺序，应当先履行债务一方未履行的，后履行一方有权拒绝其履行请求。先履行一方履行债务不符合约定的，后履行一方有权拒绝其相应的履行请求。

第527条　应当先履行债务的当事人，有确切证据证明对方有下列情形之一的，可以中止履行：

（一）经营状况严重恶化；

（二）转移财产、抽逃资金，以逃避债务；

（三）丧失商业信誉；

（四）有丧失或者可能丧失履行债务能力的其他情形。当事人没有确切证据中止履行的，应当承担违约责任。

第528条　当事人依据前条规定中止履行的，应当及时通知对方。对方提供适当担保的，应当恢复履行。中止履行后，对方在合理期限内未恢复履行能力且未提供适当担保的，视为以自己的行为表明不履行主要债务，中止履行的一方可以解除合同并可以请求对方承担违约责任。

引例分析

合同依法成立生效后，当事人就应当按照合同的约定和法律的规定履行合同，实现合同目的。当事人在履行合同的过程中，应当遵循合同履行的原则，《民法典》规定当事人履行合同义务应遵循全面履行原则和诚实信用原则。全面履行原则，又称为适当履行原则，指当事人应当按照合同约定的标的及其数量、质量，由适当的主体在适当的履行期限、履行地点、以适当的履行方式全面、正确地完成合同所约定的义务。消费者陈先生通过网络预订了一家酒店，同时也得到了网页信息和短信的确认，按照《民法典》规定，这属于数据电文的格式，签订了一个合同，且这个合同已经生效，双方都应该按照合同约定履行合同中相应的义务。酒店没有履行合同就要承担违约责任。此外，根据《中华人民共和国消费者权益保护法》（以下简称《消费者权益保护法》）第44条规定："消费者通过网络交易平台购买商品或者接受服务，其合法权益受到损害的，可以向销售者或者服务者要求赔偿。网络交易平台提供者不能提供销售者或者服务者的真实名称、地址和有效联系方式的，消费者也可以向网络交易平台提供者要求赔偿；网络交易平台提供者作出更有利于消费者的承诺的，应当履行承诺。网络交易平台提供者赔偿后，有权向销售者或者服务者追偿。网络交易平台提供者明知或者应知销售者或者服务者利用其平台侵害消费者合法权益，未采取必要措施的，依法与该销售者或者服务者承担连带责任。"据此，如果发生了侵害消费者权益的行为，携程网也要对消费者承担相应的赔偿责任和连带责任。

思考与练习

1. 从诉讼程序的角度来看，一般债权债务关系中，当债务人不履行给付义务或给付不符合约定时，债权人自然有权寻求公力救济，即债权人享有诉权，有权向法院提起诉讼要求债务人履行义务。然而在第三人利益合同中，第三人享有对于债务人的直接给付请求权，当债务人拒绝履行或者履行义务不符合约定时，第三人有权直接向法院提起诉讼要求履行。那么，作为原合同当事人的债权人，是否仍享有诉权，是否有权直接向法院提起诉讼要求债务人履行义务，以及是否有权起诉要求债务人承担违约责任？第三人利益合同存在主体瑕疵、重大误解、显失公平或者债权人在债务人的欺诈、胁迫等在违背真实意思的情况下订立合同的，特别是第三人直接请求权利确定之后，债权人可否行使撤销权？

2. 原告甲和被告乙本是朋友关系。2014年10月14日，乙因为生意需要向甲借款4万元，并约定每月利息800元。2016年4月19日，乙又向甲出具欠条一份，注明欠甲利息1500元。双方未约定还款时间，于是，甲主动上门要求乙还款。在催款过程中，双方发生冲突，大打出手，都进了拘留所。经过公安机关主持调解，双方达成"什么时候有钱什么时候偿还"的还款约定。之后甲将乙起诉至法院，要求其归还借款本金4万元及利息1500元并按照同期银行贷款年利率4.35%计算利息至还清之日止。法庭上，被告乙辩称，双方在拘留所约定了"什么时候有钱什么时候偿还"，现自己债务重重，无钱还款。请分析关于本案"有钱时再还"约定是否属于附条件生效合同，抑或是属于"合同履行期限的约定"。

3. 先履行义务一方能否以案外人违约为由主张不安抗辩权？

4. 试述"不安抗辩"与"预期违约"之间的关系。

项目三 合同的保全

引例

何某某与中太建设公司签订《唯品会（中国）西部基地项目精装修工程承包合同》，将唯品会西部基地项目精装修工程发包给何某某承建。合同签订后，何某某按合同约定履行了合同项下的全部义务，唯品会西部基地项目精装修工程已竣工验收。何某某与中太建设公司就前述工程进行了结算，确认唯品会西部总部基地项目精装修工程结算金额为8 053 309.97元，中太建设公司一直未按结算金额支付何某某工程款，后何某某根据双方于2018年4月11日达成的仲裁协议向中国国际经济贸易仲裁委员会提起仲裁，该仲裁委于 2018 年 7 月 25 日裁决：一、中太建设公司立即向何某某出具人民币 14 864 500.37 元承兑汇票；二、中太建设公司应以人民币 14 864 500.37 元为基数，自 2018 年 6 月 15 日起，按照同期贷款利率向何某某支付逾期利息，直至全部欠付款项清偿完毕为止；三、本案仲裁费由双方当事人各自承担 50%。该笔费用人民币 47 294 元已由何某某全额预交，故中太建设公司还应于本裁决作出之日起 15 日内向何某某支付垫付的仲裁费 23 647 元。该裁决款项包含前述工程欠付金额 8 053 309.97 元及唯品会肇庆物流园三期木工分项劳务承包合同欠付工程款 6 811 190.40 元。仲裁裁决自作出之日起生效，中太建设公司至今未履行付款义务，唯品会物流公司尚有 1009.9 万元未支付给中太建设公司。何某某为了保护自己的合法权益，向法院提起代位权诉讼。另查明，中太建设公司与唯品会物流公司签订合同，将唯品会西部基地（一期工程）项目承包给中太建设公司施工，中太建设公司与唯品会物流公司就唯品会西部总部基地（一期工程）项目于 2017 年 11 月 9 日进行结算，工程造价审定金额 244 020 627.27 元，至今唯品会物流公司尚欠中太建设公司 1009.9 万元；四川省雅安市中级人民法院于 2017 年 9 月 1 日向唯品会物流公司发出执行协助裁定书，冻结中太建设公司在唯品会物流公司处的工程应收款 1000 万元；当前中太建设公司在全国各地涉及多起债务纠纷。[1]

问：何某某向法院提起代位权诉讼，其诉讼请求能得到法院的支持吗？

基本原理

一、合同的保全

（一）合同的保全的概念

合同的保全，是指法律为防止因债务人的财产不当减少或不增加而给债权人的债权带来损害，允许债权人行使撤销权或代位权，以保护其债权而设立的一种法律制度。

众所周知，合同订立之目的就在于完全实现合同当事人各自的债权，以满足双方当事人所期求的利益。而合同债权的实现，是要以债务人的财产为保障的。倘若债务人财产发生诸如应当增加而未增加或者不应减少而不当减少的情形，势必危及债权人债权的实现。因为债务人财产没有了，债权人的债权也落空了。按照民法一般原理，债权人不得干涉债务人与第三人债权，不得直接支配债务人的财产，其处分应依据债务人的自主意志。但若债务人因其主观原因怠于行使权利，使其应当增加财产而未有增加，或者任意处分财产使其财产不应该减少而确有减少，则不仅损害债权人利益，而且影响交易安全。因此，从保护债权人的债权，维护合同秩序和社会整体利益出发，

---

[1] 案例"何某某、四川唯品会物流有限公司债权人代位权纠纷二审民事判决书"，载北大法律信息网，https：//www.pkulaw.com/pfnl/a6bdb3332ec0adc46f129dc2ccc43a5b22766d79b8d30a06bdfb.html？keyword=%282019%29%E5%B7%9D01%E6%B0%91%E7%BB%881608%E5%8F%B7。

《民法典》合同编规定了代位权和撤销权，限制了债务人的意思自治，扩大了债权的适用效力。

此外应当注意：合同保全制度，虽然规定在《民法典》合同编，但鉴于《民法典》第468条的规定，依据体系解释法，合同的保全制度，其适用范围并不限于合同之债，还应包括无因管理之债、不当得利之债，甚至也可包括侵权之债，只是这些债权，应先通过诉讼使其确定为金钱债权，方可有合同保全制度适用之基础。

法条链接

《中华人民共和国民法典》

第468条　非因合同产生的债权债务关系，适用有关该债权债务关系的法律规定；没有规定的，适用本编通则的有关规定，但是根据其性质不能适用的除外。

（二）合同保全与其他债权保障形式的区别

第一，合同的保全不同于合同的担保。担保有效成立后，担保权人的债权到期不能实现，担保权人就能对担保财产享有优先受偿的权利，或请求保证人承担责任，这就为债务的履行或债权的实现提供了比较现实的物质基础。而在合同的保全的情况下，债权人不像担保权人那样能够实际掌握、控制实现债权的财产，也不能要求第三人承担责任。

第二，合同的保全不同于民事诉讼中的财产保全。所谓财产保全，是指人民法院在案件受理前或诉讼过程中，为了保证判决的执行，或避免财产遭受损失而对当事人的财产和争议的标的物采取查封、扣押、冻结等措施。而合同的保全是实体法中的制度，它是通过债权人行使代位权、撤销权而实现的。

二、代位权

（一）代位权的概念

我国《民法典》第535条规定："因债务人怠于行使其债权或者与该债权有关的从权利，影响债权人的到期债权实现的，债权人可以向人民法院请求以自己的名义代位行使债务人对相对人的权利，但是该权利专属于债务人自身的除外。代位权的行使范围以债权人的到期债权为限。债权人行使代位权的必要费用，由债务人负担。相对人对债务人的抗辩，可以向债权人主张。"

代位权对解决三角债、连还债，减轻当事人的诉讼负担，维护债权人的利益，维护交易安全有重要意义。

（二）代位权的构成要件

债务人不积极主张权利，固然于债权人不利，然而债权人动辄行使代位权也会损害债务人和第三人的利益，毕竟债权具有相对性，不能任由债的效力无限制地对外扩张，为了平衡"对债权人的保护"和"债务人活动的自由"两种价值，不至于让债务人因债权债务关系的存在而陷入债权人的奴役，应该严格限定债权人代位权的构成条件。根据《民法典》第535条、第536条的规定，我国代位权的成立须具备以下构成要件：

1. 债权人与债务人之间须存在合法有效的债权债务关系。该要件是代位权成立的前提。不论债的发生原因如何，合同之债、不当得利之债、侵权之债、无因管理之债等，只要该债权合法即可。

应当注意的是，在代位权诉讼中，由于债权人没有向债务人提起诉讼，为避免对次债务人的利益造成非法损害，法院应当就债权人对债务人的债权是否确定进行审查，既要审查债权的内容是否合法，还应确定债权的数额。

2. 债务人对第三人须享有权利。债务人对第三人所享有的权利，是债权人代位权的标的。根据《民法典》第535条规定，能够被代位行使的，不仅限于债权，还包括与该债权有关的从权利，例如抵押权、质权及保证等权利。

应当注意，专属于债务人自身的债权或其从权利不得代位行使。主要包括：①为保护权利人无形利益的财产权。例如，因生命、健康、名誉、自由等受到侵害而产生的损害赔偿请求权等，这些权利虽表现为财产权利，但其行使与否以及行使的范围，即如何使之具体化，应依权利人本人的主观判断而定，他人自不得代位行使。②不得让与的债权。主要是指那些基于个人信任关系而发生的债权或者以特定身份关系为基础的债权、不作为债权等。这些权利的成立与存续，与权利人人身具有密切联系，因而不得由他人代位行使。③不得扣押的债权。例如，养老金、救济金、抚恤金等。

3. 债务人怠于行使其到期债权，对债权人造成损害。所谓怠于行使权利，是指应行使并且能行使而不行使其权利。所谓应行使，是指若不于其时行使，则权利将有消灭或丧失可能，如请求权因诉讼时效完成而消灭，受偿权将因逾期不申报破产债权而丧失。所谓能行使，是指客观上债务人有能力行使权利；如是债务人不能行使的权利，不得代位行使。例如，债务人受破产宣告，其权利应由破产管理人行使，债务人自己不能行使。所谓不行使，是指债务人客观上消极地不行使权利，其原因如何以及主观上有无故意或过失，均在所不问。但如果债务人已行使权利，虽然其行使方法有所不当或者结果并非有利，债权人也不得代位行使，否则将构成对债务人行使权利的不当干涉。

是否构成"怠于行使到期债权"的判断标准是债务人是否向次债务人采取诉讼或仲裁方式主张债权，只有采取诉讼或仲裁方式才能成为其对债权人行使代位权的法定抗辩事由，债务人采取其他私力救济方式向次债务人主张债权仍可视为怠于行使债权。

4. 须债务人履行债务迟延。我国《民法典》第535条明确了代位权的行使应以债权人的到期债权受影响为条件，即债务人怠于行权利的行为，害及债权人到期债权实现的，债权人方可行使代位权，但根据《民法典》第536条的规定，如果债务人的权利存在诉讼时效期间届满或者未及时申报破产债权等情形，即便债权人债权尚未到期，债权人也可以代位行使债务人的权利。

法条链接

《中华人民共和国民法典》

第535条 因债务人怠于行使其债权或者与该债权有关的从权利，影响债权人的到期债权实现的，债权人可以向人民法院请求以自己的名义代位行使债务人对相对人的权利，但是该权利专属于债务人自身的除外。

代位权的行使范围以债权人的到期债权为限。债权人行使代位权的必要费用，由债务人负担。

相对人对债务人的抗辩，可以向债权人主张。

第536条 债权人的债权到期前，债务人的债权或者与该债权有关的从权利存在诉讼时效期间即将届满或者未及时申报破产债权等情形，影响债权人的债权实现的，债权人可以代位向债务人的相对人请求其向债务人履行、向破产管理人申报或者作出其他必要的行为。

（三）代位权行使的方式

传统民法理论中，因代位行使范围的不同，代位权可分为实行行为和保存行为之代位，这两种代位权行使的方式有所不同。

1. 实行行为。实行行为是指债权人可以向人民法院请求以自己的名义代位行使债务人对相对人的权利，即债权人通过诉讼方式行使代位权。其理由在于，通过诉讼方式可以保证债权人之间的公平、防止债权人代位权的滥用、防止发生不必要的纠纷。代位权诉讼中，诉讼的主体是债权人以次债务人为被告向人民法院提起代位权诉讼，债务人列为第三人。两个或者两个以上债权人以同一次债务人为被告提起代位权诉讼的，人民法院可以合并审理。代位权行使的范围不仅要以债权人对债务人的债权为限，而且也要以债务人对次债务人的债权为限。

2. 保存行为。保存行为，主要指维持权利状态，保障权利不受损害的行为。根据《民法典》第536条的规定，保存行为适用的场合是：债务人的债权或者与该债权有关的从权利存在诉讼时效期间即将届满或者未及时申报破产债权。

保存行为追求的法律效果是避免债务人的债权"失效"，而不是代位实现该债权，并不构成对债务人行为的干涉。债权人代位行使保存行为是对于债务人有利的行为，故而，并无要求债权人债权需到期之必要，一般是采用非讼方式，即是以向次债务人主张权利或者向管理人申报债权等非诉讼方式进行。

（四）代位权行使的效力

代位权行使的效力，到底是归属于债务人还是债权人？到底是作为对债务人的清偿还是对代位债权人的个别清偿？学界一直存在着争议。

传统理论认为，债权人代位权本质是一种责任保全，是对债务人责任财产的保全，也可以说是对债务人所有债权人的共同的债权保全。因此，对于债权人代位权的法律效果归属实际上应当直接地归属于债务人，即使在债权人受领交付场合也须对债务人进行清偿，而不能将其作为对债权人的清偿。对于这样的效果归属制度，学理上将其称为"入库规则"。但如果坚持平等受偿，适用"入库规则"，可能出现其他未行使代位权的债权人"搭便车"的问题，从而导致债权人行使代位权的动力不足。如何解决二者的矛盾，《民法典》依据"效率优先，兼顾公平"的立法精神在第537条进行了明确规定。《民法典》第537条前半段规定，"人民法院认定代位权成立的，由债务人的相对人向债权人履行义务，债权人接受履行后，债权人与债务人、债务人与相对人之间相应的权利义务终止"，据此可知，相对人是向债权人履行义务，是债权人"直接受偿"，代位权行使的效力归属于债权人。该条后半段规定，"债务人对相对人的债权或者与该债权有关的从权利被采取保全、执行措施，或者债务人破产的，按照相关法律的规定处理"，所谓"相关法律规定"应包括《最高人民法院关于适用〈中华人民共和国民事诉讼法〉的解释》（以下简称《民事诉讼法司法解释》）第508条、第513条和第516条规定。即债务人的财产不能清偿所有债权的，实施入库规则，将代位权行使的效果归属于债务人，从而使得债务人的债权得以平等受偿。简言之，《民法典》第537条的意思是，代位权人虽然直接受偿，但不意味着优先受偿，当存在保全、执行等情形时，要遵循先来后到的朴素法理。

法条链接

《中华人民共和国民法典》

第537条　人民法院认定代位权成立的，由债务人的相对人向债权人履行义务，债权人接受履行后，债权人与债务人、债务人与相对人之间相应的权利义务终止。债务人对相对人的债权或者与该债权有关的从权利被采取保全、执行措施，或者债务人破产的，依照相关法律的规定处理。

《最高人民法院关于适用〈中华人民共和国民事诉讼法〉的解释》

第508条　被执行人为公民或者其他组织，在执行程序开始后，被执行人的其他已经取得执行依据的债权人发现被执行人的财产不能清偿所有债权的，可以向人民法院申请参与分配。

对人民法院查封、扣押、冻结的财产有优先权、担保物权的债权人，可以直接申请参与分配，主张优先受偿权。

第513条　在执行中，作为被执行人的企业法人符合企业破产法第二条第一款规定情形的，执行法院经申请执行人之一或者被执行人同意，应当裁定中止对该被执行人的执行，将执行案件相关材料移送被执行人住所地人民法院。

第516条　当事人不同意移送破产或者被执行人住所地人民法院不受理破产案件的，执行法院就执行变价所得财产，在扣除执行费用及清偿优先受偿的债权后，对于普通债权，按照财产保全和执行中查封、扣押、冻结财产的先后顺序清偿。

三、撤销权

（一）撤销权的概念

债权人的撤销权是指因债务人实施减少其财产的行为，影响债权人的债权实现，债权人可以请求人民法院撤销该行为的权利。

值得注意的是，此处所规定的撤销权与可撤销合同中一方当事人所享有的撤销权是不同的，两者在性质上存在根本的区别：

第一，两者是不同的制度，分别属于民事法律行为效力制度与合同保全制度。可撤销合同制度设立的根本目的是贯彻意思自治原则，使撤销权人可以对意思表示不真实的合同请求撤销，从而维护合同当事人的意志自治。而合同保全制度中撤销权是为了保护债权人的利益，防止因债务人的财产不当减少对债权人造成损害，而赋予债权人的保全其债权的一种方式，它被规定在合同编通则分编中，也适用于其他的债权，如侵权之债等。

第二，两者撤销的对象不同。可撤销合同制度中的撤销权针对的是当事人之间订立的意思表示不真实的合同，也就是说，撤销权人请求撤销的是自己参与订立的合同，撤销权的行使只是在合同当事人之间发生效力。合同保全制度中撤销权主要针对的是债务人与第三人之间实施的有害于债权人权利的转让财产行为，旨在撤销债务人与第三人之间的民事法律行为，将对第三人发生效力。

第三，从权利存续的期间来看，两种撤销权的行使期限都要求从撤销权人知道或应当知道撤销事由之日起计算，根据《民法典》第 152 条规定，可撤销合同中的撤销权行使的除斥期间一般为 1 年，对重大误解的当事人而言是 90 日，合同保全中的撤销权除斥期间为 1 年。

法条链接

《中华人民共和国民法典》

第 152 条　有下列情形之一的，撤销权消灭：

（一）当事人自知道或者应当知道撤销事由之日起一年内、重大误解的当事人自知道或者应当知道撤销事由之日起九十日内没有行使撤销权；

（二）当事人受胁迫，自胁迫行为终止之日起一年内没有行使撤销权；

（三）当事人知道撤销事由后明确表示或者以自己的行为表明放弃撤销权。

当事人自民事法律行为发生之日起五年内没有行使撤销权的，撤销权消灭。

（二）撤销权的构成条件

《民法典》第 538 条针对债务人实施的无偿行为，规定了债权人的撤销权，第 539 条针对债务人的有偿行为，规定了债权人的撤销权。针对债务人行为是否有偿，债权人行使撤销权在构成要件上有所差别，无偿行为仅要求具有客观要件，而有偿行为，还需要满足受益人具有恶意的主观要件。

1. 共同的客观要件。

（1）债权人对债务人存在合法的债权。债权人对债务人的债权合法是指债权人与债务人之间必须有合法的债权债务存在，这是撤销权产生的前提。不论债的发生原因如何，合同之债、不当得利之债、侵权之债、无因管理之债等，只要债权合法即可。

（2）债权人债权需先于债务人行为成立。债权人撤销权旨在保障债权人的债权，可否行使，应以债权成立时债务人的财产状况作为判断标准，因此，债务人在债权人债权成立之前实施的行为，即便对后成立债权的实现有影响，债权人也不能够行使撤销权。

（3）债务人实施的必须是将导致其财产减少的行为。可撤销的债务人的行为限定于如下范围：无偿处分财产权益、恶意延长到期债权履行期限、以明显不合理对价转让或受让财产、为他人债务提供担保的行为。这些成为撤销权标的的行为，应该是有效的法律行为，如果是事实行为或无效的民事行为，则不适用于债权人撤销权，因为前者无从撤销，而后者无须撤销。此外应注意《民法典》第538条规定的"恶意延长到期债权的履行期限"的行为，该行为中的恶意，指的是债务人知其延长其到期债权的履行期限会害及债权人的债权实现，但仍故意为之，至少是放任害及结果的发生。对于第539条规定的行为中的"明显不合理"的认定，《最高人民法院关于适用〈中华人民共和国合同法〉若干问题的解释（二）》第19条予以了明确，即"转让价格达不到交易时交易地的指导价或者市场交易价70%的，一般可以视为明显不合理的低价；对转让价格高于当地指导价或者市场交易价30%的，一般可以视为明显不合理的高价"。在该司法解释未作修订之前，该认定标准仍对司法实践具有重要的指导性意义。

（4）债务人的行为须有害于债权人实现其债权。对于债务人处分财产的行为，债权人并非一定享有撤销权。如果债务人处分其财产的行为不会损害债权人债权的实现，债权人则无权进行干预。只有在债务人处分财产的行为使其财产减少，影响债权人的债权实现的，债权人才能行使撤销权。因此，即使债权人对债务人的债权没有到期也不影响撤销权的成立。这一点也是撤销权和代位权的不同之处。

所谓有害于债权人的债权，是指债务人积极财产的减少（如无偿转让财产、免除债务、设立他物权等），或消极财产的增加（如承担债务等），足以减少其责任财产、削弱偿债能力，使债权人的债权存在不能获得完全清偿之虞。

2. 撤销有偿行为的主观要件。相较无偿行为，债权人对债务人的有偿行为行使撤销权时，还须以受益人存在恶意为要件。

此处的受益人即债务人所实施行为的相对人。在债务人以明显不合理的低价转让财产或者高价收购他人财产，影响债权人的债权实现的情形下，债权人要行使撤销权，还要求相对人知道或应当知道该情形，也即相对人应具有恶意。之所以如此规定，主要是为了保护交易安全，保护善意相对人的利益。

所谓受益人的恶意，是指受益人在取得一定财产或一定财产利益时，已经知道或应当知道债务人所为的行为有害于债权人的债权，即已经认识到了该行为对债权损害的事实。受益人是否明知，以受益时为准。至于受益人是否知悉债务人亦为恶意，则在所不问。受益人是否具有故意损害债权人的意图，或是否曾与债务人恶意串通，亦不在考虑之列[1]。

（三）撤销权的行使

1. 撤销权的行使方式。根据我国《民法典》第538条与第539条的规定，撤销权的行使必须由享有撤销权的债权人以自己的名义向法院提起诉讼，请求人民法院撤销债务人不当处分财产的行为。

2. 撤销权诉讼的主体。关于撤销之诉的原告，很显然是享有撤销权，提起诉讼的债权人，如果债权人为多数人，可以共同行使撤销权。债务人为撤销之诉的被告，受益人或者受让人列为第三人。

3. 撤销权的行使范围。根据我国《民法典》第540条的规定，撤销权的行使范围以债权人的债权为限，也就是说债权人在行使撤销权时，其请求撤销的数额须与其债权数额大致相当，对超出债权保全必要的部分，不应发生撤销效力。

4. 撤销权行使的费用负担。关于行使撤销权的费用问题，我国《民法典》第540条规定："……债权人行使撤销权的必要费用，由债务人负担。"依民法的过错责任归责原则，第三人有过错的，也应当适当承担债权人行使撤销权的必要费用。

5. 撤销权行使的效力。《民法典》第542条规定，"债务人影响债权人的债权实现的行为被撤销的，自始没有法律约束力。"即债权人通过行使撤销权，撤销的是债务人不当处分财产的行为，撤销的效果在于使债务人的财产回复到行为之前的状态，而不是由债权人直接获得该财产。一般认为，撤销权的行使效果是这一规则被称为"入库规则"，这一点与代位权明显不同，其理论基础是合同的相对性规则和债的平等性。

6. 撤销权的除斥期间。我国《民法典》第541条规定："撤销权自债权人知道或者应当知道撤销事由之日起一年内行使。自债务人的行为发生之日起5年内没有行使撤销权的，该撤销权消灭。"需要注意的是，1年的除斥期间是自债权人知道或者应当知道撤销事由之日起计算，5年的除斥期间是自债务人的行为发生之日起计算，两者的起算时间是不同的。合同法规定行使撤销权的最长时间不超过5年，目的是为了防止财产关系长期处于不稳定状态，不利于交易秩序的建立。根据《民法典》第199条的规定，该期间不得中止、中断和延长。

---

[1] 崔建远：《合同法总论》，中国人民大学出版社2012年版。

《中华人民共和国民法典》

第 199 条　法律规定或者当事人约定的撤销权、解除权等权利的存续期间，除法律另有规定外，自权利人知道或者应当知道权利产生之日起计算，不适用有关诉讼时效中止、中断和延长的规定。存续期间届满，撤销权、解除权等权利消灭。

相关案例

2007 年，刘某自高某飞、李某惠之子高某处借款 100 万元。后高某因病去世。2008 年 5 月 21 日，高某飞、李某惠将刘某诉至法院，要求刘某给付该笔欠款。2008 年 6 月 26 日，刘某与第三人刘某昌签订《北京市存量房屋买卖合同》，约定刘某以 60.3 万元的价格将建筑面积为 93.04 平方米的北京市朝阳区某房屋出售给第三人。2008 年 10 月 13 日，法院做出（2008）朝民初字第 16846 号民事判决书，判决刘某给付高某飞、李某惠借款本金 100 万元及利息。之后刘某只偿还高某飞、李某惠 20 万元，同时表示，出售诉争房屋所得款项并未用以清偿高某飞、李某惠的债务，且目前无力偿还对高某飞、李某惠所负债务。高某飞、李某惠遂起诉，请求北京市朝阳区人民法院撤销刘某与刘某昌于 2008 年 6 月 26 日签订的房屋买卖合同，判决刘某赔偿高某飞、李某惠为行使撤销权所支付的律师代理费 3 万元。[1]

本案中原告是否有权要求法院撤销被告出售房屋的行为呢？

引例分析

《民法典》第 535 条规定："因债务人怠于行使其债权或者与该债权有关的从权利，影响债权人的到期债权实现的，债权人可以向人民法院请求以自己的名义代位行使债务人对相对人的权利，但是该权利专属于债务人自身的除外。代位权的行使范围以债权人的到期债权为限。债权人行使代位权的必要费用，由债务人负担。相对人对债务人的抗辩，可以向债权人主张。"本案中何某某能否就中太建设公司对唯品会物流公司享有的 1009.9 万元债权行使代位权，应分析其是否满足代位权行使的要件。代位权的行使必须同时满足四个要件：①债权人对债务人的债权合法；②债务人怠于行使其到期债权，对债权人造成损害；③债务人的债权已到期；④债务人的债权不是专属于债务人自身的权利。引例中，何某某行使代位权已满足三个要件：何某某对中太建设公司的债权合法、中太建设公司对唯品会物流公司的债权 1009.9 万元已到期、中太建设公司的债权并非专属债权，关键要看是否满足"债务人怠于行使其到期债权，对债权人造成损害"这个要件，即中太建设公司是否对唯品会物流公司怠于行使其到期债权，并对何某某造成损害。中太建设公司与唯品会物流公司于 2017 年 11 月 9 日确定

---

〔1〕　"高某飞等与刘某债权人撤销权纠纷上诉案"，载北大法律信息网，https：//www.pkulaw.com/pfnl/a6bdb3332ec0adc4fc23b3baf62380a7605a753b3c625addbdfb.html？keyword=%E9%AB%98%E4%B9%83%E9%A3%9E%20%E5%88%98%E5%BD%A4。

工程款结算额度为 1009.9 万元，而四川省雅安市中级人民法院早于 2017 年 9 月 1 日向唯品会物流公司发出了协助执行通知书，要求唯品会物流公司冻结中太建设公司工程款 1000 万元。由于中太建设公司在唯品会物流公司处的工程应收款 1000 万元已被法院冻结，即使中太建设公司于 2017 年 9 月 1 日后采用诉讼或仲裁等方式向唯品会物流公司主张权利，其也不能从唯品会物流公司处收回工程欠款 1009.9 万元中的 1000 万元，中太建设公司也不能以该笔债权偿还何某某的债务，故不会因为中太建设公司不向唯品会物流公司主张债权而使何某某的权益受到损害。中太建设公司在其债权明确后，并非是怠于行使 1009.9 万元债权，而是对其中已经被冻结的 1000 万元债权无法以诉讼等形式主张，其怠于行使到期债权的金额仅仅为未被法院冻结的 9.9 万元。所以，何某某只能就中太建设公司对唯品会物流公司所享有的 1009.9 万元债权中的 9.9 万元提起代位权诉讼。

▓▓▓▓ **思考与练习**

1. 陈某对王某和甲公司分别负有 400 万元债务，两份判决已生效。王某、甲公司分别以陈某为被执行人申请执行。在执行过程中，因陈某无可供执行的财产，终结本次执行。终结执行后，甲公司得知陈某对吴某享有债权，遂以吴某为被告、陈某为第三人提起代位权诉讼。

法院审理后，判决认定吴某对陈某负有 400 万元到期债务，判令吴某于判决生效之日起 10 日内支付甲公司 400 万元。因吴某到期未履行，甲公司申请法院执行。在执行过程之中，吴某将 400 万元交到了法院。王某得知陈某的债务人吴某已将原应支付给陈某的 400 万元交至法院，遂提出按照债权额度相应比例参与分配的申请，要求与甲公司平均分配这 400 万元，即各得 200 万元，甲公司不同意陈某参与分配。

本案中，对 400 万元款项能否允许王某参与分配发生争议，该笔 400 万元债权即为代位权债权，本案争点可归纳为：代位权债权能否参与分配。

第一种意见认为，被执行人陈某为王某和甲公司的同一被执行人，对王某和甲公司分别负有 400 万元的债务。现已查明，陈某没有其他财产可供执行，其对吴某享有的 400 万债权是其目前唯一能执行的财产，根据《最高人民法院关于〈中华人民共和国民事诉讼法〉的解释》第 508、510 条规定，王某符合参与分配的条件，可按债权额比例参与分配，王某和甲公司应各分得 200 万元。

第二种意见认为，代位权为依法产生的对于债务人债权为管理的"财产管理权"，陈某对吴某享有 400 万元债权，已经法院代位权诉讼，不应允许其他债权人参与分配。如果经代位权诉讼判决胜诉后，仍允许其他普通债权人参与分配，那么代位权人提起的代位权诉讼，废了九牛二虎之力打赢了官司，还有何实质性意义？本案中，甲公司提起代位权诉讼，须先交纳诉讼费用，然后出庭应询，回家后日夜不安，纠结烦神，聘请律师且需出钱，在诉讼上又须负举证责任，可谓辛苦备尝心力交疲，赢了官司也有"赢了猫儿卖了牛"之感。若让王某轻易分走一半，代位债权人岂不是为他人做嫁衣？甲公司花费了人力物力，经一审、二审颇费周折走完了诉讼程序，王某仅凭一纸参与分配申请就分走了胜诉成果的一半，这对代位债权人甲公司而言公平吗？试想，若陈某对外债务较多，远远不止欠王某的这 400 万债务。若其他债权人都来参与分配，代位权人甲公司必然分到的债权只能更少，甚至微乎其微。如果提起了代位权诉讼并胜诉，其他债权人也都能来"分一杯羹"，那么谁还会愿意提起代位权诉讼？代位权制度还有何存在的必要？因此，王某参与分配的申请不能支持。

依据上述材料以及《民法典》的相关规定，谈谈你的观点，并说明理由。

2. 《民法典》第 539 条规定"债务人以明显不合理的低价转让财产，……影响债权人的债权实现"的行为，债权人可以主张撤销之。对该条中的对价合理与否，如何判断？

3. 债权人的债权受到债务人行为侵害时，如何选择代位权或撤销权进行保护？

项目四　合同的变更和转让

引例

万某因承揽某建筑公司工程垫资需要，向朋友吴某借款 15 万元整，借期 1 年。到期后，万某因资金紧张，无力偿还借款，但此时其与某建筑公司经结算，尚有 17 万余元工程款在某建筑公司处未得到支付。万某与吴某达成协议，万某将其在某建筑公司的 15 万元债权转让给吴某，由吴某享有，但吴某向某建筑公司多次追讨债权未果，遂起诉至法院解决。某建筑公司辩称，万某与吴某在起诉前从未通知自己债权转让事宜，该债权转让对自己不发生法律效力。[1]

本案如何处理？

基本原理

合同依法成立后，当事人经协商一致，可以变更合同，以满足当事人的需要。当事人可以将合同的权利全部或部分转让给第三人；经债权人同意，也可以将合同的义务全部或部分转让给第三人。无论是转让合同权利，还是转移合同义务，都必须符合法律规定的条件。

一、合同的变更

（一）合同变更的含义

合同变更，有广义和狭义之分，其含义也不同。

---

〔1〕 "债权转让是否必须在起诉前告知债务人"，载中国法院网，https：//www.chinacourt.org/article/detail/2014/03/id/1233456.shtml。

狭义的合同变更仅指合同内容的变更，即在合同成立以后，尚未履行或尚未完全履行之前，在合同主体不变的条件下，合同的某些条款被修改或补充。我国《民法典》第 543 条规定："当事人协商一致，可以变更合同。"这里所说的"变更合同"就是指狭义的合同变更。

广义的合同变更，除包括合同内容的变更外，还包括合同主体的变更，即由新的合同主体取代原合同关系的主体，但合同内容并不发生变化，这种情形常常被称为合同的转让。如果是债权人变更的，称为债权转让或债权移转；如果是债务人变更的，称为债务移转。

为方便理解，以下我们所讲的"合同变更"仅指狭义的合同变更，我们将广义的合同变更则称为"合同的转让"，分别加以论述。

（二）合同变更需要注意的问题

1. 合意变更、法定变更和裁判变更。合同变更依发生原因的不同而分为合意变更、法定变更与裁判变更。

（1）合意变更是指根据合同自由原则，合同当事人在协商一致的情况下，变更合同。合意变更必须经当事人双方协商一致，并在原合同的基础上达成新的协议，这同样要经过要约和承诺的过程。任何一方未经对方同意，无正当理由擅自变更合同内容，不仅不能对合同另一方产生约束力，反而将构成违约行为。

（2）法定变更是指法律规定的情形出现时，合同的内容当然地发生变更。例如，债务不能履行如债务人不具有免责事由，原债务变更为损害赔偿债务；又如迟延履行场合，如债务人不具有免责事由，则在本来的给付义务之外，作为本来给付义务的延长，尚发生有迟延赔偿。

（3）裁判变更是指基于裁判命令（法院判决或仲裁机构的裁决等）使合同的内容发生变更。例如，《民法典》第 533 条规定："合同成立后，合同的基础条件发生了当事人在订立合同时无法预见的、不属于商业风险的重大变化，继续履行合同对于当事人一方明显不公平的，受不利影响的当事人可以与对方重新协商；在合理期限内协商不成的，当事人可以请求人民法院或者仲裁机构变更或者解除合同。人民法院或者仲裁机构应当结合案件的实际情况，根据公平原则变更或者解除合同。"《民法典》第 585 条第 2 款规定："约定的违约金低于造成的损失的，人民法院或者仲裁机构可以根据当事人的请求予以增加；约定的违约金过分高于造成的损失的，人民法院或者仲裁机构可以根据当事人的请求予以适当减少。"

此外应当注意，在《民法典》合同编分则中，为了更好地实现合同目的，满足当事人的需要，在特殊情况下，也赋予合同当事人单方变更合同的权利。如《民法典》第 829 条规定："在承运人将货物交付收货人之前，托运人可以要求承运人中止运输、返还货物、变更到达地或者将货物交给其他收货人，但是应当赔偿承运人因此受到的损失。"

2. 合同变更是指合同内容的局部变化。合同变更只是对合同内容的局部修改和补充，而不是对合同内容的全部变更。一般包括标的数量的增减、改变交货地点、时间、价款或结算方式等。对于合同标的等合同主要条款的变更是否属于合同变更，存在争论，一般认为，合同变更是在原合同关系的基础之上，形成新的合同关系，这种新的合同关系应当包括原合同的实质内容，如果合同变更导致原合同的实质性变化，例如合同价款的变更，使有偿合同变为无偿合同，那么就等于当事人重新订立了一个新的合同，并不属于合同的变更。

3. 合同变更须约定明确。为了减少合同当事人就合同变更产生纠纷，维护合同关系的稳定，《民法典》第544条规定："当事人对合同变更的内容约定不明确的，推定为未变更"，即当事人变更合同的意思表示须以明示或者默示的但不含糊的方式为之，当事人未以这两种方式表达合同变更意愿的，禁止根据某种事实而推定当事人存在变更合同主观意愿，合同视为未变更，当事人仍应当按原合同履行。应当注意的是，只有法律有明确规定的情况下，默示才能产生相应的法律效力，虽然一方当事人有间接证据证明对方已经知道变更合同的情况，但对方当事人既未用语言或者文字明确表示同意的，又未用行为表示同意的，则不能直接认定对方已经同意变更合同的内容。

（三）合同变更的效力

变更后的合同内容在不违反法律、行政法规的强制性规定，不违背公序良俗的情况下，发生合同变更的法律效果，当事人应当按照变更后的合同内容为履行，任何一方违反变更后的合同内容都将构成违约。合同变更原则上仅向将来发生效力，对已经按原合同所为的给付无溯及力，已经履行的债务不因合同的变更而失去法律根据，任何一方不能因合同的变更而要求对方返还已为的给付，当事人另有约定的除外。合同变更不影响当事人请求损害赔偿的权利，一方当事人给另一方当事人造成损害的，不得以合同已变更来推卸赔偿责任。

合同的担保作为主合同债权的从权利，具有附随性。当事人未经保证人同意而变更主合同的，势必会影响保证人的利益，尤其合同变更后加重债务人和保证人负担的，未经保证人书面同意，保证人对加重的部分不承担保证责任。但如果合同变更减轻债务人和保证人负担的，即使未经保证人同意，保证人仍须承担保证责任，因为这对保证人并无损害。

二、合同的转让

（一）合同转让的含义和类型

如前所述，合同的转让是指合同主体的变更，即由新的合同主体取代原合同关系的主体，但合同内容并不发生变化。如果是债权人变更的，称为债权让与或债权移转；

如果是债务人变更的，称为债务转移；如果新的当事人既承受债权，又承受债务，称为合同权利义务的概括转让。

（二）债权让与

1. 债权让与的含义。根据我国《民法典》第545条的规定，债权让与是指债权人通过协议将债权的全部或部分转让给第三人的行为。在债权全部转让时，受让人将完全取代转让人的地位成为合同的当事人，在权利部分转让的情况下，受让人将加入到原合同关系中，与原债权人共同享有债权。

值得注意的是，债权的让与和物权的转让在性质上是不同的，虽然物权的转让如土地使用权的出让和转让、共有人转让共有份额等，常常通过订立合同的方式来转让，但两者转让的对象是不同的，合同权利的转让是债权的转让，受合同编的调整，而物权的转让则要受物权编的调整。

2. 债权让与的条件。根据法律的规定，债权转让须具备如下条件：

（1）须存在有效债权。有效债权存在，是债权让与的根本前提。有效的债权，是指该债权真实存在且并未消灭，但这并不意味着它一定能够得到实现，也就是说，让与人仅负有保证它确实存在的义务，并不负有保证债务人能够清偿的义务。以下类型的债权也可以作为让与的标的：诉讼时效已经完成的债权，因债务人尚有自愿履行债务的可能，且债务人履行之后不得以诉讼时效完成为由请求返还，故可为转让标的；可撤销但尚未撤销的债权，此种债权在撤销权人行使撤销权之前是有效的债权；附解除条件或期限的债权；享有选择权的债权。

（2）债权具有可让与性。债权让与，系债权从让与人处转移到受让人之手的过程，更是一种结果，这个结果得以成为现实，债权具有让与性是必要条件。对于不具有让与性的债权，债权人不得转让，根据《民法典》第545条规定，下列债权不得转让：

第一类，根据债权性质不得转让。这类债权特点在于其给付内容或基础关系：究竟向谁给付，对债务人而言至关重要。大致可分为三类：①高度人身性债权或人身约束型债权。其特点在于债权人身份构成给付的内容，债权人变化会引起给付内容变化。例如要求医院进行手术、请求制作画像、要求授课、咨询活动（如律师咨询），债权人的变动会引起以上给付内容的相应改变。②基于基础关系不可让与的债权。其特点在于，债权人的变动并不必然导致债权内容的变更，但可能危害到债务人基于基础关系所享有的利益。例如，雇用人基于雇佣合同向受雇人要求提供劳务的请求权，以及委托人根据委托合同请求受托人履行委托事务的权利，通常认为也不能被让与。[1] ③从权利和不作为的债权。此类债权的特点是与基础关系不可分离，或者不具有独立性。通常而言，具有从属性的权利只能随着主债权的移转而一同移转。例如，保证合同的请求权作为严格从属性的请求权，不能与主债权分离而转让他人。

---

〔1〕 庄加园："《合同法》第79条（债权让与）评注"，载《法学家》2017年第3期。

第二类，按照当事人约定不得转让。根据合同自由原则，债之关系的当事人可以通过特别约定禁止债权让与。这种约定，既可以在债权发生时为之，也可以在债权发生后为之，但须在债权让与之前为之。禁止让与的第三人（受让人）的范围，既可以是泛指的，即约定不得让与人，也可以是特指的，即禁止让与特定人；当事人还可以约定于一定时期内禁止债权的让与。《民法典》第545条第2款规定，"当事人约定非金钱债权不得转让的，不得对抗善意第三人。当事人约定金钱债权不得转让的，不得对抗第三人。"这意味着，如果被转让的是金钱债权且无论受让人为恶意善意，或者是非金钱债权但受让人为善意，则转让合同都能发生法律效力，受让人取得债权，并且债务人不能对受让人主张债权禁止转让的抗辩。

第三类，依照法律规定不得转让。这类债权禁止让与虽然客观上保护了债务人的利益，但它更多的是基于社会政策衡量的结果。因此，债务人不得通过约定放弃或变更这种法定保护。根据法律规定不得让与的债权，同样也不允许授权他人收取，否则禁止让与的目的就可能被规避。

3. 债权让与的效力。债权让与的效力可分为内部效力与外部效力。

（1）债权让与的对内效力，是指债权让与在转让双方即转让人（债权人）和受让人（第三人）之间发生的法律效力。

第一，债权由让与人转移于受让人。如果是全部转让，则受让人将作为新债权人而成为债的法律关系的主体，让与人将脱离原债权债务关系，由受让人取代其地位。如果是部分权利转让，则受让人将加入债的关系，成为债权人。

第二，受让人取得与债权有关的从权利。受让人取得与债权有关的从权利，是指与债权有关的从权利随同债权移转于受让人。《民法典》第547条第2款规定："受让人取得从权利不因该从权利未办理转移登记手续或者未转移占有而受到影响。"《九民纪要》第62条"抵押权随主债权转让"亦表明了最高院的态度：抵押权随主债权一并转让，债权受让人取得的抵押权系基于法律的明确规定，并非基于新的抵押合同重新设定抵押权，无需办理抵押权移转登记，债权受让人即取得抵押权。此等从权利的移转属于依法律规定发生的移转，因此，即使是须登记才能设定的抵押权，当主债权移转于他人时，其无须登记即随同发生移转。即受让人只要持有债权转让的文件，法院将可直接根据债权转让的事实，执行受让人的抵押权，无需要求受让人办理移转登记手续或者移转占有等。

从权利与主权利共命运是一种原则，但专属于原债权人自身的从权利不随同移转，主要包括：其一，最高额抵押。在最高额抵押决算期到来前，部分债权转让的，最高额抵押权并不当然移转。其二，独立保函。独立保函具有独立性、单据性的特点，其不依赖于基础合同等任何其他法律关系或事实，且保证人在面对付款要求时，无须审查基础合同，仅须审查相关单据即可。作为依条件付款的一种保证方式，独立保函是担保从属性的例外情形。其三，让与担保。让与担保与普通抵押权不同的是，在让与担保设立时主债权不存在的,让与担保权利移转欠缺法律原因,应当依据不当得利返还;主债权因清偿而消灭的,在担保人主张权利返还请求权之前,让与担保继续有效;在主债权移转情形下,让与担保并不当然移转。其四,保证的移转。《民法典》第696条第1款作为新增的一条法律规定,明确了"债权人转让全部或者部分债权,未通知保证人的,该转让对保证人不发生效力"。即若债权人未经保证人书面同意转让债权的,保证人对受让人可不再承担保证责任。

第三,受让人依据转让合同享有的保障规则:其一,转让合同产生的瑕疵担保责任。为保障受让人获得债权利益,当转让债权不存在、价值降低或者第三人主张权利时,让与人依据债权转让合同对受让人负有瑕疵担保责任。其二,受让人的辅助请求权。受让人取得债权后,为使得受让人债权便于实现,受让人享有请求让与人告知主张债权的必要信息和交付债权证明文件的请求权,因债权的担保也随同债权移转于受让人,因此受让人可请求让与人交付所占有的担保物。

第四,债权让与的费用负担。《民法典》第550条规定:"因债权转让增加的履行费用,由让与人负担。"

(2)债权让与的对外效力,是指债权让与对债务人所具有的法律效力。

第一,对债务人的生效要件:让与通知。在债权让与之后与之前相比较,只要不增加债务人的履行负担,债务人就不会因债权人变换而处于更加不利的地位,故债权人得自由让与其债权,且不必经债务人同意。债权让与虽不必经债务人同意,但在债权让与后,债务人毕竟要面临向何人为给付并主张相关抗辩的问题。如果债务人对债权让与事实无从知晓,则可能发生错误给付,于债务人不利。根据我国《民法典》第546条的规定,让与通知是债权转让对债务人生效的要件,即债权的转让人与受让人签署债权转让合同生效后,债权转让也就完成了,如果未通知债务人,债权转让的效力不及于债务人,而对债权转让的法律后果本身并没有影响。这就意味着债务人受通知后应向受让人履行债务,并可依《民法典》第548、549条规定援用相关的抗辩及抵销事由。

《民法典》对于通知的时间、主体、方式并无明确的规定,但是司法实践中认为:①通知的时间:债权让与对债务人是否有效的关键不在于发出时间,而在于债权转让通知是否具体,是否能充分证明通知的债权与实际发生的债权同一。②通知的主体:从《民法典》第546条的文义上应理解为债权转让人,但在可以确认债权转让行为真实性的前提下,亦不应否定债权受让人为该通知行为的法律效力。实务中最高人民法院、各地方法院已通过各种案例确认了受让人的通知资格。通知的主体即应以债务人是否知晓债权转让事实作为认定债权转让通知法律效力之关键。故债权受让人直接向人民法院起诉,并借助人民法院送达起诉状的方式,向债务人送达债权转让通知,亦可以发生通知转让之法律效力。③通知的方式:债权转让通知属于观念通知,口头、书面通知均可达到传达意思表示的效果。

让与通知的撤销。《民法典》第 546 条第 2 款规定，"债权转让的通知不得撤销，但是经受让人同意的除外"。此规定的原因在于债务人在法律上的地位并未因撤销而恶化，但撤销会损害受让人利益，故必须经其同意。

第二，债务人向受让人履行义务，不得再向原债权人履行。

第三，债务人所享有的对抗原债权人的抗辩权，并不因债权的让与而消灭。《民法典》第 548 条规定："债务人接到债权转让通知后，债务人对让与人的抗辩，可以向受让人主张。"这一规定主要是为了保护债务人的利益，使其不因债权的转让而受到损害。抗辩的类型主要有包括诉讼时效完成的抗辩、债权不发生的抗辩、债权消灭的抗辩（比如清偿、提存、免除）、基于形成权行使的抗辩（比如合同被撤销、被解除、抵销）、基于双务合同的抗辩（比如同时履行抗辩、不安抗辩）以及诉讼上的抗辩（比如诉讼管辖协议的抗辩、仲裁协议的抗辩）等。[1]

第四，债务人的抵销权。《民法典》第 549 条规定："有下列情形之一的，债务人可以向受让人主张抵销：①债务人接到债权转让通知时，债务人对让与人享有债权，且债务人的债权先于转让的债权到期或者同时到期；②债务人的债权与转让的债权是基于同一合同产生。"值得注意的是，《民法典》第 549 条第 1 款第 1 项的规定与《民法典》第 568 条第 1 款规定的法定抵销的条件有所不同，不要求抵销关系中的双方当事人必须是被抵销债权形成时的双方当事人，该条规定赋权债务人对受让人主张抵销的权利，以达利益平衡，是正当的，即债务人本来拥有的抵销权不得因其债权人转让债权而消失，而是继续保有。

《民法典》的第 549 条第 1 款第 2 项规定，债务人可向受让人主张抵销的两项债权是基于同一合同而产生，即存在产生和存续上的牵连性。此牵连性可产生履行抗辩权、时效完成的抗辩权等抗辩权，甚至抵销权，使债务人的债权实现有法律保障；但是，债权人将其债权转让给他人，债务人与该他人之间不见得存在前述有关保障措施。为帮助债务人摆脱这种不利境地，赋权债务人对受让人享有抵销权，并且降低该抵销权产生和行使的"门槛"，不要求债务人的债权先于转让的债权到期或者同时到期，也不要求抵销关系中的双方当事人必须是被抵销债权形成时的双方当事人。

法条链接

《中华人民共和国民法典》

第 568 条　当事人互负债务，该债务的标的物种类、品质相同的，任何一方可以将自己的债务与对方的到期债务抵销；但是，根据债务性质、按照当事人约定或者依照法律规定不得抵销的除外。

当事人主张抵销的，应当通知对方。通知自到达对方时生效。抵销不得附条件或者附期限。

---

〔1〕 韩世远：《合同法总论》，法律出版社 2018 年版，第 617 页。

（三）债务承担

1. 债务承担的含义。债务承担，即由第三人代原债务人承担全部债务，部分债务或与债务人连带承担债务。债务承担根据转移的义务范围不同，可分为免责的债务承担和并存的债务承担。①免责的债务承担又称债务转移，是指债务人将债务全部或部分转移给第三人，由第三人取代原债务人的地位，成为合同中的新债务人，完全或部分承担原债务人所负有的债务，而原债务人则完全或部分脱离债的关系。②并存的债务承担又称债务加入，是指原债务人并未脱离债的关系，而第三人加入债的关系，与债务人共同向债权人负担债务。

债务转移与第三人代为履行看起来很相似，但两者在性质上是不同的，主要区别在于债务人是否退出原债权债务关系。在债务转移中，第三人成为合同关系的当事人，如果他未能依照合同约定履行合同义务，债权人可直接要求其履行义务或承担违约责任。而在第三人代为履行中，若第三人未能依照合同约定履行合同义务，债权人只能向债务人请求承担违约责任。

2. 债务承担的条件。

（1）免责债务承担（债务转移）的条件。根据《民法典》第551条的规定，"债务人将债务的全部或者部分转移给第三人的，应当经债权人同意。债务人或者第三人可以催告债权人在合理期限内予以同意，债权人未作表示的，视为不同意。"免责的债务承担须具备如下条件：

第一，须有有效的债务的存在。

第二，须有以债务承担为内容的协议。

债务转移协议，有债权人与第三人签订；债务人与第三人签订；债务人、债权人、与受让人签订三方协议三种方式。①债权人与第三人之间的协议：债权人与第三人之间可以订立承担债务的协议，依一般学理，此类合同虽然没有债务人参与，该合同仍有效，因为债务人因该合同只是享受利益，因此债权人与第三人所达成的协议属于利益第三人合同，可以适用利益第三人合同的规则确定当事人之间的权利义务关系。②债务人与第三人之间订立协议：债务人与第三人缔结的债务承担合同，由于债权人没有直接参与，如果径以该合同为有效，常常会导致债权人的利益遭受损害。债务人将合同的义务全部或者部分转移给第三人的，应当经债权人同意，便溯及自债务承担合同成立的时点发生效力。债务人或者第三人（承担人）可以催告债权人在合理的期间内表示是否同意，债权人未作表示的，视为拒绝同意。③债务人、债权人、与受让人签订三方协议。应当注意的是签订三方协议时合同条款的表述应当明确具体，不应含糊不清。若当事人之间的真实意思系债务转移，则应当明确约定由第三人承担原债务，原债务人退出债权债务关系，不应再出现原债务人仍负有偿还义务的约定。

第三，转让的债务须具有可让与性。作为债务承担对象的债务，须是债务人以外的第三人也可以实现的债务。以下两种债务不具有让与性：其一，依性质不可移转的债务。比如，抚养义务，著名画家绘制肖像的债务，歌手登台演出的债务，这些债务重视债务人的个性、技能熟练程度等，通常不许移转。其二，依当事人的意思而不可移转的债务。当事人如有禁止债务承担的特别约定，该债务便不得进行转移，这是合同自由原则的体现。

第四，须经债权人的同意。对债权人而言，债务人的资力、信用状况是债权能否顺利实现的重要条件。如果债务人不经债权人的同意而将其负担的债务移转给第三人，无疑会对债权人的利益造成不利影响，倘若第三人缺乏资力与信用，债权人的利益可能无法实现。因此，债务移转必须征得债权人的同意才能发生效力。债权人的同意可以采取明示或积极的默示方式。如果债权人对债务移转虽未明确表示同意，但他向第三人要求履行义务，可以推定债权人对债务转移表示了同意。

（2）并存债务承担（债务加入）的条件。根据《民法典》第552条规定："第三人与债务人约定加入债务并通知债权人，或者第三人向债权人表示愿意加入债务，债权人未在合理期限内明确拒绝的，债权人可以请求第三人在其愿意承担的债务范围内和债务人承担连带债务。"并存的债务承须具备如下条件：

第一，原债权债务关系有效存在。

第二，须有以债务承担为内容的协议。根据《民法典》第522条规定，并存的债务承担方式有了两种情形：一是债务人与第三人达成并存债务承担的协议；二是第三人单方向债权人表示愿意加入债务关系，债权人未明确表示拒绝的。根据法工委在《民法典》释义中的观点，在债务转移与债务加入的意思表示不明确时，考虑到债权人对债务人资力与履行能力的信赖，从保护债权人利益的价值出发，债务人不应轻易地从原债务中脱离，可以推定为债务加入，即债务人应当继续对债权人承担清偿责任。

第三，债务人不脱离债务关系。第三人加入债务后，原债务人仍应当在原债务范围内承担履行义务，其并没有因第三人加入债务而免除其履行义务，即第三人加入债务只是在原债务人的基础上增加了一个新的债务人，第三人在其愿意承担的债务范围内与债务人对债权人承担连带清偿责任，在性质上具有担保债权实现的功能。

第四，应当通知债权人。由于债务加入本质上是为保障债权人债权实现而额外提供的增信措施，是一种对债权人的利益行为，故此，债务加入的设定通常无需债权人同意。第三人加入债务，虽不需债权人同意，但应当通知债权人，或者是第三人直接向债权人表示愿意加入债务，债权人在合理期限内未明确拒绝的，如果未通知债权人则对债权人不发生效力，同时债权人作为权利人，可以拒绝第三人的债务加入行为。根据最高人民法院《民法典》释义中的观点，债务人或者第三人都可以作为通知的主体，通知可以采取书面形式或者口头形式。

3. 并存债务承担（债务加入）与免责债务承担、连带保证、第三人代为履行的区别。

第一，债务加入与免责债务承担的区别表现在两个方面：一是债务人是否免责。在免责债务承担中，通常债务人将债务转移给第三人后，其已经脱离原债务关系，即其不再作为债务人对债权人承担履行债务的义务，而是由第三人作为债务人；在债务加入中，第三人在其承诺的范围内与债务人一起对债权人承担连带责任，故此，债务加入又被称之为并存的债务承担。二是是否需要债权人同意。债务转移必须经过债权人同意，否则债务转移行为无效；债务加入，本质上是增加一个新的债务人来保障债权实现，属于对债权人有利的行为，无需债权人同意，只需通知债权人即可。

第二，债务加入与连带保证的区别主要表现在三个方面：一是保证债务是主债务的从债务，即保证人承担保证责任为从属性债务，或者说保证人是为他人的债务负责；而在债务加入中，第三人作为连带债务人，其承担的债务与债务人的债务具有同一性，二者之间不存在主从关系，第三人加入债务后，即与债务人一起成为共同债务人，是为自己的债务负责。二是连带保证受到保证期间与诉讼时效的双重限制，保证期间属于除斥期间，保证期间经过后，债权人未主张权利的，保证人不再承担保证责任；债务加入则不受保证期间的限制，仅受诉讼时效的制约。三是保证人享有追偿权，即保证人承担保证责任后，有权在承担保证责任范围内向债务人追偿；在债务加入的场合，第三人在清偿债务后，是否可以向债务人追偿，取决于其在债务加入时与债务人之间的具体约定。

第三，债务加入与第三人代为履行的区别：一是第三人的法律地位不同，在债务加入中，第三人加入债务即成为债务人，与债务人共同对债权人承担连带责任；在第三人代为履行中，第三人仅是履行主体，并非居于债务人的地位。二是第三人清偿债务后的法律后果不同，在债务加入中，第三人清偿债务后，是否可以向债务人追偿，应当根据双方的具体约定；在第三人代为履行中，第三人清偿债务的行为直接引起债权法定转移的法律后果，即第三人清偿债务后，其代位取得债权人地位，有权要求债务人直接向其履行债务，并且取得以债务人财产设定的担保物权等从权利。三是违约责任的承担不同，在债务加入中，第三人因加入债务成为债务人，债权人请求第三人在其承诺的承担债务范围内履行债务，如果第三人不履行债务或者履行债务不符合约定，第三人作为债务人应当承担违约责任；在第三人代为履行中，债权人无权要求第三人承担违约责任。[1]

3. 债务移转的效力。债务移转后，将发生如下效力：

（1）债务人完全免除责任、承担按份责任或承担连带责任。①在免责债务负担的情形下，由于债务人完全脱离或部分脱离债务关系，因此第三人（受让人）直接向债权人承担全部债务或者受让人与债务人向债权人承担按份债务。事后第三人（受让人）不履行债务时，债权人仅得向第三人（受让人）请求损害赔偿或请求人民法院对承担

---

〔1〕 法义君："关于'债务加入'规定的解读及最高法院裁判规则"，载"法义君"微信公众号。

人强制执行，而与原债务人无涉。②在并存债务负担的情形下，债务人与第三人（受让人）向债权人承担连带责任。

（2）债务移转后，第三人（受让人）可以主张原债务人对债权人的抗辩。《民法典》第553条规定："债务人转移债务的，新债务人可以主张原债务人对债权人的抗辩；原债务人对债权人享有债权的，新债务人不得向债权人主张抵销。"根据上述规定，受让人取代原债务人地位成为新的债务人，第三人（受让人）基于原债权债务关系，当然取得原债务人对债权人的抗辩权。

新债务人享有的抗辩权，基于债权人与原债务人之间法律关系所产生，主要包括诉讼时效完成抗辩，债权不发生的抗辩，因履行、提存、抵销、免除等债权消灭抗辩，合同因被撤销、被解除等不存在的抗辩，以及同时履行抗辩、先履行抗辩、不安抗辩等履行抗辩权。

债务人转移债务的，原债务人对债权人享有债权的，新的债务人不得向债权人主张抵销。债务转移中关于抵销权的规则与债权让与中的规则不同，在债权让与中，债务人对原债权人享有债权的，在其接到转让通知时，其享有的债权先于转让债权或者与转让债权同时到期，或者债务人对债权人享有的债权与转让债权基于同一合同关系产生，债务人都可以向受让人主张抵销。

（3）债务移转后，受让人应当承担与主债务有关的从债务。《民法典》第554条规定："债务人转移债务的，新债务人应当承担与主债务有关的从债务，但是该从债务专属于原债务人自身的除外。"债务转移后，新的债务人应当承担与主债务有关的从债务，从债务依附于主债务并与主债务紧密相联，不能与主债务分离而单独存在。比如，随附于主债务的尚未发生的利息债务等。在具体适用中应当注意三个问题：一是新债务人应当承担与主债务有关的从债务，但并不当然享有与主债务有关的从权利，比如，原债务人与第三人订立的有关协助履行的合同，在债务转移后，新债务人并不当然享有请求第三人协助履行的权利。二是第三人为原债务人提供的担保，对新债务人不发生担保效力。根据《民法典》第391条的规定，第三人提供担保，未经其书面同意，债权人同意债务人转移债务的，担保人不再承担相应担保责任。根据《民法典》第697条规定，债权人未经保证人书面同意转移全部或者部分债务的，保证人不再承担保证责任，但是债权人与保证人另有约定的除外。三是债务加入不影响原债务的担保，即第三人加入债务的，原担保人的担保责任并不因债务加入而减损。

（四）合同权利义务的概括转让

1. 合同权利义务的概括转让的含义。合同权利义务的概括转让是指，当事人一方经对方同意，将自己在合同中的权利和义务一并转让给第三人。例如，在房屋租赁合同中，承租人经出租人同意，将其在合同中的权利和义务移转给第三人，由第三人取代其在合同中的地位。第三人享受承租人所享有的权利（如使用房屋），承担承租人所负的债务（如交付租金）。合同权利和义务的概括移转必须符合法律规定的形式。法律、行政法规规定转让权利或者转让义务应当办理批准、登记手续的，应依照其规定。

合同权利义务的概括转让，可以依据当事人之间的协议而发生，也可以因法律规定而产生，在法律规定的权利义务的概括转让中，最典型最常见的就是因企业法人或其他组织的合并、分立而发生的权利义务的概括转让。

应当要注意的是，《民法典》在"合同的变更和转让"中，规定了债权转让与债务移转，但合同的概括转让中，则采取"合同的权利义务一并转让"的表述（第556条），这表明债权转让与债务移转可以适用于合同外的债权债务转让，但合同的概括转让仅仅适用于合同关系。

2. 协议概括转让合同权利义务的条件和效力。合同权利义务的概括转让与债权转让和债务移转的不同之处在于，它不是单纯地转让债权或移转债务，而是转让合同全部债权债务，所以，根据《民法典》第556条的规定，合同的权利和义务一并转让的，适用债权转让、债务转移的有关规定。

合同当事人一方与第三人达成的概括移转权利义务的协议，必须经另一方当事人同意后可生效。因为概括移转权利义务包括了义务的移转，所以必须取得另一方的同意，在取得另一方同意之后，承担人将完全代替原合同当事人一方的地位，原合同当事人的一方将完全退出合同关系。

3. 因合并、分立而引起的合同权利义务的概括转让。合并是指两个或两个以上的企业或其他组织合并为一个的行为。分立是指一个企业或其他组织分立为两个或两个以上的企业或组织的行为。企业法人或其他组织合并、分立后，其合同权利义务由谁来享有和承担？我国《民法典》第67条规定："法人合并的，其权利和义务由合并后的法人享有和承担。法人分立的，其权利和义务由分立后的法人享有连带债权，承担连带债务，但是债权人和债务人另有约定的除外。"第178条规定："二人以上依法承担连带责任的，权利人有权请求部分或者全部连带责任人承担责任。连带责任人的责任份额根据各自责任大小确定；难以确定责任大小的，平均承担责任。实际承担责任超过自己责任份额的连带责任人，有权向其他连带责任人追偿。"

引例分析

本案是一起由债权让与而引起的纠纷。该案的争议焦点是：万某与吴某的债权转让是否对某建筑公司发生法律效力？本书的观点是：某建筑公司在诉讼中已得知万某与吴某的债权转让事宜，可视为其已得到通知，该债权转让对其已发生法律效力。理由如下：①根据我国《民法典》第546条规定："债权人转让债权，未通知债务人的，该转让对债务人不发生效力。债权转让的通知不得撤销，但是经受让人同意的除外。"虽然《民法典》对于通知的时间、主体、方式并无明确的规定，但根据《中华人民共和国民事诉讼法》（以下简称《民事诉讼法》）的相关规定，法院在立案后5日内，应当将起诉状副本送达给被告，因此可以认定，某建筑公司在收到起诉状副本时已得知万某与吴某之间的债权转让事宜。故某建筑公司在应诉中关于未得到该债权转让事宜的通知，该转让对其不生效的辩解意见，是于法无据的。②从节省司法资源、减轻当事人诉累的角度，也应认定万某与吴某的债权转让对某建筑公司已发生法律效力。如法院以吴某在起诉前未通知某建筑公司为由驳回其诉讼请求，那吴某只有在书面通知某建筑公司后再次对其提起诉讼，或另行起诉万某，这无疑浪费了司法资源，也增加了当事人的诉累。

思考与练习

1. 甲受让取得对乙的案涉债权后，于 2009 年 9 月 21 日与丙签订《债权转让协议》，约定将案涉债权转让给丙公司。但是，同日甲与丙又签订《债权转让补充协议》，约定：由丙清收甲对乙的案涉债权，清回金额不足 20 万元，甲补齐；清回金额超出 20 万元，超出部分归甲公司所有。请问，甲与丙签订的债权转让协议是否有效？

2. 乙购买甲的一批货物，约定甲只向乙供货，乙只向甲交货款。交易前夕，甲把对乙的债权转让给了丙，乙把对甲的债权转让给了丁。关于此事，下列说法正确的是（　　）。

A. 甲与丙的债权转让协议有效

B. 甲与丙的债权转让协议无效

C. 乙与丁的债权转让协议有效

D. 乙与丁的债权转让协议无效

E. 若丙知道甲乙间的约定，则丙不能取得甲对乙的债权

F. 若丙不知道甲乙间的约定，则丙才能取得甲对乙的债权

G. 若丁知道甲乙间的约定，则丁也能取得乙对甲的债权

H. 若丁不知道甲乙间的约定，丁才能取得乙对甲的债权

3. 若一个债权多重让与，则多重受让人如何确定优先顺位？

4. 试述债务转移、第三人代为履行和债务加入的异同。

项目五　合同的终止

引例[1]

甲（父）与乙（子）系父子关系，两人合伙做生意，经常去北京出差。2000 年 2 月 14 日，两人在北京逛超市，正值超市开展情人节降价促销戒指活动，乙欲为其妻子购买戒指一枚，却发现忘带钱包。甲对乙说："我给你付钱。"并对售货小姐说："这

---

[1] 郭明瑞、张平华编著：《合同法学案例教程》，知识产权出版社 2006 年版。

5000 元由我替他付账。"售货小姐收了 5000 元后，将戒指交付于乙。

2001 年 12 月 7 日，甲乙因故解散合伙，经亲属调解分割合伙财产时，对于甲以前欠乙的借款 10 000 元，乙当场表示免除其父所欠这笔债务。后乙又反悔，并多次向其父索要 10 000 元欠款，甲一怒之下将乙打伤，乙为治伤花去医药费 5000 元。甲乙发生纠纷请村委会调解。甲提出：2000 年 2 月 14 日，乙在北京买戒指，我给他付账 5000 元，现在乙受伤医药费花去 5000 元，两下抵销，我们互不欠账。合伙做生意我欠他 10 000 元，他已同意将此笔债务免除了。乙说，甲 2000 年 2 月 14 日替我在北京付账，纯属赠与；因合伙终止结算甲欠我 10 000 元，虽然我曾表示免除此债务，但后来我又反悔了，不同意免除。

不久，甲旧病发作去世，只有继承人乙一人。

本案中，各当事人之间的合同权利义务关系是否终止？因何原因终止？

> **基本原理**

一、合同终止概述

（一）合同终止的概念

合同终止，是指由于一定的法律事实发生，使合同的权利义务归于消灭的法律现象。合同是有期限的民事法律关系，不可能永久存续。合同关系是一个动态的过程，因订立而产生，因履行、解除等原因而消灭。

（二）合同终止的原因

《民法典》557 条规定："有下列情形之一的，债权债务终止：①债务已经履行；②债务相互抵销；③债务人依法将标的物提存；④债权人免除债务；⑤债权债务同归于一人；⑥法律规定或者当事人约定终止的其他情形。合同解除的，该合同的权利义务关系终止。"

应当注意，《民法典》第 557 条第 1 款规定的是引起债权债务关系终止的法定情形，该款规定既适用于合同之债，也适用于非合同之债；而第 2 款规定合同解除的，该合同的权利义务关系终止，该款规定只适用于合同之债。同时该章规定的清偿抵充规则（第 560~561 条）也适用于所有的债。

据此，合同终止的原因可以分为如下几类：

1. 基于合同目的达到而终止。合同当事人按照约定履行合同的义务，又被称为"清偿"。通过清偿、提存等，当事人订立合同的目的得以实现，合同也就终止。

2. 基于当事人的意思而终止。根据合同自由原则，合同当事人之间的权利义务关系，可依当事人一方或双方的意思而终止。如债务免除、抵销等是基于当事人一方的意思表示而终止合同，而合同的协议解除就是基于当事人双方的意思表示而终止合同。

3. 基于法律的直接规定而终止。合同虽然是当事人之间的权利义务关系，但出现法律规定的合同终止的情形时，合同也会终止。例如，合同一方或双方当事人死亡或丧失行为能力，作为合同一方当事人的法人终止，合同债权债务发生混同，合同的法定解除等。

（三）合同终止的效力

合同终止的效力表现在以下几个方面：

1. 合同当事人之间的权利义务消灭，债权人不再享有债权，债务人不再负担债务。

2. 合同终止后的附随义务。合同终止后，虽然当事人之间的权利义务关系消灭，但是为了维护合同当事人的利益，根据诚实信用原则和交易习惯，当事人还应履行合同终止后的附随义务。《民法典》第558条规定："债权债务终止后，当事人应当遵循诚信等原则，根据交易习惯履行通知、协助、保密、旧物回收等义务。"这里所规定当事人的通知、协助、保密等义务就是合同终止后的附随义务。

3. 债权的担保及其他从属的权利和义务消灭。《民法典》第559条规定："债权债务终止时，债权的从权利同时消灭，但是法律另有规定或者当事人另有约定的除外。"如主债权终止后，保证债权、担保物权等也随之终止。

4. 合同终止不影响合同中结算和清理条款的效力。

 法条链接

《中华人民共和国民法典》

第557条　有下列情形之一的，债权债务终止：

（一）债务已经履行；

（二）债务相互抵销；

（三）债务人依法将标的物提存；

（四）债权人免除债务；

（五）债权债务同归于一人；

（六）法律规定或者当事人约定终止的其他情形。

合同解除的，该合同的权利义务关系终止。

第560条　债务人对同一债权人负担的数项债务种类相同，债务人的给付不足以清偿全部债务的，除当事人另有约定外，由债务人在清偿时指定其履行的债务。

债务人未作指定的，应当优先履行已经到期的债务；数项债务均到期的，优先履行对债权人缺乏担保或者担保最少的债务；均无担保或者担保相等的，优先履行债务人负担较重的债务；负担相同的，按照债务到期的先后顺序履行；到期时间相同的，按照债务比例履行。

第561条　债务人在履行主债务外还应当支付利息和实现债权的有关费用，其给付不足以清偿全部债务的，除当事人另有约定外，应当按照下列顺序履行：

（一）实现债权的有关费用；

（二）利息；

（三）主债务。

第 567 条　合同的权利义务关系终止，不影响合同中结算和清理条款的效力。

二、清偿

（一）清偿的概念

清偿，是指为了实现债的目的，满足债权，债务人依照法律规定或合同约定所实施的完成义务的行为。清偿与履行的意义相同，只是履行是从债的效力而言，而清偿从债的消灭而言。实践中，清偿是债消灭的主要原因。从债权实现的方面看，债务人履行债务固属清偿，第三人为满足债权人的目的而为给付，也属清偿，此外，即使依强制执行或者实施担保权而获得满足，也是清偿。

因清偿所产生的费用，在法律无明文规定、当事人又无约定时，由债务人负担，但因债权人变更住所或其他行为导致增加清偿费用时，增加的费用由债权人负担。

（二）代为清偿

清偿人一般是债务人，但不以债务人为限。除法律规定、当事人约定或性质上须由债务人本人清偿的债务外，债务的清偿可由第三人代为清偿。第三人为清偿时，如果债务人有异议，债权人可以拒绝第三人的清偿，而不负迟延履行责任。但第三人就债的履行有利害关系的，债权人不得拒绝。第三人在代位清偿后，可代位行使债权人的权利。例如最高人民法院《关于审理城镇房屋租赁合同纠纷案件具体应用法律若干问题的解释》第 17 条规定：“因承租人拖欠租金，出租人请求解除合同时，次承租人请求代承租人支付欠付的租金和违约金以抗辩出租人合同解除权的，人民法院应予支持。但转租合同无效的除外。次承租人代为支付的租金和违约金超出其应付的租金数额，可以折抵租金或者向承租人追偿。”需要注意的是，代为清偿者必须与债务人具有法律上的利害关系，否则不享有代为清偿请求权，且债务人不得提出任何异议，债权人也不得拒绝受领，若债权人拒绝受领，则清偿人有权提存。

1. 代为清偿的条件。代为清偿的成立必须符合下列条件：

（1）依合同性质可以由第三人代为清偿。代为清偿的债务应不具有专属性。下列债务不得代为清偿：不作为债务；以债务人本身的特别技能、技术为内容的债务；因债权人与债务人之间的特别信任关系所生的债务等。

（2）债权人与债务人之间没有禁止第三人代为清偿的约定。如果债权人与债务人之间有关于债务不得由第三人代为清偿的约定，则不能适用代为清偿制度。

（3）债权人和债务人均无对代为清偿提出异议的正当理由。如果代为清偿违背了社会公共利益、社会公德或诚实信用，对债权人、债务人或社会产生了不利影响或违背了其他强行性规范，则债权人有权拒绝受领代为清偿，债务人也有权提出异议，不产生清偿的效力。

（4）代为清偿的第三人必须有为债务人清偿的意思。如果清偿人没有代为清偿的意思，误信为自己的债务或其他原因而为清偿时，不能成立代为清偿，清偿人可以不当得利要求债权人返回。

2. 代为清偿的效力。代为清偿的法律效力，主要是使债权债务关系消灭。第三人清偿全部债务的，债务人免除其债务，债的关系消灭；第三人清偿部分债务的，债部分消灭，未消灭的债务部分仍归债务人。第三人代为清偿后，在第三人与债务人之间还发生一定的法律关系。如果第三人以赠与为目的而代债务人清偿，则在第三人清偿后，第三人对债务人无求偿权；如果第三人与债务人有某种法律关系，则第三人有权依其法律关系而求偿。对于第三人的清偿，债务人有权提出异议，此时债权人有权拒绝受领。如果债权人不予拒绝仍然接受给付，则第三人的清偿仍属有效，债的关系消灭。

（三）债务履行顺序

债务人对同一个债权人负有数笔同种类标的的债务，当债务人的给付不足以清偿全部债务时，就会发生债务履行顺序的确定问题。根据《民法典》560 条的规定，具体的履行顺序如下：①债权人与债务人清偿的债务或者清偿抵充顺序有约定的，双方约定优先；②双方无约定的，债务人在清偿时指定优先；③债务人无指定的，应当优先抵充已到期的债务；④几项债务均到期的，优先抵充对债权人缺乏担保或者担保数额最少的债务；⑤担保数额相同的，优先抵充债务负担较重的债务；⑥负担相同的，按照债务到期的先后顺序抵充；⑦到期时间相同的，按比例抵充。

债务人对债权人在履行主债务之外还应当支付利息和实现债权的有关费用，当债务人的给付不足以清偿全部债务时，也会产生债务履行顺序的问题。根据《民法典》第 561 条的规定，除当事人另有约定外，应当按照下列顺序履行：①实现债权的有关费用；②利息；③主债务。

三、合同的解除

合同在履行过程中，由于主客观情况的变化，合同继续履行成为不必要或不可能，如继续维持合同效力，不但对一方或双方当事人的利益有影响，甚至有碍于经济的发展。因此各国合同法一般都设置合同解除制度，允许当事人解除合同关系。但合同解除毕竟是使有效的合同失去效力，关系到合同当事人的切身利益，因此，我国《民法典》对于合同解除的条件、程序及其法律后果都作出了明确的规定。

（一）合同解除的概念和特点

合同解除是指在合同依法成立后，尚未履行或尚未全部履行前，当事人通过协商或因行使法定、约定的解除权而使合同关系归于消灭的行为。合同解除具有以下特点：

1. 解除的对象须是有效合同。合同解除是为了使有效合同效力终止，而无效合同，因其自始不发生效力，故无需解除。

2. 合同解除须具备一定的条件。合同依法成立后，任何一方不得擅自解除合同，但是，在具备了一定条件的情况下，法律允许当事人解除合同。合同解除的条件，既可以是法律规定的，也可以是当事人约定的。当然，即使没有出现法定或约定的解除合同的条件时，根据合同自由原则，当事人也可以基于协商一致而解除合同。

3. 合同解除须有解除行为。解除合同的行为既可以是单方行为，也可以是双方行为。

4. 合同解除的法律后果是使合同关系消灭。

（二）合同解除的种类

1. 协商解除。协商解除是指在合同依法成立后，尚未履行或尚未全部履行前，当事人通过协商而解除合同。根据合同自由原则，当事人有权通过协商解除合同，他人无权干涉。《民法典》第562条第1款规定："当事人协商一致，可以解除合同。"协议解除，实际上就是合同双方当事人在无单方解除权时，依双方的合意，使有效合同的效力归于消灭。

协议解除合同的行为是一种双方行为，即合同解除需要双方协商一致，这不仅仅包括双方当事人应就合同能否解除达成意思表示的一致，也应当就合同解除之后的法律后果都达成意思表示的一致。至于解除的方式，则应当依合同订立的方式为之，应先由一方当事人提出解除合同的要约，当另一方当事人对解除合同的要约予以承诺时，该合同即行解除。

2. 约定解除权的解除

《民法典》第562条第2款规定："当事人可以约定一方解除合同的事由。解除合同的事由发生时，解除权人可以解除合同。"

约定解除权，由当事人双方以合同的形式而产生。双方当事人可以在债权合同订立的同时或者在其后另订合同，使一方或双方享有解除权。当事人约定解除权的行使期限的，期限届满当事人不行使的，该权利即归于消灭。如果当事人没有约定解除权行使期限，经对方催告后在合理的期限内不行使的，该权利亦归于消灭。解除权的行使，应当向他方以意思表示为之。约定解除权的解除是单方行为，无须相对人的同意。解除的意思表示，为不要式行为，以口头形式或书面形式通知对方当事人均可。在实务中，若合同中关于解除权约定明显不公平，法院可否干预？根据《九民纪要》第47条的规定，人民法院在涉及约定解除权行使的合同纠纷中，应对解除条件的约定进行审查，依照诚实信用原则，确定合同应否解除。

▓ 法条链接

《全国法院民商事审判工作会议纪要》

第47条　合同约定的解除条件成就时，守约方以此为由请求解除合同的，人民法院应当审查违约方的违约程度是否显著轻微，是否影响守约方合同目的实现，根据诚实信用原则，确定合同应否解除。违约方的违约程度显著轻微，不影响守约方合同目的实现，守约方请求解除合同的，人民法院不予支持；反之，则依法予以支持。

3. 法定解除。

（1）法定解除的概述。法定解除是指在合同依法成立后，尚未履行或尚未全部履行前，当法律规定的解除条件具备时，当事人可以行使解除权解除合同。行使法定解除权解除合同是一种单方行为，当事人既可以通知对方解除，也可以提起诉讼或仲裁请求解除合同。

法定解除权与约定解除权是可以并存的。一方面，约定解除权可以对法定解除权作具体的补充，例如对不可抗力作出解释，规定何种事件属于不可抗力等。另一方面，当事人之间的约定也可以改变法定解除权的适用。例如，当事人可以约定，即使一方违约，另一方也不得解除合同。从合同自由原则和合同法律规范的任意性出发，这些约定是有效的。

（2）法定解除的情形。根据《民法典》第563条的规定，产生法定解除权的情形具体有：

第一，因不可抗力致使不能实现合同目的。不可抗力是指不能预见、不能避免并不能克服的客观现象。不可预见，是指根据现有的技术水平，一般对某事件发生没有预知能力；不能避免且不能克服，是指当事人已经尽到最大努力和采取一切可以采取的措施，仍不能避免某种事件的发生并不能克服事件所造成的后果。

不可抗力事件的发生并不一定导致合同的解除，只有当不可抗力影响合同履行，致使合同目的不能实现时，当事人才有权解除合同。例如，福建莆田中院（2019）闽03民终2606号判决认为，在"非洲猪瘟"疫情发生之后，生猪被全部无害化处理，政府也对疫区进行封锁，承租人确认无法继续养殖生猪，导致租赁合同目的无法实现，故判决支持承租人解除合同的请求。因不可抗力致使合同目的不能实现时，双方当事人均享有合同解除权，但在具体判断合同能否解除时应注意对债权人利益的保护。例如，买受人采购货物系为春节旺季销售做准备，出卖人受不可抗力影响不能在春节前供货，此时合同目的不能实现，双方本享有合同解除权，但如买受人同意在不可抗力消除后仍然受领货物，原则上不得再行解除合同。

第二，在履行期限届满之前，当事人一方明确表示或者以自己的行为表明不履行主要债务。在履行期限届满之前，当事人一方明确表示或者以自己的行为表明不履行主要债务，这种行为构成预期违约。预期违约行为表现为未来将不履行义务，侵害的是期待债权。一方当事人在履行期限届满之前，无正当理由，明确表示将不履行合同主要债务的，这是明示预期违约；一方当事人在履行期限届满之前，以自己的行为表明其将不履行合同主要债务的，这是默示预期违约。如在合同履行期限届满之前，债务人将唯一的标的物卖给善意第三人，第三人取得了标的物的所有权，债务人到期不可能履行合同义务，这就构成默示预期违约。

在预期违约的情况下，如果要求当事人在履行期限届满后才能主张解除合同，使其继续受无利益的合同的约束，将会对其造成损失。所以法律允许当事人在预期违约行为发生时即可行使解除权解除合同，以维护合同当事人的利益。

本单元项目二中所讲述的不安抗辩权制度中，行使不安抗辩权而中止履行的一方也享有解除合同的权利，此解除权也是因为对方构成预期违约而产生的法定解除权，应注意的是，此种预期违约行为的构成，要符合"在合理期限内未恢复履行能力且未提供适当担保的"的前提条件。

▋ 法条链接

《中华人民共和国民法典》

第563条　有下列情形之一的，当事人可以解除合同：

（一）因不可抗力致使不能实现合同目的；

（二）在履行期限届满前，当事人一方明确表示或者以自己的行为表明不履行主要债务；

（三）当事人一方迟延履行主要债务，经催告后在合理期限内仍未履行；

（四）当事人一方迟延履行债务或者有其他违约行为致使不能实现合同目的；

（五）法律规定的其他情形。

以持续履行的债务为内容的不定期合同，当事人可以随时解除合同，但是应当在合理期限之前通知对方。

第527条　应当先履行债务的当事人，有确切证据证明对方有下列情形之一的，可以中止履行：

（一）经营状况严重恶化；

（二）转移财产、抽逃资金，以逃避债务；

（三）丧失商业信誉；

（四）有丧失或者可能丧失履行债务能力的其他情形。

当事人没有确切证据中止履行的，应当承担违约责任。

第528条　当事人依据前条规定中止履行的，应当及时通知对方。对方提供适当担保的，应当恢复履行。中止履行后，对方在合理期限内未恢复履行能力且未提供适当担保的，视为以自己的行为表明不履行主要债务，中止履行的一方可以解除合同并可以请求对方承担违约责任。

第三，当事人一方迟延履行主要债务，经催告后在合理期限内仍未履行。迟延履行是指当事人在合同履行期限届满后没有履行合同。此处因迟延履行而解除合同必须符合以下两项要求：其一，当事人一方迟延履行主要债务，如果当事人一方迟延履行的并不是主要债务，而是一般债务，则另一方当事人不能解除合同。其二，迟延履行方经催告在合理期限内仍未履行的，另一方当事人才可以解除合同。也就是说，当事人一方迟延履行主要债务，如果继续履行仍能实现合同目的或者债权人的履行利益仍然能够实现，另一方当事人不能径直解除合同，而应催告对方履行合同，经催告后，对方在合理的履行期限仍未履行，此时，另一方当事人才可以解除合同。

第四，当事人一方迟延履行债务或者有其他违约行为致使不能实现合同目的。因违约而致合同目的不能实现，该种违约行为也可称为根本违约，将根本违约作为法定解除的条件，目的是防止合同当事人动辄以对方违约为由，滥用法定解除权解除合同。和前述因迟延履行而解除合同的情况不同，在某些合同中，合同的履行期限对于合同目的的实现和当事人的利益至关重要，在此情况下，如果当事人一方迟延履行合同致使不能实现合同目的，也就是说，因迟延履行导致根本违约的情况下，另一方当事人无需催告，即可有权解除合同。如，在中秋节前订购的一批月饼，出卖方迟延交货，致使买受人在中秋节销售的商业目的无法实现，应认定为根本违约，买受人可以直接解除合同。除了迟延履行外，其他违约行为，无论是瑕疵履行、部分履行还是其他的不适当履行，只要违约行为造成严重后果，致使合同目的不能实现，非违约方都有权解除合同。合同目的不能实现通常需达到客观上已不可能满足实现合同目的的条件，或者对合同目的的实现造成不可消除的障碍。

第五，法律规定的其他情形。除上述解除合同的条件外，有法律规定的其他解除合同的情形时，当事人也可以解除合同。如《民法典》第533条规定的情势变更情形下的合同解除，第787条规定的承揽合同中定作人的单方解除权，第829条规定的货物运输合同中托运人的单方解除权，第933条规定的委托合同中委托人和受托人的单方解除权等。

这里我们主要介绍一下因情势变更引起的合同解除。所谓情势变更，是指在合同有效成立以后，如果合同履行的客观条件发生了重大变化，导致合同无法履行，或者履行结果显失公平，则依据诚实信用原则，应当允许当事人请求变更或者解除合同。情势变更的构成要件包括：其一，合同成立后，合同的基础条件发生重大变化；最为常见的类型是合同出现对价关系障碍，包括因法律、政策、市场环境改变或因不可抗力而导致的对价关系严重失衡。例如，承租人租赁武汉某处商铺，但受新冠肺炎疫情影响，政府出台措施关闭商场，此种情况下，承租人已无法利用商铺进行经营，此时租金与租赁物使用之间即出现对价关系障碍。但仍需注意的是，如果政府没有出台行政措施，有裁判观点认为单纯的疫情不足以导致合同基础条件发生重大变化。其二，重大变化在当事人订立合同时无法预见；其三，重大变化不属于商业风险；其四，继续履行合同对于一方当事人明显不公平。所谓"明显不公平"可结合一般理性人的标准、合同当事人的承受限度等因素综合判断：如果通常认为继续履行合同对一方当事人明显不公平，但该方当事人事实上完全可以承受，不宜认定构成情势变更；相反，如果通常认为继续履行不会导致不公，但却超过了合同当事人可以预见的承受限度，则依公平原则也可以认定构成情势变更。此外，解释上还应认为须情势变更不可归责于当事人。可以看出，能否构成情势变更不能一概而论，必须结合个案情况作出判断，其中关于不可预见性、可归责性的判断可参考前文关于不可抗力的内容。

▦▦▦ 法条链接

《中华人民共和国民法典》

第 533 条第 1 款　合同成立后，合同的基础条件发生了当事人在订立合同时无法预见的、不属于商业风险的重大变化，继续履行合同对于当事人一方明显不公平的，受不利影响的当事人可以与对方重新协商；在合理期限内协商不成的，当事人可以请求人民法院或者仲裁机构变更或者解除合同。

第 787 条　定作人在承揽人完成工作前可以随时解除合同，造成承揽人损失的，应当赔偿损失。

第 829 条　在承运人将货物交付收货人之前，托运人可以要求承运人中止运输、返还货物、变更到达地或者将货物交给其他收货人，但是应当赔偿承运人因此受到的损失。

第 933 条　委托人或者受托人可以随时解除委托合同。因解除合同造成对方损失的，除不可归责于该当事人的事由外，无偿委托合同的解除方应当赔偿因解除时间不当造成的直接损失，有偿委托合同的解除方应当赔偿对方的直接损失和合同履行后可以获得的利益。

第六，持续履行的不定期合同的任意解除权。《民法典》第 563 条第 2 款规定："以持续履行的债务为内容的不定期合同，当事人可以随时解除合同，但是应当在合理期限之前通知对方。"此类任意解除权的适用范围是以持续履行债务为内容的不定期合同，其目的是为了避免当事人在以持续履行债务为内容的不定期合同中，无限期地受到合同约束。这里所说的"不定期"，是指合同约束力持续时间不定，而非履行期限不定。"以持续履行的债务为内容"的合同，可以简称为"继续性合同"，如租赁合同、保管合同、每天送牛奶的合同、供电合同等。《民法典》第 707 条、第 730 条、第 734 条第 1 款、第 948 条、第 976 条都有关于不定期合同的规定。

根据《民法典》的规定，此种任意解除权的行使，应当在合理的期限之前通知对方，旨在保护相对方在合同存续时间内的信赖利益，为终止合同的权利义务做好准备。

▦▦▦ 法条链接

《中华人民共和国民法典》

第 707 条　租赁期限六个月以上的，应当采用书面形式。当事人未采用书面形式，无法确定租赁期限的，视为不定期租赁。

第 730 条　当事人对租赁期限没有约定或者约定不明确，依据本法第五百一十条的规定仍不能确定的，视为不定期租赁；当事人可以随时解除合同，但是应当在合理期限之前通知对方。

第734条第1款　租赁期限届满，承租人继续使用租赁物，出租人没有提出异议的，原租赁合同继续有效，但是租赁期限为不定期。

第948条　物业服务期限届满后，业主没有依法作出续聘或者另聘物业服务人的决定，物业服务人继续提供物业服务的，原物业服务合同继续有效，但是服务期限为不定期。

当事人可以随时解除不定期物业服务合同，但是应当提前六十日书面通知对方。

第976条　合伙人对合伙期限没有约定或者约定不明确，依据本法第五百一十条的规定仍不能确定的，视为不定期合伙。

合伙期限届满，合伙人继续执行合伙事务，其他合伙人没有提出异议的，原合伙合同继续有效，但是合伙期限为不定期。

合伙人可以随时解除不定期合伙合同，但是应当在合理期限之前通知其他合伙人。

（三）解除权的行使

《民法典》第565条规定："当事人一方依法主张解除合同的，应当通知对方。合同自通知到达对方时解除；通知载明债务人在一定期限内不履行债务则合同自动解除，债务人在该期限内未履行债务的，合同自通知载明的期限届满时解除。对方对解除合同有异议的，任何一方当事人均可以请求人民法院或者仲裁机构确认解除行为的效力。当事人一方未通知对方，直接以提起诉讼或者申请仲裁的方式依法主张解除合同，人民法院或者仲裁机构确认该主张的，合同自起诉状副本或者仲裁申请书副本送达对方时解除。"可知，我国合同解除权行使的规则有以下几条：

1. 发出解除通知的主体。只有享有法定或者约定解除权的当事人才能以通知方式解除合同。不享有解除权的一方向另一方发出解除通知，另一方即便未在异议期限内提起诉讼，也不发生合同解除的效果。

2. 合同解除权的行使期限。合同解除权的行使应当在期限内行使，否则，解除权即消灭。该行使期限的确定或源自法律的规定或源自当事人的约定；如果法律没有规定或者当事人没有约定的行使期限的，当事人应当自解除权人知道或者应当知道解除事由之日起一年内行使，或者经对方催告后在合理期限内行使。

法条链接

《中华人民共和国民法典》

第564条　法律规定或者当事人约定解除权行使期限，期限届满当事人不行使的，该权利消灭。

法律没有规定或者当事人没有约定解除权行使期限，自解除权人知道或者应当知道解除事由之日起一年内不行使，或者经对方催告后在合理期限内不行使的，该权利消灭。

3. 解除权行使的方式。根据《民法典》第 565 条的规定，解除权的行使既可以通过向对方发出解除通知的方式进行，也可以直接通过公力救济的途径进行，即直接向法院或者仲裁机构诉请解除。通知可以采取书面形式、口头形式或其他形式。对于法律规定或当事人约定采取书面形式的合同，当事人在解除合同时，应当采取书面通知的方式。

4. 合同解除的时间。合同解除时间的确定直接决定了当事人请求赔偿损失的数额，同时涉及因解除所产生之请求权的诉讼时效计算等问题，实务中较为重要。根据《民法典》第 565 条的规定，对此应区分以下情形予以认定：其一，解除权人以通知方式解除合同的，自解除通知的意思表示生效时合同解除。但是，解除通知中载明债务人在一定期限内不履行债务则合同自动解除，债务人在该期限内未履行债务的，合同自通知载明的期限届满时解除。其二，解除权人以提起诉讼或者申请仲裁的方式依法主张解除合同，人民法院或者仲裁机构确认该主张的，合同自起诉状副本或者仲裁申请书副本送达对方时解除。其三，解除权人先行发出解除通知，对方提出异议，当事人请求人民法院或仲裁机构确认解除行为的效力，合同解除时间仍应是解除通知的意思表示生效之时。

法条链接

《中华人民共和国民法典》

第 565 条　当事人一方依法主张解除合同的，应当通知对方。合同自通知到达对方时解除；通知载明债务人在一定期限内不履行债务则合同自动解除，债务人在该期限内未履行债务的，合同自通知载明的期限届满时解除。对方对解除合同有异议的，任何一方当事人均可以请求人民法院或者仲裁机构确认解除行为的效力。

当事人一方未通知对方，直接以提起诉讼或者申请仲裁的方式依法主张解除合同，人民法院或者仲裁机构确认该主张的，合同自起诉状副本或者仲裁申请书副本送达对方时解除。

（四）合同解除的效力

1. 合同尚未履行的，终止履行。合同解除的直接法律后果是使合同关系消灭，合同中尚未履行部分的权利义务，不再履行。

2. 合同解除的溯及力。合同一旦被解除，其将不再对当事人具有拘束力，但问题在于，合同解除能否对解除前已经履行的部分产生效力？这实际上是合同解除的溯及力问题。如果肯定合同解除的溯及力，则合同解除将产生恢复原状的法律后果；反之，如果否定合同解除的溯及力，则对已经履行的部分，当事人并不负有恢复原状的义务。《民法典》第 566 条第 1 款对合同解除的溯及力作了较为灵活的规定："合同解除后，尚未履行的，终止履行；已经履行的，根据履行情况和合同性质，当事人可以请求恢复原状或者采取其他补救措施，并有权请求赔偿损失。"根据这一规定，合同解除是否具有溯及力，取决于当事人的意志、合同的履行情况和合同性质。也就是说：如果根据履行情况和合同性质能够恢复原状的，当事人可以要求恢复原状。具体而言，合同解除后能否恢复原状，应具体区分合同的性质：其一，区分继续性合同与非继续性合同。一般而言，对非继续性合同而言，合同解除原则上具有溯及力，而对继续性合同而言，合同解除原则上无溯及力。继续性合同的解除之所以不产生溯及力，是因为对继续性合同关系而言，已履行的合同期间内，当事人的给付基本都有取得相应的合同对价因此原则上解除无溯及力。其二，区分交付物的合同与提供服务的合同。对交付物的合同关系而言，如果标的物能够返还，则应当肯定解除的溯及力，使当事人负担返还原物、恢复原状的义务。当然，对标的物无法返还的合同而言，则应否定当事人主张恢复原状的权利。对提供服务的合同而言，由于服务具有很强的人身专属性，而且服务的提供具有不可逆性，因此，合同关系解除，一般并不产生溯及力。其三，客观上能否恢复原状。在确定合同解除是否具有溯及力时，还应当看当事人所作出的给付客观上能否恢复原状。如果当事人所作出的给付客观上难以恢复原状，则不应当肯定合同解除的溯及力。[1]

3. 合同解除与损害赔偿责任。《民法典》承认合同解除与赔偿损失可以并存，因为两者功能不同，不存在排斥关系。

具体而言，在合同解除时，是否产生损害赔偿责任，应根据导致合同解除的情形而定。如果合同因不可抗力而解除，则双方都不承担合同解除的责任；如果是协商解除的，如何赔偿损失自然也由双方当事人协商确定。如果合同是因违约而解除的，则违约一方当事人应承担赔偿非违约方因合同解除而受到的损失。

4. 解除后的担保。《民法典》第 566 条第 3 款规定，主合同解除后，担保人对债务人应承担的民事责任仍应承担担保责任，但是担保合同另有约定的除外。因为主合同解除后，债务人承担恢复原状或者采取其他补救措施、赔偿损失的责任，债权人对债务人仍享有请求权。

法条链接

《中华人民共和国民法典》

第 566 条　合同解除后，尚未履行的，终止履行；已经履行的，根据履行情况和合同性质，当事人可以请求恢复原状或者采取其他补救措施，并有权请求赔偿损失。

合同因违约解除的，解除权人可以请求违约方承担违约责任，但是当事人另有约定的除外。

主合同解除后，担保人对债务人应当承担的民事责任仍应当承担担保责任，但是担保合同另有约定的除外。

---

[1]　王利明："合同编解除制度的完善"，载《法学杂志》2018 年第 3 期。

四、抵销

（一）抵销的概述

抵销是指双方当事人互负债务时，根据法律规定或当事人约定，将互负债务互相冲抵，使双方的债务在对等的数额内消灭的行为。

抵销依其产生的根据不同，可分为法定抵销和协议抵销两种。法定抵销由法律规定其构成要件，当要件具备时，依当事人一方的意思表示即可发生抵销的效力。协议抵销是指按照当事人双方的合意所为的抵销。协议抵销尊重当事人的意思自由，可不受法律规定的构成要件的限制，当事人订立的这种合同叫做抵销合同。

（二）法定抵销

1. 法定抵销的条件。根据《民法典》第 568 条第 1 款的规定："当事人互负债务，该债务的标的物种类、品质相同的，任何一方可以将自己的债务与对方的到期债务抵销；但是，根据债务性质、按照当事人约定或者依照法律规定不得抵销的除外。"可知，法定抵销权的产生和行使，必须同时具备积极要件和消极要件。

（1）积极要件：①必须是双方当事人互负债务、互享债权。抵销的目的是使双方债务在对等数额内消灭，故以双方债务的存在为必要前提。②双方的债权均须有效存在。当事人双方之间存在的两个债权债务，都必须合法有效。③双方互负债务的标的物种类、品质必须相同。如果标的物的种类、品质不同，说明合同履行的目的、要求不同也难以确定抵销的数额。据此，法定抵销适用于金钱之债及同种类之债，但不要求其价值、数额完全相等。④必须是债权已届清偿期。因债权人通常仅在清偿期届至时，才可以现实地请求清偿。若未届清偿期，也允许抵消的话，就等于在清偿期前强制债务人清偿，牺牲其期限利益。

（2）消极要件。根据《民法典》第 568 条的规定，法定抵销还需要满足两个消极要件：①互负债务不属于不得抵销的债务。《民法典》第 568 条规定的不得抵销的债务主要有：其一，根据债务性质不得抵销的债务。依债的性质，须直接实现，如相互抵销，就背离债的本旨，即如果允许抵消，就不能达到合同目的。或不符合给付目的的，就属于依债的性质不得抵销的债务。例如，互相不得竞业的不作为债务，或提供劳务的单纯作为债务，均为性质上不得抵销的债务。再如，依缔约人的意旨不许以同种类之物代替的，属于性质上不得抵销。其二，按照当事人约定不得抵销的债务。当事人双方约定禁止抵销债务的，该债务就不得抵销。承认此种约定的效力，符合双方当事人的利益衡平，符合意思自治原则。其三，依照法律规定不得抵销的债务。例如，《合伙企业法》第 41 条规定："合伙人发生与合伙企业无关的债务，相关债权人不得以其债权抵销其对合伙企业的债务。"②抵销不得附条件或附期限。因为抵销是为了确定地消灭双方之间的债权债务，以达到法律关系的稳定，如容许附加条件或期限，抵销的效力则处于一种不确定状态，将使法律关系愈不确定，不能达到立法目的。

2. 法定抵销的方法。《民法典》第568条第2款规定："当事人主张抵销的，应当通知对方。通知自到达对方时生效"。法定抵销为单方民事法律行为，符合前述条件时，当事人将抵销的意思通知到对方，即可发生抵销的效力。根据《九民纪要》第43条前段规定：抵销权既可以通知的方式行使，也可以提出抗辩或者提起反诉的方式行使。

 法条链接

《全国法院民商事审判工作会议纪要》

第43条　抵销权既可以通知的方式行使，也可以提出抗辩或者提起反诉的方式行使。抵销的意思表示自到达对方时生效，抵销一经生效，其效力溯及自抵销条件成就之时，双方互负的债务在同等数额内消灭。双方互负的债务数额，是截至抵销条件成就之时各自负有的包括主债务、利息、违约金、赔偿金等在内的全部债务数额。行使抵销权一方享有的债权不足以抵销全部债务数额，当事人对抵销顺序又没有特别约定的，应当根据实现债权的费用、利息、主债务的顺序进行抵销。

3. 法定抵销的效力。抵销使双方互负的债务在抵销的数额内消灭，双方债务数额相等时，双方的全部债务消灭。双方债务数额不等的，债务数额大的一方就余额部分仍负清偿责任。已抵销的债务不再发生利息债务、不再发生迟延履行责任。

（三）协议抵销

协议抵销又称为合意抵销，是双方当事人协商一致将彼此互负的债务抵销。法定抵销须符合法定的条件，才可以发生。当不具备法定抵销的条件时，根据合同自由原则，法律允许当事人通过协议，抵销各自的债务，因此，《民法典》第569条规定："当事人互负债务，标的物种类、品质不相同的，经协商一致，也可以抵销。"

五、提存

（一）提存的概念

债务的履行往往需要债权人的协助。如果债权人无正当理由而拒绝受领或者不能受领，债权人虽然应负担受领迟延责任，但债务人的债务却并未消灭。于此情况下债务人仍应随时准备履行，为债务人履行提供的担保也不能消灭，显失公平。为了解决这个问题，法律设立了提存制度。

提存是指由于债权人的原因致债务人无法履行或难以履行债务时，将履行标的物交给提存机关而消灭债权债务关系的行为。

（二）提存的条件

根据我国《民法典》和《提存公证规则》的有关规定，提存须具备以下条件：

1. 提存主体合格。提存涉及三个方面的当事人：提存人、提存机关和提存受领人。

一般情况下，提存人为债务人，但不以债务人为限，凡债务的清偿人均可以为提存人，如代为清偿的第三人等。由于提存是一种法律行为，因此提存人为提存时必须具有行为能力，且意思表示真实。提存机关是法律规定的有权接受提存物并保管的机关，在我国，提存机关是公证机关。提存受领人是债权人，也可以是债权人的继承人、代理人等。

2. 提存的债务须已届履行期。债务人只有在合同已届履行期时，才能向提存机关提存合同的标的物。在合同未届履行期时，债务人不得提存，因为这无异于提前履行合同，而且提存后，债权人将承担标的物的风险以及提存费用的负担，这对债权人是不公平的。

3. 有合法的提存原因。提存必须存在合法的原因，不能任意为之，否则会损害债权人的利益。债务人只有在无法向债权人清偿时，才可以将标的物提存。根据《民法典》第570条第1款的规定，有下列情形之一，难以履行债务的，债务人可以将标的物提存：

（1）债权人无正当理由拒绝受领标的物。这指的是债权人有义务也有能力受领债务人提供的给付，却有意识地予以拒绝。

（2）债权人下落不明。债权人下落不明使债务人无法履行，即使履行也达不到合同目的，所以允许债务人提存，以保护其合法权益。债权人下落不明包括债权人不清、地址不详，债权人失踪又无代管人等情况。如《民法典》第529条规定："债权人分立、合并或者变更住所没有通知债务人，致使履行债务发生困难的，债务人可以中止履行或者将标的物提存。"在债权人失踪的情况下，如果债权人被法院确定了财产代管人，则债务人应向财产代管人履行债务，不能提存。

（3）债权人死亡未确定继承人、遗产管理人，或者丧失民事行为能力未确定监护人。在债权人死亡或丧失行为能力，又未确定继承人或监护人的情况下，债务人失去给付受领人，或者即使履行也达不到合同目的，法律有必要设置相应的制度，以便债务人可从这一困境中解脱出来。

（4）法律规定的其他情形。如我国《民法典》第406条规定："抵押人转让抵押财产的，应当及时通知抵押权人。抵押权人能够证明抵押财产转让可能损害抵押权的，可以请求抵押人将转让所得的价款向抵押权人提前清偿债务或者提存。转让的价款超过债权数额的部分归抵押人所有，不足部分由债务人清偿。"

4. 合同标的物须符合提存要求。提存的标的物可以是货币、有价证券票据、货物等，动产和不动产均可提存。除不适于提存或者提存费用过高的以外，提存的标的物应与合同约定的标的物相符。不适于提存的标的物主要是指易腐易烂易燃易爆、保管费用过高的物品等，对于此类标的物，《民法典》第570条第2款规定："标的物不适于提存或者提存费用过高的，债务人依法可以拍卖或者变卖标的物，提存所得的价款。"

（三）提存的效力

1. 提存生效的时间。《民法典》第 571 条规定："债务人将标的物或者将标的物依法拍卖、变卖所得价款交付提存部门时，提存成立。提存成立的，视为债务人在其提存范围内已经交付标的物。"即成立时间为交付提存部门。提存成立的，视为债务人在其提存范围内已经交付标的物。标的物提存后，债务人应当及时通知债权人或者债权人的继承人、遗产管理人、监护人、财产代管人。

2. 债务人与债权人之间的效力。《民法典》第 573 条规定："标的物提存后，毁损、灭失的风险由债权人承担。提存期间，标的物的孳息归债权人所有。提存费用由债权人负担。"即自提存之日起，债务人的债务归于消灭。标的物提存后，债务人已清偿债务，标的物所有权转移归债权人，因此提存物在提存期间所产生的孳息归债权人所有，同时标的物毁损灭失的风险也转归债权人负担，但因提存部门过错造成毁损、灭失的，提存部门负有赔偿责任。需要注意的是提存的后果虽也是消灭债务，但因为提存后仍允许债务人在符合法律规定条件时取回提存物，提存自身是非终局性的，故在债务人取回权的存续期间，提存的效力实质上处于不确定的状态。

3. 提存人与提存机关之间的效力。提存后，提存机关有保管提存物的义务，《提存公证规则》第 19 条第 1 款规定："公证处有保管提存标的物的权利和义务。公证处应当采取适当的方法妥善保管提存标的，以防毁损、变质或灭失。"

提存后，提存人有无取回提存物的权利呢？《民法典》第 574 条第 2 款后半段规定："债权人未履行对债务人的到期债务，或者债权人向提存部门书面表示放弃领取提存物权利的，债务人负担提存费用后有权取回提存物。"《提存公证规则》第 26 条也有类似规定。

 法条链接

《提存公证规则》

第 26 条　提存人可以凭人民法院生效的判决、裁定或提存之债已经清偿的公证证明取回提存物。

提存受领人以书面形式向公证处表示抛弃提存受领权的，提存人得取回提存物。

提存人取回提存物的，视为未提存。因此产生的费用由提存人承担。提存人未支付提存费用前，公证处有权留置价值相当的提存标的。

3. 债权人与提存机关之间的效力。提存后，债权人有权请求提存机关交付提存物。《民法典》第 574 条规定："债权人可以随时领取提存物。但是，债权人对债务人负有到期债务的，在债权人未履行债务或者提供担保之前，提存部门根据债务人的要求应当拒绝其领取提存物。债权人领取提存物的权利，自提存之日起 5 年内不行使而消灭，提存物扣除提存费用后归国家所有。但是，债权人未履行对债务人的到期债务，或者债权人向提存部门书面表示放弃领取提存物权利的，债务人负担提存费用后有权取回提存物。"

六、免除与混同

（一）免除

1. 免除的概述。《民法典》第 575 条规定："债权人免除债务人部分或者全部债务的，债权债务部分或者全部终止，但是债务人在合理期限内拒绝的除外。"因此免除是指债权人免除债务人债务，从而全部或部分消灭债权债务的双方法律行为。

免除具有以下特征：①免除是无因行为。免除仅依债权人表示免除债务的意思而发生效力，其原因如何，在所不问。②免除为非要式行为。免除的意思表示无需特定方式，无论书面或言词为之，或者明示或默示。③免除是无偿行为。免除的原因虽然可以有偿或者无偿，但与免除的效力无关。免除本身属于无偿行为。

2. 免除的条件。

（1）免除的意思表示应当由债权人向债务人或其代理人作出，向第三人作出的，不产生免除的效力。

（2）免除不得损害第三人利益。对于法律禁止免除的债权，债权人的免除行为无效，如债权人被他人申请宣告破产时，不得免除其债务人的债权。

（3）在合理的期限内债务人没有拒绝。

3. 免除的效力。债权人免除债务人部分债务的，合同权利义务部分终止。债权人免除债务人全部债务的，合同权利义务全部终止。主债务因免除而消灭的，从债务也随之消灭，债权人仅免除从债务的，主债务并不消灭。

（二）混同

1. 混同的概念与原因。混同是指合同债权与债务同归于一人，而使合同关系消灭的事实。《民法典》第 576 条规定："债权和债务同归于一人的，债权债务终止，但是损害第三人利益的除外。"发生混同的原因分为两种：

（1）概括承受，这是发生混同的主要原因，即合同一方当事人概括承受他方当事人的权利与义务。例如，甲乙两个企业合并为丙企业，则甲乙两企业之间的合同关系即因混同而消灭。

（2）特定承受，即因债权转让或债务转移而使债权债务归于一人。

2. 混同的效力。混同导致合同关系绝对消灭，主债和从债均消灭。但当混同涉及第三人利益时，为保护第三人的利益，虽债权人和债务人发生混同，合同也不消灭。比如，债权人将债权质押给第三人时，所涉合同不因混同而消灭。

七、法律规定的其他终止的情形

《民法典》第 580 条规定："当事人一方不履行非金钱债务或者履行非金钱债务不

符合约定的，对方可以请求履行，但是有下列情形之一的除外：①法律上或者事实上不能履行；②债务的标的不适于强制履行或者履行费用过高；③债权人在合理期限内未请求履行。有前款规定的除外情形之一，致使不能实现合同目的的，人民法院或者仲裁机构可以根据当事人的请求终止合同权利义务关系，但是不影响违约责任的承担。"《民法典》第580条规定了非金钱债务陷入合同僵局中，当事人请求终止的权利。需要注意的是，根据上述法律规定，对于陷入僵局的合同，一是法院不能依职权主动予以终止；二是并非只要当事人申请终止，法院就有予以终止的义务。法院有权依据具体情况，考量并判定是否允许终止合同。同时，本条规定并不排除守约方的法定解除权；而且合同被判定予以终止的，并不影响违约责任的承担。但本条规定并不能完全解决实践中的合同僵局问题，本条仅规定了非金钱债务合同不能履行的情况，那么金钱债务合同陷入僵局又该如何处理？本书认为，实践中出现金钱债务合同陷入僵局时，可以依据《九民纪要》第48条的规定，结合《民法典》禁止权利滥用的规则，再加上民法的诚实信用原则去综合判定和解决。

法条链接

《全国法院民商事审判工作会议纪要》

第48条　违约方不享有单方解除合同的权利。但是，在一些长期性合同如房屋租赁合同履行过程中，双方形成合同僵局，一概不允许违约方通过起诉的方式解除合同，有时对双方都不利。在此前提下，符合下列条件，违约方起诉请求解除合同的，人民法院依法予以支持：

（1）违约方不存在恶意违约的情形；

（2）违约方继续履行合同，对其显失公平；

（3）守约方拒绝解除合同，违反诚实信用原则。

人民法院判决解除合同的，违约方本应当承担的违约责任不能因解除合同而减少或者免除。

引例分析

合同关系是一个动态的过程，因订立而产生，因履行、免除、解除等原因而消灭。本案涉及多个合同关系，这些合同关系因清偿、免除、抵销、混同等不同原因而终止。以下分别进行讨论：

1. 乙与超市之间购买戒指的买卖合同因清偿而终止。清偿，是指债务人按照合同约定向债权人履行义务，实现合同目的的行为。清偿人可以是债务人本人，在一些合同中，也可以由第三人代为清偿，当事人之间的合同权利义务关系因清偿而消灭。这是最为常见的合同终止的原因。引例中，乙与超市之间的买卖合同之债不属于不作为债务或不具有转让性的债务，乙应支付的购买戒指的价款完全可以由第三人清偿，甲为乙清偿债务，乙和债权人都没有异议或拒绝，因此，乙与超市之间的买卖合同因清偿而终止。

2. 甲欠乙的债务因免除而终止。免除是指债权人免除债务人债务，从而全部或部分消灭债权债务的双方法律行为。我国《民法典》第575条规定："债权人免除债务人部分或者全部债务的，债权债务部分或者全部终止，但是债务人在合理期限内拒绝的除外。"依此规定，当债权人作出免除的意思表示，只要债务人在合理期限内没有拒绝，即可发生免除的效力。引例中，甲乙散伙时，对于甲欠乙的借款10 000元，债权人乙当场表示免除，债务人甲没有拒绝，符合免除的条件，发生免除的效力。因此，甲乙之间的10 000元借款合同关系因免除而终止，乙事后反悔的行为是无效的。

3. 甲打伤乙，乙花去医药费5000元与乙欠甲的5000元代为购买戒指的债务不能抵销。抵销是指双方当事人互负债务时，根据法律规定或当事人约定，将互负债务互相冲抵，使双方的债务在对等的数额内消灭的行为。抵销有法定抵销和协议抵销两种。法定抵销须符合法定的条件，才可以发生。当不具备法定抵销的条件时，根据合同自由原则，法律允许当事人通过协议，抵销各自的债务。引例中，甲打伤乙，乙花去医药费5000元，乙欠甲的5000元代为购买戒指的债务是否可以抵销呢？很显然，他们没有达成协议抵销，只有甲主张抵销而乙不同意，在此情形下，只有看甲乙的债务是否符合法定抵销的情形，由于甲对乙受伤应负赔偿责任的债务属于因侵害人身产生的债务，属于不能法定抵销的债务，因此，甲无权主张以其对乙所负的侵权赔偿之债与乙欠甲的5000元代为购买戒指的债务抵销。

4. 甲乙之间的债权债务因混同而终止。混同是指合同债权与债务同归于一人，而使合同关系消灭的事实。我国《民法典》第576条规定："债权和债务同归于一人的，债权债务终止，但是损害第三人利益的除外。"引例中，甲死亡后，只有一个继承人乙，甲的债权债务均由乙继承。在此情形下，甲对乙的债权和债务同归于乙，双方之间的债权债务关系因混同而消灭。当然，按照限定继承的原则，若被继承人的遗产不足以清偿其全部债务，则被继承人与继承人之间的债权债务不能因混同而当然消灭，否则会损害被继承人其他债权人的利益。

思考与练习

1. 辨析"附条件解除"和"约定解除权解除"两项制度的异同。

2. 试述当事人约定对不可抗力的解释，约定何种事件属于不可抗力，或者改变法定解除权（扩大或限缩）的适用，该约定是否有效。

3. 双方当事人在《设备买卖合同》中约定，"如果因卖方原因使设备没有达到保证指标，买方有权直接选择更换或退货"，后因卖方所供设备未满足约定的保证指标，买方起诉法院要求解除合同并返还货款。关于"退货"之性质，理论界素有争议。主要有以下三种观点：①退货即为合同解除，退货所产生的后果为合约双方权利义务的清算。②退货"只是拒绝接受标的物的结果，是行使拒绝受领权的表现"。③"中间状态说"应区分认定退货的法律意义，若当事人意欲结束合同关系，退货为终局的状态，应按合同解除对待。如果退货处于中间的、过度的状态，则需根据进展确定退货的性质。如果最终退货演变为更换了质量同一的货物，应以更换论处；若以其他标的物代替，则按代物清偿处理；若代物清偿后尚未交付，则演变为以物抵债，属于合同更改，原合同双方的关系就按解除对待。以上三种观点你赞成哪种，谈谈你的看法。

4. 2009 年 12 月，甲向乙出具 100 万元借据一张。2010 年 1 月，甲向乙出具 250 万元借据一张。2010 年 5 月，甲将诉争房屋出租给他人。2010 年 8 月，甲与乙签订抵账协议约定：甲自愿用诉争房屋抵顶所欠乙债务，房屋面积 419 平方米，作价 400 万元。因诉争房屋甲已出租给他人，甲、乙约定房屋到期后，由甲配合乙收回，并负责配合乙办理产权过户手续。因房屋租期尚未届满，该房屋未办理过户手续。2011 年 2 月，在李某与甲合同纠纷案件执行过程中，法院依李某申请查封了诉争房屋。乙以诉争房屋已于 2010 年抵顶给乙为由，提出执行异议，被驳回后提起案外人执行异议之诉。

问：以物抵债协议达成后，债权人未实际受领抵债物，该债权人主张对抵顶物排除强制执行能否得到支持？

不同观点：①可以排除强制执行。以物抵债协议，即传统民法所谓的代物清偿协议，是指债权人与债务人约定，以他种给付替代原来给付，因其意在消灭债权债务关系，具有类似于清偿的效果。以物抵债协议成立后，不管是否实际受领，可以主张排除对抵债物的强制执行。②不能排除强制执行。以物抵债协议不同于代物清偿制度，代物清偿应当包含代物清偿协议（以物抵债协议）与履行行为两部分。以物抵债协议属于诺成合同，达成以物抵债协议只是以物抵债协议成立生效，未履行行为的交付，抵债物的所有权不发生变动，不能产生对抵债物排除强制执行的效力。以上两种观点你赞成哪种，谈谈你的看法。

拓展阅读

1. 马强："无民事行为能力人订立合同效力之研究"，载《浙江社会科学》2007 年第 2 期。

2. 申卫星："论债权人代位权的构成和效力——兼评我国《合同法》第 73 条"，载《西南政法大学学报》1999 年第 6 期。

3. 崔建远："合同效力规则之完善"，载《吉林大学社会科学学报》2018 年第 1 期。

4. 崔建远："论中国民法典上的抵销"，载《国家检察官学院学报》2020 年第 4 期。

5. 崔建远："论债权人撤销权的构成"，载《清华法学》2020 年第 3 期。

6. 王利明："民法典合同编通则中的重大疑难问题研究"，载《云南社会科学》2020 年第 1 期。

7. 王利明："合同编解除制度的完善"，载《法学杂志》2018 年第 3 期。

8. 梁慧星："《民法总则》中'显示公平'规则的理解与适用"，载《四川大学学报（哲学社会科学版）》2017 年第 4 期。

9. 朱虎："禁止转让债权的范围和效力研究：以《民法典》规则为中心"，载《法律科学（西北政法大学学报）》2020 年第 5 期。

10. 朱虎："债权转让中的受让人地位保障：民法典规则的体系整合"，载《法学家》2020 年第 4 期。

11. 朱虎："分合之间：民法典中的合同任意解除权"，载《中外法学》2020 年第 4 期。

12. 朱虎："解除权的行使和行使效果"，载《比较法研究》2020 年第 5 期。

13. 王轶："民法典合同编理解与适用的重点问题"，载《法律适用》2020 年第 19 期。

14. 石佳友："履行不能情形下的合同终止——兼议民法典草案第 580 条第 2 款的有关争议"，载"中国民商法律网"微信公众号。

情境训练 合同效力的认定

情境案例

1. 甲公司和乙政府办公室签订了 1 份租赁合同，约定甲购买电梯设备并将该电梯租给乙使用，乙按月支付租赁费。该融资租赁合同签订后并未实际履行。此后，乙向甲出具 1 份委托书，载明："我区政府向贵公司借贷人民币 500 万元，现委托贵公司将款项（人民币 500 万元正）转入我区政府下属丙公司的账户。"甲公司遂将用途为货款的 485 万元划入丙公司的账户。丙公司收款后，分两次以租赁费名义向甲公司付款 65 万元。次年，甲向丙催收租金，丙未能给付。3 年后，甲向乙催收租金。乙在催收通知书"承租单位"栏盖章确认并承诺保证还款，但未实际还款。甲遂起诉要求乙与丙偿还借款。

对于本案法律关系及实际还款主体的确定，存在三种意见：第一种意见认为：甲、乙、丙在借款关系中构成隐名代理。甲已选定了向被代理人丙主张权利，就不能再向代理人乙主张权利。丙应当承担还款责任；第二种意见认为：乙向甲借款，丙实际使用借款，乙与丙是实际的共同借款人。借款合同无效，乙与丙应当共同返还借款；第三种意见认为：甲乙之间约定甲转款给丙的合同，实质上是向第三人履行债务的合同。该合同无效但已实际履行，应当由实际取得借款的丙承担返还责任。

2. 2004 年 11 月 12 日，A 市软轴机具厂（以下简称 A 厂）与 B 市建筑装修机具厂（以下简称 B 厂）签订了一份购销合同。合同规定：B 厂在 2005 年度供应 A 厂托人式震动器电机（以下简称电机）600 台，单价 192 元。之后，因原材料涨价，B 厂先后两次与 A 厂协商提高电机价格，双方于 2005 年 7 月 15 日第二次在 A 市达成了协议：B 厂自 8 月至 12 月供给 A 厂电机 400 台，单价提高到 219 元；交货期限为同年 8 月 15 日前交 40 台，8 月 31 日前交 40 台，9 月至 12 月每月交 80 台，总价款 87 600 元；交货方式为凭 B 厂的交货电报，A 厂在接到交货电报之日起 3 日内办好信汇手续，B 厂代办托运；如任何一方违约须承担 10% 的违约金。协议生效后，B 厂于 8 月 28 日交货 40 台，A 厂已付款；同年 9 月份 B 厂未交货，A 厂遂派人去 B 厂催货，B 厂答复要到 10 月 15 日有货，并给 A 厂厂长写信，提出"下个月按省物价局所定价格办理"。同年 10 月 14 日，A 厂再次派人到 B 厂催货时，B 厂提出，因原材料价格上涨，每台电机价格涨到 330 元，不能再按原定价格供货。A 厂因生产急需，只好同意按 330 元提货，但 B 厂又提出只能在同年 10 月 26 日交货，经 A 厂与 B 厂协商由 A 厂给付赶工费 200 元，A 厂才得以在同年 10 月 18 日提走电机 40 台。提货后，A 厂以 B 厂没按期交货为由，拒付货款，并于到货后次日向 B 厂发电，要求 B 厂继续履行合同，赔偿损失后再付款。后经 A、B 两厂多次协商，仍未达成一致意见。

A 厂诉诸 A 市中级人民法院，要求 B 厂履行 7 月 15 日双方签订的协议，并给付违约金和赔偿金；B 厂则辩称：我方交货 40 台以后，就预料到电机材料价格要上涨，所以我们暂时不交货，可 A 厂于 10 月 18 日提货后不付款，应当承担违约责任，因为 A 厂在提这批货时也同意按每台 330 元结算。

训练目标

能熟练地掌握并理解合同生效要件，以及合同中的履行。

训练方法与步骤

案例 1. 理清本案争议焦点，分析争议的三种意见，哪种是正确的？为什么？如何处理本案的纠纷？

案例 2. A 厂和 B 厂先后签订的三份协议效力如何？第三份协议能否认定为乘人之危？B 厂的行为构成了迟延履行，该迟延履行是否可免责？A 厂在接受交付后，是否有权拒绝付款？

1. 分组讨论，详细分析案例，解决争议焦点问题。

2. 形成小组案例分析报告。

3. 堂上组织讨论，小组分别进行汇报。

情境训练　代位权和撤销权的运用

情境案例

1. 开发商 A 与经纪商 B 签订了销售渠道合作合同。2019 年 1 月，与经纪商 B 签订了渠道分销合同的多家房地产经纪/中介单位人员（下统称 C）向开发商 A 反映经纪商 B 经营异常：经纪商 B 的全部银行账户因重大诉讼已被法院冻结，经纪商 B 的原办公地址经营场所已经人去楼空，C 与经纪商 B 的工作人员失去联系，并称经纪商 B 收到开发商 A 支付的佣金后，未按其与 C 的合同约定支付佣金。经纪商 B 在其经营场所张贴的公告中，自称经营遇到重大困难导致丧失继续向各合作分销商支付款项的能力，公告停止支付款项、办理结算。

C 遂到政府部门群体上访，公安机关、劳动保障、社会治安综合治理维稳主管部门接访后，引导其依法通过民事诉讼途径寻求问题解决。C 随后起诉至法院，列经纪商 B 为被告或第三人，同时列开发商 A 为被告或第三人，C 主张其有债权人代位权，诉请 A（次债务人）直接向 C（债权人）结算支付佣金。

问题：C 的代位权主张是否成立？

2. A 公司与 B 公司之间有一笔债权债务，A 公司为债权人，B 公司为债务人，C 公司提供保证担保，D 公司为 B 公司的次债务人。因 B 公司怠于行使其对 D 公司的到期债权造成 A 公司受到损害，A 公司以自己名义向法院提起代位权诉讼，法院经审理后认定代位权成立，并判令由 D 公司在其所欠 B 公司债务范围内向 A 公司直接履行债务。后因 D 公司未能实际履行，A 公司向法院起诉债务人 B 公司及保证人 C 公司，要求 B 公司向其履行债务，C 公司向其履行保证责任。

问题：A 公司的代位权被法院认定成立后，能否再向债务人 B 公司及保证人 C 公司主张债权和担保权？

训练目标

1. 熟练掌握代位权成立的构成要件，特别注意如何理解"怠于行使"。

2. 知道优先受偿与直接受偿的区别，掌握"入库规则"的法理基础。

训练方法与步骤

学生自由组合，4~8 名为一组，先在组内开展讨论，再与其他小组进行交流，小组代表发言，最后由授课教师点评。

1. 各小组将本组意见写成书面材料；

2. 每一小组推选 1~2 名代表发言，并可与其他小组展开辩论。

情境训练　合同的解除

情境案例

2010 年 12 月 23 日，A 公司与 B 公司订立《HG 型单晶炉合同书》，约定 B 公司向 A 公司供应三种型号单晶炉共计 63 台，价格为 5286 万元，分三批供货，设备发货前，B 公司应至少提前 15 日通知 A 公司支付本批次货款的 30%。2011 年 7 月 1 日，A 公司向 B 公司发函称，按合同约定 B 公司应在 2011 年 5 月底交付 30 台设备，因 B 公司一直没有交付，A 公司也没有收到书面发货通知书，故主张取消合同。同日，B 公司回函认为，B 公司不存在违约行为，不同意取消合同。

A 公司向连云港中院起诉，请求判令 B 公司返还合同预付款 1065 万元及利息。连云港中院于 2013 年 5 月 6 日受理。连云港中院认为，B 公司在收到 A 公司的解除通知后未在 3 个月内提起诉讼，但本案仍需要对 A 公司是否享有法定解除权进行审查。因 B 公司不构成根本性违约，A 公司无权解除合同，故判决驳回 A 公司的诉讼请求。A 公司不服，上诉至江苏高院。江苏高院判决驳回上诉，维持原判。A 公司仍不服，向最高法院申请再审。

问：该合同是否可以解除？

训练目标

熟练掌握合同解除的条件，以及行使的方式。

训练方法与步骤

学生自由组合，4~8 名为一组，先在组内开展讨论，再与其他小组进行交流，小组代表发言，最后由授课教师点评。

1. 各小组将本组意见写成书面材料；

2. 每一小组推选 1~2 名代表发言，并可与其他小组展开辩论。

单元三 解决合同纠纷

单元三

解决合同纠纷

知识目标

通过本单元学习，认识缔约过失责任与违约责任的概念、归责原则；掌握和解、调解、仲裁、诉讼等处理合同纠纷的一般方法与途径。

能力目标

通过本单元学习，能够正确判断在实践中发生的合同纠纷，当事人是承担缔约过失责任还是违约责任，进而确立承担责任的具体形式；能够准确判断合同纠纷的类型，确定处理合同纠纷的正确途径和合理做法。

内容结构图

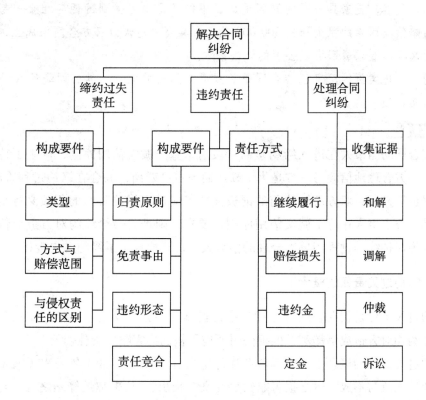

项目一　缔约过失责任

引例

　　某家具公司与某村经济发展公司（以下简称发展公司）达成如下意向：由发展公司按家具公司的要求，新建一座厂房以出租给家具公司。此后，发展公司着手设计厂房，并将设计图纸交由家具公司审阅修改，最终的施工设计图经家具公司最后确认后，发展公司开始按图施工。在双方审查确认图纸期间，家具公司于当年 5 月 15 日向发展公司发出一份"厂房租赁合同"文本，写明待建厂房的具体位置、长度、宽度及内部结构，同时，写明该厂房出租给家具公司，租期 2 年，自当年 11 月 1 日起算，两年租金 300 000 元，写明了租金给付期限和给付方式等内容。双方未在该合同文本上签字盖章。此后，双方又相互传递了数份略有改动但主要内容大致相同的厂房租赁合同文本。厂房施工期间，家具公司法定代表人数次前往施工现场，了解施工进度。10 月 25 日，发展公司按图施工完毕，但家具公司改变主意，不想租赁该厂房，遂临时要求发展公司改动厂房库门，而发展公司拒绝，最终，双方均未在租赁合同文本上签字盖章。此后，发展公司认为新厂房是应家具公司要求而建，发展公司很难在短时间内找到有相同需求的新租客，是家具公司的原因造成其不能获得本可得到的两年租金，起诉要求家具公司赔偿其两年的租金损失 300 000 元。家具公司则认为双方合同未成立，其对发展公司无义务，要求驳回发展公司的诉讼请求。

　　问题：上述案例，厂房租赁合同是否成立？如未成立，家具公司是否应该向发展公司承担赔偿损失的责任？

基本原理

　　缔结合同的当事人在进入缔约磋商阶段后，基于诚实信用原则，产生了特定的信赖关系，一方合理地信赖另一方是为了缔约而与自己磋商，并会在缔约过程善尽保密、通知、保护等义务，双方由缔约前的消极义务范畴进入缔约阶段的积极义务范畴。此时，如果一方当事人违背了诚实信用原则的要求，则难免会给缔约对方造成信赖利益的损失，为保护缔约过程当事人合理的信赖关系，法律规定了缔约过失责任。

一、缔约过失责任的概念

　　缔约过失责任是指在合同订立过程中，当事人一方违反基于诚信原则而负有的义务，给缔约相对方造成信赖利益的损失时所应承担的损害赔偿责任。

　　缔约过失责任的概念由德国学者耶林首先提出。耶林于 1861 年发表了《缔约上过失——契约无效与不成立时之损害赔偿》一文，指出："从事契约缔结之人，是从契约外之消极义务范畴，进入契约上之积极义务范畴，其因此而承担的首要义务，系于缔约时善尽必要之注意。法律所保护的，并非仅是一个业已存在之契约关系，正在发展中的契约关系亦应包括在内，否则契约交易将暴露在外，不受保护，缔约一方当事人不免成为他方疏忽或不注意之牺牲品。契约之缔结产生一种履行义务，若此种效力因法律上之障碍被排除，则会产生一种损害赔偿义务。因此所谓契约无效者，仅指不发生履行效力，非谓不发生任何效力。简单言之，当事人因自己过失致契约不成立，或无效者，对信其契约为有效成立之相对人，应赔偿因此项信赖所生之损害。"[1] 此后，缔约过失责任被各国民事立法广泛采纳，成为一种特殊的民事责任制度。我国也在《民法典》中规定了缔约过失责任。

缔约过失责任是一种独立的、与违约责任和侵权责任并列的责任形态。在缔约磋商阶段，缔约当事人如果作出诸如恶意磋商等缔约过失行为，此时，合同尚未成立，当事人之间不存在合同义务，不能适用违约责任；缔约过失行为侵害的是对方当事人的信赖利益而不是其固有的人身、财产等绝对性的权利，不能适用侵权责任，此种情形，缔约过失责任应时而生。缔约过失责任保护了违约责任和侵权责任所无法保护的信赖利益，填补了违约责任和侵权责任的空隙，缔约过失责任制度有其独立的价值。

二、缔约过失责任的构成要件

具备下列要件，方可认定构成缔约过失责任：

（一）缔约的一方当事人违反了依诚信原则所应负的义务

《民法典》第 7 条规定："民事主体从事民事活动，应当遵循诚信原则，秉持诚实，恪守承诺。"依诚信原则的要求，缔约当事人在缔结合同的过程应向对方负有告知、说明、协作、照顾、忠实、保密、保护等义务，合同法理论上称之为先合同义务。先合同义务是一种法定义务，是法律为维护交易安全和保护缔约当事人各方的利益而赋予当事人的义务，先合同义务无须当事人约定设立，也不允许当事人约定排除。先合同义务的内涵和外延均具有不确定性，其范围不宜由法律严格限定，而是随着社会实际的发展而不断扩展。学者认为，目前先合同义务的范围主要包括：无正当理由不得撤销要约的义务；标的物使用方法的告知义务；合同订立前重要事项的告知义务；协作和照顾的义务；忠实义务；保密义务；不得滥用谈判自由的义务等。[2]

> **知识链接**
>
> 先合同义务是指合同成立之前，为缔约而磋商的当事人依据诚实信用原则所负有的忠实、照顾、告知、保密等义务。
>
> 合同义务是指合同当事人依照合同的约定所负有的义务。
>
> 后合同义务是指合同关系消灭后，当事人依诚实信用原则所负有的某种作为或不

---

〔1〕 转引自王泽鉴：《民法学说与判例研究：第 1 册》，中国政法大学出版社 1998 年版，第 88~89 页。
〔2〕 王利明：《合同法新问题研究》，中国社会科学出版社 2003 年版，第 118 页。

作为义务，以维护给付效果，或协助对方处理合同终了善后事务。

（二）缔约过失行为发生于缔结合同的过程

缔约过失责任是违反先合同义务的责任，因此，它只能发生在缔结合同的过程，而不能发生在合同有效成立之后，如果合同已经成立并生效，当事人之间产生了合同义务，任何一方违反合同义务，应承担的是违约责任而非缔约过失责任。即使是在附条件的合同中，在条件成就前，一方恶意阻碍或延缓条件的成就，也因为合同已经成立而按违约责任处理。所以，只有在合同尚未有效成立，或者虽然成立但被确认无效或被撤销时，才适用缔约过失责任。

原则上，应当以要约生效之时作为缔结合同过程的起点，因为要约生效后，受要约人获得了承诺的权利，产生了合理的信赖利益，理应得到缔约过失责任的保护。在要约未生效前，当事人还谈不上就缔约进行磋商，即使收到要约邀请，也应明白要约邀请不具备法律约束力，不应产生信赖，不能适用缔约过失责任。

（三）缔约过失行为造成了对方信赖利益的损失

缔约过失责任是为保护缔约当事人的信赖利益、弥补其信赖利益损失而设立的法律责任，填补信赖利益损失是缔约过失责任的价值所在，当事人如无信赖利益损失，即使缔约失败也仅是一拍两散，无须承担缔约过失责任。因此，一方当事人受有信赖利益的损失，并且此种损失与对方的缔约过失行为有直接的因果关系，是缔约过失责任的构成要件。即使一方当事人有违反先合同义务的行为，但另一方未受有损失的，也不发生缔约过失责任。

缔约过失责任中的损失主要是指一方当事人因信赖合同的成立和有效，但由于合同最终不成立和无效而遭受的信赖利益损失，如订立合同的费用、准备履行的费用等。信赖利益应当是基于合理的信赖而产生的利益，即根据客观事实，一方当事人的行为已使另一方当事人有足够的理由相信合同能够成立和生效，建立在此种合理的信赖基础之上的利益才受法律保护。判断此种信赖是否合理，应该以一个善意第三人在同样情况下的思维判断为标准。如果一方当事人的信赖欠缺合理性，即使信赖已经产生并在此信赖基础上支付了大量的费用或丧失了巨大的机会利益，该损失也不应由对方当事人赔偿。

知识链接

信赖利益是指由于合同一方当事人先前的予信行为（一方当事人针对另一方当事人作出的某种将导致该相对人产生合理的信赖的行为）导致对方当事人产生合理的信赖，因法律承认并保护这一信赖而获得的有利状态。

信赖利益损失是指合同一方当事人因信赖合同的成立和有效，但由于合同不成立或无效的结果所蒙受的不利益。

对信赖利益的侵害并不表现为相对人对信赖人的利益的直接侵害，而是信赖人自己因为信赖而使自己的利益状态发生改变的行为，但是由于该行为没有得到其赋予信赖的相对人恰当的尊重而变得毫无意义，或对自己的财产状态产生消极的影响。

（四）违反先合同义务的一方当事人有过错

缔约过失责任是一种过错责任。违反先合同义务的一方当事人主观上有过错是其承担缔约过失责任的主观要件。如果缔约过程中发生的损失是受害人、不可抗力等原因造成的，则违反先合同义务的一方也不承担缔约过失责任。

缔约过失责任中的"过失"的含义应理解为"过错"，它并非专指"过失"这种主观状态，而应采取举轻明重的解释方法，既然在"过失"情形之下都要承担责任，在"故意"这种更严重的过错情形之下更要承担责任。当然，行为人在行为时的主观状态往往需要通过其客观表现来予以分析确定，所以，也有学者认为缔约过失责任中的"过失"是一种客观过失，即依据行为人的行为是否违反了某种行为标准而确定其是否具有过失。[1] 不论行为人主观上是故意还是过失，只要其实施了违反先合同义务的行为，就构成缔约过失，无须考量行为人实际的心理状态。

三、缔约过失责任的类型

我国《民法典》第 500 条、第 501 条规定了缔约过失责任的主要类型，同时，该法第 157 条对包括合同在内的民事法律行为无效或被撤销后的赔偿责任也作出了规定，根据这些规定，缔约过失责任可以有以下类型：

（一）假借订立合同，恶意进行磋商

指当事人根本没有订约的目的，缔约磋商只是假象，仅仅是假借订立合同而损害对方当事人或他人的利益。这是滥用缔约自由的典型表现。例如：甲和乙均是剧院音响设备生产商，甲知悉乙正与丙剧院洽谈音响设备购买安装事宜，遂假装成大客户向乙洽谈订货，使乙放弃与丙订约机会并着手准备为甲生产音响设备的材料，甲乘机与丙达成交易，并随即终止与乙的磋商。甲对由此而给乙造成的损失应当承担缔约过失责任。

这种缔约过失责任的构成要求恶意磋商的一方当事人主观上具有恶意。恶意包含两方面内容：一是恶意磋商人主观上根本无缔约意图；二是恶意磋商人具有损害对方当事人或他人的利益的目的。在缔约阶段，双方的磋商行为不具有任何法律约束力，任何一方终止磋商不需要说明理由，因此，主张追究对方缔约过失责任的当事人应对对方具有主观恶意承担绝对的举证责任，如果不能举出充足证据证明对方的主观恶意，就应承担举证不能的不利后果。

（二）故意隐瞒与订立合同有关的重要事实或者提供虚假情况

这是《民法典》第 500 条第 2 项所作出的规定，是指当事人违反如实告知义务，

---

〔1〕 王利明主编：《民法》，中国人民大学出版社 2005 年版，第 479 页。

实施欺诈行为而使相对人受到损失。在缔约过程中，当事人必须依据诚实信用原则，履行重要事实的告知义务，主要包括：财产状况和履约能力的告知义务、瑕疵告知义务、性能和使用方法的告知义务等。如果一方当事人故意隐瞒与订立合同有关的重要事实或者提供虚假情况，并且使对方因此而陷入错误认识，作出错误的意思表示，则构成欺诈，因此而给对方造成损失的，应承担赔偿责任。

（三）泄露或者不正当使用在订立合同过程中知悉的商业秘密或者其他应当保密的信息，给对方造成损失

当事人在缔约磋商过程中，可能会知悉对方当事人的商业秘密或者其他应当保密的信息，依据诚信原则，无论合同成立与否，知悉该商业秘密或者信息的当事人均应负保密义务，不能向外泄露或作不正当使用，违反该保密义务而给对方造成损失即应承担缔约过失责任。

只有发生在缔约阶段的违反保密义务的行为才能导致缔约过失责任的适用。如果泄密或不正当使用对方商业秘密或应当保密的信息的行为发生在合同有效成立之后，则构成违约，当事人应承担的是违约责任而非缔约过失责任；如果泄密或不正当使用对方商业秘密或应当保密的信息的行为发生在合同终止之后，当事人违反的是后合同义务，所造成的损失并非对方当事人的信赖利益损失，也不适用缔约过失责任。

缔约过程中泄露或者不正当使用对方商业秘密或应当保密的信息的行为包括：将该商业秘密或者信息透露给他人；未经权利人授权而使用其商业秘密或者信息；非法允许他人使用商业秘密或者信息或将商业秘密转让给他人等。无论泄露或者不正当使用对方商业秘密或者信息的当事人是否因此而获得利益，只要其实施了上述泄露或者不正当使用对方商业秘密或者信息的行为，并且给对方当事人造成了损失，就应承担缔约过失责任。

 知识链接

商业秘密是指不为公众所知悉、能为权利人带来经济利益、具有实用性并经权利人采取保密措施的技术信息和经营信息。

（四）其他违背诚信原则的行为

由于当事人依据诚信原则所负有的先合同义务的外延具有不确定性和无限延伸性，所以立法不可能罗列所有缔约过失责任的情形。因此，《民法典》第500条第3项以"其他违背诚信原则的行为"作为兜底条款总括规定了其他的缔约过失责任情形。实践中，其他违背诚信原则而应承担缔约过失责任的情形主要包括：

1. 要约人违反有效要约。根据《民法典》的规定，并非所有的要约都是可以撤销的要约，具有法定情形的要约为不可撤销的要约。如果要约人坚持撤销不可撤销的要约，则受要约人可以选择仍然作出承诺主张合同成立，也可以接受要约被违法撤销的后果并主张要约人承担缔约过失责任。

2. 违反订约意向书、备忘录等初步协议而拒绝缔约。此时合同未成立，给相对人造成的信赖利益损失应按缔约过失责任处理。

3. 合同无效或被撤销时的缔约过失责任。根据《民法典》第157条的规定，合同无效或者被撤销后，有过错的一方应当赔偿对方因此所受到的损失，双方都有过错的，应当各自承担相应的责任。导致合同无效或被撤销的事由发生在缔约阶段，合同无效或被撤销是当事人在缔约阶段的过错所致，因此，合同无效或被撤销后，有过错的当事人应当按照缔约过失责任承担赔偿责任。

法条链接

《中华人民共和国民法典》

第157条　民事法律行为无效、被撤销或者确定不发生效力后，行为人因该行为取得的财产，应当予以返还；不能返还或者没有必要返还的，应当折价补偿。有过错的一方应当赔偿对方由此所受到的损失；各方都有过错的，应当各自承担相应的责任。法律另有规定的，依照其规定。

4. 依照法律、行政法规的规定经批准或者登记才能生效的合同成立后，有义务办理申请批准或者申请登记等手续的一方当事人未按照法律规定或者合同约定办理申请批准或者未申请登记的，应当承担缔约过失责任。相对人可以依法院判决自己办理有关手续，对方当事人对由此产生的费用和给相对人造成的实际损失，应当承担损害赔偿责任。

5. 效力待定合同未获追认权人追认，致使相对人利益受到损害，有过错的当事人应当按照缔约过失责任承担赔偿责任。

6. 赠与合同中的缔约过失责任。赠与合同为诺成性合同，但《民法典》第658条规定，除经过公证的赠与合同或者依法不得撤销的具有救灾、扶贫、助残等公益、道德义务性质的赠与合同外，赠与人在赠与财产的权利转移之前可以撤销赠与。赠与人撤销赠与不属违约行为，不负违约责任，但如果受赠人基于对赠与合同有效的信赖而已经作出接受赠与的相应准备，撤销赠与使其蒙受损失，则赠与人应当对其承担缔约过失责任。如：甲公司向乡村小学教师王某提出以公司的名义向其捐赠5万元建设新住房，王某同意接受该赠与，双方就具体建设计划和工程进度作了详细约定。此后，王某向银行贷款作为前期投入，将自己原有的房屋拆除，准备在原址建房。但到了约定的支付捐款时间，甲公司拒绝支付捐款。王某因此无房可住、无力还贷、也无力再自行投资将房子建起。此种情形，甲公司应当承担缔约过失责任，赔偿王某信赖利益损失。

7. 无权代理情况下的缔约过失责任。《民法典》第171条规定行为人没有代理权、超越代理权或者代理权终止后，仍然实施代理行为，未经被代理人追认的，"善意相对人有权请求行为人履行债务或者就其受到的损害请求行为人赔偿"。行为人无权代理而以被代理人名义订立合同，损害了相对人的信赖利益，应当承担缔约过失责任。

法条链接

《中华人民共和国民法典》

第500条　当事人在订立合同过程中有下列情形之一，造成对方损失的，应当承担赔偿责任：

（一）假借订立合同，恶意进行磋商；

（二）故意隐瞒与订立合同有关的重要事实或者提供虚假情况；

（三）有其他违背诚信原则的行为。

第501条　当事人在订立合同过程中知悉的商业秘密或者其他应当保密的信息，无论合同是否成立，不得泄露或者不正当地使用；泄露、不正当地使用该商业秘密或者信息，造成对方损失的，应当承担赔偿责任。

四、缔约过失责任的赔偿范围

缔约过失造成的是对方当事人的信赖利益损失，缔约过失责任的承担方式即是赔偿损失。缔约过失责任的赔偿范围应当限于信赖利益损失。信赖利益损失可以分为直接损失和间接损失。

（一）直接损失

直接损失是指当事人因为信赖合同的成立和生效所实际支出的各种费用，主要包括：①因信赖对方要约的有效而与对方联系、赴实地考察以及检查标的物所支出的合理费用；②因信赖对方将要缔约，为缔约做各种准备所支出的合理费用；③为谈判所支出的劳务；④为支出上述费用所损失的利益。[1] 直接损失应当由缔约过失的行为人承担赔偿责任。

（二）间接损失

间接损失是指缔约一方因另一方的过错导致合同不能成立，从而丧失商机，亦即丧失与他人的缔约机会等导致的损失。例如甲在乙、丙两个供货人中选择了与乙缔约，但由于乙的过错导致合同最终不能成立生效，甲只能转而与丙缔约以取得货物，此时货物已比甲最初可选与丙缔约时上涨，甲不得不接受此价格，前后两个价格之间的差价即是由于乙的缔约过失而给甲造成的间接损失。间接损失是否应予赔偿，存在不同的观点。一种观点认为：间接损失的机会利益并不具有确定性，其能否实现很难确定，对机会利益损失的举证也存在困难，将间接损失列入缔约过失责任的赔偿范围会使责任难以确定，也过分加重缔约过失方的责任。另一种观点与此相反，认为既然间接损失也是由缔约过失行为造成，就应该与直接损失一样得到赔偿，将间接损失排除在缔

---

〔1〕　王利明：《合同法新问题研究》，中国社会科学出版社2003年版，第154页。

约过失责任的赔偿范围之外不符合公平正义的法律价值要求，不能实现缔约过失责任制度的遏制缔约欺诈、促进诚信缔约的目的，甚至会使缔约过失责任制度形同虚设。我们认为：间接损失应当属于缔约过失责任的赔偿范围。不能因为机会损失难以确定就不对机会损失进行赔偿，是否存在机会损失应当由受害人举证，受害人如果不能举证，自应由其承担举证不能的不利后果。当然，只有与缔约过失行为有直接因果关系的间接损失才能够得到赔偿。在司法实践中，间接损失具有自由裁量的性质，在确定是否应该赔偿间接损失时，缔约过失责任的宗旨和制度价值、缔约过失行为人主观过错的严重程度，以及间接损失的可确定程度都应该列入考量的范围。

对于信赖利益的赔偿应以不超过履行利益为限。因为履行利益是合同目的完全实现时可以获得的利益，是缔约双方追求的最高目标，而就信赖利益而言，当事人仅能信赖合同能够得以成立生效，不能信赖合同必定可以得到履行，所以，信赖利益的赔偿范围应当小于履行利益。如果实际的信赖利益损失超过了履行利益损失，则此信赖不具有合理性，不应得到赔偿。

（三）缔约过失责任与维持利益损失

缔约过失责任只保护信赖利益，不保护维持利益，缔约过失责任的赔偿范围不包括维持利益的损失。

缔约过失行为不仅会导致信赖利益的损失，有时也会侵害人身及财产权益，例如，出卖人在交付货物时，不慎将货物掉下来砸伤买受人，合同也因此不能成立，出卖人违反了保护顾客安全的先合同义务，造成买受人的信赖利益损失，同时也造成了买受人的身体健康权等维持利益的损失。此种情形下，缔约过失责任仅限于对合同不成立而导致买受人信赖利益的损失进行赔偿，买受人在此过程中所受到的人身、财产损害，则应提起侵权之诉而获得赔偿。这是因为缔约过失责任制度是为了弥补违约责任、侵权责任的不足而创设，在适用违约责任、侵权责任足以对当事人提供充足的保护的场合，自然没有适用缔约过失责任的必要，更何况，适用侵权责任可以使受害人得到全部的赔偿，包括精神损害赔偿，而缔约过失责任仅赔偿信赖利益损失。

▓▓▓ 知识链接

履行利益是指法律行为（合同）有效成立，债务履行而使债权人得到的利益。

维持利益，也称固有利益，指公民享有的生命和身体健康权以及所有权不受他人侵害的权利。维持利益是侵权法所保护的利益。

五、缔约过失责任与侵权责任的区别

1. 责任产生的前提不同。缔约过失责任存在于缔约过程中，以当事人之间存在缔约过程的特殊的信赖关系为前提，而侵权责任存在于一切社会交往之中，不要求当事人之间有任何特殊关系。

2. 责任承担方式不同。缔约过失责任的承担方式仅为赔偿损失，侵权责任的承担方式包括赔偿损失、停止侵害、排除妨碍等。

3. 保护的利益不同。缔约过失责任保护的是信赖利益，侵权责任保护的是维持利益。

缔约过失责任是为弥补违约责任和侵权责任的不足而创设，其赔偿范围也不完全等同于违约责任和侵权责任的赔偿范围，出于对自身利益的考虑，受害人应当首先选择提出合同上的请求权或侵权上的请求权，主张追究对方的违约责任或侵权责任，只有在违约责任和侵权责任不能成立或不利于更充分地保护受害人利益之时，才应当主张缔约过失责任。

▦ 引例分析

引例中，发展公司与家具公司仅相互传递厂房租赁合同文本，并未签字盖章，因此双方之间的合同尚未成立，家具公司不承担违约责任。合同尚未成立，即双方仍处于谈判磋商阶段，双方都应承担依诚信原则所生的先合同义务，家具公司在缔约磋商过程中的行为足以使发展公司相信合同必将成立生效，并为将来合同的履行做了积极的准备工作，但家具公司故意找借口拒绝缔约，致合同不成立，其主观存在过错，客观上有违反先合同义务，并造成了发展公司信赖利益的损失，构成缔约过失责任。因此家具公司应当赔偿发展公司的损失。

▦ 思考与练习

一、不定项选择题

1. 甲公司于6月5日以传真方式向乙公司求购一台机床，要求"立即回复"。乙公司当日回复"收到传真"。6月10日，甲公司电话催问，乙公司表示同意按甲公司报价出售，要其于6月15日来人签订合同书。6月15日，甲公司前往签约，乙公司要求加价，未获同意，乙公司遂拒绝签约。对此，下列说法正确的是（　　）。

A. 买卖合同于6月5日成立

B. 买卖合同于6月10日成立

C. 买卖合同于6月15日成立

D. 甲公司有权要求乙公司承担缔约过失责任

2. 甲公司得知乙公司正在与丙公司谈判。甲公司本来并不需要这个合同，但为排挤乙公司，就向丙公司提出了更好的条件。乙公司退出后，甲公司也借故中止谈判，给丙公司造成了损失。甲公司的行为如何定性？（　　）。

A. 欺诈

B. 以合法形式掩盖非法目的

C. 恶意磋商

D. 正常的商业竞争

3. 甲企业与乙企业就彩电购销协议进行洽谈，其间乙采取了保密措施的市场开发计划被甲得知。甲遂推迟与乙签约，开始有针对性地吸引乙的潜在客户，导致乙的市场份额锐减。下列说法正确的是（　　）。

A. 甲的行为属于正常的商业竞争行为

B. 甲的行为违反了先合同义务

C. 甲的行为侵犯了乙的商业秘密

D. 甲应承担缔约过失责任

4. 下列有关缔约过失责任说法正确的是（　　）。

A. 缔约过失责任发生在合同的订立过程中

B. 缔约过失责任可以发生在合同无效的情形之下

C. 缔约过失责任的产生以违反先合同义务为条件

D. 缔约过失责任的责任形式是赔偿损失

二、问答题

1. 缔约过失责任的构成要件有哪些？

2. 缔约过失责任中的赔偿损失的范围包括哪些？

项目二　违约责任

引例

凤城市矿冶齿轮有限责任公司（以下简称凤城公司）与北方重工煤矿机械分公司（以下简称北方重工）于 2012 年 4 月 14 日签订了采购合同，约定北方重工向凤城公司购买 5 件 SKFNNU4938（B/SPW33）型号轴承，总价款为 37 200 元。交货时间为 2012 年 4 月 18 日，货到验收后 30 个工作日，支付合同金额 70% 的款项，质保期满后 30 个工作日，支付合同金额 10% 的款项，另 20% 的款项"不一定什么时候给"（原告陈述），如上述产品不属于进口纯正产品，北方重工有权同时采取以下措施：①立即要求凤城公司采取补救措施，在合理期限内更换符合本合同约定的标准的质量产品，并有权拒付本合同项下的产品货款；②要求凤城公司支付违约金，违约金计算方式为：合同项下的产品总货款×10%×逾期交货天数；③要求凤城公司赔偿因轴承质量不符合合同约定标准而造成的全部经济损失。

凤城公司为完成供货，于 2012 年 4 月 18 日与被告沈阳市万舜捷轴承有限公司（以下简称万舜公司）签订了"订购协议"一份，内容为：凤城公司向万舜公司购买 5 套 SKFNNU4938 型号轴承，每套单价 5300 元，总价按 26 000 元计算，预付定金 10 000 元，余款货到支付，万舜公司供货时还应同时提供（海关）报关单、产地证明、轴承编号等材料。合同签订之日，凤城公司付款 10 000 元。次日，万舜公司按凤城公司指示将货物送至北方重工。后北方重工认定该产品不是进口产品，遂向凤城公司退货。凤城公司因此向万舜公司退货，万舜公司承认上述轴承不是进口产品，于 2012 年 4 月 21 日向凤城公司退款 15 000 元，余款 11 000 元未退。

北方重工按 2012 年 4 月 14 日签订的采购合同合同向凤城公司主张违约责任：要求原告无偿提供新产品，支付逾期交货违约金 18 600 元并赔偿延误工期损失 30 000 元。凤城公司花费 36 545 元从沈阳大万机电设备有限公司购买了上述产品，无偿提供给北方重工；并支付北方重工违约金和赔偿损失共计 48 600 元。

凤城公司向北方重工承担了违约责任后，向人民法院起诉万舜公司，要求万舜公司返还剩余货款 11 000 元，并赔偿全部损失 85 145 元。[1]

问：万舜公司没有按照合同约定交付进口轴承，是否构成违约？属于违约行为中的哪种？应承担何种法律责任？

基本原理

合同目的的实现有赖于当事人全面、适当地履行合同义务，任何一方当事人不履行合同义务或不适当履行合同义务，则应承担违约责任。正是由于违约责任制度的存在，才能有效地督促合同当事人履行合同义务，也才能使合同债权人在合同债务人不履行合同义务或不适当履行合同义务之时，依法得到补救。有了违约责任制度，才能保证合同权利义务不至于落空，违约责任制度对合同当事人约定的权利义务的实现提供了切实的保障，这种保障对违约方是一种抑制或制裁，对非违约方则是救济或保护。大陆法系国家的合同法站在"制裁"的角度，称这种保障为"违约责任"；英美法系国家的合同法站在"保护"的角度，将这种保障称为"违约救济"。

一、违约责任的概念与特征

（一）违约责任的概念

违约责任，是指合同当事人不履行合同义务或者履行合同义务不符合约定而应承担的法律后果。

违约责任与合同义务有着极为密切的关系：合同义务是违约责任发生的前提，违约责任则是合同义务不履行的后果。《民法典》第 577 条规定："当事人一方不履行合同义务或者履行合同义务不符合约定的，应当承担继续履行、采取补救措施或者赔偿损失等违约责任。"可见，一旦合同债务人不履行合同义务，则合同义务在性质上就转化为一种责任，这种责任包含了国家的强制性。换句话说，违约责任的实现不依赖合同债务人的自愿履行，不以违约当事人的意思为转移，不论违约方是否愿意，均不影

---

〔1〕《凤城市矿冶齿轮有限责任公司与沈阳市万舜捷轴承有限公司买卖合同纠纷一审民事判决书》，载中国裁判文书网，https://wenshu.court.gov.cn/website/wenshu/181107ANFZ0BXSK4/index.html？docId＝16a7d4e844bb4a8c866e05c8e5e828fb，访问时间：2020 年 7 月 13 日。

响责任的构成。合同当事人违反主合同义务、从合同义务或附随义务且无免责事由时，均应承担违约责任，但是，合同债权人违反不真正义务，由债权人（义务人）自行承担不利的法律后果，无须向对方承担违约责任。

合同成立生效后，在当事人之间产生的合同义务包括以下四种：

1. 主合同义务，又称主给付义务，是指合同关系所固有、必备并能决定当事人之间合同关系类型的基本义务。如买卖合同出卖人所承担的交付标的物并转移标的物所有权的义务、买受人承担的支付价款的义务即属主合同义务。

法条链接

《中华人民共和国民法典》

第 598 条　出卖人应当履行向买受人交付标的物或者交付提取标的物的单证，并转移标的物所有权的义务。

第 626 条　买受人应当按照约定的数额和支付方式支付价款。对价款的数额和支付方式没有约定或者约定不明确的，适用本法第五百一十条、第五百一十一条第二项和第五项的规定。

2. 从合同义务，又称从给付义务，是指主合同义务之外，债权人可以独立诉请履行，以完全满足给付上利益的义务。如出卖人按照约定或者交易习惯向买受人交付提取标的物单证以外的有关单证和资料的义务。

法条链接

《中华人民共和国民法典》

第 599 条　出卖人应当按照约定或者交易习惯向买受人交付提取标的物单证以外的有关单证和资料。

3. 附随义务，是指依照诚实信用原则的要求，合同债务人为维护对方当事人的利益所负有的合同义务。如合同履行中，当事人承担的依诚信原则的通知、协助、保密等义务。附随义务并非由当事人约定产生，而是随着合同关系的发展，依诚信原则而不断形成。学者认为，附随义务的内容主要包括注意义务、告知义务、照顾义务、说明义务、保密义务。附随义务的功能有二：一是辅助功能，即促进实现主给付义务，使债权人的给付利益获得最大可能的满足；二是保护功能，即维护对方的人身或财产的利益。附随义务不同于从合同义务，它与从合同义务的主要区别在于从合同义务债权人可以独立诉请履行，而附随义务债权人不可以独立诉请履行。

例如：卖方出售由某工艺大师设计的限量版陶瓷花瓶给买方，卖方交付花瓶并移转所有权给买方，是卖方的主合同义务；提供花瓶的设计者证书给买方，是卖方的从合同义务；妥善包装花瓶使携带安全并告知注意事项，是卖方的附随义务。

《中华人民共和国民法典》

第 509 条　当事人应当按照约定全面履行自己的义务。

当事人应当遵循诚信原则，根据合同的性质、目的和交易习惯履行通知、协助、保密等义务。

当事人在履行合同过程中，应当避免浪费资源、污染环境和破坏生态。

4. 不真正义务，又称间接义务，是指合同债权人对自己利益的维护照顾义务。不真正义务的主要特征在于权利人通常不得请求履行，违反它也不发生损害赔偿责任，仅使负担此义务者遭受权利减损或丧失的不利益。如合同当事人一方违约后，对方应当采取适当措施防止损失的扩大，没有采取适当措施致使损失扩大的，不得就扩大的损失要求赔偿。合同债权人采取措施防止损失扩大的义务即是不真正义务。

《中华人民共和国民法典》

第 591 条　当事人一方违约后，对方应当采取适当措施防止损失的扩大；没有采取适当措施致使损失扩大的，不得就扩大的损失请求赔偿。

当事人因防止损失扩大而支出的合理费用，由违约方负担。

（二）违约责任的特征

违约责任是民事责任的一种，作为一种民事责任，违约责任与行政责任、刑事责任有明显的区别，某一违约行为人可能在承担违约责任的同时，还须依法承担行政责任或刑事责任，这并不矛盾，因为违约责任、行政责任、刑事责任是性质各不相同的法律责任，互不混同或包含。违约行为人承担行政责任或者刑事责任不影响承担违约责任，并且，违约行为人的财产不足以支付的，优先用于承担违约责任。与其他民事责任相比较，违约责任具有下列特征：

1. 违约责任是合同当事人不履行合同义务所产生的责任。这是违约责任区别于其他民事责任的主要特征。首先，违约责任以合法有效的合同关系的存在为前提。如果当事人之间的合同尚未成立，或合同虽成立但尚未生效，或合同权利义务已经终止，均不可能发生违约责任。其次，违约责任以当事人违约为要件。有效合同约定的义务与法律规定的义务一样，合同当事人必须履行，否则就会产生违约责任。如果当事人不存在不履行合同义务或者履行合同义务不符合约定的违约情形，违约责任也无从发生。

2. 违约责任具有相对性。合同关系的相对性决定了违约责任的相对性，违约责任仅存在于合同当事人之间，当事人因其违约行为应向对方当事人承担违约责任，即便该违约行为是由合同以外的第三人作为履行主体实施的，对方当事人仍然应向违约当事人主张违约责任。违约行为如造成合同以外第三人损害，违约方对该第三人不承担违约责任，而应承担侵权责任。例如：甲与乙是买卖合同关系，甲违反合同约定向乙交付了质量有缺陷的产品，该产品造成了合同以外的第三人丙的损害，甲应该向丙承担侵权责任，而非违约责任。

对于向第三人履行的合同而言，《民法典》第 522 条除沿用原《合同法》的体现违约责任相对性的规定外，又增加了一款新的规定："法律规定或者当事人约定第三人可以直接请求债务人向其履行债务，第三人未在合理期限内明确拒绝，债务人未向第三人履行债务或者履行债务不符合约定的，第三人可以请求债务人承担违约责任。"这一新规定赋予了符合相应条件的真正利益第三人直接请求债务人承担违约责任的权利，该条件是：该第三人依照法律规定或者当事人约定可以直接请求债务人向其履行债务，且其未在合理期限内明确拒绝。可见，《民法典》第 522 条第 2 款仅是对合同相对性原则的有限突破，并未动摇违约责任相对性规则。

法条链接

《中华人民共和国民法典》

第 522 条　当事人约定由债务人向第三人履行债务，债务人未向第三人履行债务或者履行债务不符合约定的，应当向债权人承担违约责任。

法律规定或者当事人约定第三人可以直接请求债务人向其履行债务，第三人未在合理期限内明确拒绝，债务人未向第三人履行债务或者履行债务不符合约定的，第三人可以请求债务人承担违约责任；债务人对债权人的抗辩，可以向第三人主张。

第 523 条　当事人约定由第三人向债权人履行债务，第三人不履行债务或者履行债务不符合约定的，债务人应当向债权人承担违约责任。

3. 违约责任具有任意性。合同法律规范是典型的任意性的法律，按照私法自治的基本原则，必须尊重合同当事人自己的选择。合同当事人可以在法律许可的范围内事先对违约责任作出约定，包括约定违约责任的承担方式、约定违约金数额或比例、约定损害赔偿额的计算方法、约定免责条款等。允许当事人对违约责任作出约定，有利于合同纠纷的及时解决，也有助于限制当事人未来可能承担的风险。必须注意的是，违约责任的任意性决不意味着法律对当事人毫无限制，为保障公平合理，法律对当事人约定的过高或过低的违约金或者赔偿金，都可进行干预，由人民法院或者仲裁机构根据当事人的请求视具体情况增加或适当减少。

4. 违约责任具有补偿性。法律设立违约责任的重要目的之一是弥补或补偿因违约方的违约行为而给对方当事人所造成的损害后果，补偿对方当事人的损失，因此违约责任具有补偿性。违约责任的补偿性是平等、等价有偿原则的体现，违约方要以向守约方支付违约金、赔偿金等方式使守约方的实际损失得到全部补偿或部分补偿，同时，守约方也不能因违约方承担违约责任而从中获得额外的利益。所以，约定的违约金不能过高，约定的违约金过分高于造成的损失的，当事人可以请求人民法院或者仲裁机构予以适当减少。作为违约责任主要形式的损害赔偿应当主要用于补偿守约方的损失，而不是对违约方的惩罚。当然，主张违约责任具有补偿性并不否定违约责任具有强制性，违约责任强迫违约当事人承担不利的法律后果，这本身就体现了对违约方的制裁。

5. 违约责任是一种财产责任。合同关系是财产关系而非人身关系，合同的内容通常具有财产价值，违约责任作为合同债务的转化形式，通常也就表现为财产责任，以支付违约金、赔偿金等为主要责任形式，区别于其他民事责任的赔礼道歉、恢复名誉等具有人身责任性质的责任形式。

二、违约责任的归责原则

违约责任的归责原则是指确定违约行为人承担民事责任的法律原则。

违约责任采取何种归责原则，由合同法律加以规定。《民法典》第 577 条规定："当事人一方不履行合同义务或者履行合同义务不符合约定的，应当承担继续履行、采取补救措施或者赔偿损失等违约责任。"由此可知，守约方追究违约方的违约责任时，只需证明违约方的行为违约，无须证明违约方主观上有过错，违约方也不能通过证明自己主观上无过错而免除责任。很明显我国《民法典》对违约责任的归责原则采取的是严格责任归责原则。以严格责任归责原则作为违约责任的一般归责原则，体现了违约责任的宗旨在于弥补受害人的损失，合理分配合同风险，而非惩罚违约人的过错，不以善恶决定违约责任的有无。与过错责任归责原则相比较，采取严格责任归责原则，更能促使当事人认真履行合同义务，更有利于保护守约方的合法权益。

但是，将严格责任原则作为违约责任的一般归责原则并不排除过错责任归责原则在违约责任中的适用，过错责任归责原则亦散见于《民法典》合同编第二分编"典型合同"之中，对于特定合同，区分善恶而决定违约责任的有无仍然有其合理性，应采取过错责任归责原则。如《民法典》第 660 条规定，经过公证的赠与合同或者依法不得撤销的具有救灾、扶贫、助残等公益、道德义务性质的赠与合同中，赠与人应当交付的赠与财产"因赠与人故意或者重大过失致使毁损、灭失的，赠与人应当承担赔偿责任"。第 929 条第 1 款规定："有偿的委托合同，因受托人的过错造成委托人损失的，委托人可以请求赔偿损失。无偿的委托合同，因受托人的故意或者重大过失造成委托人损失的，委托人可以请求赔偿损失。"第 824 条第 1 款规定："在运输过程中旅客随身携带物品毁损、灭失，承运人有过错的，应当承担赔偿责任。"这些规定，有的是按照违约方过错的有无来确定违约责任构成与否，有过错才构成责任；有的则是按照违约方过错的程度来确定违约责任是否构成，只有在违约方有故意或重大过失时，才承担违约责任。

在违约责任制度中，严格责任归责原则与过错责任归责原则两者的关系是一般归责原则与特殊归责原则的关系，除非法律明确规定采取过错责任归责原则，否则应当采取严格责任归责原则。

三、违约责任的构成要件

违约责任的构成要件，是指当事人应具备哪些条件才应当承担违约责任。

在采取严格责任归责原则的情况下，违约责任的构成要件有：当事人存在违约行为；不存在法定或约定的免责事由。

（一）违约行为

1. 违约行为的概念。违约行为是指合同当事人无正当理由违反合同义务的行为。我国《民法典》以"当事人一方不履行合同义务或者履行合同义务不符合约定"来表述违约行为的概念。

违约行为以当事人之间存在合法有效的合同关系为前提，如果当事人之间的合同尚未成立或尚未生效，或合同被解除或被宣告无效，均不发生违约行为。

违约行为是违反合同义务的行为。如前所述，合同义务包括当事人约定的义务，也包括依诚信原则产生的法定义务。无论是对约定义务的违反，还是对法定义务的违反，均可能构成违约行为。违约行为的后果是对合同债权的侵害。合同债权是相对权，合同债权人要实现合同债权，有赖于合同债务人适当履行其合同义务，合同债务人对合同义务的违反必然会导致合同债权人的合同债权不能实现。债权受侵害与损害后果是两个不同的概念。侵害债权是对违约这种行为性质的概括，而损害事实是由于违约而造成的后果。[1] 例如，在商品房价格快速下跌之时，房屋买卖合同的卖方不履行交付房屋的义务，实际上并未给买方造成损失，但卖方的行为仍然侵害了买方的合同债权，仍构成违约。

2. 违约行为的形态。违约行为是对合同义务的违反，而合同义务多种多样，性质各不相同，导致对这些义务的违反的形态也各不相同，从而形成不同的违约行为的形态。对于不同的违约形态，法律规定了不同的救济措施，所以，明确违约行为的形态，有利于当事人在对方违约之时寻求适当的法律救济方式以维护自己的利益，也有利于司法机关根据不同的违约形态而确定违约当事人所应负的法律责任。

我国《民法典》合同编规定了多种违约形态，从总体上说，可以根据违约时合同履行期是否届至，将违约形态分为预期违约和实际违约两大类型。而实际违约又可分为不履行（包括履行不能和拒绝履行）和不适当履行行为；而不适当履行又可分为迟延履行和其他不适当履行行为（包括部分履行、履行地点不当的履行和履行方法不当的履行）。

（1）预期违约。预期违约，也称为先期违约，是指在合同履行期限到来之前，当事人一方无正当理由而明确表示或者以自己的行为表明将不履行合同义务。从预期违约行为的发生时间看，预期违约行为表现为未来将不履行合同义务。由于合同履行期

---

〔1〕 王利明：《违约责任论》，中国政法大学出版社 2003 年版，第 102 页。

限尚未到来，当事人还不须实际履行合同义务，此时一方当事人的违约只是表现为在履行期到来时将不履行合同义务，而不是已经没有履行合同义务，即不是像实际违约那样表现为现实的违反合同义务，所以预期违约也被人称为"可能违约"。合同履行期限只是合同债务人必须实际为履行行为的期限，而不是合同债务生效的期限，尽管合同履行期限尚未到来，由于合同已经生效，债务人已经负担了履行义务，此时，合同债务人的预期违约行为也属于对合同义务的违反，因此预期违约也属于违约。从预期违约侵害的对象看，预期违约行为侵害的是期待的债权而不是现实的债权。在履行期限到来之前，债权人不得请求债务人提前履行合同义务，债权人享有的仅是一种期待债权而非现实债权。但是，即使债权人不得请求债务人提前履行义务，他仍然享有一种期待权利，期待在履行期限到来之时他的权利得以实现，这种期待的权利也是不可侵害的。预期违约侵害了债权人的期待债权，应承担违约责任。

预期违约制度原是英美法独有的制度，该制度对于督促当事人履行合同、减少由于实际违约而造成的损害、保护受害人利益具有重要作用，我国《民法典》也明确规定了预期违约制度。

根据《民法典》的规定，预期违约可以分为明示的预期违约和默示的预期违约两种：明示的预期违约，通常称为明示毁约，是明确表示的预期违约，即一方当事人无正当理由，明确肯定地向对方当事人表示他将在履行期限到来时不履行合同。默示的预期违约，也称为默示毁约，是以行为表明的预期违约，即在履行期到来之前，一方当事人以自己的行为表明其将在履行期到来之后不履行合同。有先后履行顺序的双务合同中后履行一方当事人出现丧失或可能丧失履行债务能力的情形的，应当先履行债务的当事人行使不安抗辩权而中止履行并通知对方后，对方在合理期限内未恢复履行能力且未提供适当担保的，视为以自己的行为表明不履行主要债务，构成默示毁约。

不安抗辩权制度和预期违约制度两项制度，均为我国《民法典》所采纳。不安抗辩权只是使权利人享有对抗对方请求的权利，预期违约则属于违约责任制度范畴，可以请求违约方承担违约责任。不同于不安抗辩权，预期违约的适用不限于双务合同，也不以债务履行有先后顺序为前提。根据《民法典》第563条第1款第2项和第578条的规定，确定默示毁约并非必须以一方行使不安抗辩权为前提，只要一方当事人以自己的行为表明其将在履行期到来之后不履行主要债务，对方也有确切的证据足以证明，则可认定一方当事人构成默示毁约，对方当事人就享有了单方解除合同的权利，并可以在履行期限届至之前要求违约方承担违约责任。

 法条链接

《中华人民共和国民法典》

第563条　有下列情形之一的，当事人可以解除合同：

（一）因不可抗力致使不能实现合同目的；

（二）在履行期限届满前，当事人一方明确表示或者以自己的行为表明不履行主要债务；

（三）当事人一方迟延履行主要债务，经催告后在合理期限内仍未履行；

（四）当事人一方迟延履行债务或者有其他违约行为致使不能实现合同目的；

（五）法律规定的其他情形。

以持续履行的债务为内容的不定期合同，当事人可以随时解除合同，但是应当在合理期限之前通知对方。

第578条 当事人一方明确表示或者以自己的行为表明不履行合同义务的，对方可以在履行期限届满前请求其承担违约责任。

第527条 应当先履行债务的当事人，有确切证据证明对方有下列情形之一的，可以中止履行：

（一）经营状况严重恶化；

（二）转移财产、抽逃资金，以逃避债务；

（三）丧失商业信誉；

（四）有丧失或者可能丧失履行债务能力的其他情形。

当事人没有确切证据中止履行的，应当承担违约责任。

第528条 当事人依据前条规定中止履行的，应当及时通知对方。对方提供适当担保的，应当恢复履行。中止履行后，对方在合理期限内未恢复履行能力且未提供适当担保的，视为以自己的行为表明不履行主要债务，中止履行的一方可以解除合同并可以请求对方承担违约责任。

（2）实际违约。实际违约是指履行期限到来之后，当事人不履行合同义务或履行合同义务不符合约定。实际违约行为有不履行和不适当履行两种类型：

第一，不履行。不履行指合同履行期限届满时，当事人完全不履行合同义务。不履行又可分为履行不能和拒绝履行。履行不能是指在合同有效的情况下，债务人在客观上已经没有履行能力；拒绝履行是指履行期届满时，债务人无正当理由表示不履行合同义务的行为。构成拒绝履行必须具备以下要件：①必须有合法的合同债务存在。如果是对方误认为有而实际并不存在的债务，或者合同被确认为无效或被撤销，债务人在对方提出履行请求时予以拒绝，就不构成拒绝履行。②必须有拒绝履行的意思表示，明示或默示均可。③拒绝履行的意思表示必须在履行期到来后作出。如果是在履行期到来前作出，就是预期违约。④拒绝履行必须无正当理由。如果合同债务人因行使同时履行抗辩权，或因债务未到期、合同规定的条件尚未成就等而拒绝履行，则是有正当理由，不构成拒绝履行。不履行通常是对合同义务的全面违反，是性质和后果最为严重的一种违约行为。

第二，不适当履行。不适当履行是指债务人虽有履行，但其履行在标的、数量、质量、履行时间、履行地点、履行方式等方面不符合合同的约定。如债务人交错标的物，合同约定分批交货但债务人一次性交货、交货数量不足等。

履行时间上的不适当通常表现为迟延履行。迟延履行是指合同当事人的履行违反了履行期限的规定。包括债务人迟延履行和债权人受领迟延两种情形。

债务人迟延履行是指债务人无正当理由，在合同规定的履行期限到来时，能够履行而不按期履行合同债务。合同中未约定履行期限的，在债权人提出履行催告后仍未履行债务，也构成迟延履行。债务人迟延履行的构成要件包括：①必须有有效的合同债务存在。②必须是债务人违反了履行期限的规定。履行期限是判断是否迟延的标准，超过了履行期限债务人履行债务的，就是迟延履行。③履行必须是可能的。否则，就是履行不能，没有产生迟延履行的可能。④履行期限届满，债务人没有履行债务。如果履行了部分债务，可能构成部分履行、部分迟延。⑤债务人迟延履行没有正当理由。

债权人受领迟延是指因债权人的原因而导致债务人不能按期履行或债权人未能及时受领债务人的履行。根据《民法典》第589条、第605条、第608条等条款的规定，及时受领履行乃是债权人应负的法定义务，债权人拒绝受领、受领迟延也属于违约行为。债权人受领迟延的构成要件包括：①必须有有效的合同债务存在。②债务人已按期作出了履行且履行适当。③债权人未按期接受履行。④债权人迟延受领没有正当理由。

法条链接

《中华人民共和国民法典》

第589条　债务人按照约定履行债务，债权人无正当理由拒绝受领的，债务人可以请求债权人赔偿增加的费用。

在债权人受领迟延期间，债务人无须支付利息。

第605条　因买受人的原因致使标的物未按照约定的期限交付的，买受人应当自违反约定时起承担标的物毁损、灭失的风险。

第608条　出卖人按照约定或者依据本法第六百零三条第二款第二项的规定将标的物置于交付地点，买受人违反约定没有收取的，标的物毁损、灭失的风险自违反约定时起由买受人承担。

其他的不适当履行可分为瑕疵给付和加害给付，前者指履行不符合约定的数量、质量、地点、方式等要求，后者指不适当履行行为造成债权人的履行利益以外的人身、财产损失。加害给付会造成违约责任和侵权责任的竞合，受害的合同当事人可依法选择要求加害人承担违约责任或承担侵权责任。

（二）无法定或约定的免责事由

《民法典》合同编虽然将严格责任原则作为违约责任的一般归责原则，但是，并不意味着违约方在任何情况下均应对其违约行为承担法律责任，在具备免责事由的情形之下，当事人即使有违约行为，也无需承担违约责任。

违约责任的免责事由包括法定的免责事由和约定的免责事由。《民法典》合同编规定的免责事由主要是不可抗力和债权人的过错；由于合同是当事人双方合意的结果，应当充分尊重当事人的意志，《民法典》也允许当事人通过事先约定来排除或限制违约责任，即约定免责条款。

1. 不可抗力。不可抗力，是指不能预见、不能避免并不能克服的客观情况。不能预见，是指合同当事人以现有的技术水平、经验无法预知；不能避免，是指不可抗力及其损害后果的发生具有必然性，而且当事人虽尽最大努力仍不能避免；不能克服，是指不可抗力及其损害后果发生后，当事人虽尽最大努力仍不能加以克服，因而导致无法履行或者无法适当履行合同义务。

不可抗力包括以下几种情形：①自然灾害。自然灾害是典型的不可抗力，尽管随着科学技术的进步，人类对自然灾害的预测能力不断提高，但是，自然灾害仍然是独立于人的意志以外的事件，人类仍然不能完全预见并克服它。因此，因自然灾害而导致合同不能履行的，应免除债务人的违约责任。自然灾害包括地震、水灾、风灾、旱灾等天灾。②政府行为。指当事人订立合同之后，因政府颁发新的政策、法律和行政措施而导致合同不能履行的情形。③社会异常事件。社会异常事件指合同履行期间社会上出现的偶发事件，并且，这些事件导致了合同不能履行，如战争、罢工、骚乱等。社会异常事件虽然是人为的事件，但是，对于合同当事人来说，它仍然属于当事人在订约时无法预见也无法克服的事件。构成不可抗力的社会异常事件通常要求是社会整体的异常事件，而不是局部的小型的事件。实践中，当事人可以订立不可抗力条款以明确不可抗力的范围，具体列举各种不可抗力，以避免争议。

不可抗力的影响大小、范围各异，故免除违约责任的范围应有所不同。换言之，部分或者全部免责受限于不可抗力对当事人履行合同义务的影响程度，应根据具体情况确定是否免除违约责任、是全部免除还是仅免除部分责任。应注意的是，不可抗力作为免责事由必须以其发生于合同履行期间为条件，如果一方当事人迟延履行后，发生不可抗力致其履行不能，迟延履行当事人不得以不可抗力作为免责事由，因为其迟延履行已经构成了违约，必须承担违约责任。

但是，学理上认为，金钱债务一般不适用不可抗力，即不能因不可抗力而免除金钱债务不履行的责任，不可抗力只可能导致金钱债务的延期履行、分期履行。例如：甲向乙租赁机械设备一套，租赁期间因有骚乱事件发生，致使甲无法将机械设备用于施工获利。租金缴付期限届至，乙向甲催收租金，甲以不可抗力为由主张免责。甲的主张无理，因租金属于金钱债务，且骚乱并未影响租赁合同的履行。

因不可抗力事件导致合同不能履行的，债务人主张免责还应该履行两项法定义务：一是通知的义务，二是举证的义务。当债务人遭遇不可抗力时，必须将遭遇不可抗力的事实及时通知对方，以减轻可能给对方造成的损失，并应提供相关部门的有效证明文件，方可得以免责。如果债务人怠于通知债权人，或者未能有效证明不可抗力，将影响其违约责任的免除。

▓▓▓▓ 法条链接

《中华人民共和国民法典》

第590条　当事人一方因不可抗力不能履行合同的，根据不可抗力的影响，部分或者全部免除责任，但是法律另有规定的除外。因不可抗力不能履行合同的，应当及时通知对方，以减轻可能给对方造成的损失，并应当在合理期限内提供证明。

当事人迟延履行后发生不可抗力的，不免除其违约责任。

2. 受害人（债权人）过错。受害人（债权人）过错，是指受害人对违约行为或者违约损害后果的发生或者扩大存在过错。受害人的过错导致债务人不能履行合同的，债务人不承担违约责任，即债务人可以将受害人的过错作为违约责任的免责事由。将受害人的过错作为免责事由体现了法律对当事人过错的谴责和非难。违约责任虽然实行严格责任，但是受害人的过错可以成为违约方全部或者部分免除责任的条件。如在约定检验期间的买卖合同中，买受人就标的物数量或者质量不符合约定的情形怠于通知出卖人，出卖人不承担违约责任。再如运输合同由于收货人的过错造成货物损毁、灭失的，承运人不承担损害赔偿责任。

▓▓▓▓ 法条链接

《中华人民共和国民法典》

第832条　承运人对运输过程中货物的毁损、灭失承担赔偿责任。但是，承运人证明货物的毁损、灭失是因不可抗力、货物本身的自然性质或者合理损耗以及托运人、收货人的过错造成的，不承担赔偿责任。

3. 约定的免责条款。免责条款，是指合同当事人约定的用以免除或者限制其将来可能发生的违约责任的条款。民事主体可以依法放弃自己的民事权利，免除相对人的民事义务、民事责任，基于合同自由原则，合同当事人可以在合同中约定免责条款。在合同履行过程中，如果出现免责条款规定的情形，即使合同债务人有违约行为，也不承担违约责任。当事人约定免责条款，可以预先控制风险，避免争议。但是，当事人关于免责条款的约定不能违反诚实信用原则，不能侵犯当事人在合同以外的权利。根据《民法典》规定，下列两种免责条款无效：①造成对方人身损害的免责条款；②因故意或者重大过失造成对方财产损失的免责条款。

因为这两种行为有社会危害性，都可以构成侵权行为，是法律所禁止的行为，不能通过合同约定而免责，违约方对此两种行为造成的损害仍应当承担赔偿责任。

▓▓▓▓ 法条链接

《中华人民共和国民法典》

第506条　合同中的下列免责条款无效：

（一）造成对方人身损害的；

（二）因故意或者重大过失造成对方财产损失的。

四、双方违约和为第三人的行为负责

1. 双方违约。双方违约是指双方当事人都违反了其依照合同所负有的义务。例如：买卖合同的卖方交付的货物质量有瑕疵，而买方的付款方式也不符合合同的约定，买卖双方都构成违约。双方违约不同于行使双务合同履行抗辩权的行为，实践中应将两者严格区别。双方违约的构成要件包括：①双方违约存在于双务合同的履行过程，单务合同不可能出现双方违约；②双方当事人都违背了各自的合同义务；③双方当事人不履行或不适当履行合同均无正当理由。双方违约行为与行使双务合同履行抗辩权的行为的本质区别就在于后者是具备正当理由、行使法定权利的合法行为。例如：买卖合同的卖方交付的货物质量有严重瑕疵，买方因此而拒付货款，此为正当行使抗辩权的行为，不属于双方违约。

对于双方违约行为，应由双方当事人各自承担相应的责任。

法条链接

《中华人民共和国民法典》

第 592 条第 1 款　当事人都违反合同的，应当各自承担相应的责任。

2. 为第三人的行为负责。在合同履行过程中，可能发生因第三人的原因而导致债务人无法履行债务的情形，例如，由于第三人的侵权行为使标的物损毁或灭失，导致卖方无法向买方交付标的物，或由于第三人不交货的违约行为导致卖方无货可交，此时，基于合同相对性规则，仍然应该由合同债务人向债权人承担违约责任，即债务人应该为第三人的行为向债权人负责。债务人向债权人承担违约责任后，有权向第三人追偿。

法条链接

《中华人民共和国民法典》

第 593 条　当事人一方因第三人的原因造成违约的，应当依法向对方承担违约责任。当事人一方和第三人之间的纠纷，依照法律规定或者按照约定处理。

五、违约责任的形式

根据《民法典》合同编的规定，承担违约责任的方式有继续履行、赔偿损失、违约金、定金等多种，各种违约责任形式的适用条件各不相同。

（一）继续履行

1. 继续履行的概念。继续履行又叫实际履行、强制实际履行、依约履行，是指当事人一方不履行合同义务或者履行合同义务不符合约定时，另一方当事人可以要求其在合同履行期限届满后按照原合同的约定继续履行合同义务。

继续履行是违约责任的一种形式，它与一般的履行合同义务行为在性质上完全不同。虽然从表面上看，继续履行也是在继续履行原合同规定的义务，但是，一般的履行合同义务行为是当事人主动地按照合同的规定履行合同义务，履行过程并没有借助于司法的强制；而继续履行尽管未增加债务人的负担，但它是通过法律规定的强制手段，迫使债务人履行其债务，带有对债务人惩戒的性质，此时，不论债务人是否愿意，合同义务的履行是借助国家强制力实现的，债务人承担的不仅是对对方当事人的责任，更是对国家的责任，因此，继续履行在性质上属于违约责任形式，而不是单纯的义务履行。

知识链接

继续履行与强制执行的区别

强制执行是指负有义务的一方当事人不自动履行生效的法律文书所确定的义务，人民法院根据另一方当事人的申请和依据职权强制其履行义务。强制执行是民事诉讼法上的概念，是强制执行民事判决和裁定的措施；而继续履行是民法上的概念，是民法上违反合同的一种补救措施。

继续履行是有效实现当事人缔约目的的一种违约责任形式，所以，我国《民法典》合同编将其规定为第一位的违约责任承担方式，《民法典》第577条规定："当事人一方不履行合同义务或者履行合同义务不符合约定的，应当承担继续履行、采取补救措施或者赔偿损失等违约责任。"此规定明确了继续履行在合同法中的地位和功能。

继续履行的内容是强制违约方继续依照合同规定作出履行。在学理上，通常也将修理、重作、更换作为继续履行的具体形式，因为采取这些补救措施也是使违约方继续履行。《民法典》第581条规定根据债务的性质不得强制履行的，对方可以请求违约方负担第三人替代履行的费用。第三人替代履行是换个履行主体履行合同义务，也可归属于继续履行的具体形式。

法条链接

《中华人民共和国民法典》

第581条 当事人一方不履行债务或者履行债务不符合约定，根据债务的性质不得强制履行的，对方可以请求其负担由第三人替代履行的费用。

继续履行可以与违约金、赔偿损失、定金罚则并用，但不能与解除合同并用。因为解除合同导致合同关系不复存在，债权人与债务人的合同权利义务消失，债务人也不再负有履行义务，因此解除合同与继续履行是完全对立的补救方法，两者不能并用，主张继续履行就不能请求解除合同，主张解除合同就不能请求继续履行。

2. 继续履行责任形式的具体适用。根据《民法典》第579条、第580条的规定，继续履行责任形式的适用因债务性质不同而有所不同。合同债务可分为金钱债务和非金钱债务。

金钱债务又叫货币债务。当事人未履行金钱债务的违约行为，即未支付价款、报酬、租金、利息等的行为，包括完全未支付价款、报酬、租金、利息和不完全支付价款、报酬、租金、利息两方面。金钱债务必须实际履行，除非债权人明确同意，否则不能以实物或劳务替代金钱债务的履行，并且对于金钱债务，债务人不存在任何免责事由。

法条链接

《中华人民共和国民法典》

第579条　当事人一方未支付价款、报酬、租金、利息，或者不履行其他金钱债务的，对方可以请求其支付。

非金钱债务如提供货物、提供劳务、完成工作，其债务标的往往具有特定性和不可替代性。当事人不履行非金钱债务和履行非金钱债务不符合约定，通常守约方都可以请求违约方继续履行。但是，非金钱债务的继续履行要受到一定的限制，有下列情形之一的，权利人不能要求违约方继续履行：

（1）法律上或者事实上不能履行。法律上不能履行是指如果按照合同的约定履行将会违反法律的规定。例如：①合同标的物为禁止流通物。当买卖合同订立后，由于法律的变化而导致合同的标的物成为禁止流通物，该合同如果继续履行会违反法律的禁止性规定。②债务人破产。在债务人破产之时，同一顺序的债权人必须平等受偿，此时如果强制破产的债务人继续履行某合同，无异于赋予该合同债权人具有优先于其他债权人受偿的权利，与《破产法》平等受偿的规定相违背，对其他债权人不公平，所以不能继续履行，只能采取赔偿损失等责任承担方式，与同一顺序的债权人平等受偿。出现法律上不能履行的情形，不得适用继续履行，只能采取赔偿损失等其他责任形式。

事实上不能履行是指标的在客观上没有履行的可能性。如：特定的合同标的物灭失、债务人已经实际丧失履行能力。如果合同已经事实上不能履行，那么强制违约方履行义务是不可能的，此时违约方应承担继续履行以外的其他形式的违约责任。

（2）债务的标的不适于强制履行或者履行费用过高。所谓债务的标的不适于强制履行，是指债务的性质不适宜直接强制履行。这主要是指基于人身信任关系所订立的合同，如委托合同、技术开发合同等，以及提供劳务的合同，如雇佣合同等。对于这些具有人身性质的合同，其标的本身具有不得强制履行的性质，不能强制违约方继续履行，如果采取继续履行的方式，强制债务人履行合同，将构成对违约方的人身限制，这与宪法和法律关于公民的人身自由不受侵犯的规定相违背，将侵犯债务人的人身权利和人身自由。所以，对于此类合同，只能以请求支付违约金或赔偿损失的方法代替继续履行。

适用继续履行的违约救济方法不仅要考虑违约方能否继续履行，还要考虑继续履行在经济上的合理性，即是否会造成经济上的损失和浪费。因为违约责任注重的是寻求在当事人违约之时的合理的解决方法，以维护守约方的利益，减轻损失，而不是注重惩罚或非难违约方。如果继续履行的费用过高，在经济上导致不合理，非违约方的继续履行的请求也不能得到支持。例如，对于一份运输合同，如果运输过程发生事故导致货物沉没，承运人虽然可以将货物打捞起来继续履行合同义务，但是如果打捞费用过高，超出了货物本身的价值，则不应该采取继续履行的方式，而应该以赔偿损失等方式替代，用金钱补偿的办法使债权人的利益得到满足。

（3）债权人在合理期限内未要求继续履行。根据《民法典》第580条的规定，债权人必须在合理期限内提出继续履行的要求，否则将丧失继续履行的请求权。法律规定债权人必须在合理期限内提出继续履行的要求，目的在于督促权利人及时行使权利，使当事人的利益状态及时得到稳定。至于何为合理期限，法律没有明文规定，实践中可以根据标的物的性质和商业习惯而定。对于标的物是季节性商品的，债权人应在一个较短时间内及时提出请求，对于标的物是非季节性商品的，债权人可在一个稍长时间内及时提出请求，但不能违反法律规定的期限。例如，买卖双方订立荔枝购销合同，约定交货期为六月份，但卖方违约没有交货，买方直到十月份荔枝收获季节已过才要求卖方继续履行交货义务，则应认定买方未在合理期限内要求继续履行合同。一般认为，在一方当事人违约后，如果非违约方曾经对违约方提出了赔偿损失或支付违约金的要求但并未要求继续履行，则可视为非违约方已经超过了提出继续履行请求的合理期限，不得再提出继续履行的要求。

 法条链接

《中华人民共和国民法典》

第580条　当事人一方不履行非金钱债务或者履行非金钱债务不符合约定的，对方可以请求履行，但是有下列情形之一的除外：

（一）法律上或者事实上不能履行；

（二）债务的标的不适于强制履行或者履行费用过高；

（三）债权人在合理期限内未请求履行。

有前款规定的除外情形之一，致使不能实现合同目的的，人民法院或者仲裁机构可以根据当事人的请求终止合同权利义务关系，但是不影响违约责任的承担。

除了法律规定的不适用继续履行的情形，如果当事人在订立合同之时已经明确约定出现违约情形不适用继续履行，只要该约定不违反法律和社会公共利益，则应当认定约定有效，在一方违约之时，对方不得请求违约方继续履行。

（二）赔偿损失

1. 赔偿损失的概念和特点。赔偿损失，也称损害赔偿，是指合同当事人由于不履行合同义务或者履行合同义务不符合约定，给对方造成财产上的损失时，由违约方赔偿对方所蒙受的财产损失的一种违约责任形式。

赔偿损失是违约责任中的一种重要的、普遍适用的违约责任形式。《民法典》第583条规定："当事人一方不履行合同义务或者履行合同义务不符合约定的，在履行义务或者采取补救措施后，对方还有其他损失的，应当赔偿损失。"可见，在一切造成损失的违约情形中，都可以适用赔偿损失。

（1）赔偿损失具有补偿性。违约赔偿损失是强制违约方给非违约方所受损失的一种补偿，是为了填补或弥补债权人因债务人违约所造成的损失，而不是为了惩罚违约方的违约行为。赔偿损失的补偿性特征使赔偿损失责任与定金责任、违约金责任等违约责任形式有所区别，定金责任和违约金责任均具有一定的惩罚性。

但是，赔偿损失的补偿性也有例外。根据《民法典》第128条的规定："法律对未成年人、老年人、残疾人、妇女、消费者等的民事权利保护有特别规定的，依照其规定。"而《消费者权益保护法》第55条规定："经营者提供商品或者服务有欺诈行为的，应当按照消费者的要求增加赔偿其受到的损失，增加赔偿的金额为消费者购买商品的价款或者接受服务的费用的3倍；增加赔偿的金额不足500元的，为500元。法律另有规定的，依照其规定。经营者明知商品或者服务存在缺陷，仍然向消费者提供，造成消费者或者其他受害人死亡或者健康严重损害的，受害人有权要求经营者依照本法第49条、第51条等法律规定赔偿损失，并有权要求所受损失二倍以下的惩罚性赔偿。"《消费者权益保护法》作出的这一赔偿规定已经超出了受害人的损失，显然对于经营者具有惩罚性，属于惩罚性的赔偿金，其目的在于充分保护消费者的利益，遏制经营者的消费欺诈行为，是赔偿损失的补偿性的例外情形，并非赔偿损失的一般特性。

（2）赔偿损失具有一定程度的任意性。在不违反法律的强制性规范的前提下，合同当事人可以对双方的债权债务自由设定和处分，当然也可以对违约的赔偿损失问题作出事先的约定和安排。《民法典》允许合同当事人事先对违约赔偿损失的计算方法予以约定，或者直接约定违约方付给非违约方一定数额的金钱，体现了合同自由的原则。

（3）赔偿损失以赔偿非违约方受到的全部损失为原则。合同当事人一方违约，对方会遭到财产损失和可得利益的损失，这些损失都应当得到补偿。只有赔偿全部损失，才能使受约方在经济上得到相当于合同得以履行情况下的同等收益，才能督促当事人积极履行合同，也才符合法律设置违约责任制度的目的。

2. 赔偿损失责任形式的具体适用。

（1）适用条件。承担赔偿损失的违约责任方式，除了需具备违约责任构成的两个要件外，还需要2个具体的条件：

第一，须债权人受有损失。赔偿损失是对债权人所受损失的填补或弥补，所以，债权人受有损失的事实是赔偿损失这一责任形式得以适用的必备要件。债权人的损失既包括直接损失，也包括间接损失。直接损失是指债权人的既有财产或既存利益因为债务人的违约行为而减少；间接损失也叫可得利益的损失，是指债权人本来可以得到的利益因为债务人的违约行为而不能得到。债权人受有损失，要求债权人受有能够计算为一定数额的金钱的确定的损失，而不是臆想的、假定的损失或不能确定的损失。

第二，须违约行为与损失的发生有因果关系。违约行为与损失的发生有因果关系这一要件要求违约行为与损失结果相互联系，损失后果是由违约行为所造成，而不是其他原因所造成。违约方仅对由于自己的违约行为所造成的损失承担赔偿责任，只有确定了引起损失后果的真正原因，才能判定是否应该由违约方承担赔偿损失责任，才能判定损失赔偿的范围，在双方违约的情况下，才能确定双方各自应承担的责任范围。

（2）赔偿损失与其他责任形式的关系。

第一，赔偿损失与继续履行的关系。继续履行是实现合同目的的有效方式，而赔偿损失不能使合同目的实现，只是为当事人因此而遭受的损失提供补偿，两种责任形式各有其制度价值。对于受害人来说，如果赔偿损失可以有效地维护其利益，他可以放弃继续履行而主张赔偿损失。在继续履行仍不足以弥补债权人的损失的情况下，赔偿损失与继续履行两种违约责任方式也可以并用。这是因为，从赔偿损失的功能来看，赔偿损失可以分为迟延赔偿和填补赔偿，迟延赔偿产生于迟延履行的场合，要求债务人赔偿因迟延履行而给债权人造成的损失，是与本来的给付一并请求的损害赔偿，是本来的给付的扩张；填补赔偿是代替本来给付的损害赔偿，对于履行不能这样的确定的违约情形，以填补赔偿代替本来的给付。既然如此，迟延赔偿就可以与继续履行这一责任承担方式并用，而填补赔偿不再与继续履行并用。也即是：对于迟延履行的违约行为，违约方的继续履行，不妨碍守约方要求其再承担损害赔偿责任，当发生迟延履行的一时违约的情形，债权人可以要求债务人继续履行合同，同时要求违约方赔偿因迟延履行给自己造成的损失；当发生履行不能的确定违约情形，债权人可以要求债务人赔偿损失以填补其因不能履行而遭受的全部损失，但不能再要求债务人继续履行。

第二，损害赔偿与修理、重作、更换的关系。在瑕疵履行的情况下，如果瑕疵可以补正，债权人有权要求债务人修补瑕疵，并由债务人承担修补费用。《民法典》规定的修理、重作、更换等违约责任方式实际上是对瑕疵履行的补正。根据《民法典》第583条的规定，债务人修理、重作、更换后，债权人仍有损失的，违约方还应承担损害赔偿责任。所以，损害赔偿与修理、重作、更换可以并用。

法条链接

《中华人民共和国民法典》

第583条　当事人一方不履行合同义务或者履行合同义务不符合约定的，在履行义务或者采取补救措施后，对方还有其他损失的，应当赔偿损失。

（3）赔偿损失的范围。《民法典》第584条规定："当事人一方不履行合同义务或者履行合同义务不符合约定，造成对方损失的，损失赔偿额应当相当于因违约所造成的损失，包括合同履行后可以获得的利益；……"这表明《民法典》对于违约赔偿损失的范围，采取的是完全赔偿原则。所谓完全赔偿原则，是指违约方应赔偿因其违约而给债权人造成的全部损失。完全赔偿原则要以赔偿损失来弥补债权人遭受的全部损失，旨在通过赔偿使受害人处于如同合同得以依约履行的利益状态。当然，这种赔偿应限制在法律规定的合理范围内。

根据完全赔偿原则，违约方应当赔偿受害人的实际损失和可得利益的损失。①实际损失是指违约所导致的受害人现有财产的减少。这是现存利益的损失，可以说是"看得见，摸得着"的损失。例如，甲乙之间签订大米买卖合同，乙又将所购大米转卖丙，因甲未按时交付大米给乙，致使乙对丙承担违约金1万元，该1万元损失即为实际损失。②可得利益损失。可得利益是指受害人在合同如果得以正常履行时可以实现和取得的财产利益。可得利益虽然是一种必须通过合同的实际履行才能实现的利益，但合同当事人订立合同后，就有权期待合同得以履行，有权期待其合同权利得以实现，如果合同得以履行，当事人的可得利益就会实际获得，具有一定的现实性和确定性，所以，可得利益损失与实际损失一样，都是由于违约而造成的损失，应当由违约方赔偿。通常，可得利益损失表现为守约方的利润的损失，如上例大米买卖合同的卖方甲违约，导致买方乙未能实现转售该批大米给丙而获得两个合同之间的差价，买方乙在甲、乙的买卖合同得以适当履行时原本可以得到的将合同项下货物转卖而获取的利润丧失，此损失即为其可得利益损失。

（4）赔偿损失的限制。由违约造成的损失，有时原因与结果的链环一环扣一环，就会像滚雪球一样越滚越大，这就出现一个问题：究竟需要赔偿多大范围内的损失？对此，需要采取某种措施或标准，将因果关系的链环拦腰斩断，在范围以内的给予赔偿，在范围之外过分远隔的损害，则不给予赔偿。[1] 这就是对赔偿损失的限制。实践中应当适用的限制赔偿损失范围的规则包括合理预见规则、减轻损失规则、过失相抵规则和损益相抵规则。

第一，合理预见规则。合理预见规则，又叫可预见性规则，该规则限制违约方只对订立合同时能够合理预见的损失进行赔偿，赔偿损失不得超过违反合同一方订立合同时预见到或者应当预见到的因违反合同可能给对方造成的损失。完全赔偿原则是对非违约方的有力保护，但基于公平原则，应将这种损害赔偿限制在合理的范围内。《民法典》第584条规定赔偿损失"不得超过违约一方订立合同时预见到或者应当预见到的因违约可能造成的损失"，这就是合理预见规则。合理预见规则将违约当事人的责任限制在其可预见的范围之内，使其有机会控制或分配合同风险，这对于促进交易、保障交易活动的正常进行具有重要意义。

合理预见规则主要包括以下内容：①预见的主体是违约方。因为合理预见规则是为了合理限制违约责任的范围，使违约方得到公平合理的对待，守约方能否预见损失

---

〔1〕 韩世远：《合同法总论》，法律出版社2004年版，第734页。

对赔偿范围没有意义，根据《民法典》第584条的规定，将预见的主体确定为违约方，才是合理的。②预见的时间是合同订立时。之所以将债务人预见损失的时间确定为合同订立之时，是因为债务人在订立合同时能预见损失，才能估算订立该合同的商业风险，才能在合同中合理分配风险。如果订立合同之后才预见，则当事人无法通过合同约定来分配风险，对于违约方不公平。③预见的内容是违反合同可能造成的财产损失的范围。关于预见的内容，理论界有两种不同的观点：一种观点认为损失的类型和损失程度均应该是可以预见的才能要求赔偿；另一种观点认为，只要违约方能够预见到损失的类型或种类，即可要求其赔偿，无须要求违约方预见到损失的程度或数额。本书认为，将违约方预见的内容确定为不仅预见损失类型、还要预见损失程度，限制过多，会成为违约方轻易逃避责任的借口，对受害人不公平，《民法典》第584条也并未明确规定要求违约方预见到损失的程度或数额，所以，解释上应该将预见的内容确定为只要求违约方预见到损失的类型，无须预见到损失的程度，即应承担赔偿责任。

合理预见规则适用于实际损失和可得利益损失，对实际损失的赔偿和对可得利益的赔偿，均限制于合理预见的范围。

法条链接

《中华人民共和国民法典》

第584条　当事人一方不履行合同义务或者履行合同义务不符合约定，造成对方损失的，损失赔偿额应当相当于因违约所造成的损失，包括合同履行后可以获得的利益；但是，不得超过违约一方订立合同时预见到或者应当预见到的因违约可能造成的损失。

第二，过失相抵规则。过失相抵规则是指受害人的过失也是损失发生的共同原因时，违约方对于受害人原因而导致的损失不承担赔偿责任。过失相抵规则是公平原则和诚实信用原则的体现。《民法典》第592条第2款明确规定了过失相抵规则："当事人一方违约造成对方损失，对方对损失的发生有过错的，可以减少相应的损失赔偿额。"

过失相抵规则考虑的是受害人的过失对损失后果的作用、影响的大小，与双方违约不同，双方违约是双方当事人都出现违约行为，即出现两个违约行为、两个违约损害后果，而过失相抵仅出现一个违约行为，一个违约损害后果，只不过受害人对这一个损害后果的发生有过失。

第三，减损规则。减损规则是指在债务人违约并造成损失后，受害人必须采取合理措施以防止损失的扩大，否则，受害人应对扩大部分的损害负责，违约方此时也有权请求从损害赔偿金额中扣除本可避免的损失部分。根据《民法典》第591条规定，当事人一方违约后，对方应当采取适当措施防止损失的扩大；没有采取适当措施致使损失扩大的，不得就扩大的损失请求赔偿。当事人因防止损失扩大支出的合理费用，由违约方承担。

防止损失扩大是受害人的法定义务，属于不真正义务，违反该义务，受害人无须向对方承担责任，对方也并不因此而对受害人享有权利，其后果仅是使受害人损失自负。《民法典》要求受害人采取的减轻损失的措施应该合理、及时，至于受害人采取的减轻损失的措施是否合理，应该以一个合理人（即理智正常的一般抽象人）作为判断时参照的标准，并要结合具体案件判断受害人采取减轻损失措施时间上的合理性。

我国法律既规定过失相抵规则，又规定减轻损失规则，二者适用于违约行为的不同时间段，过失相抵规则适用于损失发生阶段，而减轻损失规则适用于损失扩大阶段。

第四，损益相抵规则。损益相抵规则又叫损益同销，是指受害人基于发生损失的同一违约行为而获得利益时，应将所受利益从所受损失中扣除，以确定赔偿损失的范围，违约人仅就受害人因违约所受损失与其所获利益的差额部分予以赔偿。因为违约赔偿损失的目的是补偿受害人因违约所遭受的损失，并非使受害人因此获益。受害人由于同一违约行为既遭受损失，又获得利益，如果不将利益予以扣除，就等于让受害人因违约行为而受益，这是违反违约赔偿损失的本意和目的，也不符合诚信原则和公平原则。损益相抵规则，是确定受害人因违约方的违约而遭受的净损失的规则，并不是减轻违约方本应承担的责任。

《最高人民法院关于审理买卖合同纠纷案件适用法律问题的解释》第23条规定了损益相抵规则，"买卖合同当事人一方因对方违约而获有利益，违约方主张从损失赔偿额中扣除该部分利益的，人民法院应予支持。"

依照损益相抵规则而扣减损失赔偿数额时，可扣除的利益种类繁多，但基本可以划分为积极利益和消极利益。积极利益如买卖合同的卖方迟延交货，但由于标的物的市场价格看涨，买方获得比卖方按合同约定期限交货情形更多的转售利益，此利益的差额属于受害人（买方）因违约方违约而获得的积极利益；消极利益如因违约方违约而导致守约方节省的成本及费用支出。

（三）违约金责任

1. 违约金的概念和特征。违约金是指不履行或者不完全履行合同义务的违约方按照合同约定，支付给非违约方的一定数量的金钱。我国《民法典》第585条第1款规定，"当事人可以约定一方违约时应当根据违约情况向对方支付一定数额的违约金"，可见，我国法律明确规定违约金是违约责任的一种承担方式。

违约金在性质上可以分为赔偿性违约金和惩罚性违约金。赔偿性违约金是以弥补受害人因违约行为而遭受的损失为主要功能的违约金。惩罚性违约金不影响因不履行合同义务所产生的一切违约责任的承担，是其他债务不履行责任之外的一种纯粹的制裁手段，具有彻头彻尾的惩罚性。对于我国《民法典》第585条所规定的违约金的性质，一般认为属于赔偿性违约金。对于惩罚性违约金，我国法律并无明文禁止，所以，根据合同自愿原则，当事人可以在合同中约定惩罚性违约金。

> **法条链接**

《中华人民共和国民法典》

第585条　当事人可以约定一方违约时应当根据违约情况向对方支付一定数额的违约金，也可以约定因违约产生的损失赔偿额的计算方法。

约定的违约金低于造成的损失的，人民法院或者仲裁机构可以根据当事人的请求予以增加；约定的违约金过分高于造成的损失的，人民法院或者仲裁机构可以根据当事人的请求予以适当减少。

当事人就迟延履行约定违约金的，违约方支付违约金后，还应当履行债务。

2. 违约金责任形式的具体适用。

（1）违约金责任以约定为前提。根据我国《民法典》第585条的规定，违约金责任的适用必须有当事人的约定，合同当事人可以约定一方违约时应当根据违约情况向对方支付一定数额的违约金，如果当事人没有关于违约金的约定，在发生违约行为后，非违约方不能要求违约方承担违约金责任。这也是合同自由原则的体现。

（2）违约金数额的限制。违约金的数额必须由当事人在合同履行之前先予协商确定，当违约方出现不履行或不完全履行合同时，非违约方就可以按照合同要求违约方承担违约金责任而得到补偿。为了体现公平、诚实信用的原则，法律对违约金数额作了必要的限制。《民法典》第585条第2款规定："约定的违约金低于造成的损失的，人民法院或者仲裁机构可以根据当事人的请求予以增加；约定的违约金过分高于造成的损失的，人民法院或者仲裁机构可以根据当事人的请求予以适当减少。"过低的违约金难以制裁违约行为和补偿受害人的损失，过高的违约金则会使受害人得到不当的利益而显失公平，因此法律允许裁判机关基于当事人请求而做适当调整。

根据《民法典》第585条第2款的规定，调整违约金数额的条件和程序是：其一，必须是违约金低于或过分高于违约造成的损失。根据《民法典》第585条第2款的规定，只要违约金的数额低于违约造成的损失，当事人即可请求增加，而不要求违约金的数额"过分低于"违约造成的损失。对于过高的违约金，《民法典》规定必须是"过分高于"违约造成的损失方可请求适当减少。判断违约金的数额是否过高或过低，是以违约造成的损失为比较标准。此处所指的损失，其范围应当是与赔偿损失的范围相同，既包括实际损失，也包括可得利益的损失，只有这样，才能使受害人通过获得违约金的补偿而达到相当于合同得以履行一样的利益状态。其二，人民法院或仲裁机构基于当事人请求作出调整。因为违约金条款并不涉及国家利益、社会利益或他人利益，国家法律不应主动干涉，而应遵从合同自由，由当事人自主决定是否行使请求变更的权利，如果当事人不请求变更而自愿受其约束，人民法院或仲裁机构不得依职权调整违约金的数额。

3. 违约金与其他责任形式的关系。

（1）违约金与赔偿损失的关系。违约金主要是赔偿性违约金，可以视为事先约定的损害赔偿，因此一般情形下，违约金与赔偿损失不能并用。如果违约金的支付不能弥补受害人的损失的，受害人可以通过要求增加违约金数额的方式而使自己获得补偿，增加后的违约金数额以实际损失额为限，增加违约金以后，当事人又请求对方赔偿损失的，人民法院不予支持。如果当事人对违约金明确约定为惩罚性违约金，则违约金可以和赔偿损失并用。

（2）违约金与继续履行的关系。违约金与继续履行并不矛盾，《民法典》第 585 条第 3 款规定："当事人就迟延履行约定违约金的，违约方支付违约金后，还应当履行债务。"这表明针对迟延履行的违约行为而约定的违约金与继续履行是可以并用的。

但是，如果当事人约定的违约金是针对不履行的实际违约情形，该违约金旨在弥补合同不履行造成的损失，使受害人达到如同合同得以履行的利益状态，此时，受害人可以选择通过获取违约金达到如同合同得以履行的利益状态，或者选择请求债务人继续履行以完全实现订约目的，而不能两者兼选，否则受害人将获取双重利益，有违公平。此种场合，违约金与继续履行不能并用。当然，如果当事人在合同中对违约金与继续履行能否并用作出特别约定的，应该从其约定。

相关案例

2012 年 3 月 8 日，原告王某照与被告某达公司签订商品房预售合同一份，约定由原告购买被告开发的北王尚城 3 号楼 201 号房屋，每平方米单价为 3300 元，金额为330 000 元；以产权登记的建筑面积为准，房屋销售单价不变，多退少补，据实计算商品房总价款；王某照在 2012 年 3 月 9 日支付 60 000 元，2012 年 6 月 30 日前支付60 000 元，3 号楼封顶后 3 日内补齐剩余房款；某达公司应在 2012 年 10 月 30 日前完成主体封顶，王某照可入住开始装修，2013 年 6 月 30 日前达到水、电等五大主体验收合格并交接；除不可抗力外，某达公司如未按本合同规定的期限将商品房交付王某照使用，按下列方式处理：①按逾期交付时间计算违约金，违约金按总房款的同期银行贷款利率 4 倍计算。②若逾期 3 个月交房，则从交房款即日起至交房完毕，按交房款总额的同期银行贷款利率的 4 倍付给买受方；合同还对房屋交接、产权登记、保修责任等事项作了约定。

上述商品房预售合同签订后，原告王某照依照合同约定向被告某达公司付了房款。

被告某达公司于 2014 年 9 月 23 日向原告交付了涉案 201 号房屋，且承诺在 2014年 12 月之前保证完成全部房屋的消防验收。但涉案房屋所在北王尚城项目至原告起诉之日未通过消防验收，未办理竣工验收手续。

原告王某照起诉要求被告某达公司继续履行双方于 2012 年 3 月 8 日签订的商品房预售合同，并承担截至 2015 年 11 月 30 日的逾期交房违约金。

该案中，合同双方所约定的逾期交房违约金符合法律规定。某达公司出现约定适用违约金的违约情形，应当依约支付违约金，并且，双方约定的违约金是针对迟延履行的违约金，支付违约金后，合同债务人仍应当继续履行合同义务，即交付竣工验收的房屋。法院依法支持了王某照要求某达公司继续履行合同和支付违约金的诉讼请求。[1]

（四）定金责任

1. 定金责任的概念。定金，指合同当事人为了确保合同的履行，依据合同约定由一方按照合同标的额的一定比例，预先给付对方的金钱或其他替代物。

定金是一种债的担保形式，根据《民法典》第 587 条的规定，如果当事人不履行合同债务或者履行债务不符合约定，致使不能实现合同目的的，则适用定金罚则，这又包含了对当事人违约行为的制裁，因此定金责任也是承担违约责任的一种形式。

定金应当以书面形式约定，并且，定金合同是实践合同，所以定金合同的成立不仅要求当事人达成合意，还要求当事人实际交付定金。依照《民法典》第 586 条的规定，定金的数额由当事人约定，但不得超过主合同标的额的 20%，如果超过，超过部分不产生定金的效力，即超过部分不认为是定金。实际交付的定金数额多于或者少于约定数额的，视为对约定的定金数额的变更。

法条链接

《中华人民共和国民法典》

第 586 条　当事人可以约定一方向对方给付定金作为债权的担保。定金合同自实际交付定金时成立。

定金的数额由当事人约定；但是，不得超过主合同标的额的百分之二十，超过部分不产生定金的效力。实际交付的定金数额多于或者少于约定数额的，视为变更约定的定金数额。

第 587 条　债务人履行债务的，定金应当抵作价款或者收回。给付定金的一方不履行债务或者履行债务不符合约定，致使不能实现合同目的的，无权请求返还定金；收受定金的一方不履行债务或者履行债务不符合约定，致使不能实现合同目的的，应当双倍返还定金。

2. 定金责任的具体适用。由于定金具有明显的制裁违约行为的性质，定金应当适用于较为严重的违约行为，对于轻微的违约行为，不应适用定金责任，否则，可能将定金责任变成一种赌博，也会过度加重违约方的责任。《民法典》第 587 条将定金的适用限定于"不履行债务或者履行债务不符合约定，致使不能实现合同目的"的根本违

---

[1] 《王某照与潍坊某达房地产开发有限公司商品房预售合同纠纷二审民事判决书》，载中国裁判文书网，https://wenshu.court.gov.cn/website/wenshu/181107ANFZ0BXSK4/index.html? docId = b689a9cf352f446b9abb3e9d193e07de，访问时间：2020 年 7 月 13 日。

约行为。有定金担保的主合同顺利履行的，定金应当抵作价款或收回。如果不能顺利履行，则要执行定金罚则：支付定金的一方不履行合同债务或履行债务不符合约定，致使不能实现合同目的的，无权要求返还定金；收受定金的一方不履行合同义务或者履行不符合约定致使不能实现合同目的的，应当双倍返还定金。

相关案例

甲公司与乙公司签订一份绿豆购销合同，约定甲公司在 3 个月之内向乙公司提供 30 吨绿豆，总价款为 120 000 元，并由乙公司向甲公司支付定金 40 000 元。合同签订后，乙公司即向甲公司支付了 30 000 元。但因绿豆价格上涨，甲公司拒绝交货。履行期届满，乙公司起诉要求甲公司双倍返还实际已交付定金 60 000 元。甲公司认为乙公司支付的是 30 000 元而不是双方约定的 40 000 元定金，故双方对定金未达成合意，定金合同尚未生效，所以只同意返还 30 000 元。

问：本案应如何处理？

3. 定金和其他责任形式的关系。

（1）定金与违约金的关系。合同中违约金与定金条款不能合并适用。《民法典》第 588 条第 1 款规定："当事人既约定违约金，又约定定金的，一方违约时，对方可以选择适用违约金或者定金条款。"按照这一规定，同时约定定金和违约金的，当事人只能请求违约方承担这两种责任中的一种违约责任，或者是给付违约金，或者是执行定金条款，选择权在非违约方。

（2）定金与赔偿损失的关系。定金是一种独立的责任形式，其适用不以损失的发生为前提，定金责任也不能与赔偿损失互相代替。《民法典》第 588 条第 2 款规定："定金不足以弥补一方违约造成的损失的，对方可以请求赔偿超过定金数额的损失。"据此，当合同约定的定金不足以弥补一方违约造成的损失时，对方可在适用定金条款的同时请求赔偿损失以弥补违约行为造成的损失，定金和赔偿损失的数额总和不高于因违约造成的损失。

（3）定金与继续履行的关系。我国《民法典》规定的定金是违约定金，仅是对违约的制裁但并不替代实际履行，因此，在一方当事人违约后，即使违约方承担了定金责任，也不能免除其继续履行合同的义务，在合同能够履行的情况下，违约方仍应依债权人的请求继续履行合同，此时，定金责任与继续履行可以并用。

除了上述继续履行、赔偿损失、违约金、定金等几种主要的违约责任形式，《民法典》还规定了退货、减少价款或者报酬等违约责任形式，这些违约责任形式适用于"履行不符合约定"的违约情形。对于债权人拒绝受领、迟延受领的违约情形，理当由债权人承受不利益，《民法典》规定了由债权人赔偿债务人增加的费用、债务人无须支付利息的违约责任方式。

《中华人民共和国民法典》

第 589 条　债务人按照约定履行债务，债权人无正当理由拒绝受领的，债务人可以请求债权人赔偿增加的费用。

在债权人受领迟延期间，债务人无须支付利息。

六、违约责任与侵权责任的竞合

（一）违约责任与侵权责任竞合的含义

违约责任与侵权责任竞合是指同一违法行为符合违约责任和侵权责任的构成要件，成立违约责任和侵权责任，因此产生的两种民事责任相冲突的现象。《民法典》第 186 条对违约责任和侵权责任竞合时受损害方的求偿选择权作出了规定。

法条链接

《中华人民共和国民法典》

第 186 条　因当事人一方的违约行为，损害对方人身权益、财产权益的，受损害方有权选择请求其承担违约责任或者侵权责任。

（二）违约责任和侵权责任竞合的构成要件

1. 加害人与受害人之间存在合同关系。这是违约责任和侵权责任产生竞合的前提，如果当事人彼此之间不存在合同关系，那么违约责任无从产生，也就不可能产生两种责任的竞合。

2. 加害人实施了不法行为，该行为既构成违约行为，又构成侵权行为。实践中，可分为违约性的侵权行为和侵权性的违约行为。前者如买卖合同中的加害给付，卖方交付有质量瑕疵的标的物，构成违约行为，而有质量瑕疵的标的物又造成了买方人身或财产的损害，又构成侵权行为；后者如保管合同中，保管人在保管期间将保管物赠与第三人，该行为侵害了委托人的财产所有权，因该行为保管人没有尽到妥善保管标的物的义务，并导致在保管合同终止时，保管人无法履行返还保管物的义务，又构成违约行为。

3. 该不法行为同时符合违约责任和侵权责任的构成要件。

知识链接

侵权行为指行为人由于过错，或者在法律特别规定的场合不问过错，违反法律规定的义务，以作为或不作为的方式，侵害他人人身权益或财产权益，依法应当承担损害赔偿等法律后果的行为。

侵权责任是由民法规定的侵权行为人对其不法行为造成他人财产或人身权利损害所应承担的法律责任。

相关案例

2014 年 11 月 27 日，蒋某才在鲁甸县文屏镇某某车行向周某发购买"巨力"牌柴油三轮车一辆，双方商定价款为 17 500 元，蒋某才已支付周某发 15 500 元。蒋某才在使用该车过程中发现车辆变速箱存在自行跳档现象，曾多次找周某发进行修理。2015 年 4 月 19 日，蒋某才在用该车运输砂石爬坡过程中该车自行跳档，车辆翻下山坡，导致蒋某才身体多处被水箱中的热水烫伤，蒋某才因此在鲁甸县人民医院住院治疗 13 天。2015 年 7 月 31 日，蒋某才被烫伤的部位并发感染，到鲁甸县中医院住院治疗 24 天。2015 年 9 月 12 日经鉴定，蒋某才伤残等级为八级，后续治疗费为 5000 元。蒋某才申请对车辆进行鉴定，经法院委托鉴定机构进行鉴定，认定本案柴油三轮车的变速箱在爬坡行驶时存在自行跳档问题。鲁甸县文屏镇某某车行系祝某花投资经营，于 2015 年 8 月 21 日首次注册登记个体工商户，其子周某发协助祝某花经营管理。祝某花、周某发未能提供证据说明本案柴油三轮车合格以及生产者情况。

问：蒋某才可向本案柴油三轮车的销售者还是生产者索赔？应当提起违约之诉还是侵权之诉？[1]

（三）违约责任和侵权责任竞合的处理

因当事人一方的违约行为，损害对方人身权益、财产权益的，《民法典》第 186 条规定："受损害方有权选择请求其承担违约责任或者侵权责任。"表明我国法律已经明确规定了出现违约责任和侵权责任竞合时，当事人享有选择权，可以选择请求对方承担违约责任或是侵权责任。

当事人如何选择，直接关系到其利益能否得到最好的保护。实践中，应考虑如下因素：

1. 举证责任的负担。从司法实践看，侵权责任的举证责任重于违约责任。在违约之诉中，非违约方只对对方违约的事实承担举证责任，对于行为人的过错以及是否具备免责事由不负举证责任，而违约方必须证明自己的违约是因为存在不可抗力或出现了合同中约定的免责事由才能免予承担违约责任；而在侵权之诉中，侵权行为人通常不负举证责任，受害人必须就其全部主张负举证责任。当然在某些情况下，实行举证责任倒置，受害人不用承担举证责任，但这毕竟是特殊现象。

2. 赔偿范围。违约责任中的赔偿损失主要是财产损失的赔偿，赔偿范围包括实际损失和可得利益的损失，只是可得利益损失要受到"合理预见规则"的限制。《民法典》第 996 条规定："因当事人一方的违约行为，损害对方人格权并造成严重精神损害，受损害方选择请求其承担违约责任的，不影响受损害方请求精神损害赔偿。"这一

〔1〕《蒋某才与祝某花、周某发产品责任纠纷一审民事判决书》，载中国裁判文书网，https：//wenshu. court. gov. cn/website/wenshu/181107ANFZ0BXSK4/index. html? docId = 55c6e7dfe51f4c36832aaa5301257913，访问时间：2020 年 7 月 13 日。

新规定赋予受损害方在违约之诉中主张精神损害赔偿的权利，但严格限定为"造成严重精神损害"的情形。而侵权责任中的赔偿损失不仅包括财产损失的赔偿，也包括人身伤害和精神损害的赔偿，但通常不包括可得利益丧失的赔偿。

法条链接

《中华人民共和国民法典》

第996条　因当事人一方的违约行为，损害对方人格权并造成严重精神损害，受损害方选择请求其承担违约责任的，不影响受损害方请求精神损害赔偿。

3. 责任方式。按《民法典》的规定，侵权责任的方式有停止侵害、排除妨碍、消除危险、消除影响、恢复名誉、赔礼道歉和赔偿损失等，而违约责任的承担方式为继续履行、支付违约金、赔偿损失、定金责任、退货、减少价款或报酬等。

4. 诉讼主体的选择。提起违约之诉，被告只能是合同当事人中的违约方，而提起侵权之诉，被告还可能是合同当事人之外的其他人。

七、违约责任与缔约过失责任的区别

1. 责任产生的前提不同。违约责任产生的前提是合同有效成立，而缔约过失责任往往是基于合同不成立或合同无效而产生。

2. 责任侵害的对象不同。违约责任侵害的是合同义务，而缔约过失责任侵害的是先合同义务。

3. 责任性质不同。违约责任由当事人约定，是一种约定责任；而缔约过失责任基于法律的直接规定而产生，属于法定责任。

4. 责任承担方式不同。违约责任的承担方式有违约金、赔偿损失等，而缔约过失责任的承担方式仅为赔偿损失。

5. 赔偿范围不同。违约责任保护的是履行利益，赔偿的结果是使当事人达到合同完全履行时的状态；而缔约过失责任保护的是信赖利益，赔偿的结果是使当事人达到合同或其他某些缔约行为未曾发生时的利益状态。

引例分析

依法成立的合同自成立之日起发生法律效力，双方当事人均应按照合同的约定和法律的规定履行合同义务。引例中，凤城公司和万舜公司的订购协议明确约定了标的物为进口轴承，而万舜公司所交付的货物却不是进口产品，其履行与合同约定不符，构成违约行为，属于不适当履行。万舜公司的行为构成违约行为，应当承担违约责任。对于因违约行为而产生的赔偿责任问题，万舜公司和凤城公司在"订购协议"中没有明确约定，依据《民法典》第584条的规定，在履行合同义务不符合约定的情况下，确定赔偿数额应考量违约行为所造成的损失。凤城公司主张的赔偿数额包括三部分：无偿重新提供轴承给北方重工的货款损失36 545元、支付给北方重工的逾期交货违约金 18 600 元、赔偿北方重工的延误工期损失 30 000 元。从凤城公司与北方重工之间的合同约定来看，关于违约责任的约定包括重新供货而不支付货款，按延迟供货天数给付标准违约金，赔偿延误工期损失。这一约定本身是否符合法律规定，应否全额支付等属于该合同双方当事人之间的约定，该约定不应对万舜公司产生约束力；凤城公司在已就延误工期损失予以赔偿 30 000 元的情况下，还支付延误工期违约金，应属于扩大的损失部分；30 000 元的延误工期的实际损失，属于当事人订立合同时应当预见到的损失。综上所述，万舜公司应承担 30 000 元的违约赔偿责任。

思考与练习

一、不定项选择题

1. 王某因多年未育前往某医院就医，经医院介绍 A 和 B 两种人工辅助生育技术后，王某选定了 A 技术并交纳了相应的费用，但医院实际按照 B 技术进行治疗。后治疗失败，王某要求医院返还全部医疗费用。下列哪一选项是正确的？（　　）。

A. 医院应当返还所收取的全部医疗费

B. 医院应当返还所收取的医疗费，但可以扣除 B 技术的收费额

C. 王某无权请求医院返还医疗费或赔偿损失

D. 王某为犯请求医院返还医疗费，但是有权请求医院赔偿损失

2. 甲公司在与乙公司协商购买某种零件时提出，由于该零件的工艺要求高，只有乙公司先行制造出符合要求的样品后，才能考虑批量购买。乙公司完成样品后，甲公司因经营战略发生重大调整，遂通知乙公司：本公司已不需要此种零件，终止谈判。下列哪一选项是正确的？（　　）。

A. 甲公司构成违约，应当赔偿乙公司的损失

B. 甲公司的行为构成缔约过失，应当赔偿乙公司的损失

C. 甲公司的行为构成侵权行为，应当赔偿乙公司的损失

D. 甲公司不应赔偿乙公司的任何损失

3. 甲公司未取得商铺预售许可证，便与李某签订了《商铺认购书》，约定李某支付认购金即可取得商铺优先认购权，商铺正式认购时甲公司应优先通知李某选购。双方还约定了认购面积和房价，但对楼号、房型未作约定。李某依约支付了认购金。甲公司取得预售许可证后，未通知李某前来认购，将商铺售罄。关于《商铺认购书》，下列哪一表述是正确的？（　　）

A. 无效，因甲公司未取得预售许可证即对外销售

B. 不成立，因合同内容不完整

C. 甲公司未履行通知义务，构成根本违约

D. 甲公司须承担继续履行的违约责任

4. 合同当事人一方违约后，守约方要求其承担继续履行的违约责任。在下列哪些

情况下，人民法院对守约方的请求不予支持？（　　　）

　　A. 违约方所负债务为非金钱债务

　　B. 债务的标的不适于强制履行

　　C. 继续履行费用过高

　　D. 违约方已支付违约金或赔偿损失

　　5. 根据《民法典》规定，下列哪些免责条款是无效的？（　　　）

　　A. 造成对方人身伤害的免责条款

　　B. 故意或重大过失造成对方财产损失的免责条款

　　C. 免除一方责任的免责条款

　　D. 排除对方主要权利的免责条款

　　6. 王甲在乙车行购买丙厂生产的一台电动车，使用过程中因电池爆炸导致人身伤害。下列说法正确的是（　　　）。

　　A. 王甲可以要求乙车行承担违约责任

　　B. 王甲可以要求乙车行承担侵权责任

　　C. 王甲可以要求丙厂承担侵权责任

　　D. 王甲可以要求丙厂承担违约责任

二、问答题

1. 试分析违约责任与缔约过失责任的异同。

2. 简述违约责任的责任承担方式。

3. 试述违约赔偿损失的范围。

三、案例分析

　　原告胡某卿与被告临沂某兴公司于 2010 年 8 月 9 日达成了购房意向：原告购买被告某兴公司位于某镇中山路南端明珠花苑 9 号楼 101 号楼房一套，并于当天交给被告某兴公司定金 50 000 元，当时被告的经办人承诺半个月后交齐购房款即给钥匙并给办理房权证。2013 年 8 月 23 日，原告（买受人）与被告某兴公司（出卖人）签订了购房合同，合同约定合同总价款为 187 944 元，出卖人应于 2010 年 8 月 30 日前依照国家和地方人民政府的有关规定将验收合格的商品房交付给买受人，原告又支付给被告某兴公司购房款 130 000 元。后被告某兴公司作为出卖人未按合同约定将原告所购楼房交付原告。另查明，被告出卖给原告的楼房，被告已于 2006 年 10 月 17 日卖给了杨某，杨某在县房管局通过产权登记取得了涉案楼房的所有权证。2008 年 9 月 8 日，杨某又将涉案楼房卖给了李某平，并到县房管局办理了产权转移登记。后县公安局经侦大队因被告法定代表人刘某涉嫌刑事犯罪将其刑事拘留。刘某之妻李某梅与原告约定：李某梅自愿筹集现金 180 000 元替被告归还原告购房款，后县公安局经侦大队将 180 000 元购房款转交给了原告。因损失赔偿事宜，原告诉至法院，请求依法判令被告解除原告和被告签订的购房合同，双倍返还原告所交购房定金 50 000 元，承担赔偿责任 180 000

元，并由被告负担诉讼费用。[1]

问：1. 原告与被告某兴公司于 2013 年 8 月 23 日签订的购房合同是否有效？被告某兴公司没有向原告交付房屋并将房屋过户给原告，应该向原告承担何种责任？

2. 原告主张解除其与被告某兴公司签订的房屋买卖合同，并由被告某兴公司双倍返还原告所交购房定金、承担赔偿责任的诉讼请求是否应该得到支持？

3. 本案双方约定的违约金数额是否符合相关法律规定？法院可否调整违约金数额？

项目三　　处理合同纠纷

引例

甲房地产公司与乙混凝土公司签订混凝土供需合同，合同履行过程发生了纠纷，乙公司向沈阳仲裁委员会提出仲裁申请，沈阳仲裁委员会对该合同纠纷进行了裁决。但是，甲公司对仲裁裁决不服，以甲、乙之间没有签订仲裁协议、沈阳仲裁委员会作出裁决的行为严重违法为由，向辽宁省沈阳市中级人民法院提出申请，请求撤销该仲裁裁决。甲公司认为：乙公司在仲裁中提交双方签订的混凝土供需合同书作为证据，证明双方约定将该合同纠纷提交沈阳仲裁委员会仲裁，但是，该合同书的第 12 条"关于争议的解决方式"第 2 项内容为"申请沈阳仲裁委员会仲裁"，乙公司单方在该第 2 项前面打勾，不是双方真实意思表示。为此，甲公司向法院提交其所保存的甲、乙之间签订的混凝土供需合同书作为证据，甲公司提交的合同书在该第 2 项前面没有打勾。沈阳市中级人民法院认为：乙公司作为仲裁申请人以双方签订的混凝土供需合同书作为证据，证明双方存在仲裁协议而要求仲裁，乙公司就应当提供证据证明该合同书在"申请沈阳仲裁委员会仲裁"前面打勾系经双方当事人意思合致，但乙公司未能就此举证。所以，沈阳市中级人民法院裁定撤销了沈阳仲裁委员会对该合同纠纷案作出的仲裁裁决书。甲公司又向合同履行地法院提起诉讼，请求法院对该合同纠纷进行审理判决。

问：乙公司申请沈阳仲裁委员会对该合同纠纷案进行仲裁是否必须以双方约定"申请沈阳仲裁委员会仲裁"为前提条件？仲裁裁决被法院撤销后，当事人是否可以将合同纠纷诉至人民法院？

基本原理

经济生活中，每天发生大量的合同，也发生大量的合同纠纷，要正确处理合同纠纷，当事人首先必须注重收集充足的证据，以证明纠纷事实，同时，应当依法寻求合理有效的法律救济途径，才能避免或减轻损失，维护合同当事人的合法权益。

---

[1] "最高人民法院 12 月 4 日发布合同纠纷典型案例"，载最高人民法院网，http://www.court.gov.cn/zixun-xiangqing-16210. html，访问时间：2020 年 7 月 13 日。

一、收集证据

在合同纠纷发生之后，无论当事人采取何种方式解决纠纷，首先都必然面临纠纷事实的证明问题。依照法理，在合同纠纷案件中，主张合同关系成立并生效的一方当事人对合同订立和生效的事实承担举证责任；主张合同关系变更、解除、终止、撤销的一方当事人对引起合同关系变动的事实承担举证责任；对合同是否履行发生争议的，由负有履行义务的当事人承担举证责任。所以，在解决纠纷之前，预先收集充足的证据，是有效处理合同纠纷的必然要求。在解决合同纠纷的法律途径仲裁和民事诉讼中，对于证据都适用民事诉讼证据的规定和规则，所以，当事人为解决合同纠纷而收集证据，必须符合民事诉讼证据的规定。

(一) 民事诉讼证据的概念和特点

民事诉讼证据，是指能够证明民事案件真实情况的事实。

证据是法院或仲裁机构认定有争议案件事实的根据，依照谁主张谁举证的原则，证据通常由当事人提供，用以证明其所主张的案件真实情况。

民事诉讼证据的特点有：

1. 客观性。民事诉讼证据的客观性，是指证据必须是客观存在的事实，也即民事诉讼证据本身是客观的、真实的，而不是想象的、虚构的、捏造的。

2. 关联性。民事诉讼证据的关联性，是指证据与证明对象之间必须具有某种内在的联系。如主张缔约过失责任的当事人提交住宿费发票以证明其为缔约而实际支付了费用，该证据具备关联性。

3. 合法性。民事诉讼证据的合法性，是指证据必须符合法律的要求，不为法律所禁止。民事诉讼证据合法性的具体要求包括：其一，收集证据的行为本身合法；其二，证据的形式合法；其三，证据材料经过合法程序（质证、审核认定）转化为证据。不具备合法性的证据不能成为证据，如以严重侵害他人合法权益、违反法律禁止性规定或者严重违背公序良俗的方法形成或者获取的证据，不能作为认定案件事实的依据。

证据必须具备上述"三性"，当事人在收集证据时，应当注意符合上述规定。

(二) 民事诉讼证据的种类

根据民事诉讼法律的规定，民事诉讼的证据包括：

1. 当事人的陈述。是指当事人在诉讼中就与本案有关的事实，向法院所作的陈述。

2. 书证。书证是指以文字、符号、图形等所记载的内容或表达的思想来证明案件事实的证据。比如合同书、订货单、收货单、收据、发票等。

3. 物证。物证是指以其存在的形状、质量、规格、特征等来证明案件事实的证据。比如买卖合同留存的标的物样品、质量有争议的标的物等。

4. 视听资料。视听资料是指利用录音、录像储存的资料来证明案件事实的证据。

视听资料包括录音资料和影像资料。

5. 电子数据。电子数据是指通过电子邮件、电子数据交换、网上聊天记录、博客、微博客、手机短信、电子签名、域名等形成或者存储在电子介质中的信息。存储在电子介质中的录音资料和影像资料，适用电子数据的规定。根据最高人民法院发布的自2020年5月1日起施行的《关于民事诉讼证据的若干规定》第14条规定，电子数据包括下列信息、电子文件：①网页、博客、微博客等网络平台发布的信息；②手机短信、电子邮件、即时通信、通讯群组等网络应用服务的通信信息；③用户注册信息、身份认证信息、电子交易记录、通信记录、登录日志等信息；④文档、图片、音频、视频、数字证书、计算机程序等电子文件；⑤其他以数字化形式存储、处理、传输的能够证明案件事实的信息。

6. 证人证言。证人是指知晓案件事实并应当事人的要求和法院的传唤到法庭作证的人。证人就案件事实向法院所作的陈述称为证人证言。

7. 鉴定意见。鉴定人是指接受委托或指定，凭借自己的专门知识对案件中的专门性问题进行鉴定并提出书面鉴定意见的人。鉴定人运用专业知识、专门技术对案件中的专门性问题进行分析、鉴别、判断后提出的意见，称为鉴定意见。

在合同纠纷诉讼中，当事人申请鉴定的，由双方当事人协商确定具备资格的鉴定人；协商不成的，由人民法院指定。当事人对鉴定意见有异议或者人民法院认为鉴定人有必要出庭的，鉴定人应当出庭作证。经人民法院通知，鉴定人拒不出庭作证的，鉴定意见不得作为认定案件事实的根据；支付鉴定费用的当事人可以要求返还鉴定费用。

8. 勘验笔录。勘验是指人民法院审判人员在诉讼过程中，为了查明一定的事实，对与案件争议有关的现场、物品或物体亲自进行或指定有关人员进行查验、拍照、测量的行为。对于查验的情况与结果制成的笔录叫勘验笔录。

无论合同当事人是否通过民事诉讼处理合同纠纷，预先收集上述各类证据都是有利的做法。

合同当事人除自己收集证据外，如果因客观原因不能自行收集证据，在诉讼过程还可以依法申请人民法院调查收集证据。

（三）保全证据

保全证据又称为证据保全，是指人民法院在起诉前或在对证据进行调查前，依据申请人的申请或当事人的请求，以及依职权对可能灭失或今后难以取得的证据，予以固定和保存的行为。民事诉讼证据保全有两种方式：一种是诉前证据保全，它是指起诉前由申请人向人民法院申请对证据进行保全的行为；另一种是诉讼证据保全，就是在民事诉讼中人民法院对证据采取的固定和保存行为。

在由人民法院进行保全的民事诉讼的证据保全之外，申请人也可以向公证机构提出保全证据公证申请，采用公证的形式对证据进行固定、保全。

在证据可能灭失或者以后难以取得的情况下，合同纠纷的当事人应当及时申请保全证据，以避免举证不能的不利后果。比如：合同当事人以电子邮件传递要约与承诺，在必要时当事人可以申请公证机构进行证据保全公证，将可证明合同成立及合同内容的证据固定、保存。

二、合同纠纷的解决方式

合同争议的处理途径有四种：和解、调解、仲裁和诉讼。

（一）和解

和解，即是合同纠纷的当事人自行协商解决纠纷。当事人在互谅互让、平等磋商的基础之上自行协商解决纠纷，不影响双方的关系，不妨碍今后的继续合作，还可以节省时间、人力和费用，所以，如果产生合同纠纷，当事人应当首选协商解决纠纷，依照平等互利、协商一致的原则达成和解，如约定以分期付款、实物抵债等方式处理违约问题。当事人和解，应遵循平等自愿原则和合法原则，不得强迫他人接受和解条件，也不得作出有违法律的和解协议。

但是，当事人达成的和解协议仅是当事人之间就解决合同纠纷达成的普通民事协议，不具备强制执行的效力，其权利义务的实现有赖于双方当事人的自愿履行。

（二）调解

调解，指民间调解，是合同纠纷的双方当事人自愿在第三者（即调解人）的主持下，在查明事实、分清是非的基础上，由第三者对纠纷双方当事人进行说明劝导，促使双方互谅互让，达成调解协议，从而解决纠纷。

调解解决合同纠纷应当遵循平等自愿、合法原则。通过民间调解而促成纠纷双方达成的调解协议与当事人自行达成的和解协议效力相同，不具备强制执行的效力，仅是普通民事协议。

合同纠纷发生后，当事人可以寻求商会、人民调解委员会等机构主持调解，以求尽快解决纠纷，减少矛盾与损失。

（三）仲裁

仲裁是一种在世界范围内被广泛承认和采用的解决争议的有效方式，从字义上诠释，"仲"表示地位居中，"裁"表示衡量、判断，"仲裁"即居中公断之意。在我国，仲裁有民商事仲裁、劳动仲裁和农业承包合同仲裁等。劳动仲裁的仲裁范围是劳动争议，农业承包合同仲裁的仲裁范围是农业集体经济组织内部的农业承包合同纠纷，而适用于合同纠纷的仲裁是民商事仲裁。如无特别说明，下文所述仲裁仅指民商事仲裁。

1. 仲裁的概念和特点。仲裁，指双方当事人根据有效的仲裁协议，将纠纷提交给仲裁机构进行裁决的一种争议解决方式。仲裁有以下特点：

（1）专家断案。所谓专家断案，就是由某一领域的专家、权威人士来裁判案件。仲裁是公正、独立的第三人居中裁判当事人双方争议的纠纷解决机制，裁判纠纷的"第三人"具有良好法律素养，同时又是所涉行业的专业人才，从而保证了仲裁的质量和仲裁结果的公平、合理。

（2）或裁或审，一裁终局。仲裁和诉讼是可供纠纷当事人选择的解决纠纷的两种途径，但是，仲裁或诉讼，两者只能选其一，根据《中华人民共和国仲裁法》（以下简称《仲裁法》）第5条的规定，当事人达成仲裁协议，一方向人民法院起诉的，人民法院不予受理。如果当事人选择了将纠纷提交仲裁，就不能向法院提起诉讼。并且，仲裁实行一裁终局的制度，并无多级仲裁，对合同双方当事人来说，仲裁裁决具有既判力，当事人对仲裁裁决不服，也不得再诉至法院。对此，《仲裁法》第9条规定："仲裁实行一裁终局的制度。裁决作出后，当事人就同一纠纷再申请仲裁或者向人民法院起诉的，仲裁委员会或者人民法院不予受理。裁决被人民法院依法裁定撤销或者不予执行的，当事人就该纠纷可以根据双方重新达成的仲裁协议申请仲裁，也可以向人民法院起诉。"仲裁采取一裁终局，所有的仲裁裁决一经作出即受到法律的尊重和保护，可使当事人避免漫长的诉累。

> **法条链接**

《中华人民共和国仲裁法》

第5条　当事人达成仲裁协议，一方向人民法院起诉的，人民法院不予受理，但仲裁协议无效的除外。

（3）意思自治。所谓意思自治，是指仲裁当事人的意思自治，此精神贯穿于整个仲裁程序中：当事人可以选择是否进行仲裁以及将哪些纠纷提交仲裁；当事人可以选择仲裁机构、仲裁地点、仲裁适用的法律和规则；当事人可以选择仲裁员；当事人可以选择如何进行仲裁程序；当事人可以选择是否终止仲裁程序。

（4）不公开审理。《仲裁法》第40条规定："仲裁不公开进行。当事人协议公开的，可以公开进行，但涉及国家秘密的除外。"

（5）法律的承认和执行保障。仲裁裁决具有既判力，其效力得到法律的承认，当事人应当履行裁决。一方当事人不履行的，另一方当事人可以依照民事诉讼法的有关规定向人民法院申请执行。受申请的人民法院应当执行。

2. 仲裁的范围。仲裁范围即仲裁的适用范围。它是指仲裁作为一种解决纠纷的方式，可以解决哪些纠纷，不能解决哪些纠纷，也就是纠纷的可仲裁性问题。

仲裁范围是由《仲裁法》加以规定的。根据《仲裁法》第2条、第3条的规定，平等主体的公民、法人和其他组织之间发生的合同纠纷和其他财产权益纠纷，可以仲裁。下列纠纷不能仲裁：①婚姻、收养、监护、扶养、继承纠纷；②依法应当由行政机关处理的行政争议。所以，仲裁是解决合同争议的一种途径，合同争议当事人应合理选择。

3. 仲裁协议。仲裁协议是指双方当事人自愿将他们之间已经发生或者可能发生的争议提交仲裁解决的协议。依照《仲裁法》第 4 条、第 21 条的规定，"有仲裁协议"是当事人申请仲裁必须符合的条件。没有仲裁协议，一方申请仲裁的，仲裁委员会不予受理。

仲裁协议的形式必须是书面形式。它包括合同中的仲裁条款，也包括独立的仲裁协议。《仲裁法》第 16 条规定："仲裁协议包括合同中订立的仲裁条款和以其他书面方式在纠纷发生前或者纠纷发生后达成的请求仲裁的协议。"从《仲裁法》的这一规定可以看出，我国只承认书面仲裁协议的法律效力，以口头方式订立的仲裁协议不受法律保护。当事人以口头仲裁协议为依据申请仲裁的，仲裁机构不予受理。

一份完整、有效的仲裁协议必须具备法定的内容。根据《仲裁法》第 16 条的规定，仲裁协议应当包括下列内容：

（1）请求仲裁的意思表示。仲裁协议中当事人请求仲裁的意思表示要明确。例如，当事人约定"因本合同引起的争议由双方协商解决，协商不成的，提交北京仲裁机构仲裁或者向法院起诉"，这一约定其请求仲裁的意思表示不明确，应由当事人达成补充协议，如果达不成补充协议，该仲裁协议无效。

（2）仲裁事项。仲裁事项即当事人提交仲裁的具体争议事项。仲裁机构只解决仲裁事项范围内的争议，仲裁庭只能在仲裁协议确定的仲裁事项的范围内进行仲裁，超出这一范围进行仲裁，所作出的仲裁裁决，经一方当事人申请，法院可以不予执行或者撤销。例如，买卖合同当事人仅约定"就产品质量问题引起的争议提交仲裁"，则不得对当事人因货物数量问题引起的争议进行仲裁。

（3）选定的仲裁委员会。按照《仲裁法》的规定，仲裁委员会可以在直辖市和省、自治区人民政府所在地的市设立，也可以根据需要在其他设区的市设立，仲裁委员会不实行级别管辖和地域管辖。由哪个仲裁委员会裁决争议，完全由当事人自己选定。当事人可以选择本地的仲裁机构，也可以选定双方共同信任的其他地方的仲裁机构。仲裁协议对仲裁委员会没有约定或者约定不明确的，当事人可以补充协议；达不成补充协议的，仲裁协议无效。如果当事人在仲裁协议中没有选定仲裁委员会，任何仲裁委员会无权受理。

4. 选择仲裁方式解决合同纠纷应注意的问题。当事人如果要选择仲裁方式解决合同纠纷，应当注意下列问题：

（1）尽可能在合同纠纷发生之前订立有效的仲裁协议。仲裁协议既可以在纠纷发生之前订立，也可以在纠纷发生之后订立。但是，纠纷发生后，由于当事人的利害冲突，争议双方往往不容易达成任何协议，包括仲裁协议。并且，即使不发生实际纠纷，当事人事先订立仲裁协议，也可以在一定程度上督促当事人履行合同。所以，为了使合同纠纷可以顺利地适用仲裁方式得以解决，选择仲裁的当事人应当尽可能在合同纠纷发生之前订立仲裁协议，并且，应当依法订立仲裁协议，依法约定仲裁协议的内容，避免出现仲裁协议无效的情形。

（2）选择合适的仲裁机构。仲裁不实行级别管辖和地域管辖，仲裁委员会由当事人协议选定。当事人选择仲裁机构一般应考虑下列因素：其一，地点。当事人最好选择当事人住所地、合同履行地或财产所在地的仲裁委员会，这样便于当事人参加仲裁活动，也便于仲裁机构仲裁案件，同时也便于法院对仲裁裁决的执行。其二，仲裁员。由于当事人可以选定仲裁员，所以，当事人选择仲裁委员会时应当考虑仲裁员因素，哪位仲裁员对有关业务最熟悉且公道正派，当事人觉得其值得信赖，就可选定该仲裁员所在的仲裁委员会，以保证案件的公正处理。

根据仲裁的特点和法律对仲裁协议的要求，本项目引例中，乙公司要将合同纠纷提交沈阳仲裁委员会仲裁，必须以甲、乙双方存在仲裁协议为前提条件，必须证明双方约定"申请沈阳仲裁委员会仲裁"；根据或裁或审原则，仲裁裁决被法院依法撤销后，当事人甲公司或乙公司自然可以将合同纠纷诉至人民法院。

（3）在仲裁时效期间提起仲裁申请。对于仲裁时效，法律有规定的，适用该规定；法律对仲裁时效没有规定的，适用诉讼时效的规定。

（四）诉讼

发生合同纠纷，如果当事人没有达成仲裁协议或仲裁协议无效，双方当事人可以向法院起诉，通过诉讼的方式来解决纠纷。通过诉讼途径解决合同纠纷应注意以下问题：

1. 诉讼时效。合同债权人在诉讼时效期间不起诉便会失去胜诉权。合同纠纷适用《民法典》的诉讼时效规定，即诉讼时效期间为3年（法律另有规定的，依照其规定），自权利人知道或者应当知道权利受到损害以及义务人之日起计算。因国际货物买卖合同和技术进出口合同争议提起诉讼或者申请仲裁的时效期间为4年。合同当事人必须在法定的诉讼时效期间内及时行使自己的诉讼权利。当然，如果符合诉讼时效中止和中断的规定的，当事人仍然可以在规定的期限内行使自己的诉讼权利。

▓▓▓ 法条链接

《中华人民共和国民法典》

第 188 条　向人民法院请求保护民事权利的诉讼时效期间为三年。法律另有规定的，依照其规定。

诉讼时效期间自权利人知道或者应当知道权利受到损害以及义务人之日起计算。法律另有规定的，依照其规定。但是，自权利受到损害之日起超过二十年的，人民法院不予保护，有特殊情况的，人民法院可以根据权利人的申请决定延长。

第 594 条　因国际货物买卖合同和技术进出口合同争议提起诉讼或者申请仲裁的时效期间为四年。

2. 诉讼管辖。对于合同纠纷的诉讼管辖，《民事诉讼法》第23条规定："因合同纠纷提起的诉讼，由被告住所地或者合同履行地人民法院管辖。"所以，合同当事人提起诉讼之时应当依法选择有利的管辖法院。

在民事诉讼中，因合同发生的纠纷，还可以由双方当事人通过订立合同争议条款自由约定由哪个法院来管辖，称为"协议管辖"。协议管辖使合同当事人可以约定一个对自己有利的法院管辖案件，从而节省诉讼费用，避免地方保护主义因素产生的不利影响。所以，合同当事人应当尽可能在合同中订立合同争议条款，事先选择管辖法院。当然，合同当事人的这种自由选择权是有条件限制的，对当事人选择管辖法院的限制包括：

（1）协议管辖不得违反级别管辖与专属管辖。例如：海事案件只能由海事法院管辖，合同当事人约定由普通法院管辖是无效的。

（2）被选择的法院其所在地必须与争议有实际联系。即只能在被告住所地、合同履行地、合同签订地、原告住所地、标的物所在地的法院中进行选择，而且当事人在约定合同争议条款时应明确约定所选择的管辖法院，不能协议选择两个以上管辖法院，否则容易引起管辖争议。

（3）双方当事人必须以书面形式约定管辖法院，口头约定无效。

法条链接

《中华人民共和国民事诉讼法》

第23条　因合同纠纷提起的诉讼，由被告住所地或者合同履行地人民法院管辖。

第34条　合同或者其他财产权益纠纷的当事人可以书面协议选择被告住所地、合同履行地、合同签订地、原告住所地、标的物所在地等与争议有实际联系的地点的人民法院管辖，但不得违反本法对级别管辖和专属管辖的规定。

相关案例

上海某仓储公司与安徽某粮食贸易公司订立"仓储保管合同"，约定仓储公司为粮食贸易公司提供粮食仓储，储存地点为仓储公司位于上海普陀区的仓库，合同中关于争议的解决方式条款约定："协商不成的由原告方所在地法院管辖处理"。该合同履行过程发生纠纷，粮食贸易公司遂以合同纠纷向其住所地法院安徽省合肥市中级人民法院提起诉讼。在答辩期间，仓储公司提起管辖权异议，认为合同双方约定的管辖法院随提起诉讼的当事人的变化而变化，属约定不明，应该认定合同中关于管辖法院的约定无效，要求将案件移交合同履行地法院即上海普陀区人民法院审理。合肥市中级人民法院审查认为：当事人讼争的"仓储保管合同"中关于协议未尽事宜"协商不成的由原告方所在地法院管辖处理"的约定可以随当事人提起诉讼而变化管辖法院，但当事人之间如发生纠纷由原告方住所地法院管辖的约定是明确的，是双方当事人真实意思的表示。该约定不违反《民事诉讼法》关于选择管辖、级别管辖和专属管辖的法律规定，约定有效。粮食贸易公司以合同纠纷向其住所地法院合肥市中级人民法院提起诉讼，合肥市中级人民法院依法对本案有管辖权。遂裁定驳回仓储公司的管辖权异议。仓储公司对裁定不服，上诉至安徽省高级人民法院，安徽省高级人民法院裁定驳回上诉，维持原裁定。

上述案例说明：合同当事人关于诉讼管辖的约定应当合法、明确，否则，可能引起管辖权争议，延长诉讼过程，也可能给当事人带来不必要的损失。

3. 保全。保全是指法院对于可能因当事人一方的行为或者其他原因，使判决难以执行或者造成当事人其他损害的案件，根据对方当事人的申请，或依职权而对一方当事人的财产进行保全、责令其作出一定行为，或者禁止其作出一定行为。财产保全采取查封、扣押、冻结或者法律规定的其他方法。合同纠纷的当事人在提起诉讼或者申请仲裁前，或者在诉讼过程中均有权申请保全。在合同纠纷诉讼之前或诉讼过程中，如果一方当事人发现对方当事人的财产有可能灭失或被隐藏、转移，使自己的诉讼难以达到预期的目的，就应该及时依法向法院申请诉讼保全，以保证自己权利的实现。

引例分析

根据仲裁的特点和法律对仲裁协议的要求，本项目引例中，乙混凝土公司要将合同纠纷提交沈阳仲裁委员会仲裁，必须以甲、乙双方存在仲裁协议为前提条件，必须证明合同中打钩的争议解决方式"申请沈阳仲裁委员会仲裁"是双方的合意。根据或裁或审原则，仲裁裁决被人民法院依法撤销后，当事人可以将合同纠纷诉至人民法院。

思考与练习

1. 合同当事人应当如何保全证据？

2. 合同当事人订立的仲裁协议应该具备哪些内容？

拓展阅读

1. 王利明："预期违约与不安抗辩权"，载《华东政法大学学报》2016 年第 6 期；

2. 王利明："民法典合同编通则中的重大疑难问题研究"，载《云南社会科学》2020 年第 1 期；

3. 王利明：《违约责任论》，中国政法大学出版社 2003 年版；

4. 李永军：《合同法》，中国人民大学出版社 2020 年版；

5. 韩世远："违约金散考"，载《清华大学学报（哲学社会科学版）》2003 年第 4 期；

6. 石冠彬："民法典合同编违约金调减制度的立法完善——以裁判立场的考察为基础"，载《法学论坛》2019 年第 6 期。

情境训练　缔约过失责任的认定

情境设计

5月23日，河南天冠乡供销社同甘肃关北公司达成意向性协议：关北公司向供销社出售优质B09型化肥200吨，每吨价格2000元，双方约定10天内签订书面合同。

关北公司的竞争对手关南公司得知该情况后，于5月25日向天冠乡供销社发出传真："我司现有优质B09型化肥大量存货，如贵方愿意购买，我司愿以每吨1750元的价格出售，有意请速回复。"但事实上关南公司根本没有任何该种化肥的库存。供销社收到传真后，对新价格非常满意，于5月27日以传真回复合同文本，注明："本供销社愿意依你方提出之价格购买200吨，如贵方有意请在合同上签字，签字后合同即告成立。"关南公司接到回复后置之不理，因为其根本目的在于搅黄关北公司与供销社的大额交易。在供销社的不断催促下，关南公司于9月5日才作出回复："非常抱歉，我公司由于内部审核人员误将B06型化肥当作B09型化肥，致使贵方发生误会，特此说明，望见谅。"

关北公司迟迟不见供销社方面签订书面合同，后来才知道关南公司从中作梗，于是在9月7日直接通过铁路向供销社发送了全部货物。供销社于9月10日收到货物后，经表面检查数量无差错，便接收了全部货物，并回复称一个月内电汇全部货款。后因发现化肥过期失效而发生纠纷，供销社诉至法院，要求其承担违约责任；在得知了关南公司的行径后，供销社又将关南公司告上法院，要求其承担缔约过失赔偿责任。

目的与要求

明确缔约过失责任的构成要件及与违约责任的区别。

工作任务

任务一：认定关北公司与供销社之间的合同是否成立？判断其效力如何？

任务二：认定关南公司与供销社之间的合同是否成立？

任务三：认定关南公司是否应承担缔约过失责任？

训练方法与步骤

学生自由组合，4~8名为一组，先在组内开展讨论，再与其他小组进行交流，小组代表发言，最后由授课教师点评。

1. 各小组将本组意见写成书面材料；

2. 每一小组推选1~2名代表发言，并可与其他小组展开辩论。

考核标准

能正确把握缔约过失责任的构成要件，并正确解决合同订立过程中的纠纷。

情境训练　违约责任的认定和承担

情境训练

A公司与B公司签订合同，由A公司向B公司供应60#、63#两种型号的医用手套各1万打，交货期为2012年4月，验收日期为收货后5日内。A公司为履行合同，与C公司签订了同样标的的合同，交货期为2012年3月。2012年5月，B公司催促A公司发货，A公司经理赵刚亲自赴C公司催货，但未找到C公司的负责人，赵刚了解到C公司将该批货物交D厂生产，就直接到D厂催货。D厂答复赵刚，仓库中只有63#一种规格的医用手套，60#无货。赵刚表示只发一种规格也没问题。D厂即将63#医用手套2万打交铁路发运，将提货单交给赵刚，并通知C公司已经发货。C公司要求A公司支付货款，赵刚提出C公司迟延交货，应承担违约责任。经协商，A公司扣除3500元作为违约金后，支付了其余货款。A公司将提货单交给B公司，要求B公司付款。B公司验收时发现货物规格与合同要求不符，且部分医用手套已过期。B公司当即向A公司提出退货，并要求A公司承担违约责任。A公司未答复，B公司即拒不提货。承运人火车站将货物存入仓库，2012年8月，当地暴发洪水，火车站仓库遭水淹，该批医用手套全部报废。

目的与要求

1. 明确合同违约责任的相对性。
2. 正确认定违约责任。

工作任务

任务一：部分医用手套规格与合同要求不符，应由谁承担责任？为什么？

任务二：部分医用手套过期的责任应由谁承担？为什么？

任务三：医用手套全部报废的责任应由谁承担？为什么？

任务四：设B公司验收时发现部分医用手套已过期后，工作人员疏忽，一直未将该情况通知给A公司。3个月后B公司要求A公司承担该批货物的违约责任，能否得到支持？为什么？

训练方法与步骤

学生自由组合，4~8名为一组，先在组内开展讨论，再与其他小组进行交流，小组代表发言，最后由授课教师点评。

1. 各小组将本组意见写成书面材料；
2. 每一小组推选1~2名代表发言，并可与其他小组展开辩论。

考核标准

能正确认定违约责任的双方当事人及责任人应承担的违约责任形式。

单元四 典型合同

知识目标

1. 了解《民法典》合同编中的 19 种典型合同的基本概念和特征；

2. 类型化思维是学习法律及法律适用的一种方法，无类型、不法律，本单元将 19 种典型合同以分类形式阐述，需理解典型合同的类型概念；

3. 了解各类典型合同的效力，熟悉当事人的权利义务。

能力目标

通过本单元学习，能熟悉各类典型合同的基本规则及风险规则；掌握常见的典型合同的制作；能够判断和解决典型合同在实务中的纠纷。

内容结构图

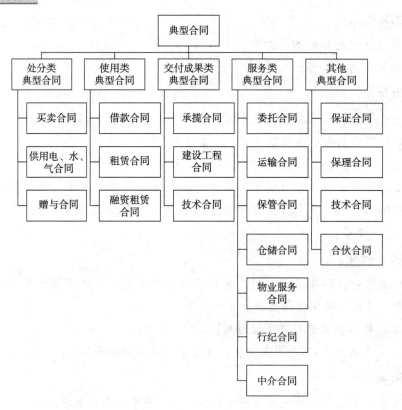

项目一 处分类典型合同

引例 1

周某到车行选购了三辆电单车，当即交付一部分购车款，并与车行约定第二天取货并付清余款。为防止车被别人买去，周某要求车行将其选购的三辆车另行存放，车行随即将车推至后院停放，但当晚车辆全部被盗。次日，周某来车行结余款取车，车行告知车已被盗，不能给车，但要求周某结清余款。

问题：电单车灭失的风险应由谁承担？

引例 2

杨某外出打拼成为大老板，回老家时发现曾就读的小学房屋年久失修，遂主动提出拿出 50 万为村小学建新课室，并与学校达成了一份书面协议。后杨某积极筹集资金，不料自家公司发生火灾，全部财产被烧成灰烬，且欠下 200 多万债务无法偿还。村小学一直未收到赠款，便催问此事，杨某以生意不景气为由推脱。村小学向法院起诉，请求法院依据书面协议判决杨某支付 50 万元赠款。

问题：杨某应否履行赠与义务？

基本理论

处分类典型合同，即财产处分类的典型合同，可将买卖合同、供用电水气热力合同、赠与合同、互易合同等归于此类，均为标的物所有权转移的合同类型。

一、买卖合同

买卖合同是日常生活中最常见、最重要的合同，不仅是处分类合同中最核心的合同，也是所有合同中最典型的合同。其核心是出卖人对标的物的处分行为以及标的物的权利移转。重点是买卖合同的效力、买卖合同标的物的风险负担问题。

（一）买卖合同的概念和特征

买卖合同是指当事人约定由一方交付标的物移转所有权并获得价款，另一方支付价款并受领标的物获得所有权的合同。其中负有交付标的物义务的一方为出卖人，负有交付价款义务的一方为买受人。

买卖合同的内容指合同条款，可以由当事人自由约定。一般包括当事人的名称或者姓名和住所、标的物的名称、数量、质量、价款、履行期限、履行地点和方式、包装方式、检验标准和方法、结算方式、合同使用的文字及其效力等条款。其中当事人、标的物、数量为必备条款，其他则为法律列出的指导性条款，并且在法律中作了相应的补充性条款，以备解决合同订立时忽略的细节问题。

《中华人民共和国民法典》

第510条 合同生效后，当事人就质量、价款或者报酬、履行地点等内容没有约定或者约定不明确的，可以协议补充；不能达成补充协议的，按照合同相关条款或者交易习惯确定。

第511条 当事人就有关合同内容约定不明确，依据前条规定仍不能确定的，适用下列规定：

（一）质量要求不明确的，按照强制性国家标准履行；没有强制性国家标准的，按照推荐性国家标准履行；没有推荐性国家标准的，按照行业标准履行；没有国家标准、行业标准的，按照通常标准或者符合合同目的的特定标准履行。

（二）价款或者报酬不明确的，按照订立合同时履行地的市场价格履行；依法应当执行政府定价或者政府指导价的，依照规定履行。

（三）履行地点不明确，给付货币的，在接受货币一方所在地履行；交付不动产的，在不动产所在地履行；其他标的，在履行义务一方所在地履行。

（四）履行期限不明确的，债务人可以随时履行，债权人也可以随时请求履行，但是应当给对方必要的准备时间。

（五）履行方式不明确的，按照有利于实现合同目的的方式履行。

（六）履行费用的负担不明确的，由履行义务一方负担；因债权人原因增加的履行费用，由债权人负担。

我国《民法典》除了规定买卖合同，对知识产权、债权、技术转让合同等无形财产以及电、水、气、热力等买卖有专门法律或以其它有名合同来规定，因此可看出在我国，买卖合同的标的物更多是指有形物，即为钱物交易。如果是钱钱兑换、物物交换则属于互易合同，《民法典》第647条明确了易货交易准用买卖合同的规定。另外，买卖合同的标的物一般应为可流通物，限制流通物的买卖须经特别许可，只能在限定的范围内或限定的主体间进行流通，而禁止流通物则不得成为买卖合同标的物，以禁止流通物为标的物的买卖合同无效。

《中华人民共和国民法典》

第595条 买卖合同是出卖人转移标的物的所有权于买受人，买受人支付价款的合同。

第646条 法律对其他有偿合同有规定的，依照其规定；没有规定的，参照适用买卖合同的有关规定。

第647条 当事人约定易货交易，转移标的物的所有权的，参照适用买卖合同的有关规定。

买卖合同是典型的有偿双务合同，其核心特征是按当事人约定达成标的物所有权发生移转的目的；其本质是享有标的物所有权一方的处分行为，这是买卖合同与其他类型合同区分的关键。例如租赁合同、借用合同等，虽然也发生标的物的交付，但并不移转物的所有权。但要注意的是，订立了买卖合同并不能使所有权直接发生转移，其直接结果是对当事人双方均产生了负担义务，一方负担转移标的物的义务，另一方负担支付价款的义务，若因出卖人不是标的物所有权人或处分权人而导致合同目的不能实现，则需承担违约责任；而所有权的转移，动产需要交付，不动产需要登记。如果动产不交付或不能交付，不动产不登记或不能登记，所有权是不会发生转移的。买卖合同也是诺成合同，除法律有特别规定或当事人有其他约定外，买卖合同自双方意思表示达成一致时发生法律效力，不以物的交付为成立条件，出卖人交付标的物的行为属于买卖合同的履行行为，不是合同的成立条件。可见，买卖合同的效力和所有权的转移是两个概念，不能混为一谈。

（二）买卖合同的分类

1. 一般买卖合同和特殊买卖合同。依据法律是否有特殊规定为标准。一般买卖合同是指首先适用《民法典》合同编对于买卖合同的一般规定，无一般规定的，适用合同编通则规定；而合同编对其种类、内容作出特别规定的，为特殊买卖合同，如分期付款合同、样品买卖合同、试用买卖合同、招标投标买卖合同、拍卖合同等，它们首先适用买卖合同特殊规定，无特殊规定时，才适用买卖合同的一般规定，无一般规定的，适用合同编的通则规定。

2. 动产买卖合同和不动产买卖合同。依据标的物是动产还是不动产来划分。这种分类的意义主要在于所有权转移的公示方式不同，动产为交付，不动产为登记。

3. 现货买卖合同和期货买卖合同。依据合同成立时标的物是否已经存在为标准。已经现实存在的，为现货买卖合同，反之，为期货买卖合同。

此外，依标的物是特定物还是种类物为标准，可划分为特定物买卖合同和种类物买卖合同；依订立方式不同，可划分为竞价买卖合同（如招标投标买卖合同、拍卖合同等）和自由买卖合同；依买卖合同的效力是否附有条件限制为标准，可划分为附条件的买卖合同和不附条件的买卖合同。

（三）买卖合同的法律效力

1. 出卖人的主要义务。在买卖合同中，出卖人的义务主要有两项：一是交付标的物并转移标的物的所有权；二是瑕疵担保责任。

（1）交付标的物并转移标的物的所有权。通常情况下，交付标的物的时间与转移所有权的时间是一致的，但当事人另有约定或法律另有规定的除外，如约定所有权附条件保留的买卖合同，即有可能出现标的物已交付但所有权未转移的情况。还有一种标的物交付的特殊情况：交付提取标的物的单证，如交付提单或仓单等，即视为产生与交付标的物相同的效力。

法条链接

《中华人民共和国民法典》

第 598 条　出卖人应当履行向买受人交付标的物或者交付提取标的物的单证，并转移标的物所有权的义务。

第 599 条　出卖人应当按照约定或者交易习惯向买受人交付提取标的物单证以外的有关单证和资料。

交付方式主要有现实交付、简易交付、指示交付和占有改定。

现实交付指动产的直接转移，是一般动产买卖合同的交付方式。即"一手交钱，一手交货"。

简易交付指标的物在买卖合同订立前已实际为买受人占有，出卖人无需进行现实交付，合同生效的时间为交付时间。

指示交付指标的物由第三人占有，由买受人直接向第三人要求返还标的物，实质上是对标的物返还请求权的转移。多在标的物为出租物的买卖合同中出现。

占有改定实质是对于法律占有的转移，指买卖合同当事人约定合同生效后，买受人取得所有权，但对标的物未直接占有，只处于间接占有的状态，标的物则由出卖人以租赁等方式继续占有。

法条链接

《中华人民共和国民法典》

第 226 条　动产物权设立和转让前，权利人已经占有该动产的，物权自民事法律行为生效时发生效力。

第 227 条　动产物权设立和转让前，第三人占有该动产的，负有交付义务的人可以通过转让请求第三人返还原物的权利代替交付。

第 228 条　动产物权转让时，当事人又约定由出让人继续占有该动产的，物权自该约定生效时发生效力。

交付时间通常由合同双方当事人约定。可以是一个具体的时间，应依照约定的时间交付。也可以是一个期间，出卖人可以在通知买受人的前提下，在约定期间内的任何时间交付。出卖人取得买受人同意后，可以提前交付，否则，买受人有权拒收，但提前交付不损害买受人利益的，买受人应当接收。若出卖人迟延交付则属于违约行为。

合同未对履行期限进行约定的，可以事后达成补充协议；无法达成补充协议，可以按合同的有关条款或交易习惯确定；还不能确定的，则债务人可以随时履行，债权人也可以随时请求履行，但是应当给对方必要的准备时间。

▓▓ **法条链接**

《中华人民共和国民法典》

第 601 条　出卖人应当按照约定的时间交付标的物。约定交付期限的，出卖人可以在该交付期限内的任何时间交付。

第 602 条　当事人没有约定标的物的交付期限或者约定不明确的，适用本法第五百一十条、第五百一十一条第四项的规定。

交付地点与运输费用、风险承担等有关，因此当事人应当在合同中约定。若合同中未约定交付地点或约定不明确，应该按照下列规则确定：合同当事人可以事后达成补充协议；无法达成补充协议，可以按合同的有关条款或交易习惯确定；还不能确定的，可以根据《民法典》第 603 条的规定履行交付义务，即需运输的，交第一承运人；无需运输的，在标的物所在地或出卖人营业地交付。

▓▓ **法条链接**

《中华人民共和国民法典》

第 603 条　出卖人应当按照约定的地点交付标的物。

当事人没有约定交付地点或者约定不明确，依据本法第五百一十条的规定仍不能确定的，适用下列规定：

（一）标的物需要运输的，出卖人应当将标的物交付给第一承运人以运交给买受人；

（二）标的物不需要运输，出卖人和买受人订立合同时知道标的物在某一地点的，出卖人应当在该地点交付标的物；不知道标的物在某一地点的，应当在出卖人订立合同时的营业地交付标的物。

交付的质量和数量，合同当事人应当在合同中约定，当事人应当按照合同约定履行。对质量没有约定或者约定不明确的，可以协议补充；不能达成补充协议的，按照合同相关条款或者交易习惯确定。如果仍不能确定的，应按照《民法典》第 511 条规定确定，即质量要求不明确的，按照强制性国家标准履行；没有强制性国家标准的，按照推荐性国家标准履行；没有推荐性国家标准的，按照行业标准履行；没有国家标准、行业标准的，按照通常标准或者符合合同目的的特定标准履行。

对于数量，如果出卖人多交标的物的，买受人可以接收或者拒绝接收多交的部分。买受人接收多交部分的，按照约定的价格支付价款；买受人拒绝接收多交部分的，应当及时通知出卖人。

▓▓ **法条链接**

《中华人民共和国民法典》

第 510 条　合同生效后，当事人就质量、价款或者报酬、履行地点等内容没有约定或者约定不明确的，可以协议补充；不能达成补充协议的，按照合同相关条款或者交易习惯确定。

第 511 条　当事人就有关合同内容约定不明确，依据前条规定仍不能确定的，适用下列规定：

（一）质量要求不明确的，按照强制性国家标准履行；没有强制性国家标准的，按照推荐性国家标准履行；没有推荐性国家标准的，按照行业标准履行；没有国家标准、行业标准的，按照通常标准或者符合合同目的的特定标准履行。

（二）价款或者报酬不明确的，按照订立合同时履行地的市场价格履行；依法应当执行政府定价或者政府指导价的，依照规定履行。

（三）履行地点不明确，给付货币的，在接受货币一方所在地履行；交付不动产的，在不动产所在地履行；其他标的，在履行义务一方所在地履行。

（四）履行期限不明确的，债务人可以随时履行，债权人也可以随时请求履行，但是应当给对方必要的准备时间。

（五）履行方式不明确的，按照有利于实现合同目的的方式履行。

（六）履行费用的负担不明确的，由履行义务一方负担；因债权人原因增加的履行费用，由债权人负担。

对于包装方式，也是有约定遵循约定，无约定或约定不明的，依照《民法典》第510 条的规定仍不能确定的，应当按照通用的方式包装；没有通用方式的，应当采取足以保护标的物且有利于节约资源、保护生态环境的包装方式。

对于孳息的归属，根据《民法典》第 630 条可知，除当事人另有约定外，标的物在交付之前产生的孳息，归出卖人所有；交付之后产生的孳息，归买受人所有。

对于所有权的变动方式，遵循"动产依交付，不动产依登记"转移。对于特殊动产，如船舶、航空器和机动车，所有权自交付时起转移，但未经登记，不得对抗善意第三人。对于具有知识产权的标的物的所有权变动，买受人所取得的仅为标的物的物质所有权，该标的物的知识产权并不属于买受人，即买受人可以使用、占有标的物，但不能复制仿造，否则属于侵犯知识产权的行为。当然，法律另有规定或者当事人另有约定除外。

（2）瑕疵担保责任。在买卖合同中，标的物的瑕疵一般包括物的瑕疵和权利瑕疵。

物的瑕疵指出卖人交付标的物在质量、数量上不符合合同约定或法律规定的标准，导致该物降低或丧失用途和价值。根据我国《民法典》第 617 条规定，是将物的瑕疵担保放到一般违约中的。

权利瑕疵通常包括以下三种情形：一是标的物所有权全部或部分属于第三人；二是买受人取得的所有权负担有第三人的合法权利，使其行使受到限制，如抵押权、留置权或租赁权等；三是标的物所有权的其他瑕疵，如标的物本身侵犯了他人的专利权、商标权等知识产权。由此产生的权利瑕疵担保责任指出卖人就交付的标的物负有保证第三人不得向买受人主张任何权利的义务。

法条链接

《中华人民共和国民法典》

第 612 条 出卖人就交付的标的物，负有保证第三人对该标的物不享有任何权利的义务，但是法律另有规定的除外。

第 613 条 买受人订立合同时知道或者应当知道第三人对买卖的标的物享有权利的，出卖人不承担前条规定的义务。

第 614 条 买受人有确切证据证明第三人对标的物享有权利的，可以中止支付相应的价款，但是出卖人提供适当担保的除外。

第 617 条 出卖人交付的标的物不符合质量要求的，买受人可以依据本法第五百八十二条至第五百八十四条的规定请求承担违约责任。

（3）其他义务。除以上主要义务外，出卖人还应履行从义务，如交付提取标的物单证以外的有关单证和资料，主要包括保险单、保修单、普通发票、增值税专用发票、产品合格证、质量保证书、质量鉴定书、品质检验证书、产品进出口检疫书、原产地证明书、使用说明书、装箱单等。同时要遵循诚实信用原则，承担通知、协助、保密、回收等附随义务以及相应的不真正义务等法定义务（如《民法典》第 591 条），在履行合同过程中应当避免浪费资源、污染环境和破坏生态（《民法典》第 509 条第 3 款）。有的标的物使用年限到期后随意处理会造成环境污染或人员伤害，则应予回收，出卖人负有自行或委托第三人对标的物予以回收的义务，如回收电动车电池（《民法典》第625 条）。

2. 买受人的主要义务。买受人的主要义务包括支付价款、受领标的物以及检验义务。买受人应按照合同约定的数额、支付地点、支付时间、支付方式等支付价款。买受人如果不受领标的物，出卖人就无法顺利履行合同义务，因此，受领标的物是买受人的义务。如果买受人无正当理由拒绝受领标的物，出卖人可以采用提存的方式交付。当标的物不符合合同约定或法定的标准时，买受人应当在合理期限内通知出卖人，否则将失去主张瑕疵担保责任的权利。

3. 买卖合同的风险负担问题。买卖合同标的物的风险，指买卖合同成立之后，债权债务清结之前，标的物因不可归责于任何一方当事人的原因而发生的毁损、灭失的风险。此风险由谁负担，应遵循风险负担的一般原则和特殊规则。

（1）一般原则。我国《民法典》采取的是"交付转移风险"的原则，以交付作为风险转移的时间界限，当然，以法律的特别规定和当事人的特别约定为例外。

（2）特殊规则。对于有承运人的情况下的风险负担问题，出卖人按约定将标的物运送至买受人指定地点并交付给承运人后，标的物损毁、灭失的风险由买受人承担。当事人无约定交付地点或约定不明确，且未达成补充协议，标的物需要运输的，出卖人交第一承运人后，风险转移。

对于运输途中的货物风险负担问题，出卖人出卖运输途中的货物，除当事人另有约定外，风险自合同生效时起转移于买受人。但如果出卖人在订立合同时，已知道或应当知道货物已经发生毁损、灭失而仍然向买受人出卖该标的物并隐瞒事实的，则风险不发生转移。

法条链接

《中华人民共和国民法典》

第 601 条　出卖人应当按照约定的时间交付标的物。约定交付期限的，出卖人可以在该交付期限内的任何时间交付。

第 602 条　当事人没有约定标的物的交付期限或者约定不明确的，适用本法第五百一十条、第五百一十一条第四项的规定。

第 603 条　出卖人应当按照约定的地点交付标的物。

当事人没有约定交付地点或者约定不明确，依据本法第五百一十条的规定仍不能确定的，适用下列规定：

（一）标的物需要运输的，出卖人应当将标的物交付给第一承运人以运交给买受人；

（二）标的物不需要运输，出卖人和买受人订立合同时知道标的物在某一地点的，出卖人应当在该地点交付标的物；不知道标的物在某一地点的，应当在出卖人订立合同时的营业地交付标的物。

第 604 条　标的物毁损、灭失的风险，在标的物交付之前由出卖人承担，交付之后由买受人承担，但是法律另有规定或者当事人另有约定的除外。

第 606 条　出卖人出卖交由承运人运输的在途标的物，除当事人另有约定外，毁损、灭失的风险自合同成立时起由买受人承担。

第 607 条　出卖人按照约定将标的物运送至买受人指定地点并交付给承运人后，标的物毁损、灭失的风险由买受人承担。

当事人没有约定交付地点或者约定不明确，依据本法第六百零三条第二款第一项的规定标的物需要运输的，出卖人将标的物交付给第一承运人后，标的物毁损、灭失的风险由买受人承担。

（3）违约情况下的风险分担问题。根据《民法典》第 609 条规定，出卖人未履行从给付义务的，不影响风险转移，但若违约造成买受人损失的，买受人可以对其提起违约之诉。如果交付的标的物本身不符合质量要求的，买受人可以拒绝接受标的物或解除合同，不承担标的物损毁灭失风险。如果买受人接受了标的物，风险则会转移至买受人，但不影响买受人追究出卖人违约责任。

因买受人原因致使标的物不能按约定期限交付的，造成违约的，买受人应当自违反约定之日起承担标的物损毁灭失的风险。出卖人按约定或规定将标的物置于交付地点，买受人违反约定没有收取的，风险自违约之日起转移于买受人。

《中华人民共和国民法典》

第 605 条　因买受人的原因致使标的物未按照约定的期限交付的，买受人应当自违反约定时起承担标的物毁损、灭失的风险。

第 608 条　出卖人按照约定或者依据本法第六百零三条第二款第二项的规定将标的物置于交付地点，买受人违反约定没有收取的，标的物毁损、灭失的风险自违反约定时起由买受人承担。

第 609 条　出卖人按照约定未交付有关标的物的单证和资料的，不影响标的物毁损、灭失风险的转移。

第 610 条　因标的物不符合质量要求，致使不能实现合同目的的，买受人可以拒绝接受标的物或者解除合同。买受人拒绝接受标的物或者解除合同的，标的物毁损、灭失的风险由出卖人承担。

第 611 条　标的物毁损、灭失的风险由买受人承担的，不影响因出卖人履行义务不符合约定，买受人请求其承担违约责任的权利。

4. 一物数卖的处理。一物数卖指出卖人将同一标的物出卖给多个买受人而签订多个买卖合同的行为。出卖人实际上只能履行一个合同，其他的合同应按照违约来承担民事责任（《民法典》第 597 条）。

对一物数卖的处理，在《最高人民法院关于审理买卖合同纠纷案件适用法律问题的解释》第 9 条、第 10 条，《最高人民法院关于审理城镇房屋租赁合同纠纷案件具体应用法律若干问题的解释》第 6 条，《最高人民法院关于审理商品房买卖合同纠纷案件适用法律若干问题的解释》第 8 条均作了相关规定。如出卖人就同一普通动产订立多重买卖合同，在买卖合同均有效的情况下，买受人均要求实际履行合同的，应当按照以下情形分别处理：先行受领交付的买受人请求确认所有权已经转移的，人民法院应予支持；均未受领交付，先行支付价款的买受人请求出卖人履行交付标的物等合同义务的，人民法院应予支持；均未受领交付，也未支付价款，依法成立在先合同的买受人请求出卖人履行交付标的物等合同义务的，人民法院应予支持。出卖人就同一船舶、航空器、机动车等特殊动产订立多重买卖合同，在买卖合同均有效的情况下，买受人均要求实际履行合同的，应当按照以下情形分别处理：先行受领交付的买受人请求出卖人履行办理所有权转移登记手续等合同义务的，人民法院应予支持；均未受领交付，先行办理所有权转移登记手续的买受人请求出卖人履行交付标的物等合同义务的，人民法院应予支持；均未受领交付，也未办理所有权转移登记手续，依法成立在先合同的买受人请求出卖人履行交付标的物和办理所有权转移登记手续等合同义务的，人民法院应予支持；出卖人将标的物交付给买受人之一，又为其他买受人办理所有权转移登记，已受领交付的买受人请求将标的物所有权登记在自己名下的，人民法院应予支持。

（四）特殊买卖合同

《民法典》合同编中，对分期付款买卖合同、样品买卖合同、试用买卖合同、招标投标买卖合同、拍卖合同、互易合同等作了特殊规定。

1. 分期付款买卖合同。分期付款买卖合同指买受人将价款在一定期间内至少分三次向出卖人支付的买卖形式。除符合一般买卖合同的特征外，特殊在于买受人虽然分期付款，但在付清价款前即可受领标的物，除另有约定外，标的物风险负担自标的物交付时起转移。同时可以约定特定条件（如价款付清）成就前，出卖人保留标的物所有权。此外，《民法典》第634条规定了不同于一般买卖合同的合同解除的条件，即分期付款的买受人未支付到期价款的数额达到全部价款的1/5，经催告后在合理期限内仍未支付到期价款的，出卖人可以请求买受人支付全部价款或者解除合同。出卖人解除合同的，可以向买受人请求支付该标的物的使用费。此时，出卖人可以有合同解除权或支付全部价款请求权，同时可以要求使用费索赔。

2. 样品买卖合同。样品买卖合同指双方当事人约定以一定货物样品作为将来交付的标的物的品质标准的买卖。凭样品买卖的当事人应当封存样品，并可以对样品质量予以说明。出卖人交付的标的物应当与样品及其说明的质量相同。凭样品买卖的买受人不知道样品有隐蔽瑕疵的，即使交付的标的物与样品相同，出卖人交付的标的物的质量仍然应当符合同种物的通常标准。

3. 试用买卖合同。试用买卖合同指当事人约定合同成立后，出卖人将标的物交付使用或检验，在约定期限内以买受人对标的物的认可为生效要件的买卖合同。在试用买卖中，试用人没有必须购买的义务，试用期届满，可以选择是否购买。买受人对是否购买标的物未作表示的，视为购买。试用买卖的买受人在试用期内已经支付部分价款或者对标的物实施出卖、出租、设立担保物权等行为的，视为同意购买。

试用买卖的当事人可以约定标的物的试用期限。对试用期限没有约定或者约定不明确，可协议补充；不能达成协议的，按合同有关条款或交易习惯确定，仍不能确定的，由出卖人确定。

试用买卖的当事人对标的物使用费没有约定或者约定不明确的，出卖人无权请求买受人支付。标的物在试用期内毁损、灭失的风险由出卖人承担。

4. 招标投标买卖合同。招投标买卖合同指由招标人向数人或公众发出招标通知或招标公告，选择最满意的投标人并与之签订合同的买卖方式。《民法典》规定招标投标买卖的当事人的权利和义务以及招标投标程序等，依照有关法律、行政法规的规定，如《招标投标法》《政府采购法》等。

5. 拍卖合同。拍卖指出卖人以公开竞价的方式，价高者得的买卖方式。拍卖的当事人的权利和义务以及拍卖程序等，依照有关法律、行政法规的规定，如《拍卖法》等。

6. 互易合同。互易合同指当事人约定以货币以外的财物进行交换的合同。是最早的以物易物的商品交换形态，即相互交付标的物并取得对方标的物所有权，互负瑕疵担保义务。《民法典》亦规定了当事人约定易货交易，转移标的物的所有权的，参照适用买卖合同的有关规定。

二、供用电、水、气、热力合同

供用电、水、气、热力合同具有公共性、公益性、垄断性和持续性，是一类特殊商品的买卖合同，这些特性决定了此类合同不同于一般的买卖合同，因此交易规则也有所不同。《民法典》就供用电合同进行了规定，对于供用水、气、热力合同，则参照适用供用电合同的有关规定。

（一）供用电、水、气、热力合同的特征

1. 公共性。此特性体现在于供应人提供的电、水、气、热力的消费对象为一般社会公众。因此，法律设置对供应人有强制缔约义务，不得拒绝利用人通常、合理的供应要求。

2. 公益性。此类合同目的不仅是为供应方获益，还应包括满足人民日常生产生活需要的目的。因此，供用企业的营利性会受到一定的限制，政府制定了此类供用合同的收费标准，供应企业不得随意提高。

3. 持续性。供用电、水、气、热力合同非一次履行完毕的合同，而是持续性的连续供货。供用人按照合同约定的时间和方式持续供应，使用人按约定履行付款义务。

4. 垄断性，即供用主体的特定性。在我国，供电公司、自来水公司、天然气公司等，通常是具有垄断性质的企业。因此，国家会对供用企业设置强制规定，如政府定价或指导价，遵守强制缔约义务等，要求供用企业在追求盈利外，更多地承担提高公共生产生活水平的社会责任。

（二）供用电、水、气、热力合同的效力

此节阐述主要以供电合同为例。供用电合同的内容一般包括供电的方式、质量、时间，用电容量、地址、性质，计量方式，电价、电费的结算方式，供用电设施的维护责任等条款。

1. 供电人的主要义务。供电人的主要义务包括安全供电义务，因限电、检修等主动断电情况下的通知义务，因事故断电的检修义务三项。

安全供电义务要求供电人应当按照国家规定的供电质量标准和约定安全供电。供电人未按照国家规定的供电质量标准和约定安全供电，造成用电人损失的，应当承担赔偿责任。供用电合同的履行地点，按照当事人约定；当事人没有约定或者约定不明确的，供电设施的产权分界处为履行地点。

因限电、检修等主动断电情况下的通知义务，指供电人在订立供电合同后，应按合同约定的供电质量、供电量、供电时间供电，当供电人因供电设施计划检修、需要临时检修、依法限电或者用电人违法用电等原因，需要中断供电时，应当按照国家有关规定事先通知用电人；未事先通知用电人中断供电，造成用电人损失的，应当承担赔偿责任。通知方式可以是报纸、电视等媒体公告，通讯供应商短信公告，小区楼道口、电梯口、布告栏等显眼地方公告等。

因事故断电的检修义务，指供电设备遭到不可抗力或意外事故的破坏，如因自然灾害等原因断电，以致无法正常供电，此时供电人应当按照国家有关规定及时抢修；未及时抢修，造成用电人损失的，应当承担赔偿责任。

2. 用电人的主要义务。用电人的主要义务是支付电费和安全节约用电。

用电人应当按照国家有关规定和当事人的约定及时支付电费。用电人逾期不支付电费的，应当按照约定支付违约金。经催告用电人在合理期限内仍不支付电费和违约金的，供电人可以按照国家规定的程序中止供电。供电人依据前款规定中止供电的，应当事先通知用电人。

为保护环境，节约资源，用电人应当按照国家有关规定和当事人的约定安全、节约和计划用电，养成节约用电等资源的优良习惯。用电人未按照国家有关规定和当事人的约定用电，造成供电人损失的，应当承担赔偿责任。

三、赠与合同

（一）赠与合同的概念和特征

赠与合同是指赠与人将自己的财产无偿给予受赠人，受赠人表示接受赠与的合同。赠与合同属于典型的无偿合同，同时是一种单务、诺成、不要式合同，其主要内容是转移财产的所有权，亦可附义务。赠与人向受赠人转移的一般是财产的所有权，土地使用权、股权、债权等财产亦可赠与。买卖合同是典型的转移财产所有权的合同，因此《民法典》赠与合同一章未规定的事项，可参照适用买卖合同的相关规定。

（二）赠与合同的效力

1. 赠与人的主要义务。赠与人的主要义务是依照合同约定的期限、地点、方式、标准将赠与财产转移给受赠人。赠与财产是动产的，应交付标的物；是不动产或知识产权等，应该完成产权的变更登记。赠与可以撤销，赠与人在赠与财产的权利转移之前可以撤销赠与。经过公证的赠与合同或者依法不得撤销的具有救灾、扶贫、助残等公益、道德义务性质的赠与合同，赠与人不交付赠与财产的，受赠人可以请求交付。赠与合同是无偿合同，因此只有因赠与人故意或者重大过失致使应当交付的赠与财产毁损、灭失的，赠与人才应当承担赔偿责任。

■■■■ 法条链接

《中华人民共和国民法典》

第658条 赠与人在赠与财产的权利转移之前可以撤销赠与。

经过公证的赠与合同或者依法不得撤销的具有救灾、扶贫、助残等公益、道德义务性质的赠与合同，不适用前款规定。

第659条 赠与的财产依法需要办理登记或者其他手续的，应当办理有关手续。

第660条 经过公证的赠与合同或者依法不得撤销的具有救灾、扶贫、助残等公益、道德义务性质的赠与合同，赠与人不交付赠与财产的，受赠人可以请求交付。

依据前款规定应当交付的赠与财产因赠与人故意或者重大过失致使毁损、灭失的，赠与人应当承担赔偿责任。

一般情况下，不要求赠与人承担瑕疵担保义务。但有两种例外情形：一是附义务赠与。赠与附义务的，受赠人应当按照约定履行义务。赠与的财产有瑕疵的，赠与人在附义务的限度内承担与出卖人相同的责任。二是赠与人故意不告知瑕疵或者保证无瑕疵，即赠与人主观上有恶意，造成受赠人损失的，应当承担赔偿责任。

2. 赠与人的主要权利。主要指赠与人享有的任意撤销权、法定撤销权、法定解除权。

赠与合同的任意撤销指赠与人在赠与财产的权利转移之前可以撤销赠与。但经过公证的赠与合同或者依法不得撤销的具有救灾、扶贫、助残等公益、道德义务性质的赠与合同，赠与人不得任意撤销。

法定撤销指因受赠人存在某些法定情形，赠与人在赠与财产后仍有权撤销赠与。根据《民法典》规定，法定撤销的情形有：一是严重侵害赠与人或者赠与人近亲属的合法权益；二是对赠与人有扶养义务而不履行；三是不履行赠与合同约定的义务。赠与人的法定撤销权，自知道或者应当知道撤销事由之日起1年内行使，超过该1年的除斥期间，赠与人的法定撤销权消灭。

如果受赠人的违法行为导致赠与人死亡或者丧失民事行为能力的，赠与人的继承人或者法定代理人可以撤销赠与。赠与人的继承人或者法定代理人的撤销权，自知道或者应当知道撤销事由之日起6个月内行使。撤销权人撤销赠与的，可以向受赠人请求返还赠与的财产。

赠与合同的法定解除指的是订立赠与合同后，赠与人的经济状况显著恶化，严重影响其生产经营或者家庭生活的，可以不再履行赠与义务。但对于已履行的赠与，无权要求受赠人返还。

■■■■ 引例1分析

本案电单车被盗不可归责于双方当事人，根据《民法典》合同编规定的风险负担的一般原则，除法律另有规定或当事人另有约定外，标的物的风险自交付时起转移。

该案风险负担的确定关键在于确定标的物是否交付。显然是未交付的，电单车仍由车行实际占有，风险未转移。因此，电单车交付前被盗的风险应由车行承担。车行无权要求支付余款，应将已收取的车款返还。

引例 2 分析

本案中，双方签订的赠与合同已成立生效。该赠与合同具有扶贫性质，因此受赠人村小学有权要求赠与人杨某交付 50 万元赠款。但杨某因火灾导致公司财产全部烧毁，且有 200 万元外债无力偿还。这场意外导致杨某经济状况显著恶化，已严重影响其生产生活。因此杨某有权拒绝履行赠与义务。

相关法律规范

《民法典》第三编第九至十一章。

思考与练习

1. 分析买卖合同标的物的风险负担规则。
2. 试述供用电合同的效力。
3. 试论赠与人对赠与物的瑕疵担保责任。

项目二　使用类典型合同

引例 1

2020 年 4 月 7 日，甲向乙借款，乙为保证其到期实现债权，与甲签订了一份《房屋买卖合同》。约定乙以 1000 万向甲购买其位于 G 市的别墅，甲需于 2020 年 7 月 18 日前到房屋产权登记机关配合办理产权过户登记手续。同日，乙向甲汇款 1000 万，甲向乙出具收条，载明甲已收到乙支付的别墅转让款 1000 万元。双方未出具书面借条，未约定还款时间和利息。甲未还款，也未配合乙过户房屋，因此乙诉至法院要求甲配合办理房屋过户手续。别墅市值 1500 万。

问题：乙能否请求履行买卖合同从而直接取得房屋所有权？

引例 2

原告环宇租赁有限公司与被告同和科技公司签订了一份融资租赁合同，合同约定：原告根据被告的要求从新星公司购买总价值为 65 万元的富士数码冲印设备，由新星公司负责向被告交付设备，原告只承担支付货款的责任。其他责任、义务，均由被告承担履行。原告不负任何瑕疵担保责任，与设备瑕疵相关的任何索赔及纠纷应由被告和新星公司之间直接解决，不得牵涉原告。在租赁期满、被告支付完全部租金后，被告向原告支付留购价格 100 元，原告向被告发出设备转让证书。租赁期限 4 年，租金按月支付，共 48 期，被告预付租金 26 万元以冲抵后期租金，被告需支付租赁手续费 45 203 元，第一期至第三十期各为 14 459 元，第 31 期起租金为 260 元，被告迟延支付租金时，应按每日万分之四支付迟延利息。合同签订后，原告向新星公司支付全额货款，新星公司向被告交付设备一套。被告出具验收报告，并支付给新星公司预付租金和手续费共计 305 205 元，新星公司随即将款项支付给原告。此后，被告仅向原告支付了 7 期租金，剩余租金一直未支付，原告多次催收，被告以出租人未能提供设备进口合法文件为由拒绝支付，故原告诉之。

问题：融资租赁合同的租赁物瑕疵责任应当如何承担？

基本理论

使用类典型合同，即转移财产使用权类的合同，如租赁合同、融资租赁合同、借款合同、借用合同（使用借贷）等，均属于此类合同类型，均为"使用+归还"模式。

一、借款合同

借款合同是借款人向贷款人借款，到期返还借款并支付利息的合同。借款合同的标的物一般为货币。借款合同包括金融机构借款合同和自然人间的借款合同。借款合同应当采用书面形式，自然人之间借款也可自行约定。借款合同的内容一般包括借款种类、币种、用途、数额、利率、期限和还款方式等条款。

（一）金融机构借款合同与自然人间的借款合同的异同

金融机构借款合同指办理贷款业务的金融机构为贷款人一方，向借款人提供贷款，借款人到期返还借款并支付利息的合同。自然人之间的借款合同属于传统的民间借贷合同。

金融机构的借款合同一般为有偿合同。有偿性体现在利息的支付，借款人到期不仅要偿还本金，还需按约定支付利息。根据《民法典》第 680 条规定，对于商事借贷，借款合同如果对支付利息没有约定的，视为没有利息。对支付利息约定不明确，当事人不能达成补充协议的，按照当地或者当事人的交易方式、交易习惯、市场利率等因素确定利息。而对于自然人之间的借款合同可以是无偿也可以是有偿合同。自然人之间借款的，无论是不约定还是约定不明，均视为没有利息，即视为无偿性。只有约定了才视为有偿合同，但要注意的是不得约定超出我国法律法规规定的利息限度，我国禁止放高利贷。

金融机构的借款合同一般为要式合同，应当采用书面形式，且一般都是格式合同。而自然人之间的借款合同，应以书面形式为原则，但也可以约定不采用书面形式。

金融机构的借款合同为诺成合同，合同自当事人达成书面协议起即具有法律约束力，不以实际交付金钱为要件。而自然人间的借款合同则为实践性合同，自然人之间的借款合同，自贷款人提供借款时成立。

（二）金融机构借款合同的效力

1. 贷款人的权利、义务。为了减少贷款人出借货币的风险，贷款人可以要求借款人提供担保。在实践中，最常见的担保方式是以不动产作抵押。借款人未按照约定的借款用途使用借款的，贷款人可以停止发放借款、提前收回借款或者解除合同。同时对于借款使用情况可以检查监督，贷款人按照约定可以检查、监督借款的使用情况。借款人应当按照约定向贷款人定期提供有关财务会计报表或者其他资料。

贷款人应按约定按期提供足额贷款，不得提前扣除利息，利息预先在本金中扣除的，应当按照实际借款数额返还借款并计算利息。应在一年期贷款市场报价利率的基础上，在中国人民银行规定的上下限范围内确定利率，同时履行保密等基于诚实信用原则产生的义务，不得泄密或不正当使用掌握的商业秘密等信息。

法条链接

《中华人民共和国民法典》

第 670 条　借款的利息不得预先在本金中扣除。利息预先在本金中扣除的，应当按照实际借款数额返还借款并计算利息。

第 671 条　贷款人未按照约定的日期、数额提供借款，造成借款人损失的，应当赔偿损失。

借款人未按照约定的日期、数额收取借款的，应当按照约定的日期、数额支付利息。

2. 借款人的权利、义务。借款人的主要权利包括可以获得全额贷款，也可以提前还款，以节省利息支出。如果借款人不能按期偿还贷款，也可以在还款期限届满之前向贷款人申请展期，贷款人同意的，可依照新确定的期限还款。

借款人的主要义务包括：订立借款合同，借款人应当按照贷款人的要求如实订约及如实说明与借款有关的业务活动和财务状况的真实情况。并依约使用借款，借款人不可擅自改变借款用途，因为这将增加贷款人的经营风险，甚至会使国家政策调控失灵。借款人未按照约定的借款用途使用借款的，贷款人可以停止发放借款、提前收回借款或者解除合同。

借款人应按照约定的日期和数额收取借款。借款人未按照约定的日期、数额收取借款的，应当按照约定的日期、数额支付利息。

借款人应按照约定的日期和数额还款（包括偿还本金和利息）。借款人应当按照约定的期限支付利息。对支付利息的期限没有约定或者约定不明确，可以协议补充，不能达成补充协议的，按照合同有关条款或者交易习惯确定，仍不能确定的，借款期间不满 1 年的，应当在返还借款时一并支付；借款期间 1 年以上的，应当在每届满 1 年时支付，剩余期间不满 1 年的，应当在返还借款时一并支付。借款人应当按照约定的期限返还借款。对借款期限没有约定或者约定不明确，可以协议补充，不能达成补充协议的，按照合同有关条款或者交易习惯确定，仍不能确定的，借款人可以随时返还；贷款人可以催告借款人在合理期限内返还。借款人未按照约定的期限返还借款的，应当按照约定或者国家有关规定支付逾期利息。

▓▓ 法条链接

《中华人民共和国民法典》

第 674 条 借款人应当按照约定的期限支付利息。对支付利息的期限没有约定或者约定不明确，依据本法第五百一十条的规定仍不能确定，借款期间不满一年的，应当在返还借款时一并支付；借款期间一年以上的，应当在每届满一年时支付，剩余期间不满一年的，应当在返还借款时一并支付。

第 675 条 借款人应当按照约定的期限返还借款。对借款期限没有约定或者约定不明确，依据本法第五百一十条的规定仍不能确定的，借款人可以随时返还；贷款人可以催告借款人在合理期限内返还。

第 677 条 借款人提前返还借款的，除当事人另有约定外，应当按照实际借款的期间计算利息。

第 678 条 借款人可以在还款期限届满前向贷款人申请展期；贷款人同意的，可以展期。

二、租赁合同

(一) 租赁合同的概念和特征

租赁合同是指出租人将租赁物交付承租人使用、收益，承租人支付租金的合同。租赁合同只转移财产使用、收益权，并不转移租赁物的所有权，因此，承租人并不享有对租赁物的处分权。租赁合同属于有偿、双务、诺成、非要式合同。

租赁合同的内容一般包括租赁物的名称、数量、用途、租赁期限、租金及其支付期限和方式、租赁物维修等条款。

租赁合同具有临时性，《民法典》第 705 条和第 734 条规定，租赁期限不得超过 20 年。超过 20 年的，超过部分无效。租赁期限届满，当事人可以续订租赁合同；但是，约定的租赁期限自续订之日起不得超过 20 年。租赁合同可以自动延展，租赁期限届满，承租人继续使用租赁物，出租人没有提出异议的，原租赁合同继续有效，但是租赁期限为不定期。

合同具有相对性，不能对抗第三人。但租赁合同是例外，它具有对抗第三人的效力，即《民法典》第 725 条规定的"买卖不破租赁"，租赁物在承租人按照租赁合同占有期限内发生所有权变动的，不影响租赁合同的效力。

(二) 租赁合同的分类

1. 动产租赁和不动产租赁。动产租赁包括一般的动产租赁、动物租赁、船舶租赁、汽车租赁等；不动产租赁主要指房屋租赁，而建设用地使用权租赁、土地经营权租赁、宅基地使用权租赁等也被视为不动产租赁。区分意义在于，对于不动产租赁，法律一般要求登记备案，而对动产租赁一般无特殊要求，但当事人未依照法律、行政法规规定办理租赁合同登记备案手续的，不影响合同的效力。

2. 定期租赁合同和不定期租赁合同。定期租赁合同指合同约定有明确的租赁期限。不定期租赁主要有三种情形：当事人未约定租赁期限；租赁期限在 6 个月以上，当事人未采用书面形式，无法确定租赁期限的，视为不定期租赁；租赁期限届满，承租人继续使用租赁物，出租人没有提出异议的，原租赁合同继续有效，但是租赁期限为不定期。在不定期租赁中，双方当事人可以随时解除合同，但是应当在合理期限之前通知对方。

（三）租赁合同的效力

1. 出租人的权利、义务。出租人可收取租金，这是出租人最基本的权利。出租人享有改善同意权，如果承租人想对租赁物进行适当改善或增设他物，应当征得出租人同意。未经出租人同意，而擅自改善或增设的，出租人可以请求承租人恢复原状或者赔偿损失。

《民法典》规定了四种出租人解除合同的情况：①承租人无正当理由不支付租金。②不定期租赁合同可随时解除合同。③承租人未经出租人同意而任意转租的。④承租人未按约定使用租赁物的。

法条链接

《中华人民共和国民法典》

第 711 条　承租人未按照约定的方法或者未根据租赁物的性质使用租赁物，致使租赁物受到损失的，出租人可以解除合同并请求赔偿损失。

第 716 条　承租人经出租人同意，可以将租赁物转租给第三人。承租人转租的，承租人与出租人之间的租赁合同继续有效；第三人造成租赁物损失的，承租人应当赔偿损失。

承租人未经出租人同意转租的，出租人可以解除合同。

第 722 条　承租人无正当理由未支付或者迟延支付租金的，出租人可以请求承租人在合理期限内支付；承租人逾期不支付的，出租人可以解除合同。

第 730 条　当事人对租赁期限没有约定或者约定不明确，依据本法第五百一十条的规定仍不能确定的，视为不定期租赁；当事人可以随时解除合同，但是应当在合理期限之前通知对方。

交付租赁物，这是出租人的基本义务。出租人应当按照约定将租赁物交付承租人，并在租赁期限内保持租赁物符合约定的用途。如果未按约定交付租赁物，或交付的租赁物不合约定，致使出租人不能使用租赁物的，应当承担违约责任或其他责任，如承租人可解除合同或请求减免租金，另有损失可要求赔偿。

修缮租赁物义务。除当事人另有约定外，出租人应当履行租赁物的维修义务。承租人在租赁物需要维修时可以请求出租人在合理期限内维修。出租人未履行维修义务的，承租人可以自行维修，维修费用由出租人负担。因维修租赁物影响承租人使用的，应当相应减少租金或者延长租期。因承租人的过错致使租赁物需要维修的，出租人不承担维修义务。

瑕疵担保义务。包括物的瑕疵担保和权利的瑕疵担保。承担瑕疵担保责任的方式是请求减免租金或解除合同。

物的瑕疵担保指出租人应担保所交付的租赁物能够依约正常使用、收益，否则出租人应承担违约责任。但双方当事人在订立合同时，承租人已知道租赁物存在瑕疵的，则不得解除合同。如果租赁物危及承租人的安全或者健康的，即使承租人订立合同时明知该租赁物质量不合格，承租人仍然可以随时解除合同。

权利瑕疵担保指出租人应担保不因第三人主张权利而使承租人不能依约对租赁物进行使用、收益。因第三人主张权利，致使承租人不能对租赁物使用、收益的，承租人可以请求减少租金或者不支付租金。第三人主张权利的，承租人应当及时通知出租人。

出卖租赁物的通知义务。当出租人出卖房屋时，应当首先通知承租人，使承租人享有以同等条件优先购买的权利。"优先购买权"仅限于房屋租赁，对于其他租赁物不适用。

2. 承租人的权利、义务。承租人的主要权利包括依约受领租赁物，取得租赁物的使用、收益权。承租人应当按照约定的方法使用租赁物。对租赁物的使用方法没有约定或者约定不明确，可以协议补充，不能达成补充协议的，按习惯使用，仍不能确定的，应当根据租赁物的性质使用。承租人按照约定的方法或者根据租赁物的性质使用租赁物，致使租赁物受到损耗的，不承担赔偿责任。但承租人未按照约定的方法或者未根据租赁物的性质使用租赁物，致使租赁物受到损失的，出租人可以解除合同并请求赔偿损失。除非当事人另行约定，在租赁期限内因占有、使用租赁物获得的收益，归承租人所有。

承租人对新所有权人享有对抗权，即"买卖不破租赁"原则。但如果房屋在出租前已设立抵押权，或已被法院依法查封，承租人则无法对抗。

承租人对房屋享有"优先购买权"和"优先承租权"。《民法典》第726、727条确定，出租人出卖租赁房屋，应当在出卖之前的合理期限内通知承租人，承租人享有以同等条件优先购买的权利；但是，房屋按份共有人行使优先购买权或者出租人将房屋出卖给近亲属的，承租人无优先购买权。出租人履行通知义务后，承租人在15日内未明确表示购买的，视为承租人放弃优先购买权。出租人委托拍卖人拍卖租赁房屋的，应当在拍卖5日前通知承租人。承租人未参加拍卖的，视为放弃优先购买权。如果承租人在房屋租赁期限内死亡的，与其生前共同居住的人或者共同经营人可以按照原租赁合同租赁该房屋，并享有优先购买权。出租人未通知承租人或者有其他妨害承租人行使优先购买权情形的，承租人可以请求出租人承担赔偿责任。但是，出租人与第三人订立的房屋买卖合同的效力不受影响（《民法典》第 728 条）。此外，租赁期限届满，房屋承租人享有以同等条件优先承租的权利。

承租人也享有合同解除权。《民法典》合同编规定了承租人可解除合同的几种情形，主要包括：①租赁合同未约定租赁期限；②因不可归责于承租人的事由，致使租赁物部分或者全部毁损、灭失，致使不能实现合同目的的；③租赁物危及承租人的安全或者健康，即使承租人订立合同时明知该租赁物质量不合格，承租人仍然可以随时解除合同；④非因承租人原因致使租赁物无法使用的，承租人可以解除合同。包括租赁物被司法机关或者行政机关依法查封、扣押，租赁物权属有争议，租赁物具有违反法律、行政法规关于使用条件的强制性规定等情形。

支付租金是承租人最基本的义务。承租人应当按照约定的期限支付租金。对支付租金的期限没有约定或者约定不明确的，可以协议补充；不能达成补充协议的，按照合同有关条款或交易习惯确定；仍不能确定，租赁期限不满 1 年的，应当在租赁期限届满时支付；租赁期限 1 年以上的，应当在每届满 1 年时支付，剩余期限不满 1 年的，应当在租赁期限届满时支付。承租人无正当理由未支付或者迟延支付租金的，出租人可以请求承租人在合理期限内支付；承租人逾期不支付的，出租人可以解除合同。

承租人可以请求减免租金。主要包括以下几种情形：①非因的原因，致使租赁物部分或者全部毁损、灭失的，承租人不担风险，且可以请求减免租金；②因第三人主张权利，致使承租人不能对租赁物使用收益；③出租人提供的租赁物不符合约定或妨碍承租人使用收益；④因维修出租物而影响承租人使用收益。但是，如果是承租人自身原因导致使用收益受影响，则不得要求减免租金。

承租人应当妥善保管租赁物，因保管不善造成租赁物毁损、灭失的，应当承担赔偿责任。

除此之外，承租人还有不作为义务，包括不得随意对租赁物进行改善或增设，不等随意转租。承租人未经出租人同意，对租赁物进行改善或者增设他物的，出租人可以请求承租人恢复原状或者赔偿损失。承租人经出租人同意，可以转租租赁物。出租人知道或者应当知道承租人转租，但是在 6 个月内未提出异议的，视为出租人同意转租。若未经同意转租，出租人可以解除合同。承租人转租租赁物，承租人与出租人之间的租赁合同继续有效；若次承租人造成租赁物损失，承租人应当承担赔偿责任。承租人拖欠租金，次承租人可以代承租人支付其欠付的租金和违约金。次承租人所代付的金额，可以充抵其应当向承租人支付的租金；超出其应付租金数额的，可以向承租人追偿。

在租赁关系终止后，承租人应返还租赁物，返还的租赁物应当符合按照约定或者根据租赁物的性质使用后的状态。

三、融资租赁合同

（一）融资租赁合同的概念和特征

融资租赁合同是指出租人根据承租人的要求向出卖人购买租赁物，供承租人使用、收益，承租人支付租金的合同。融资租赁交易是一种集金融、贸易和租赁为一体的新型信贷方式。但当事人以虚构租赁物方式所订立的融资租赁合同无效。

融资租赁合同中的出租人应为经金融行政主管部门批准的专业公司，不能是一般的自然人、法人或非法人组织。我国从事融资租赁业务的主体分为一般性融资租赁公司和金融租赁公司。

融资租赁合同具有以下特征：

1. 融资租赁合同涉及两个合同的三方当事人。融资租赁公司作为出租人，一般没有承租人需要的租赁物，仅有金钱，其与承租人签订合同后，按承租人需要购买租赁标的物。名为租赁，实为"借钱购物"。融资租赁合同实际上包含了两个合同关系，即出租人和承租人间的租赁合同关系、出租人和出卖人间的买卖合同关系。

2. 融资租赁合同是以融资为目的，以融物为手段的合同。融资租赁通过"融物"方式实现"融资"目的，是一条新的融资途径。一般租赁合同的出租人作为租赁物的所有权人，承担租赁物的瑕疵担保责任，并承担租赁物因不可归责于当事人的事由而损毁、灭失的风险。但在融资租赁合同中，合同当事人可以自行约定租赁物的所有权归属，实践中一般会约定租赁合同期满后租赁物归承租人所有。虽然在融资租赁期间，租赁物的所有权归出租人所有，但出租人一般不承担瑕疵担保责任和租赁物损毁灭失的风险，该风险由承租人承担。

3. 融资租赁合同为诺成、多务、有偿、要式合同。融资租赁合同的内容一般包括租赁物的名称、数量、规格、技术性能、检验方法，租赁期限，租金构成及其支付期限和方式、币种，租赁期限届满租赁物的归属等条款。

（二）融资租赁合同的效力

融资租赁合同是涉及两个合同、三方当事人的独立合同，将以所涉关系阐述融资租赁合同的效力。

1. 出卖人与出租人签订的买卖合同。一般情况下遵循《民法典》关于买卖合同的交易规则。出卖人的权利义务与买卖合同中的出卖人权利义务基本相同。但在三方当事人另有约定的情况下，可有以下不同：

（1）出卖人负有按照约定向承租人而非向买受人（出租人）直接交付标的物的义务。《民法典》第739条规定，出租人根据承租人对出卖人、租赁物的选择订立的买卖合同，出卖人应当按照约定向承租人交付标的物，承租人享有与受领标的物有关的买受人的权利，也负担相应的义务，如及时检验义务、拒绝受领标的物的妥善保管义务等。第740条则规定了若出卖人违反向承租人交付标的物的义务，承租人可以拒绝受领出卖人向其交付的标的物，例如标的物严重不符合约定；未按照约定交付标的物，经承租人或者出租人催告后在合理期限内仍未交付。承租人拒绝受领标的物的，应当及时通知出租人。

（2）三方当事人可以约定，当出卖人不履行买卖合同义务时，由承租人行使索赔权，出租人应当协助承租人行使索赔权利。如果出租人明知租赁物有质量瑕疵而不告知承租人，或者承租人行使索赔权利时，出租人未及时提供必要协助，致使承租人对出卖人行使索赔权利失败的，承租人有权请求出租人承担相应责任。出租人怠于行使只能由其对出卖人行使的索赔权利，造成承租人损失的，承租人有权请求出租人承担赔偿责任。

（3）出租人根据承租人对出卖人、租赁物的选择订立的买卖合同，未经承租人同意，出租人不得变更与承租人有关的合同内容。

2. 出租人与承租人签订的融资租赁合同。融资租赁合同是特殊形式的租赁合同。《民法典》未作特别规定或未有特殊交易惯例时，应遵循关于租赁合同的一般规定。融资租赁合同出租人与承租人的权利义务应注意以下几个问题：

（1）出租人瑕疵担保责任的免除。《民法典》第747、749、750条规定了出租人瑕疵担保责任的免除情形，包括：其一，除非是承租人依赖出租人的技能确定租赁物，或者出租人干预选择租赁物，在通常情况下，租赁物不符合约定或者不符合使用目的，出租人不承担责任。其二，承租人占有租赁物期间，租赁物造成第三人人身损害或者财产损失，出租人不承担责任。其三，承租人应当妥善保管、使用租赁物，履行占有租赁物期间的维修义务，而非出租人承担。

（2）出租人应承担向承租人交付租赁物的辅助义务。完成标的物所有权的移转，应是出卖人直接向承租人交付标的物，承租人受领租赁物。但如果出卖人不向承租人交付租赁物移转所有权，出租人作为履行辅助人，应辅助承租人，使出卖人履行交付义务。

出租人应当保证承租人能占有和使用租赁物。出租人有下列情形，承租人有权请求其赔偿损失：无正当理由收回租赁物；无正当理由妨碍、干扰承租人对租赁物的占有和使用；因出租人的原因致使第三人对租赁物主张权利等。

（3）承租人最主要的义务是支付租金。融资租赁合同的租金，除当事人另有约定外，应当根据购买租赁物的大部分或者全部成本以及出租人的合理利润确定。即租金应由购买成本和出租人合理利润两部分构成。如果约定租赁期限届满时，租赁物所有权归承租人所有，出租人收取的租金应包括购买租赁物的全部价款；如果约定租赁期限届满后，出租人有权收回租赁物或承租人再支付部分价金方可取得租赁物所有权，则出租人应收取的租金只应包括购买租赁物的部分价金。利润则应在合理限度范围内约定，不宜过高，否则承租人可主张显失公平。

承租人支付租金应注意遵循以下规则：一是承租人不得以租赁物存在瑕疵为由拒付租金，但可请求出卖人承担违约责任。二是租赁物在承租人占有期间毁损、灭失，出租人有权请求承租人继续支付租金，除非法律另有规定或者当事人另有约定。三是若承租人未按照约定支付租金，经催告后在合理期限内仍不支付租金，出租人可以请求其支付全部租金，也可以解除合同，收回租赁物。出租人因承租人违约收回标的物时，承租人不得以标的物被收回为由拒付租金。

（3）融资租赁合同的终止。《民法典》第753条规定："承租人未经出租人同意，将租赁物转让、抵押、质押、投资入股或者以其他方式处分租赁物，出租人可以解除融资租赁合同。"

根据《民法典》第753条可知，如果承租人未经出租人同意，转让、抵押、质押、投资入股或者以其他方式处分租赁物，出租人可以解除融资租赁合同。

《民法典》第754条规定了出租人或者承租人均可解除融资租赁合同的情形：一是出租人与出卖人订立的买卖合同解除、被确认无效或者被撤销，且未能重新订立买卖合同；二是租赁物因不可归责于当事人的原因毁损、灭失，且不能修复或者确定替代物；三是因出卖人的原因致使融资租赁合同的目的不能实现。

《民法典》第757~760条规定了合同终止后租赁物的归属问题：

第一，在融资租赁期间，出租人对租赁物享有所有权。出租人对租赁物享有的所有权，未经登记，不得对抗善意第三人。出租人和承租人可以约定租赁期限届满租赁物的归属；对租赁物的归属没有约定或者约定不明确，依据《民法典》第510条的规定仍不能确定的，租赁物的所有权归出租人。

如果当事人约定租赁期限届满，承租人仅需向出租人支付象征性价款的，视为约定的租金义务履行完毕后租赁物的所有权归承租人。

第二，如果当事人约定租赁期限届满租赁物归承租人所有，且承租人已支付大部分租金，但无力支付剩余租金，出租人因此解除合同收回租赁物，而收回的租赁物价值超过承租人欠付的租金以及其他费用，承租人可以请求相应返还。

第三，如果当事人约定租赁期限届满租赁物归出租人所有，但因租赁物毁损、灭失或者附合、混合于他物等原因，致使承租人不能返还，则出租人有权向承租人请求给予合理补偿。

第四，融资租赁合同无效，若当事人对租赁物归属问题有约定的，从其约定；没有约定或者约定不明确的，租赁物应当返还出租人。但如果是承租人原因导致合同无效，出租人不请求返还租赁物或者返还后会显著降低租赁物效用，则租赁物所有权归承租人，并由承租人给予出租人合理补偿。

引例1分析

此案属于典型的借贷双方当事人通过签订买卖合同作为借款合同的担保的案件。

债权人乙要求直接履行作为从合同的买卖合同，实质是颠倒了主从合同关系。乙应诉请甲偿还借款，而非进行房屋过户登记。乙在甲到期不履行债务时，请求其履行买卖合同，直接取得房屋所有权，买卖合同实际达到了流押效果，违反物权法的原则。房屋市值明显高于借款合同的标的，若乙直接取得该房屋所有权，对甲显失公平。由于两人未约定利息，乙只能诉请甲偿还借款本金 1000 万。

▓▓▓ 引例 2 分析

　　双方当事人签订融资租赁合同后，出租人按约定向供货方支付了设备款，承租人亦收到设备并进行了验收，出租人即已履行了合同义务。承租人交付预付租金后仅支付了 7 期租金，且经多次催收仍未支付拖欠租金，已构成违约，应承担违约责任。根据《民法典》相关规定和本案当事人之间的约定可知，租赁物不符合约定或者不符合使用目的的，出租人不承担责任。承租人应当按照约定支付租金。承租人经催告后在合理期限内仍不支付租金的，出租人可以请求支付全部租金；也可以解除合同，收回租赁物。出租人、出卖人、承租人可以约定，出卖人不履行买卖合同义务的，由承租人行使索赔的权利。承租人行使索赔权利的，出租人应当协助。承租人对出卖人行使索赔权利，不影响其履行支付租金的义务。

▓▓▓ 相关法律规范

　　1. 《民法典》第三编第十二章、第十四章、第十五章。
　　2. 《最高人民法院关于审理民间借贷案件适用法律若干问题的规定（2020 年第二次修正）》。

▓▓▓ 思考与练习

　　1. 试述金融机构的借款合同和自然人之间的借款合同的区别。
　　2. 试述承租人的优先购买权。
　　3. 何为"买卖不破租赁"？"优先购买权"应如何理解？
　　4. 试述融资租赁合同与租赁合同的区别与联系。

项目三　交付成果类典型合同

▓▓▓ 引例

　　王某、刘某为夫妻，2019 年 12 月，二人与 A 公司达成一份口头协议，约定由二人为 A 公司加工、缝钉女鞋人字带和心形扣，A 公司提供材料，二人收到原材料后遂开始组织人力加工，但加工完成后，并未将加工物交付给 A 公司。主要因为双方对加工费单价和付款方式存在争议：对于加工费，A 公司主张双方口头约定为 0.5 元/双，而王刘二人主张约定为 5 元/双。对于付款方式，A 公司主张按之前的交易习惯"交货后 10 天内付款"，而王刘二人主张先付款后交货。

问：该案应如何处理？

基本理论

交付成果类的典型合同，指以完成工作并交付成果为内容的合同，在《民法典》中可以归为此类合同的是承揽合同和建设工程合同两种典型合同。承揽合同的模式是完成工作并交付成果（物），主要包括加工、定作、修理、复制、测试、检验等工作，而建设工程合同，则包括工程勘察、设计、施工等合同。建设工程合同本质上属于承揽合同，主要区别在于工作内容上的不同，以承揽建设工程为内容的是建设工程合同，承揽其他工作为内容的属于承揽合同。

一、承揽合同

（一）承揽合同的概念和特征

承揽合同是指承揽人按照定作人的要求完成工作并交付工作成果，定作人给付报酬的合同。承揽人指完成工作并将工作成果交给对方的一方当事人，定作人指接受工作成果并向对方给付报酬的一方当事人，工作成果也称为定作物。

承揽合同的内容一般包括承揽的标的、数量、质量、报酬，承揽方式，材料的提供，履行期限，验收标准和方法等条款。

承揽合同具有以下特征：

1. 承揽合同以完成工作并交付工作成果为目的。承揽合同中的承揽人须依照定作人的要求完成一定的工作，并向定作人交付工作成果，即以物化成果来反映承揽人的劳务，定作人订立合同的目的是为了取得承揽人完成的工作成果。这是其与劳务类合同最大的区别。

2. 承揽人的工作具有独立性。定作人之所以会与承揽人签订承揽合同，主要是看中承揽人的技术、条件、设备、劳动力等优势，因此，只有由承揽人自己去完成工作才能符合定作人的要求和预期，如果承揽人未经定作人同意，就将承揽的主要工作交第三人完成，则可能会产生债务不履行、违约等问题，对此，定作人有权解除合同。

3. 承揽合同是诺成、双务、有偿、不要式合同。承揽合同经双方当事人意思表示一致即可成立生效，不以交付标的物为成立要件，因此为诺成合同。双方当事人互负权利义务，承揽人应完成工作任务并交付工作成果，定作人应支付报酬，因此为双务、有偿合同。《民法典》未对承揽合同是否需书面形式作特别规定，因此其为不要式合同。

（二）承揽合同的种类

承揽合同是一大类合同的总称，根据所承揽的工作内容不同，可以将承揽合同分为以下几类：

1. 加工合同。指不需承揽人准备原料，原材料由定作人向承揽人提供，承揽人以自己的技术、设备、劳力等将原材料加工为符合定作人要求的成品，定作人接受成品并支付报酬的合同。例如定作人提供木料，由承揽人加工为家具；定作人提供原石，由承揽人加工为饰品、工艺品。

2. 定作合同。指承揽人根据定作人的要求去准备原料，并以自己的技术、设备、劳力等将原材料制成符合定作人要求的特定成品，定作人接受成品并支付报酬的合同。定作合同与加工合同的区别在于原料提供者不同。

3. 修理合同。指承揽人以自己的技术、设备为定作人修理损坏的物品，将修复的物品归还定作人并获取报酬的合同。

4. 复制合同。指承揽人依照定作人的要求，将定作人提供的样品重新依样制作成若干份，定作人接受复制品并支付报酬的合同。如复印文稿、临摹画作等。

5. 测试合同。指承揽人依照定作人的要求，以自己的技术、仪器设备，完成指定项目的测试，并将测试结果交付定作人，定作人接受成果并支付报酬的合同。

6. 检验合同。指承揽人以自己的技术、仪器设备等，为定作人提出的特定事物进行检验，并将检验结果交定作人同时获得报酬的合同。

（三）承揽合同的效力

1. 定作人的主要权利义务。

（1）中途变更权。《民法典》第777条规定："定作人中途变更承揽工作的要求，造成承揽人损失的，应当赔偿损失。"定作人可以单方中途变更承揽工作的要求，无需双方当事人达成合意，只需赔偿承揽人因中途变更而遭受的损失。当然也可在合同中自行约定不得中途变更。

（2）任意解除合同权。定作人在承揽人完成工作前可以随时解除合同，无需任何理由，与中途变更权一样，因解除造成承揽人损失的，定作人应当赔偿损失。

（3）监督检验权。在承揽期间，定作人可以对承揽工作进行监督和检验，但需在合理限度内行使该权利，不得妨碍承揽人的正常工作。

（4）受领定作物和支付报酬的义务。这是定作人的基本义务。定作人应及时受领、验收承揽人完成的符合合同约定的工作成果，验收定作物的费用，有约定从约定，无约定时由定作人承担。定作人无正当理由拒绝受领定作物的，承揽人可以请求定作人受领，定作人超期受领，除应承担承揽人支付的保管保养费用外，还应承担定作物损毁灭失的风险及违约责任。若承揽人交付的工作成果不符合质量要求，定作人可以合理选择请求承揽人承担修理、重作、减少报酬、赔偿损失等违约责任。

定作人应按合同约定的期限、方式向承揽人支付报酬。没有约定或者约定不明确，不能达成补充协议，又不能依照合同条款或交易习惯确定的，定作人应当在承揽人交付工作成果时支付报酬；工作成果只有部分交付的，定作人应当支付相应报酬。定作人超过规定期限支付报酬，应当承担逾期支付的利息；定作人拒付报酬的，承揽人可以行使留置权留置定作物，也可以拒绝交付定作物，或者解除合同。

（5）协助义务。承揽人是按照定作人要求完成工作，因此，需要定作人协助时，定作人应予协助，否则无法完成工作。根据双方约定，这些协助主要包括须由定作人提供原材料、零配件、设计图纸、技术要求、技术资料、样品、工作场所的，定作人应按约按时提供；依承揽人通知，定作人应及时更换、补齐、修正有瑕疵的材料、技术资料、图标设计等，如果因定作人不履行协助义务而致使承揽工作不能完成，承揽人可以催告定作人在合理期限内履行义务，并可以顺延履行期限；定作人逾期不履行的，承揽人可以解除合同并且无需承担未完成承揽工作的责任。

2. 承揽人的主要权利义务。

（1）按约亲自完成承揽工作。承揽人应当以自己的设备、技术、劳力，按照合同约定的时间、质量标准完成承揽的主要工作。承揽人将其承揽的主要工作交由第三人完成，应就第三人完成的工作成果向定作人负责；如果未经定作人同意将主要工作交第三人，定作人可以解除合同。但承揽人可以将其承揽的辅助工作交由第三人完成，并对此部分工作成果向定作人负责。承揽人在完成工作过程中，应当接受定作人必要的监督检验。如果发现不合理或不符合约定的问题时，或需要定作人协助时，应当及时通知定作人答复、履行协助义务或采取补救措施。定作人经催告逾期不履行义务的，承揽人可以解除合同。

（2）接受定作人提供的材料或依约提供材料。承揽人应当按照约定接受和检验定作人提供的材料，发现问题时，应当及时通知定作人更换、补齐或者采取其他补救措施。但不得擅自更换定作人提供的材料和不需要修理的零部件。

如果材料由承揽人提供，则应当按照约定的质量标准选用材料，不得以次充好，并接受定作人检验。如果定作人提出异议，承揽人应作调换。

（3）交付符合合同约定的工作成果。承揽人应当按约定保质保量的向定作人交付工作成果，并应提供必要的技术资料和质量证明，定作人应当积极验收，验收合格的，承揽人才算完成合同义务。如果不符合质量要求，承揽人应承担修理、重作、减少报酬、赔偿损失等违约责任。如无特殊约定，共同承揽人对定作人承担连带责任。

（4）保管义务和保密义务。承揽人应当妥善保管定作人提供的材料（如原材料、零配件、图纸、技术资料等）以及已完成的未交付的工作成果，因保管不善造成毁损、灭失的，应当承担赔偿责任。承揽人应当保守秘密，未经定作人许可，不得留存复制品或者技术资料。

（5）瑕疵担保义务。定作物有瑕疵的，承揽人应承担瑕疵担保责任。一般可以采取以下措施进行补救：如果定作人同意利用，可以按质论价，请求减少相应的报酬；定作人不同意利用的，瑕疵如果可以修复或者重作，承揽人应当负责补救或由定作人补救，费用由承揽人承担。导致逾期交付的，承揽人承担逾期交付的违约责任；承揽人拒绝补救或补救后依然不符合合同要求，定作人有权拒收并可要求解除合同、请求赔偿损失。

（6）收取报酬权和留置权。承揽人有权请求定作人按照约定的期限支付报酬。定作人未向承揽人支付报酬或者材料费等价款的，除另有约定外，承揽人对完成的工作成果有权留置或者拒绝交付。

3. 承揽合同中的风险承担。承揽合同中的风险承担，指在完成承揽工作过程中，原材料、工作成果因不可归责于当事人任何一方的事由而损毁、灭失时，应由谁承担损失的问题。

一般来说，对于原材料，应遵循民法上标的物损毁、灭失风险负担的一般规则，由原材料的所有人承担风险，即原材料由定作人提供，风险由定作人负担；原材料由承揽人提供，则由承揽人负担风险。

对于工作成果，如果须实际交付，在交付前发生风险的，由承揽人负担，定作人无须向承揽人支付报酬。但如果是定作人迟延受领或在交付后才发生损毁、灭失的，则风险由定作人负担，并应向承揽人支付报酬。

二、建设工程合同

（一）建设工程合同的概念和特征

建设工程合同是承包人进行施工建设，发包人支付价款的合同。主要包括工程勘察、设计、施工合同。一个建设项目，发包人可以让一个承包人负责工程勘察、设计、施工任务，这称为总承包合同。发包人也可以实行平行发包，让几个承包人分别负责工程勘察、设计、施工的任务。

但要注意区分分包和转包两个概念。分包指承包方经发包人同意，与第三人签订合同，将其承包的建设工程的一部分交给第三人完成。但建设工程主体结构的施工必须由承包人自行完成。法律允许合法的分包，但禁止承包人将工程分包给不具备相应资质的单位，禁止分包单位将其承包的工程再分包，禁止未经发包人同意，将部分建设工程转由其他单位建设，这些均属于违法分包。转包指承包人以营利为目的，与第三人签订合同，向第三人转让其承包的工程，自己退出与发包人的合同关系。我国《民法典》和《中华人民共和国建筑法》（以下简称《建筑法》）均禁止转包和违法分包。承包人不得将其承包的全部建设工程转包给第三人或者将其承包的全部建设工程支解以后以分包的名义再分别转包给第三人。承包人违反规定进行转包或违法分包的，发包人均可以解除合同。

> **法条链接**

《中华人民共和国民法典》

第 791 条 发包人可以与总承包人订立建设工程合同，也可以分别与勘察人、设计人、施工人订立勘察、设计、施工承包合同。发包人不得将应当由一个承包人完成的建设工程支解成若干部分发包给数个承包人。

总承包人或者勘察、设计、施工承包人经发包人同意，可以将自己承包的部分工作交由第三人完成。第三人就其完成的工作成果与总承包人或者勘察、设计、施工承包人向发包人承担连带责任。承包人不得将其承包的全部建设工程转包给第三人或者将其承包的全部建设工程支解以后以分包的名义分别转包给第三人。

禁止承包人将工程分包给不具备相应资质条件的单位。禁止分包单位将其承包的工程再分包。建设工程主体结构的施工必须由承包人自行完成。

建设工程合同实际上是一种承揽合同，但又有所区别，主要体现在以下几个方面：一是合同的标的物是建设工程，二是合同主体需具备相应条件，三是建设工程合同是要式合同。

建设工程一般规模大，周期长，投资额巨大，影响大，质量要求和对技术的要求都很高，因此，对于合同当事人的主体资格是有限制的，要求承包人必须是具有相应资质的法人，若无相关资质，签订的建设工程合同无效。因建设工程合同涉及的内容复杂而极具专业性，涉及质量标准、工期、监理、验收、工程造价、价款结算等诸多内容，因此《民法典》规定，建设工程合同应当采用书面形式，如果是国家重大建设工程合同，还应当按照国家规定的程序和国家批准的投资计划、可行性研究报告等文件订立。法律规定必须进行招标而未招标，或为无效中标的，建设工程合同无效。建设工程的招标投标活动，应当依照有关法律的规定公开、公平、公正进行。

■■■ **法条链接**

《中华人民共和国招标投标法》

第3条　在中华人民共和国境内进行下列工程建设项目包括项目的勘察、设计、施工、监理以及与工程建设有关的重要设备、材料等的采购，必须进行招标：

（一）大型基础设施、公用事业等关系社会公共利益、公众安全的项目；

（二）全部或者部分使用国有资金投资或者国家融资的项目；

（三）使用国际组织或者外国政府贷款、援助资金的项目。前款所列项目的具体范围和规模标准，由国务院发展计划部门会同国务院有关部门制订，报国务院批准。法律或者国务院对必须进行招标的其他项目的范围有规定的，依照其规定。

（二）建设工程合同的种类

1. 建设勘察、设计合同。即建设工程勘察合同和建设工程设计合同。建设工程勘察合同指承包人就建设地点的地理、地貌、水文地质状况等进行勘察，以确定该地点是否适合该建设工程，发包人支付报酬的合同。建设工程设计合同指由承包人按照发包人的要求对工程建设提供设计方案、施工图纸等，发包人支付报酬的合同。勘察、设计合同的内容一般包括提交有关基础资料和概预算等文件的期限、质量要求、费用以及其他协作条件等条款。

2. 建设施工合同。建设施工合同指由发包人（建设单位）和承包人（施工单位）订立的由承包人对商定的工程建筑进行施工，发包人按约定提供必要条件并支付工程价款的合同。施工合同的内容一般包括工程范围、建设工期、中间交工工程的开工和竣工时间、工程质量、工程造价、技术资料交付时间、材料和设备供应责任、拨款和结算、竣工验收、质量保修范围和质量保证期、相互协作等条款。

3. 建设监理合同。建设监理合同是指发包人（建设单位）与监理人（具监理资质的监理公司、监理事务所等）签订的由监理人承担监理业务，对工程承包人在施工质量、建设资金使用等进行监督，由发包人支付报酬的合同。建设工程实行监理的，发包人应当与监理人采用书面形式订立委托监理合同，依照《民法典》合同编中委托合同以及相关法律、行政法规的规定确定发包人与监理人的权利和义务以及法律责任。建设监理合同主要包括工程名称、工程地点、监理职责、费用及支付方式等内容。

（三）建设工程合同的效力

1. 发包人的权利、义务。

（1）检查权利和协助义务。为保障建设工程的质量，发包人享有随时检查权利，在不妨碍承包人正常作业的情况下，可以随时对作业进度、质量进行检查。

发包人应向承包人提供必要的协助，例如：提供符合承包人进场施工条件的施工场地；及时提供工程图说及文件，并加以释明；负责协调各承包人间的工作；提供工程所需的执照和许可，协助办理必要的证件；组织竣工验收等。如果发包人提供的主要建筑材料、建筑构配件和设备不符合强制性标准或者不履行协助义务，致使承包人无法施工，经催告后在合理期限内仍未履行相应义务的，承包人可以解除合同（《民法典》第806条第2款）。

（2）验收义务。《民法典》规定了发包人对隐蔽工程和主体工程的验收义务。工程竣工验收是施工过程的最后一项工作，指承包人依规依约完成合同的各项内容，发包人取得政府主管部门出具的工程施工质量、消防、规划、环保、城建等验收文件或准许使用文件后，对建设工程进行竣工验收，出具竣工验收报告。

法条链接

《中华人民共和国民法典》

第798条　隐蔽工程在隐蔽以前，承包人应当通知发包人检查。发包人没有及时检查的，承包人可以顺延工程日期，并有权请求赔偿停工、窝工等损失。

第799条　建设工程竣工后，发包人应当根据施工图纸及说明书、国家颁发的施工验收规范和质量检验标准及时进行验收。验收合格的，发包人应当按照约定支付价款，并接收该建设工程。

建设工程竣工经验收合格后，方可交付使用；未经验收或者验收不合格的，不得交付使用。

（3）赔偿义务。因发包人的原因致使工程中途停建、缓建的，发包人应当采取措施弥补或者减少损失，赔偿承包人因此而造成的停工、窝工、倒运、机械设备调迁、材料和构件积压等损失和实际费用。

因发包人变更计划导致的增付费用由其承担。因发包人提供的资料不准确，或者未按照期限提供必需的勘察、设计工作条件而造成勘察、设计的返工、停工或者修改设计，发包人应当按照勘察人、设计人实际消耗的工作量增付费用。

如果发包人未按照约定的时间和要求提供原材料、设备、场地、资金、技术资料，承包人可以顺延工程日期，并有权请求其赔偿停工、窝工等损失。

（4）接受建设工程并按约支付工程价款的义务。发包人应及时验收建设工程，工程合格的，应按照合同约定支付价款，这是发包人的基本义务。如果发包人未按照合同约定支付价款，承包人可以催告发包人在合理期限内支付价款。经催告发包人仍然逾期不支付的，承包人可以行使工程价款优先受偿权。

2. 承包人的权利、义务。

（1）工程价款优先受偿权。发包人应按时支付工程价款，经催告仍逾期不支付的，承包人可以优先受偿。即除非根据建设工程的性质不宜折价、拍卖，承包人可以与发包人协议将该工程折价，也可以请求人民法院将该工程依法拍卖，建设工程的价款就该工程折价或者拍卖的价款优先受偿。

《民法典》之所以设置承包人的工程价款优先受偿权，是为了应对我国建筑业中比较严重的拖欠工程款的现象。对于优先受偿权的权利主体、范围和期限起算点，需明确以下几个问题：

第一，分包人是否为该权利主体？虽然《民法典》未明确承包人以外的其他主体是否能为优先受偿权的主体，但就合法分包的分包人来说，应允许其主张承包人享有的优先受偿权。若再进行分包，因属非法分包，分包合同无效，建设工程的实际施工人是无法向发包人主张优先受偿权的。

第二，优先受偿的范围。《民法典》并未明确规定优先受偿的范围，在《民法典》施行前，司法实践中，承包人对逾期支付的建设工程价款的利息、违约金、损害赔偿金等主张优先受偿的，人民法院不予支持。

第三，工程价款优先受偿权的行使期限。《民法典》对该问题也未明确规定，在《民法典》施行前，根据《最高人民法院关于审理建设工程施工合同纠纷案件适用法律问题的解释（二）》第22条的规定，承包人行使建设工程价款优先受偿权的期限为6个月，自发包人应当给付建设工程价款之日起算。但需要说明的是，为了切实实施民法典，保证国家法律统一正确适用，该司法解释已被最高人民法院决定废止，自《民法典》施行之日失效，所以优先受偿权的行使期限问题还有待新的司法解释予以明确。

（2）通知义务。隐蔽工程在隐蔽以前，承包人应当通知发包人检查。隐蔽工程指地下自来水、天然气等管线工程、房屋基础地下工程等，如未对这些地下工程提前验收，出现问题，修复成本会非常高，因此为了避免不必要的资源浪费和损失，承包人需在隐蔽工程隐蔽之前，通知发包人检查，发包人应及时检查。

（3）承包人的赔偿责任。在出现下列因承包人原因导致损失发生时承包人需承担赔偿责任。一是在勘察、设计中，质量不符合要求或者未按照期限提交勘察、设计文件拖延工期，造成发包人损失，勘察人、设计人应当继续完善勘察、设计，减收或者免收勘察、设计费并赔偿损失；二是因施工人的原因致使建设工程质量不符合约定，发包人有权请求施工人在合理期限内无偿修理或者返工、改建。因此而造成逾期交付，属施工人违约，应承担违约责任；三是因承包人的原因，使建设工程在合理使用期限内造成人身损害和财产损失，承包人也应当承担赔偿责任。

3. 建设工程施工合同无效的处理。《民法典》第 793 条规定了建设工程施工合同无效的后果。合同无效，但是建设工程经验收合格，可以参照合同关于工程价款的约定折价补偿承包人。合同无效且建设工程经验收不合格，则应按照以下情形分别处理：经修复建设工程经验收合格，发包人可以请求承包人承担修复费用；修复后验收仍不合格的，承包人无权请求折价补偿。如果发包人对建设工程不合格造成的损失存在过错，则应当承担相应责任。

除此之外，承包人应亲自完成建设工程工作，除经发包人同意，承包人可以将部分工作交由第三人完成外，不得转包和非法分包，否则发包人可以解除合同。同时，承包人和第三人要就其完成的工作成果或者勘察、设计、施工向发包人承担连带责任。

引例分析

本案争议焦点：加工费应如何认定？王某是否因不当行使留置权而导致 A 公司损失，以及如何认定损失的金额？王刘二人是否应当返还原材料并赔偿损失？

根据《民法典》合同编和物权编的规定可知，除当事人另有约定外，定作人未向承揽人支付报酬或者原材料等价款的，承揽人对完成的工作成果享有留置权。留置财产为可分物的，留置的财产价值应当与债务金额相当。本案中，承揽人以定作人未支付加工费为由，依法可以就承揽物享有留置权，但仅限于与加工费相当的加工物。因对超出部分留置造成定作人损害的，应当承担赔偿责任，赔偿范围包括留置加工物的贬值损失。

相关法律规范

1.《民法典》第三编第十七章、第十八章。

2.《建设工程质量管理条例》。

3.《招标投标法》。

4.《建筑法》。

思考与练习

1. 试述承揽合同的效力。

2. 试述承揽合同的风险负担。

3. 试述承包人的优先受偿权制度。

4. 试述承包人的优先受偿权与商品房买卖中买受人房屋交付请求权的冲突和解决。

项目四　服务类典型合同

引例 1

李某委托某画廊购买著名画家章某的一幅题为"春色"的获奖油画作品，价值 50 万元。双方于 2019 年 12 月 25 日订立了委托合同约定分 2 期付款。合同签订以后，李某便向画廊汇去 25 万元。2020 年 1 月，画廊经理程某与章某达成一份书面购画协议，购买其正在画廊展出的"春色"油画价值 40 万元。合同订立以后画廊向章某交付 5 万元订金。2020 年 5 月，因画廊经理程某涉嫌伤害罪被逮捕，有三位债权人同时起诉该画廊，章某得知情况后，派人前往程某家中取回其油画，并提出立即退还 5 万元订金。李某得知该情况后起诉画廊，请求返还其已经支付的 25 万元购画款，并同时起诉画家章某，要求其返还"春色"油画。

请分析案例所涉的法律关系。

引例 2

原告因自己的仓库正在施工，部分电视无处存放，遂与被告签订了一份仓储保管合同，由被告负责保管原告的 100 台电视。1 个月后，原告有一批办公用纸需要存放，经与被告协商，被告同意存放在其仓库中，不再另行收费。3 个月后，当地连日天降大雨，被告仓库年久失修，雨水漏进仓库，致办公用纸受损，直接损失 1 万元。由此产生纠纷。

问：如何确定无偿保管合同中保管人的妥善保管义务？

基本理论

服务类典型合同，指当事人就某一服务事项签订合同，一方根据指示为他方处理事务，可自行约定是否需要支付报酬的合同类型。包括委托合同、运输合同、保管合同、仓储合同、物业服务合同、行纪合同、中介合同。

一、委托合同

（一）委托合同的概念和特征

委托合同又称委任合同，是指依照双方当事人的约定，由受托人为委托人处理事务的合同。委托合同属于服务贸易交易的典型核心合同。

委托合同具有如下特征：

1. 委托合同是一种典型的为他人处理事务提供劳务的合同。可以是法律行为，如委托进行买卖，也可以是事实行为，如将信件投递等，也可以是经济行为，如清理财产等，只要事项不违背公序良俗和法律法规的强制性规定，均可委托他人代为处理；但是与委托人人身密不可分、具有人身性质的事项，不能成为委托合同的标的，如婚姻登记、收养等。

2. 委托合同的订立以双方当事人相互信任为基础。因此，如果任何一方对另一方丧失信任，均有权随时解除委托合同，即双方均享有任意解除权，但应赔偿因此而造成的对方损失。

委托合同是诺成合同、不要式合同，当事人意思表示一致，即可成立合同。是无偿还是有偿，则由法律规定或依当事人自行约定。如果当事人未约定是否有偿或约定不明确，可以事后达成补充协议约定，协议不成的，应视为无偿。

 知识链接

委托与代理：

委托是指委托人与被委托人签订委托书，被委托人在规定的权限范围内进行委托事项的行为。

代理是指代理人在代理权限内，以被代理人的名义实施民事法律行为。在委托合同中，如果受托人以委托人的名义与第三人签订合同，则构成直接代理。如果受托人以自己名义与第三人签订合同，其行为则构成间接代理。

委托和代理的区别如下：①行使权利的名义不同，代理包括委托代理、法定代理、指定代理三种类型，法定代理和指定代理是由法律规定的。而委托是指双方当事人在诚信的基本上，通过委托合同的方式确定进行的民事法律活动。②从事的事务不同。代理涉及的行为以意思表示为要素，故代理的一定是民事法律行为；委托不要求以"意思表示"为要素，因此委托从事的行为可以是纯粹的事务性行为。③代理涉及三方当事人，即被代理人、代理人、相对人；委托则属于双方当事人之间的关系，即委托人、受托人。

（二）委托合同的效力

1. 受托人的权利、义务。

（1）依委托人的指示亲自处理委托事务的义务。受托人应当按照委托人的指示处理委托事务，这是受托人的基本义务。包含以下含义：委托人有指示的，受托人应尽量遵循指示完成委托事项，需要变更指示的，应当经委托人同意；因情况紧急需变更的，可做变更以更妥善处理委托事务，但应该立即报告。一时难以和委托人取得联系，事后应当及时报告委托人。

因委托关系基于信任形成，所以受托人应当亲自处理委托事务，受托人经委托人同意或追认方能转委托。由受托人负责选定第三人，该被委托的第三人叫次受托人。转委托经同意或者追认的，委托人可以就委托事务直接指示转委托的第三人，受托人仅就第三人的选任及其对第三人的指示承担责任。委托人可向次受托人支付报酬、发布指示。受托人也可向次受托人发布指示。对未经同意或者追认的转委托，受托人应当对转委托的第三人的行为承担责任，转委托的第三人只能视作受托人的履行辅助人。但是，在紧急情况下受托人为了维护委托人的利益需要可以转委托，视为委托人同意。

（2）披露义务和报告义务。受托人有披露义务。《民法典》第926条规定了受托人以自己名义与第三人订立合同，如果出现因第三人或委托人原因无法履行合同时，受托人向委托人披露第三人、受托人向第三人披露委托人的情形。

法条链接

《中华人民共和国民法典》

第926条　受托人以自己的名义与第三人订立合同时，第三人不知道受托人与委托人之间的代理关系的，受托人因第三人的原因对委托人不履行义务，受托人应当向委托人披露第三人，委托人因此可以行使受托人对第三人的权利。但是，第三人与受托人订立合同时如果知道该委托人就不会订立合同的除外。

受托人因委托人的原因对第三人不履行义务，受托人应当向第三人披露委托人，第三人因此可以选择受托人或者委托人作为相对人主张其权利，但是第三人不得变更选定的相对人。

委托人行使受托人对第三人的权利的，第三人可以向委托人主张其对受托人的抗辩。第三人选定委托人作为其相对人的，委托人可以向第三人主张其对受托人的抗辩以及受托人对第三人的抗辩。

（3）财产移交义务。受托人处理委托事务取得的财产，包括金钱、物品、权利及孳息等，无论是以委托人名义、受托人名义还是次受托人取得，受托人均应当将取得的财产转交给委托人。

（4）赔偿损失责任。有偿的委托合同，因受托人的过错造成委托人损失的，委托人可以请求受托人赔偿损失。无偿的委托合同，因受托人的故意或者重大过失造成委托人损失，委托人可以请求赔偿损失。受托人超越权限或不及时报告情况，造成委托人损失的，应当赔偿损失。两个以上的受托人共同处理委托事务的，对委托人承担连带责任。

（5）求偿权。受托人处理委托事务时，因不可归责于自己的事由受到损失的，可以向委托人请求赔偿损失。

2. 委托人的主要义务。

（1）支付费用和报酬的义务。受托人处理委托事务需要费用，无论委托合同是否有偿，委托人都有支付费用的义务，支付方式可以是预付费用，也可以事后偿还。如果受托人在处理委托事务中垫付了必要费用，无论委托合同是有偿还是无偿，委托人均应偿还该费用并支付利息。支付利息从垫付之日起计算，利息遵循双方约定，没有约定的，应按当时的银行存款利率计算。所谓必要费用，指处理委托事务必不可少的费用，如交通费、住宿费、手续费等。在确定必要费用的范围时，应充分考虑委托事务的性质、受托人的注意义务及支出费用的具体情况，按实际支付。

在有偿委托合同中或没有约定报酬的情况下，受托人完成委托事务，委托人应当按照约定或按照习惯、委托性质向其支付报酬。因不可归责于受托人的事由，委托合同解除或者委托事务不能完成的，委托人仍然应当向受托人支付相应的报酬，即由双方当事人合理负担。若报酬是分期给付的，在受托人债务不履行前已支付的报酬，受托人无须返还。报酬数额当事人可自行约定，约定不明的，按《民法典》第510、511条确定。报酬的标的不限于金钱，也可以是有价证券或其他给付，无约定时，应以金钱给付。

报酬支付时间，采"后付主义"。即除当事人约定事先支付报酬外，报酬应当在委托事务完成后或委托关系终止后支付。受托人不得以委托人未支付报酬为由，不履行委托事务。除非有特殊约定，委托人支付报酬也不以受托人成功处理委托事务为要件。

（2）赔偿责任。受托人处理委托事务时，因不可归责于自己的事由受到损失的，可以向委托人请求赔偿损失。委托人经受托人同意，可以在受托人之外委托第三人处理委托事务，因此造成受托人损失的，受托人可以向委托人请求赔偿损失。概括来说，无论是因委托人的过错，如指示不当等原因，还是因第三人的加害行为或不可抗力等非委托人过错，导致受托人遭受损失的，委托人均应承担赔偿责任。

3. 委托合同的终止。若当事人双方另有约定或者根据委托事项的性质不宜终止委托合同，委托合同可继续存在有效。若委托合同终止，其原因可分为一般原因和特殊原因。

一般原因指共同适用的终止原因，包括委托事项处理完毕、合同履行不能、合同约定的期限届满以及合同约定或法定解除条件成就等。

特殊原因主要包括两种情形：

（1）当事人一方任意解除合同。委托人和受托人双方均享有随时解除委托合同的权利，因解除合同造成对方损失时，无偿委托合同的解除方应当赔偿因解除时间不当造成的直接损失，有偿委托合同的解除方应当赔偿对方的直接损失和合同履行后可以获得的利益。

（2）当事人一方死亡、丧失民事行为能力或破产、解散。受托人有继续处理委托事务的义务。因委托人死亡或者被宣告破产、解散，致使委托合同终止将损害委托人利益的，在委托人的继承人、遗产管理人或者清算人承受委托事务之前，受托人应当继续处理委托事务。

因受托人死亡、丧失民事行为能力或者被宣告破产、解散，致使委托合同终止的，受托人的继承人、遗产管理人、法定代理人或者清算人应当及时通知委托人。因委托合同终止将损害委托人利益的，在委托人作出善后处理之前，受托人的继承人、遗产管理人、法定代理人或者清算人应当采取必要措施。必要措施既包括保存行为，也包括对委托事务的积极处理。

二、运输合同

（一）运输合同的概念与特征

运输合同，又称为运送合同，是指承运人将旅客或者货物从起运地点运输到约定地点，旅客、托运人或者收货人支付票款或者运输费用的合同。

运输合同具有以下特征：运输合同通常为诺成、双务、有偿合同，一般为格式合同，如客票、货运单、提单统一印制。从事公共运输的承运人依《民法典》规定负有强制缔约义务，禁止承运人单方面基于自己的意愿选择缔约对象，对旅客、托运人通常、合理的运输要求不得拒绝。当然也有例外情形，如可能对公共安全、公共利益等造成实际危害的，可以拒绝缔约。例如乘客撒泼、暴力行为，危害司机、乘务人员、乘客安全，可对其进行控制、拒绝搭乘、列入黑名单等处理。

（二）运输合同的分类

（1）根据运输对象的不同，可将运输合同分为客运合同和货运合同。

（2）根据运输工具的不同，可将运输合同分为公路运输合同、铁路运输合同、水路运输合同、海上运输合同、航空运输合同、管道运输合同等。

（3）根据承运人数量和运输方式的不同，可将运输合同分为单一运输合同和多式联运合同。

（三）运输合同的效力

运输合同的效力指运输合同关系中基于当事人（承运人与旅客、托运人）的权利、义务产生的约束力。承运人应在约定期限或者合理期限内按照约定的或通常的运输路线将旅客、货物安全运输到约定地点，这是承运人的主合同义务。旅客、托运人或者收货人的主要义务是支付票款或者运输费用。如果承运人未按照约定路线或者通常路线运输，增加了票款或者运输费用，旅客、托运人或者收货人可以拒绝支付增加部分的票款或者运输费用。

1. 客运合同的法律效力。客运合同即旅客运输合同，是承运人将旅客及其行李安全运输到目的地，旅客支付运费的合同。客运合同的标的为运输旅客的服务行为，为诺成合同。

（1）旅客的义务。

第一，持有效客票乘运义务。除当事人另有约定或者另有交易习惯外，客运合同自承运人向旅客出具客票时成立。旅客应持有效客票乘运，旅客应当按照有效客票记载的时间、班次和座位号乘坐。旅客无票乘坐、超程乘坐、越级乘车、乘机。旅客应持有效客票凭证乘运，旅客应当按照有效客票记载的时间、班次和座位号乘坐。如果旅客无票乘坐、超程乘坐、越级乘坐或者持不符合减价条件的优惠客票乘坐，应当补交票款，承运人可以按照规定加收票款；如果旅客不支付票款，承运人可以拒绝运输。实名制客运合同的旅客如果丢失客票，可以请求承运人挂失补办，承运人不得再次收取票款和其他不合理费用。

第二，按规定办理退票或变更的义务。如果旅客因自己的原因不能按照客票记载的时间乘坐，应当在约定的期限内办理退票或者变更手续；逾期办理，承运人可以不退票款，并不再承担运输义务。实践中，承运人会以其制定并公布的退票、变更规则办理退票、改签手续，通常旅客会损失部分或全部票款。

第三，限量、限品类携带行李义务。客运合同不仅运输旅客，也包括运输旅客随身携带的行李，但是行李应当符合约定的限量和品类要求，如果超过限量或者违反品类要求携带行李，应当办理托运手续。

同时，旅客不得随身携带或者在行李中夹带易燃、易爆、有毒、有腐蚀性、有放射性以及可能危及运输工具上人身和财产安全的危险物品或者违禁物品。旅客如果违规携带、夹带违禁品，承运人可以将危险物品或者违禁物品卸下、销毁或者送交有关部门。旅客坚持携带或者夹带危险物品或者违禁物品的，承运人应当拒绝运输。

第四，协助和配合义务。旅客对承运人为安全运输所作的合理安排应当积极协助和配合。

（2）承运人的义务。

第一，运输义务和告知义务。运输义务是承运人的主要义务。承运人应当按照有效客票记载的时间、班次和座位号运输旅客。

承运人同时有及时告知和提醒义务。当承运人迟延运输或者有其他不能正常运输情况出现时，应当及时告知和提醒旅客，并采取必要的安置措施，同时根据旅客的要求安排改乘其他班次或者退票，不得增收或扣减费用。由此造成旅客损失的，承运人应当承担赔偿责任。但如果是不可归责于承运人的原因导致的，如遭遇自然灾害、天气原因、零时交通管制等，则无须承担赔偿责任。

承运人不得擅自降低服务标准，否则应当根据旅客的请求退票或者减收票款，退还差额，比如超售后将乘客购买的头等舱调低为经济舱；主动提高服务标准的，不得加收差额票款，比如升舱或调改座位等级。

第二，尽力救助义务。承运人在运输过程中，对旅客出现的紧急情况，如突发急病、分娩、遇险等，应当尽力救助。如果承运人不施救助，旅客可就其不作为要求其承担民事责任。尽力救助只要求承运人作出其客观条件允许范围内的努力即可，承运人尽其所能实施救助，即可视为已履行尽力救助义务。如果旅客仍发生意外伤亡结果，承运人应予免责。

第三，安全运输义务。承运人应当严格履行安全运输义务，及时告知旅客安全运输应当注意的事项。在客运合同中，承运人所承担的安全运输义务不仅针对旅客，同时针对旅客随身携带的行李物品，承运人对在运输过程中造成旅客伤亡和随身携带物品的损害都要承担损害赔偿责任，但两者承担责任的前提不同。承运人对于旅客的伤亡要承担赔偿责任，但是，如果伤亡是旅客自身健康原因造成的或者承运人证明伤亡是旅客故意、重大过失造成的，则无须承担赔偿责任。对于旅客随身携带物品毁损、灭失，承运人只在有过错的情形下才承担赔偿责任。

2. 货运合同的法律效力。货运合同是承运人将托运人交付运输的货物运送到指定地点交付收货人，托运人支付运费的合同。货运合同主要是运货物的，客运合同则是运人。在实践中，收货人可能是托运人，但更多时候是收货人为承运人和托运人以外的第三人，比如商家将网购商品快递给客户。

货运合同除具有运输合同的一般特征外，还具有以下特征：一是通常涉及第三人。第三人为收货人时，虽然收货人表示订立合同的第三人，但是合同利害关系人，此时该货运合同属于为第三人利益订立的合同，收货人对托运人享有直接请求权。二是货运合同以将货物交付给收货人、收货人完成签收为义务履行完毕，而不是单纯地将货物运输到目的地。

（1）托运人和收货人的义务、权利。

第一，如实申报、告知义务。托运人办理货物运输，应当向承运人准确表明收货人的姓名、名称或者凭指示的收货人，货物的名称、性质、重量、数量，收货地点等有关货物运输的必要情况。因托运人申报不实或者遗漏重要情况，造成承运人损失的，托运人应当承担赔偿责任。

第二，提交相关文件的义务。货物运输需要办理审批、检验等手续的，托运人应当将办理完有关手续的文件提交承运人。

第三，妥善包装的义务。托运人应当按照约定的方式包装货物。对包装方式没有约定或者约定不明确的，适用《民法典》第619条的规定，可以协议补充，不能达成协议的，按合同有关条款或交易习惯确定，仍不能确定的，应按通用的方式包装，没有通用方式的，按足以保护标的物不破损且节约环保的包装方式包装。托运人违反规定的交付运输的，承运人可以拒绝运输。

托运危险物品时应更为注意妥善包装。危险物品指易燃、易爆、有毒、有腐蚀性、有放射性等危险物品。托运这些物品时，应当按照国家有关危险物品运输的规定对危险物品妥善包装，做出危险物品标志和标签，并将有关危险物品的名称、性质和防范措施的书面材料提交承运人。托运人违反规定交运，承运人可以拒绝运输，也可以采取相应措施以避免损失的发生，因此产生的费用由托运人负担。

第四，及时提货、检验的义务。收货人应当及时提货，如果不及时提货，承运人可以在收货人不明和收货人无正当理由拒收货物时提存货物，货物提存后，该货物损毁灭失的风险由收货人承担，孳息归收货人，同时提存、保管费用也由收货人承担。

收货人提货时应当按照约定的期限检验货物，及时进行验收。对检验货物的期限没有约定或者约定不明确，依据《民法典》第510条的规定仍不能确定的，应当在合理期限内检验货物。收货人在约定的期限或者合理期限内对货物的数量、毁损等未提出异议的，视为承运人已经按照运输单证的记载交付的初步证据。

第五，中止运输的权利。在承运人将货物交付收货人之前，托运人可以要求承运人中止运输、返还货物、变更到达地或者将货物交给其他收货人，但是应当向承运人支付因此增加的费用和赔偿承运人因此而受到的损失。

第六，支付运费等费用的义务。在承运人履行完运输义务后，托运人或收货人应当按照约定支付运费、保管费及其他相关费用。如果不支付上述费用，承运人对运输的货物享有留置权。除法律另有规定外，货物在运输过程中因不可抗力全损，如果未收取运费，承运人不得要求支付运费，已收取运费的，托运人可以请求返还。

（2）承运人的义务、权利。

第一，通知义务。货物运输到达后，承运人知道收货人的，应当及时通知收货人，收货人应当及时提货。如果承运人无法知晓收货人的地址和联系方式，则应当通知托运人在合理期限内就运输货物的处分作出指示。承运人怠于履行通知义务，导致违约造成损失的，应当承担相应的赔偿责任。如果收货人逾期提货，应当向承运人支付保管费等费用。

第二，安全运输义务。承运人应当将交运的货物安全运输至约定地点交收货人，对运输过程中货物的毁损、灭失承担赔偿责任。但是，承运人能证明货物的毁损、灭失是因不可抗力、货物本身的自然性质或者合理损耗以及托运人、收货人的过错造成的，不承担赔偿责任。货物的毁损、灭失的赔偿额，当事人有约定的，按照其约定；没有约定或者约定不明确，依据《民法典》第510条的规定仍不能确定的，按照交付或者应当交付时货物到达地的市场价格计算。法律、行政法规对赔偿额的计算方法和赔偿限额另有规定的，依照其规定。

第三，享有留置权、提存权。托运人或者收货人不支付运费、保管费或者其他费用的，承运人对相应的运输货物享有留置权，但是当事人另有约定的除外。收货人不明或者收货人无正当理由拒绝受领货物的，承运人依法可以提存货物。

3.多式联运合同的法律效力。联运合同指当事人约定由两个或以上承运人通过衔接运送，用同一凭证将货物运送到指定地点，托运人支付运输费用的合同。可分为单式联运合同和多式联运合同。

单式联运合同指以一种运输方式将旅客或货物运输到目的地的合同。两个以上承运人以同一运输方式联运的，与托运人订立合同的承运人应当对全程运输承担责任；损失发生在某一运输区段的，与托运人订立合同的承运人和该区段的承运人承担连带责任。

多式联运合同，又称为混合或联合运输合同，指以两种以上的运输方式将旅客或货物运输到目的地的合同。多式联运可以综合利用多种运输工具，充分发挥运输能力，快捷方便。

多式联运经营人负责履行或者组织履行多式联运合同，对全程运输享有承运人的权利，承担承运人的义务。多式联运经营人可以与参加多式联运的各区段承运人就多式联运合同的各区段运输约定相互之间的责任；但是，该约定不影响多式联运经营人对全程运输承担的义务。

多式联运经营人收到托运人交付的货物时，应当签发多式联运单据。按照托运人的要求，多式联运单据可以是可转让单据，也可以是不可转让单据。因托运人托运货物时的过错造成多式联运经营人损失的，即使托运人已经转让多式联运单据，托运人仍然应当承担赔偿责任。

 法条链接

《中华人民共和国民法典》

第 842 条　货物的毁损、灭失发生于多式联运的某一运输区段的，多式联运经营人的赔偿责任和责任限额，适用调整该区段运输方式的有关法律规定；货物毁损、灭失发生的运输区段不能确定的，依照本章规定承担赔偿责任。

三、保管合同

（一）保管合同的概念

保管合同是较为典型的实践合同。又称为寄托合同，是指保管人保管寄存人交付的保管物，并依约返还该物的合同。保管合同自保管物交付时成立。寄存人到保管人处从事购物、就餐、住宿等活动，将物品存放在指定场所的，视为保管。寄存人应当按照约定向保管人支付保管费。当事人对保管费没有约定或者约定不明确，依据《民法典》第 510 条的规定仍不能确定的，视为无偿保管。保管合同可以是有偿合同、双务合同，也可以是无偿合同、单务合同，由当事人自行约定。

（二）保管合同的效力

1. 保管人的权利、义务。

（1）妥善保管义务。保管人应当妥善保管保管物。当事人可以约定保管场所或者方法。除紧急情况或者为维护寄存人利益外，不得擅自改变保管场所或者方法。保管人应当亲自保管，这是保管人应当履行的主要义务。保管人不得将保管物转交第三人保管。保管人不得使用也不得许可第三人使用保管物。

如果当事人约定，将保管物转交第三人保管，保管人应对第三人的选任和指示的过失承担责任，造成保管物损失的，应当承担赔偿责任；但如果保管人能够举证证明自己无过错，可以不担责。

保管期间，因保管人保管不善造成保管物毁损、灭失的，有偿保管人应当承担赔偿责任，无偿保管人只在有故意或重大过失的情形下承担赔偿责任。

（2）出具保管凭证义务。寄存人向保管人交付保管物的，保管人应当出具保管凭证。因实践中，多数保管合同都不采书面形式，所以保管凭证就是确定合同关系的重要依据。

（3）通知义务。第三人对保管物主张权利，提起诉讼或对保管物申请扣押的，保管人应当及时通知寄存人。除依法对保管物采取保全或者执行措施外，保管人应当履行向寄存人返还保管物的义务。这是保管人基于诚实信用原则产生的合理附随义务。如果保管人未及时履行通知义务，应当向寄存人承担损失赔偿责任。

（4）依约返还保管物及孳息义务。在保管期限届满或者寄存人提前领取保管物时，保管人应当将原物及其孳息归还寄存人。对保管期限没有约定或约定不明确时，保管人可以随时请求寄存人领取保管物，已明确约定保管期限的，原则上不得要求寄存人提前领取保管物。

保管人保管货币的，可以返还相同种类、数量的货币；保管其他可替代物的，可以按照约定返还相同种类、品质、数量的物品。

（5）留置权。寄存人未按照约定支付保管费或者其他费用的，保管人对保管物享有留置权。

2. 寄存人的权利、义务。

（1）告知义务。寄存人交付的保管物有瑕疵或者根据保管物的性质需要采取特殊保管措施的，寄存人应当将有关情况告知保管人。寄存人未告知，致使保管物受损失的，保管人不承担赔偿责任；保管人因此受损失的，除保管人知道或者应当知道且未采取补救措施外，寄存人应当承担赔偿责任。

保管物有瑕疵指保管物品质、价值存在缺陷。根据保管物的性质需要采取特殊保管措施，指的是保管物存在易燃易爆、易碎、易腐、有毒、放射性等特殊性质时，应采取特殊方法保管。如海鲜、水果等易腐食物应低温保存。

（2）声明义务。寄存人寄存货币、有价证券或者珠宝等贵重物品的，应当向保管人声明，由保管人验收或者封存；寄存人未声明的，该物品毁损、灭失后，保管人可以按照一般物品予以赔偿。

（3）支付保管费用的义务。有偿的保管合同，寄存人应当按照约定的期限向保管人支付保管费。当事人对支付期限没有约定或者约定不明确，依据《民法典》第510条的规定仍不能确定的，应当在领取保管物的同时支付。保管人可就保管费用的支付和保管物的返还主张先履行抗辩权。

四、仓储合同

（一）仓储合同的概念和特征

仓储合同，也称为仓储保管合同，是指保管人储存存货人交付的仓储物，存货人支付仓储费的合同。仓储合同属于商事合同，与保管合同存在联系与差别。

仓储合同中的保管人须为具有仓储设备（如仓库）并专门从事仓储保管业务的民事主体。仓储营业须兼具存储和保管功能。仓储保管物应为动产，不动产不能成为仓储合同的标的物，金钱、有价证券及其他权利凭证一般也不能作为仓储合同的保管对象。仓储合同是诺成、双务、有偿、不要式合同。仓单是提取仓储物的凭证，属于一种有价证券，可以背书方式转移仓单上载明的物品所有权。

（二）仓储合同的效力

1. 保管人的权利义务。

（1）妥善保管的义务。保管人应当按照合同约定的储存条件和保管要求妥善保管仓储物。保管人应具备法定的资格和保管条件。即储存易燃、易爆、有毒、有腐蚀性、有放射性等危险物品的，应当具备相应的保管条件。

储存期内，应完善安全防范措施，尽到妥善保管的义务。因保管不善造成仓储物毁损、灭失的，保管人应当承担赔偿责任。因仓储物本身的自然性质、包装不符合约定或者超过有效储存期造成仓储物变质、损坏的，保管人不承担赔偿责任。

（2）验收存货的义务。保管人负有验收义务，应当按照约定对入库仓储物进行验收。保管人验收时发现入库仓储物与约定不符合的，应当及时通知存货人。验收方式包括实物和抽样验收。验收指保管人对仓储物的品种、数量、规格等进行查验，验收完毕后，仓储合同进入履行阶段。保管人验收后发生仓储物的品种、数量、质量不符合约定的，推定为保管人未妥善履行保管义务，保管人应当承担赔偿责任。

（3）出具仓单、入库单等凭证。存货人交付仓储物的，保管人应当出具仓单、入库单等凭证。仓单是提取仓储物的凭证。存货人或者仓单持有人在仓单上背书并经保管人签名或者盖章的，可以转让提取仓储物的权利。

法条链接

《中华人民共和国民法典》

第909条 保管人应当在仓单上签名或者盖章。仓单包括下列事项：

（一）存货人的姓名或者名称和住所；

（二）仓储物的品种、数量、质量、包装及其件数和标记；

（三）仓储物的损耗标准；

（四）储存场所；

（五）储存期限；

（六）仓储费；

（七）仓储物已经办理保险的，其保险金额、期间以及保险人的名称；

（八）填发人、填发地和填发日期。

（4）通知义务和紧急处置权。保管人发现入库仓储物有变质或者其他损坏的，应当及时通知存货人或者仓单持有人。保管人发现入库仓储物有变质或者其他损坏，危及其他仓储物的安全和正常保管的，应当催告存货人或者仓单持有人作出必要的处置。因情况紧急，保管人可以作出必要的处置；但是，事后应当将该情况及时通知存货人或者仓单持有人。紧急处置以能够保证其他货物安全和正常保管为限度。保管人的紧急处置权是保管人防止损失扩大的注意义务，保管人应当采取合理措施尽可能避免损失扩大，产生的相关费用由存货人或仓单持有人负担。

（5）容忍义务。保管人根据存货人或者仓单持有人的要求，应当同意其检查仓储物或者提取样品，这是保管人的容忍义务。即仓储物交付后，存货人有权了解货物的存放和保管情况，但检查或提取行为不得妨碍保管人的正常工作。检查仓储物和提取样品而产生的费用或造成损失，由存货人或仓单持有人负担。

2. 存货人的权利义务。

（1）支付仓储费的义务。仓储合同是有偿合同，存货人所承担的最主要义务就是按约定的期限和数额支付仓储费用。

（2）如实说明义务。储存易燃、易爆、有毒、有腐蚀性、有放射性等危险物品或者易变质物品的，存货人有义务说明该物品的性质，提供有关资料并采取相应的防范措施。这是存货人的法定义务，存货人违反规定的，保管人可以拒收仓储物，也可以采取相应措施以避免损失的发生，因此产生的费用由存货人负担。

（3）按期提取仓储物的义务。储存期限届满，存货人或者仓单持有人应当凭仓单、入库单等凭证提取仓储物。有约定储存期限的，存货人或者仓单持有人逾期提取时，应当加收仓储费；提前提取的，不减收仓储费；储存期限未届满前，保管人不得要求返还或要求存货人或仓单持有人取回仓储物。存货人或者仓单持有人对于临期失效或有异状的货物，应当及时提取或予以处理。存货人或者仓单持有人不提取仓储物的，保管人可以催告其在合理期限内提取；逾期不提取的，保管人可以提存仓储物。

当事人对储存期限没有约定或者约定不明确的，存货人或者仓单持有人可以随时提取仓储物，保管人也可以随时请求存货人或者仓单持有人提取仓储物，但是应当给予必要的准备时间。

五、物业服务合同

（一）物业服务合同的概念和特征

物业服务合同是物业服务人（包括物业服务企业和其他管理人）在物业服务区域内，为业主提供建筑物及其附属设施的维修养护、环境卫生和相关秩序的管理维护等物业服务，业主支付物业费的合同。

物业服务合同的内容一般包括服务事项、服务质量、服务费用的标准和收取办法、维修资金的使用、服务用房的管理和使用、服务期限、服务交接等条款。物业服务人公开作出的有利于业主的服务承诺，为物业服务合同的组成部分。

物业服务合同为双务、有偿、诺成、要式合同，应当采用书面形式，是一种长期的继续性的提供服务的合同，属于集体合同，对全体业主都具有法律约束力。

（二）物业服务合同的效力

1. 前期物业服务合同和普通物业合同。物业服务合同依据签订主体和签订时间不同，可分为前期物业服务合同和普通物业合同。

在商品房开发销售过程中，需要物业服务，但业主大会和业主委员会尚未成立，此时由建设单位与物业服务人订立的物业服务合同，称之为前期物业服务合同。由业主委员会与业主大会依法选聘的物业服务人订立的物业服务合同，是普通物业服务合同。前期物业服务合同和普通物业服务合同，对业主均具有法律约束力。

建设单位依法与物业服务人订立的前期物业服务合同约定的服务期限届满前，业主委员会或者业主与新物业服务人订立的物业服务合同生效的，前期物业服务合同终止。

2. 物业服务人的权利义务。

（1）亲自提供物业服务。物业服务人应当亲自履行提供物业服务的义务。物业服务通常具有一定的专业性，涉及卫生、环保、消防、保卫、特种设备维修、道路养护等诸多方面。可以将部分服务事项转委托给更具专业性的机构或人员来完成。例如聘请保安公司、保洁公司等承担小区安保、保洁服务。如果将物业服务区域内的部分专项服务事项委托给专业性服务组织或者其他第三人的，应当就该部分专项服务事项向业主负责。但是，物业服务人不得将其应当提供的全部物业服务转委托给第三人，或者将全部物业服务支解后分别转委托给第三人。

（2）妥善提供物业服务的义务。物业服务人应当按照约定和物业的使用性质，妥善维修、养护、清洁、绿化和经营管理物业服务区域内的业主共有部分，维护物业服务区域内的基本秩序，采取合理措施保护业主的人身、财产安全。

所谓维修养护，包括：日常养护、检修和出现故障时的维修；建筑物共有部分、道路、广场、构筑物等和共有设备设施的养护维修。例如日常巡查，检修保养；维护良好卫生环境；维护小区基本秩序，加强人员、车辆进出管理，保障小区安全和秩序；对电梯、消防、配电等涉及人身财产安全的特定设备设施定期维修养护。

对物业服务区域内违反有关治安、环保、消防等法律法规的行为，物业服务人应当及时采取合理措施制止、向有关行政主管部门报告并协助处理。

（3）公开与定期报告义务。物业服务人应当定期将服务的事项、负责人员、质量要求、收费项目、收费标准、履行情况，以及维修资金使用情况、业主共有部分的经营与收益情况等以合理方式向业主公开并向业主大会、业主委员会报告。

（4）交接义务。物业服务合同终止的，原物业服务人应当在约定期限或者合理期限内退出物业服务区域，将物业服务用房、相关设施、物业服务所必需的相关资料等交还给业主委员会、决定自行管理的业主或者其指定的人，配合新物业服务人做好交接工作，并如实告知物业的使用和管理状况。原物业服务人违反规定的，不得请求业主支付物业服务合同终止后的物业费；造成业主损失的，应当赔偿损失。物业服务合同终止后，在业主或者业主大会选聘的新物业服务人或者决定自行管理的业主接管之前，原物业服务人应当继续处理物业服务事项，并可以请求业主支付该期间的物业费。

3. 业主的权利义务。

（1）按约定支付物业费。业主应当按照约定向物业服务人支付物业费。物业服务人已经按照约定和有关规定提供服务的，业主不得以未接受或者无需接受相关物业服务为由拒绝支付物业费。业主违反约定逾期不支付物业费的，物业服务人可以催告其在合理期限内支付；合理期限届满仍不支付的，物业服务人可以提起诉讼或者申请仲裁。物业服务人不得采取停止供电、供水、供热、供燃气等方式催交物业费。即将物业服务人的催告作为提起诉讼或申请仲裁的前置程序。

（2）告知义务。业主装饰装修房屋的，应当事先告知物业服务人，遵守物业服务人提示的合理注意事项，并配合其进行必要的现场检查。业主转让、出租物业专有部分、设立居住权或者依法改变共有部分用途的，应当及时将相关情况告知物业服务人。

（3）业主共同解聘、续聘权。业主依照法定程序共同决定解聘物业服务人的，可以解除物业服务合同。决定解聘的，应当提前60日书面通知物业服务人，但是合同对通知期限另有约定的除外。解除合同造成物业服务人损失的，除不可归责于业主的事由外，业主应当赔偿损失。

物业服务期限届满前，业主依法共同决定续聘的，应当与原物业服务人在合同期限届满前续订物业服务合同。物业服务人不同意续聘的，应当在合同期限届满前90日书面通知业主或者业主委员会，但是合同对通知期限另有约定的除外。

4. 不定期物业服务合同。物业服务期限届满后，业主没有依法作出续聘或者另聘物业服务人的决定，物业服务人继续提供物业服务的，原物业服务合同继续有效，但是服务期限为不定期。当事人可以随时解除不定期物业服务合同，但是应当提前60日书面通知对方。

六、行纪合同

（一）行纪合同的概念和特征

行纪合同，是指行纪人以自己的名义为委托人从事贸易活动，委托人支付报酬的合同。

行纪合同的特征：行纪人应当是经过批准可以从事行纪业务的自然人、法人和非法人组织。行纪人以自己名义为委托人的利益办理业务事项。行纪合同是双务、有偿、诺成、不要式合同。

（二）行纪合同的效力

1. 行纪人的主要义务。

（1）负担行纪费用。行纪人处理委托事务支出的费用，由行纪人自行负担。但实践中，双方当事人通常会约定将费用计入报酬之内。

（2）妥善保管委托物。行纪人占有委托物的，应当妥善保管委托物。如果委托物交付给行纪人时有瑕疵或者容易腐烂、变质的，经委托人同意，行纪人可以处分该物；不能与委托人及时取得联系的，行纪人可以合理处分。行纪人对物的保管应尽善良管理人的注意义务，如果未尽到此义务，行纪人应承担赔偿责任。

（3）报酬请求权与留置权。行纪人完成或者部分完成委托事务的，委托人应当向其支付相应的报酬。委托人逾期不支付报酬的，行纪人对委托物享有留置权。

（4）依委托人指示办理行纪事务。对于委托人所指定的委托物的卖出或买入价格，行纪人应遵循指示。对于行纪人低于委托人指定的价格卖出或者高于委托人指定的价格买入的，应当经委托人同意；未经委托人同意，行纪人补偿其差额的，该买卖对委托人发生效力。

行纪人高于委托人指定的价格卖出或者低于委托人指定的价格买入的，可以按照约定增加报酬；没有约定或者约定不明确，依据《民法典》第 510 条的规定仍不能确定的，该利益属于委托人。委托人对价格有特别指示的，行纪人不得违背该指示卖出或者买入。

（5）赔偿义务。行纪人与第三人订立合同的，行纪人对该合同直接享有权利、承担义务。第三人不履行义务致使委托人受到损害的，行纪人应当承担赔偿责任，但是行纪人与委托人另有约定的除外。

（6）行纪人的介入权。行纪人卖出或者买入具有市场定价的商品，如有价证券或其他有公示价格的物品时，除委托人有相反的意思表示外，行纪人自己可以作为买受人或者出卖人。在此情况下，行纪人仍然可以请求委托人支付报酬。

2. 委托人的主要义务。委托人的主要义务，一是向行纪人支付报酬，行纪人完成或部分完成委托事务，委托人有支付报酬的义务。委托人逾期不支付报酬的，行纪人对委托物享有留置权，并可以依法进行折价或拍卖、变卖委托物，从价款中优先受偿。二是接受行纪人的行纪事务。行纪人按照约定买入委托物，委托人应当及时受领。经行纪人催告，委托人无正当理由拒绝受领的，行纪人依法可以提存委托物。委托物不能卖出或者委托人撤回出卖，经行纪人催告，委托人不取回或者不处分该物的，行纪人依法可以提存委托物。

七、中介合同

（一）中介合同的概念和特征

中介合同是中介人向委托人报告订立合同的机会或者提供订立合同的媒介服务，委托人支付报酬的合同。

中介合同具有以下特征：对中介人的资格有一定的要求，如地产行业要求中介人取得经纪人资格证，且不得超越经营范围。中介合同是有偿、诺成、不要式合同。中介合同中委托人的给付义务的履行具有不确定性。中介人未促成合同成立的，不得请求支付报酬；但是，可以按照约定请求委托人支付从事中介活动支出的必要费用。

中介合同与委托合同、行纪合同三者都是为他人提供服务的合同，最主要的区别在于：中介人是为委托人提供机会，其中介行为与委托人之间的法律关系是独立的，中介人不参与委托人和第三人实际的订立合同。而在行纪合同中，行纪人和第三人建立法律关系。委托合同亦是如此。

（二）中介合同的效力

1. 中介人的义务。

（1）如实报告和诚信保密义务。中介人应当就有关订立合同的事项向委托人如实报告，这是中介人的主要义务。中介人应忠实勤勉的履行义务，应据实向委托人报告订约事项。如果中介人故意隐瞒与订立合同有关的重要事实或者提供虚假情况，损害委托人利益的，不得请求支付报酬并应当承担赔偿责任。中介人对于所提供的信息、成交机会和订约情况，负有保密义务。

（2）自行负担中介活动的必要费用。中介人促成合同成立的，中介活动的费用，由中介人负担。必要费用指欲为了解委托方需要的订约信息、商业信息及有关人的资信状况、信誉度、知名度等情况必然会支出的费用。如果当事人事先没有明确由谁负担，应由中介人负担。但通常来说，该费用已计算在中介报酬内，由委托人负担。

2. 委托人的义务。

（1）支付报酬的义务。中介人促成合同成立的，委托人应当按照约定支付报酬，这是委托人的主要义务。对中介人的报酬没有约定或者约定不明确，依据《民法典》第510条的规定仍不能确定的，根据中介人的劳务合理确定。因中介人提供订立合同的媒介服务而促成合同成立的，由该合同的当事人平均负担中介人的报酬。

（2）支付中介活动的必要费用。中介人未促成合同成立的，不得请求支付报酬；但是，可以按照约定请求委托人支付从事中介活动支出的必要费用。

委托人在接受中介人的服务后，利用中介人提供的交易机会或者媒介服务，绕开中介人直接订立合同的，称为"跳单"。

此时，委托人仍然应当向中介人支付报酬。跳单在二手房交易中较为常见，是因违反诚实信用原则和公平原则而为法律所禁止的行为。

引例1 分析

本案争议焦点问题：一种观点认为李某依法可以起诉画廊，但因其与章某之间并无合同关系，故不能对章某提起诉讼。另一种观点认为章某的油画已经交付给画廊，所有权发生移转，李某可以依据间接代理的规定请求章某返还。

间接代理与行纪是有本质区别的，主要表现在：

1. 在间接代理制度下，虽然代理人是以自己的名义订立合同，但本人有权介入其所订立的合同，享有权利和承担义务，第三人也有权选择本人作为合同相对人。

从法律效果上说，由于行纪关系是由两个独立的法律关系构成的，因而合同应当分别履行，委托人只能向行纪人提出合同请求，第三人也只能向行纪人提出请求。

2. 在涉及一方当事人破产的情况下，间接代理和行纪的区别表现得更为明显。在本案中，李某委托该市画廊购买章某的获奖油画作品，其法律关系假设如下情形，可有不同结果。

第一，假设委托人李某向被委托人画廊交付了货款，而画廊将该货款支付给了章某，且画家已经将该油画交付给了画廊，但在画廊尚未将该油画交付给委托人之前画廊宣告破产。

第二，假设委托人向画廊交付了货款，画廊将该货款支付给了画家，画家将该油画交付给画廊之前宣告破产。如果本案是一个行纪关系，那么合同关系只是发生在画廊与画家之间，所以委托人不能够以画家债权人的身份参与到对画家破产财产的分配中。

第三，假设委托人委托画廊向画家购买油画，画家将该油画交付给画廊，画廊将该画交付给了委托人，但由于委托人未向画廊交付货款，画廊并没有把货款支付给画家，委托人宣告破产。

3. 行纪合同都是有偿的，通常行纪人都是专门从事行纪业务的经纪人。所以在行纪合同中，委托人都要向行纪人给付报酬。而间接代理则不一定都是有偿的，既可能是有偿的也可能是无偿的。

4. 行纪涉及两个独立合同关系，一是行纪人以自己的名义与第三人之间订立的合同；二是行纪人与委托人之间订立的委托合同。间接代理的情况下尽管也涉及两种法律关系，但并不一定在任何情况下都涉及两个合同关系。

引例2 分析

本案中，原告与被告之间成立了无偿的办公用纸保管合同。一般来说，"连日天降大雨"是难以预知的情况，要求被告在下雨前修好仓库，似乎强人所难。但是被告的仓库年久失修，导致雨水漏进仓库，而被告没有尽到充分的注意义务。因此，应认定被告需承担损失赔偿的责任，但因是无偿合同，可以适当减轻其责任。

1. 《民法典》第三编第十九章、第二十一至二十六章。
2. 《物业管理条例》。

1. 试述委托与代理的区别。
2. 试述旅客运输合同中承运人迟延履行的责任及免责条件。
3. 试述保管合同和仓储合同的区别。
4. 试述前期物业服务合同对业主的法律约束力。
5. 试述行纪合同、中介合同与委托合同的区别和联系。

项目五　其他典型合同

新成公司与富华公司合伙建造新华广场 D 楼，双方签订了一份《共同投资协议》，协议约定该楼由双方合建，各出资 50%，楼宇建成后各享有 50% 的产权，新成公司首期投入 3000 万元，富华公司投入 10 亩土地的土地使用权。在第二期建设中，新成公司再投入 2000 万元，富华公司应投入 1500 万元，如第二期资金投入后仍不够，则由双方继续各投入一半将楼宇建成。在第一期完工后，富华公司已将土地使用权移转给双方注册登记的新华公司（性质上为合伙企业），但新成公司仅投入 2000 万元，新成公司向富华公司去函告知由于资金周转困难，无法将剩余的 1000 万元与第二期的资金一起投入。富华公司对此并未表示异议。在第二期开工后，新成公司立即投入了 1200 万元，而富华公司迟迟未投入 1500 万元，新成公司催促富华公司尽快投入资金，富华公司提出新成公司前期已经迟延因此自己也有权迟延，后新成公司发现富华公司正与他人组建一个股份公司，已将投入新华广场 D 楼的权益作为出资投入该公司之中，而且在该股份公司的账上已将本应投入新华公司的土地使用权作为富华公司的出资加以记载，新成公司认为富华公司拒不出资并抽逃资金，已经构成违约，因此向法院起诉请求其承担违约责任。

问：新成公司、富华公司是否构成违约？能否行使同时履行抗辩权？

一、保证合同

（一）保证合同的概念和特征

保证是一种常见的担保形式，通常被称为人的担保。保证合同是为保障债权的实现，由保证人和债权人约定，当债务人不履行到期债务或者发生当事人约定的情形时，保证人履行债务或者承担责任的合同。保证合同是主债权债务合同的从合同，具有从属性。主债权债务合同无效的，保证合同无效。保证合同被确认无效后，债务人、保证人、债权人有过错的，应当根据其过错各自承担相应的民事责任。

保证债务以担保主债务为唯一目的，主债务因清偿、提存、抵消、免除等原因消灭时，保证债务也随之消灭。

保证合同的内容一般包括被保证的主债权的种类、数额，债务人履行债务的期限，保证的方式、范围和期间等条款。

保证合同可以是单独订立的书面合同，也可以是主债权债务合同中的保证条款。第三人单方以书面形式向债权人作出保证，债权人接收且未提出异议的，保证合同成立。

保证合同的当事人应当适格，机关法人不得为保证人，但是经国务院批准为使用外国政府或者国际经济组织贷款进行转贷的除外。以公益为目的的非营利法人、非法人组织不得为保证人。机关法人包括各级权力机关、行政机关、审判机关、检察机关、监察机关、军事机关，也包括参公管理的社会团体法人、事业单位法人，各级党的机关、妇联、共青团等，均准用机关法人的相关规则。

（二）保证的方式

包括一般保证、连带责任保证和最高额保证。

一般保证指当事人在保证合同中约定，债务人不能履行债务时，由保证人承担保证责任，一般保证中的保证具有补充性。当事人在保证合同中对保证方式没有约定或者约定不明确的，按照一般保证承担保证责任。一般保证的保证人在主合同纠纷未经审判或者仲裁，并就债务人财产依法强制执行仍不能履行债务前，有权拒绝向债权人承担保证责任，但是有下列情形之一的除外：①债务人下落不明，且无财产可供执行；②人民法院已经受理债务人破产案件；③债权人有证据证明债务人的财产不足以履行全部债务或者丧失履行债务能力；④保证人书面表示放弃本款规定的权利。可知，一般保证的保证人享有先诉抗辩权，仅在主债务人的财产不足以完全清偿债权时才对不能清偿的部分承担保证责任。

连带责任保证是指当事人在保证合同中约定保证人和债务人对债务承担连带责任。连带责任保证的债务人不履行到期债务或者发生当事人约定的情形时，债权人可以请求债务人履行债务，也可以请求保证人在其保证范围内承担保证责任。连带责任的保证人不享有先诉抗辩权，只要主债务人不履行到期债务或发生当事人约定的事实，债权人即可要求保证人承担保证责任。

保证人与债权人可以协商订立最高额保证的合同，最高额保证指保证人与债权人约定，就债权人和主债务人之间在一定期间内连续发生的债权，预定最高限额，由保证人承担保证责任。最高额保证除适用保证合同规定外，参照适用《民法典》物权编中最高额抵押权的有关规定。

保证人可以要求债务人提供反担保。反担保，也称为求偿担保，是指债务人或第三人为确保担保人承担担保责任后实现对主债务人的求偿权而设定的担保。

（三）保证合同的效力

1. 保证的范围。包括主债权及其利息、违约金、损害赔偿金和实现债权的费用。当事人另有约定的，按照其约定。

2. 保证期间。是指确定保证人承担保证责任的期间，不发生中止、中断和延长。保证期间是除斥期间，债权人可以在该有效的保证期间内请求保证人履行保证义务，未在该期间内履行的，保证人的保证责任消灭。

债权人与保证人可以约定保证期间，但是约定的保证期间早于主债务履行期限或者与主债务履行期限同时届满的，视为没有约定；没有约定或者约定不明确的，保证期间为主债务履行期限届满之日起 6 个月。债权人与债务人对主债务履行期限没有约定或者约定不明确的，保证期间自债权人请求债务人履行债务的宽限期届满之日起计算。（《民法典》第 692 条）

一般保证的债权人未在保证期间对债务人提起诉讼或者申请仲裁的，保证人不再承担保证责任。连带责任保证的债权人未在保证期间请求保证人承担保证责任的，保证人不再承担保证责任。（《民法典》第 693 条）

一般保证的债权人在保证期间届满前对债务人提起诉讼或者申请仲裁的，从保证人拒绝承担保证责任的权利消灭之日起，开始计算保证债务的诉讼时效。连带责任保证的债权人在保证期间届满前请求保证人承担保证责任的，从债权人请求保证人承担保证责任之日起，开始计算保证债务的诉讼时效。（《民法典》第 694 条）

3. 主合同变更对保证责任的影响。①主合同变更。债权人和债务人未经保证人书面同意，协商变更主债权债务合同内容，减轻债务的，保证人仍对变更后的债务承担保证责任；加重债务的，保证人对加重的部分不承担保证责任。债权人和债务人变更主债权债务合同的履行期限，未经保证人书面同意的，保证期间不受影响。（《民法典》第 695 条）②主债权转让。债权人转让全部或者部分债权，未通知保证人的，该转让对保证人不发生效力。保证人与债权人约定禁止债权转让，债权人未经保证人书面同意转让债权的，保证人对受让人不再承担保证责任。（《民法典》第 696 条）主债权转让仅涉及债权人的变化，对于主债务人的履约能力没有影响，一般不会增加担保人的风险和负担。因此，担保债权随主债权一并转移。③主债务转移。债权人未经保证人书面同意，允许债务人转移全部或者部分债务，保证人对未经其同意转移的债务不再承担保证责任，但是债权人和保证人另有约定的除外。第三人加入债务的，保证人的保证责任不受影响。（《民法典》第 697 条）主债务的转移涉及保证人的利益，未经保证人同意的主债务转移虽然可以在当事人之间发生效力，但不得对保证人主张，保证人在转移的主债务范围内免除担保责任。第三人加入债务只会更有利于保证人，因此不需要保证人书面同意，只需继续按照原约定承担保证责任。

4. 一般保证人的特定免责事由。一般保证的保证人在主债务履行期限届满后，向债权人提供债务人可供执行财产的真实情况，债权人放弃或者怠于行使权利致使该财产不能被执行的，保证人在其提供可供执行财产的价值范围内不再承担保证责任。（《民法典》第698条）

在一般保证下，债权人应先就主债务人的财产依法强制执行以实现债权，保证人具有先诉抗辩权，仅就债权人未能获偿的部分承担保证责任。如果债权人放弃或怠于行使权利，致使财产流失不能强制执行，保证人可以在相应范围内免责。

5. 共同保证。同一债务有两个以上保证人的，保证人应当按照保证合同约定的保证份额，承担保证责任；没有约定保证份额的，债权人可以请求任何一个保证人在其保证范围内承担保证责任。（《民法典》第699条）

保证可分为一人保证和共同保证。共同保证可以再分为按份共同保证和连带共同保证。共同保证人承担按份责任只限于保证人对保证份额有明确约定的情形，如果没有约定保证份额，债权人可以请求任何一个保证人对全部主债务承担连带保证责任。

6. 保证人的求偿权与代位清偿。保证人承担保证责任后，除当事人另有约定外，有权在其承担保证责任的范围内向债务人追偿，享有债权人对债务人的权利，但是不得损害债权人的利益。（《民法典》第700条）

保证人的求偿权，指保证人履行保证债务后，可向主债务人请求返还。保证人的代位清偿，指保证人承担保证责任后，在其承担保证责任的范围内承受债权人对主债务人的债权，行使原债权人之权利。

7. 保证人向债权人主张主债务人的抗辩。保证人可以主张债务人对债权人的抗辩。债务人放弃抗辩的，保证人仍有权向债权人主张抗辩。主债务人对债权人所享有的任何抗辩，保证人均可以主张，以对抗债权人的履行请求。保证人是以自己名义而非以主债务人的名义主张该抗辩。

8. 保证人对主债务人之抵销权或撤销权的援引。债务人对债权人享有抵销权或者撤销权的，保证人可以在相应范围内拒绝承担保证责任。保证人并无直接行使主债务人对债权人的抵销权和撤销权的权利。在主债务人对债权人享有抵销权和撤销权时，保证人得以在相应范围内享有拒绝履行保证债务的抗辩权。

二、保理合同

（一）保理合同的概念和特征

保理合同是应收账款债权人将现有的或者将有的应收账款转让给保理人，保理人提供资金融通、应收账款管理或者催收、应收账款债务人付款担保等服务的合同。保理实际上是一种债权转让（尤其是无追索权的保理）与其他服务附合在一起的混同合同。保理合同适用债权转让的有关规定，也适用诚实信用原则、法律行为规则、合同编通则的规则等。

保理合同的内容一般包括业务类型、服务范围、服务期限、基础交易合同情况、应收账款信息、保理融资款或者服务报酬及其支付方式等条款。保理合同属于有偿、双务、诺成、要式合同，应当采用书面形式。保理合同一般属于商事合同，保理人是商事主体。

（二）保理合同的分类

1. 有追索权的保理与无追索权的保理。有追索权的保理，又称回购型保理，指保理人不承担为债务人核定信用额度和提供坏账担保的义务，仅提供包括融资在内的其他金融服务。当事人约定有追索权保理的，保理人可以向应收账款债权人主张返还保理融资款本息或者回购应收账款债权，也可以向应收账款债务人主张应收账款债权。但保理人不能从债权人和债务人处获得重复清偿。保理人向应收账款债务人主张应收账款债权，在扣除保理融资款本息、保理人未受清偿的应收账款融资额度承诺费、保理手续费和其他相关费用后有剩余的，剩余部分应当返还给应收账款债权人。保理人负有清算义务。

无追索权的保理，又称买断型保理，指保理人根据债权人提供的债务人核准信用额度，在信用额度内承担债权人对债务人的应收账款并提供坏账担保责任，债务人因发生信用风险未按合同约定按时足额支付应收账款时，保理人不能向债权人追索。无追索权的保理实际上属于应收账款的债权买卖。当事人约定无追索权保理的，保理人应当向应收账款债务人主张应收账款债权，保理人取得超过保理融资款本息和相关费用的部分，无需向应收账款债权人返还。

2. 明保理与暗保理。二者以保理人与债权人之间的保理合同是否让债务人知道为标准划分。明保理指债权让与通知债务人的保理，又称公开保理、通知保理；暗保理指债权让与不通知债务人的保理，又称隐蔽保理、不通知保理，仍由让与人或保理商以让与人名义继续收取债权，另以保理商控制收款账户等方式确保保理商对给付利益的控制，以对让与人设定违约责任等方式吓阻让与人另行收取债权。我国法律虽未规定此种形式的保理，但不妨碍这种保理形式的存在和运行。

（三）保理人的通知义务

保理人向应收账款债务人发出应收账款转让通知的，应当表明保理人身份并附有必要凭证。

应收账款债务人接到应收账款转让通知后，应收账款债权人与债务人无正当理由协商变更或者终止基础交易合同，对保理人产生不利影响的，对保理人不发生效力。

（四）债权人与债务人虚构的债权不得对抗保理人

应收账款债权人与债务人虚构应收账款作为转让标的，与保理人订立保理合同的，应收账款债务人不得以应收账款不存在为由对抗保理人，但是保理人明知虚构的除外。

（五）债权多重让与下的保理

应收账款债权人就同一应收账款订立多个保理合同，致使多个保理人主张权利的，已经登记的先于未登记的取得应收账款；均已经登记的，按照登记时间的先后顺序取得应收账款；均未登记的，由最先到达应收账款债务人的转让通知中载明的保理人取得应收账款；既未登记也未通知的，按照保理融资款或者服务报酬的比例取得应收账款。

三、技术合同

（一）技术合同概述

1. 技术合同概念、内容与特征。技术合同是当事人就技术开发、转让、许可、咨询或者服务订立的确立相互之间权利和义务的合同。是技术开发、技术转让、技术许可、技术咨询与技术服务合同的总称。订立技术合同，应当有利于知识产权的保护和科学技术的进步，促进科学技术成果的研发、转化、应用和推广。技术合同以技术成果和技术秘密为标的物，受《民法典》合同编和知识产权法等多种法律法规的调整。技术合同是双务、有偿、非要式合同。

技术成果，是指利用科学技术知识、信息和经验作出的涉及产品、工艺、材料及其改进等的技术方案，包括专利、专利申请、技术秘密、计算机软件、集成电路布图设计、植物新品种等。技术秘密，是指不为公众所知悉、具有商业价值并经权利人采取保密措施的技术信息。

技术合同的内容一般包括项目的名称，标的的内容、范围和要求，履行的计划、地点和方式，技术信息和资料的保密，技术成果的归属和收益的分配办法，验收标准和方法，名词和术语的解释等条款。与履行合同有关的技术背景资料、可行性论证和技术评价报告、项目任务书和计划书、技术标准、技术规范、原始设计和工艺文件，以及其他技术文档，按照当事人的约定可以作为合同的组成部分。技术合同涉及专利的，应当注明发明创造的名称、专利申请人和专利权人、申请日期、申请号、专利号以及专利权的有效期限。

2. 技术合同价款、报酬和使用费的支付。技术合同价款、报酬或者使用费的支付方式可以由当事人约定，主要有定额支付和提成支付两种。

定额支付，可以采取一次总算、一次总付或者一次总算、分期支付，也可以采取提成支付或者提成支付附加预付入门费的方式。

约定提成支付的，可以按照产品价格、实施专利和使用技术秘密后新增的产值、利润或者产品销售额的一定比例提成，也可以按照约定的其他方式计算。提成支付的比例可以采取固定比例、逐年递增比例或者逐年递减比例。约定提成支付的，当事人可以约定查阅有关会计账目的办法。

3. 职务与非职务技术成果相关权利的归属。职务技术成果的使用权、转让权属于法人或者非法人组织的，法人或者非法人组织可以就该项职务技术成果订立技术合同。法人或者非法人组织订立技术合同转让职务技术成果时，职务技术成果的完成人享有以同等条件优先受让的权利。职务技术成果是执行法人或者非法人组织的工作任务，或者主要是利用法人或者非法人组织的物质技术条件所完成的技术成果。

非职务技术成果的使用权、转让权属于完成技术成果的个人，完成技术成果的个人可以就该项非职务技术成果订立技术合同。

4. 署名权和获得荣誉权。完成技术成果的个人享有在有关技术成果文件上写明自己是技术成果完成者的权利和取得荣誉证书、奖励的权利。

5. 非法垄断技术或者侵害他人技术成果的技术合同无效。非法垄断技术包括以下情形：①限制当事人一方在合同标的技术基础上进行新的研究开发或限制其使用所改进的技术，或者双方交换改进技术的条件不对等，包括无偿提供、独占、共享、非互惠转让改进技术的知识产权；②限制当事人一方从其他来源获得与技术提供方类似技术或与其竞争的技术；③阻碍当事人根据市场需求按照合理方式充分实施合同标的技术；④不合理的限制技术接受方的行为。

（二）技术开发合同

技术开发合同是当事人之间就新技术、新产品、新工艺、新品种或者新材料及其系统的研究开发所订立的合同。"新技术、新产品、新工艺、新材料及其系统"，包括当事人在订立技术合同时尚未掌握的产品、工艺、材料及其系统等技术方案，但对技术上没有创新的现有产品的改型、工艺变更、材料配方调整以及对技术成果的验证、测试和使用除外。当事人之间就具有实用价值的科技成果实施转化订立的合同，参照适用技术开发合同的有关规定。

技术开发合同包括委托开发合同和合作开发合同。

1. 委托开发合同。委托开发合同指当事人一方按照另一方的要求完成研究开发工作，另一方当事人接受研究开发成果并支付报酬的合同。

委托开发合同的委托人应当按照约定支付研究开发经费和报酬，提供技术资料，提出研究开发要求，完成协作事项，接受研究开发成果。

委托开发合同的研究开发人应当按照约定制定和实施研究开发计划，合理使用研究开发经费，按期完成研究开发工作，交付研究开发成果，提供有关的技术资料和必要的技术指导，帮助委托人掌握研究开发成果。

委托开发合同的当事人违反约定造成研究开发工作停滞、延误或者失败的，应当承担违约责任。

2. 合作开发合同。合作开发合同指双方或多方当事人就共同合作开发进行技术研究拟定的合同。

合作开发合同的当事人应当按照约定进行投资，包括以技术进行投资，分工参与研究开发工作，协作配合研究开发工作。

合作开发合同的当事人违反约定造成研究开发工作停滞、延误或者失败的，应当承担违约责任。

3. 技术开发合同的风险负担。技术合同的风险指负担指当事人一方的债务因不可归责于双方当事人的事由而不能履行时，该风险应当由谁承担。

作为技术开发合同标的的技术已经由他人公开，致使技术开发合同的履行没有意义的，当事人可以解除合同。

技术开发合同履行过程中，因出现无法克服的技术困难，致使研究开发失败或者部分失败的，该风险由当事人约定；没有约定或者约定不明确，依据《民法典》第510条的规定仍不能确定的，风险由当事人合理分担。

当事人一方发现在合同履行过程中可能致使研究开发失败或者部分失败的情形时，应当及时通知另一方并采取适当措施减少损失；没有及时通知并采取适当措施，致使损失扩大的，应当就扩大的损失承担责任。

4. 技术开发合同中专利申请权的归属。委托开发完成的发明创造，除法律另有规定或者当事人另有约定外，申请专利的权利属于研究开发人。研究开发人取得专利权的，委托人可以依法实施该专利。研究开发人转让专利申请权的，委托人享有以同等条件优先受让的权利。

合作开发完成的发明创造，申请专利的权利属于合作开发的当事人共有；当事人一方转让其共有的专利申请权的，其他各方享有以同等条件优先受让的权利。但是，当事人另有约定的除外。合作开发的当事人一方声明放弃其共有的专利申请权的，除当事人另有约定外，可以由另一方单独申请或者由其他各方共同申请。申请人取得专利权的，放弃专利申请权的一方可以免费实施该专利。合作开发的当事人一方不同意申请专利的，另一方或者其他各方不得申请专利。

5. 技术秘密权利的归属及利益分配。委托开发或者合作开发完成的技术秘密成果的使用权、转让权以及收益的分配办法，由当事人约定；没有约定或者约定不明确，依据《民法典》第510条的规定仍不能确定的，在没有相同技术方案被授予专利权前，当事人均有使用和转让的权利。但是，委托开发的研究开发人不得在向委托人交付研究开发成果之前，将研究开发成果转让给第三人。

（三）技术转让合同与技术许可合同

1. 概念和内容。技术转让合同是合法拥有技术的权利人，将现有特定的专利、专利申请、技术秘密的相关权利让与他人所订立的合同。技术转让合同包括专利权转让、专利申请权转让、技术秘密转让等合同。

技术许可合同是合法拥有技术的权利人，将现有特定的专利、技术秘密的相关权利许可他人实施、使用所订立的合同。技术许可合同包括专利实施许可、技术秘密使用许可等合同。

技术转让合同和技术许可合同中关于提供实施技术的专用设备、原材料或者提供有关的技术咨询、技术服务的约定，属于合同的组成部分。技术转让合同和技术许可合同应当采用书面形式。

技术转让合同和技术许可合同可以约定实施专利或者使用技术秘密的范围，但是不得限制技术竞争和技术发展。

2. 专利事实许可合同的效力。专利实施许可包括独占实施许可、排他实施许可、普通实施许可。

独占实施许可，指许可方仅许可一个被许可方实施专利，许可方依约定不得实施该专利。排他实施许可，指许可方仅许可一个被许可方实施专利，同时许可方也可依约定自行实施该专利；普通实施许可，指许可方在约定许可实施专利的范围内许可他人实施该专利，并且可以自行实施该专利。当事人对专利实施许可方式未约定或约定不明确时，应视为普通实施许可。

专利实施许可合同仅在该专利权的存续期限内有效。专利权有效期限届满或者专利权被宣告无效的，专利权人不得就该专利与他人订立专利实施许可合同。

专利实施许可合同的许可人应当按照约定许可被许可人实施专利，交付实施专利有关的技术资料，提供必要的技术指导。

专利实施许可合同的被许可人应当按照约定实施专利，不得许可约定以外的第三人实施该专利，并按照约定支付使用费。

3. 技术秘密转让合同的效力。技术秘密转让合同，又称为非专利技术转让合同或专有技术许可合同，指双方当事人约定转让方将其拥有的技术秘密提供给受让方，明确技术秘密的使用权和转让权，受让方支付约定使用费的合同。

技术秘密转让合同的让与人和技术秘密使用许可合同的许可人应当按照约定提供技术资料，进行技术指导，保证技术的实用性、可靠性，承担保密义务。这里的保密义务，不限制许可人申请专利，但是当事人另有约定的除外。技术秘密转让合同的受让人和技术秘密使用许可合同的被许可人应当按照约定使用技术，支付转让费、使用费，承担保密义务。

4. 转让方和许可方的义务。技术转让合同的让与人和技术许可合同的许可人应当保证自己是所提供的技术的合法拥有者，并保证所提供的技术完整、无误、有效，能够达到约定的目标。

转让方未按约定转让技术，许可人未按照约定许可技术的，应当返还部分或者全部使用费，并应当承担违约责任；实施专利或者使用技术秘密超越约定的范围的，违反约定擅自许可第三人实施该项专利或者使用该项技术秘密的，应当停止违约行为，承担违约责任；违反约定的保密义务的，应当承担违约责任。

受让人或者被许可人按照约定实施专利、使用技术秘密侵害他人合法权益的，由让与人或者许可人承担责任，但是当事人另有约定的除外。

5. 受让方和被许可方的义务。技术转让合同的受让人和技术许可合同的被许可人应当按照约定的范围和期限，对让与人、许可人提供的技术中尚未公开的秘密部分，承担保密义务。

受让方、被许可人未按照约定支付使用费的，应当补交使用费并按照约定支付违约金；不补交使用费或者支付违约金的，应当停止实施专利或者使用技术秘密，交还技术资料，承担违约责任；实施专利或者使用技术秘密超越约定的范围的，未经许可人同意擅自许可第三人实施该专利或者使用该技术秘密的，应当停止违约行为，承担违约责任；违反约定的保密义务的，应当承担违约责任。

6. 后续改进技术成果的权益分配。当事人可以按照互利的原则，在合同中约定实施专利、使用技术秘密后续改进的技术成果的分享办法；没有约定或者约定不明确，依据《民法典》第510条的规定仍不能确定的，一方后续改进的技术成果，其他各方无权分享。

（四）技术咨询合同与技术服务合同

1. 技术咨询合同与技术服务合同的概念。技术咨询合同是当事人一方以技术知识为对方就特定技术项目提供可行性论证、技术预测、专题技术调查、分析评价报告等所订立的合同。

技术服务合同是当事人一方以技术知识为对方解决特定技术问题所订立的合同，包括技术辅助服务合同、技术中介合同和技术培训合同，不包括承揽合同和建设工程合同。特定技术问题，包括需要运用专业技术知识、经验和信息解决的有关改进产品结构、改良工艺流程、提高产品质量、降低产品成本、节约资源能耗、保护资源环境、实现安全操作、提高经济效益和社会效益等专业技术问题。

2. 技术咨询合同的效力。

（1）委托方的义务。技术咨询合同的委托人应当按照约定阐明咨询的问题，提供技术背景材料及有关技术资料，接受受托人的工作成果，支付报酬。

技术咨询合同的委托人未按照约定提供必要的资料，影响工作进度和质量，不接受或者逾期接受工作成果的，支付的报酬不得追回，未支付的报酬应当支付。

（2）受托人的义务。技术咨询合同的受托人应当按照约定的期限完成咨询报告或者解答问题，提出的咨询报告应当达到约定的要求。技术咨询合同的受托人未按期提出咨询报告或者提出的咨询报告不符合约定的，应当承担减收或者免收报酬等违约责任。

（3）实施风险的负担。技术咨询合同的委托人按照受托人符合约定要求的咨询报告和意见作出决策所造成的损失，由委托人承担，但是当事人另有约定的除外。

3. 技术服务合同的效力。

（1）委托人的义务。技术服务合同的委托人应当按照约定提供工作条件，完成配合事项，接受工作成果并支付报酬。技术服务合同的委托人不履行合同义务或者履行合同义务不符合约定，影响工作进度和质量，不接受或者逾期接受工作成果的，支付的报酬不得追回，未支付的报酬应当支付。

（2）受托人的义务。技术服务合同的受托人应当按照约定完成服务项目，解决技术问题，保证工作质量，并传授解决技术问题的知识。技术服务合同的受托人未按照约定完成服务工作的，应当承担免收报酬等违约责任。

（3）合同履行过程中新技术成果的归属。当事人有约定的从约定，未约定或约定不明的，技术咨询合同、技术服务合同履行过程中，受托人利用委托人提供的技术资料和工作条件完成的新的技术成果，属于受托人。委托人利用受托人的工作成果完成的新的技术成果，属于委托人。

（4）费用约定不明的分担。技术咨询合同和技术服务合同对受托人正常开展工作所需费用的负担没有约定或者约定不明确的，由受托人负担。

四、合伙合同

（一）合伙合同的概念和特征

合伙合同是两个以上合伙人为了共同的事业目的，订立的共享利益、共担风险的协议。合伙合同的性质为合同，而非组织体。双务合同中的抗辩权（如同时履行抗辩权、不安抗辩权等）在合伙合同中不能行使。合伙合同终止时不需要外部清算。

（二）合伙人的出资义务与合伙财产

合伙人应当按照约定的出资方式、数额和缴付期限，履行出资义务。合伙人的出资、因合伙事务依法取得的收益和其他财产，属于合伙财产，属于全体合伙人共同共有。合伙合同终止前，合伙人不得请求分割合伙财产。

（三）合伙事务的决定与执行

合伙人就合伙事务作出决定的，除合伙合同另有约定外，应当经全体合伙人一致同意。合伙事务由全体合伙人共同执行。按照合伙合同的约定或者全体合伙人的决定，可以委托一个或者数个合伙人执行合伙事务；其他合伙人不再执行合伙事务，但是有权监督执行情况。合伙人分别执行合伙事务的，执行事务合伙人可以对其他合伙人执行的事务提出异议；提出异议后，其他合伙人应当暂停该项事务的执行。合伙人不得因执行合伙事务而请求支付报酬，但是合伙合同另有约定的除外。

（四）合伙的利润分配、亏损分担和债务承担

合伙的利润分配和亏损分担，按照合伙合同的约定办理；合伙合同没有约定或者约定不明确的，由合伙人协商决定；协商不成的，由合伙人按照实缴出资比例分配、分担；无法确定出资比例的，由合伙人平均分配、分担。合伙人对合伙债务承担连带责任。清偿合伙债务超过自己应当承担份额的合伙人，有权向其他合伙人追偿。

（五）合伙财产份额的转让

除合伙合同另有约定外，合伙人向合伙人以外的人转让其全部或者部分财产份额的，须经其他合伙人一致同意。转让合伙份额可由当事人自由约定。合伙人对外转让合伙份额，可以部分也可全部转让，全部转让实际上构成退伙。转让合伙份额的多少属于当事人意思自治的范畴，可自行约定。

（六）合伙人债权人代位权的限制

合伙人的债权人不得代位行使合伙人依照本章规定和合伙合同享有的权利，但是合伙人享有的利益分配请求权除外。合伙人的债权人，指合伙人个人债务的债权人。无论是否与合伙有关，只要债务是以合伙人个人名义发生的，对外都是个人债务，对内可按约定共同分担。

（七）不定期合伙合同

合伙人对合伙期限没有约定或者约定不明确，依据《民法典》第510条的规定仍不能确定的，视为不定期合伙。合伙期限届满，合伙人继续执行合伙事务，其他合伙人没有提出异议的，原合伙合同继续有效，但是合伙期限为不定期。合伙人可以随时解除不定期合伙合同，但是应当在合理期限之前通知其他合伙人。

（八）合伙合同的终止事由

合伙人死亡、丧失民事行为能力或者终止的，合伙合同终止；但是，合伙合同另有约定或者根据合伙事务的性质不宜终止的除外。

（九）合伙剩余财产的分配

在合伙合同终止后，应对合伙财产关系进行结算清理。合伙合同终止后，合伙财产在支付因终止而产生的费用以及清偿合伙债务后有剩余的，依据《民法典》第972条的规定进行分配。

▌ 引例分析

本案争议焦点：第一种观点认为，富华公司的行为已经构成违约，因此应向新成公司承担违约责任。第二种观点认为，富华公司作为共有人有权转让其应有的份额，属合法行为，并不构成违约，至于其将土地使用权作为出资记载在股份公司的账上，也因为土地使用权已经办理登记过户给新华公司，所以不能构成抽逃资金。另外其迟延投入第二期款项也是正当行使抗辩权的表现，新成公司违约在先，因此富华公司不

能构成违约。

分析：在合伙合同中，当事人的利益是共同的而不是相对的。民法中的同时履行抗辩原则上并不适用于合伙。合伙合同与一般合同在风险负担方面是不同的。在合伙合同中，该合同要确立当事人的出资义务以及利益的分配、风险和责任的分担问题，所以法律明确规定成立合伙应当订立书面合同。

富华公司不能行使同时履行抗辩权，其根据在于：首先，在合伙合同中，由于合伙人经营的是共同事业，双方的利益不是相互对应的，也不能判定一方的不履行和不适当履行与另一方的拒绝履行的内容彼此间是否具有相互对应性，因而不能适用同时履行抗辩权。其次，即使富华公司可以行使抗辩权，新成公司迟延投入与富华公司拒绝投入的款项之间也不形成对应关系。且履行迟延不宜适用同时履行抗辩权。最后，新成公司的行为并没有构成违约，因为新成公司在迟延投入之前曾经向富华公司去函告知由于资金周转困难，无法将剩余的一期资金与第二期的资金一起投入。富华公司对此并未表示异议。

富华公司以其份额向股份公司出资的，富华公司转让其新华广场 D 楼的权益实际上是一种退伙行为，从本案来看，双方并没有约定合伙的期限，但这并不意味着富华公司可以随意退伙。

相关法律规范

1. 《民法典》第三编第十三章、第十六章、第二十章、第二十七章。

2. 《最高人民法院关于审理技术合同纠纷案件适用法律若干问题的解释》。

思考与练习

1. 试述连带责任保证与一般保证的区别。

2. 试析有追索权保理和无追索权保理。

3. 试述各技术合同的效力。

4. 试述合伙合同中合伙人的出资、利润分配和亏损分担、债务承担。

拓展阅读

1. 滕佳一："合同无效时返还规则的适用"，载《法学家》2020 年第 6 期。

2. 臧颖："买卖合同风险负担规则研究——以网络购物合同为视角"，载《北方经贸》2020 年第 6 期。

3. 宁红丽："中国民法典上典型合同风险负担规则研究"，载《中国政法大学学报》2019 年第 6 期。

4. 于韫珩："论合同法风险分配制度的体系建构——以风险负担规则为中心"，载《政治与法律》2016 年第 4 期。

买卖不破租赁与优先购买权

一、什么是买卖不破租赁？

根据《民法典》的相关规定，买卖不破租赁是指在租赁关系存续期间，即使房屋持有人将房屋产权转让他人，买受人不得以房屋产权人身份否定此前的租赁关系。这是为了更好地保护承租人在租赁期间内，顺利、安全地对租赁物使用收获。但是这里指的租赁，是指有固定期限的租赁，未定租期，房主要求收回房屋自住的，一般应当准许。

二、有租户的房子如何卖？

如果房屋尚在出租状态，房屋产权人应在售房之前的合理期限内通知承租人，在实际案例中这个期限一般为 15 或 30 天。这样承租者可以提前了解房屋持有人的出售意愿，根据自身情况决定是否行使优先购买权，或利用这段时间另寻房屋，或和房屋持有人约定告知买主租赁现状。

三、租户一定能优先买房吗？

虽然租户享有优先购买权，但并不意味着租户一定能优先买房。还需要满足下方条件：

1. 承租人与出租人之间签订的租赁合同必须合法有效。

2. 房屋产权人将房屋出售给配偶、父母、子女等亲属的话，承租人无法主张优先购买权。

3. 承租人只能在同等条件下行使优先购买权。所谓的"同等条件"是指，承租人购房的条件与第三人购房的条件是相同的，不论是在房价、支付方式还是其他方面，承租人都不会以优于第三人的购买条件买下房屋。

4. 如果承租人和共有权人同时想购买房屋，一般情况下，共有人可以先于承租人行使优先购买权。

5. 承租人必须在一定的期限内行使优先购买权。房屋产权人卖房之前要确保租客等享有优先购买权的人已经放弃使用权利，要求对方出示放弃优先购买权的声明。

从具体条文看民法典合同编亮点[1]

民法典合同编分为通则、典型合同、准合同三个分编，共计 526 个条文，几乎占据民法典条文的半壁江山。民法典合同编在原来的合同法基础上，进行了全方位的升级，贯彻全面深化改革的精神，坚持维护契约、平等、公平精神，完善合同制度，紧跟时代步伐，积极回应社会关切，亮点纷呈。

从合同编整体来说，一是关注民生，回应社会热点，诸如限制"霸座"、禁止高利放贷等内容，在合同编中均有体现；二是尊重意思自治，合同编中诸多条款遵循了合

---

〔1〕 厉莉："从具体条文看民法典合同编亮点"，载中国法院网，https://www.chinacourt.org/article/detail/2020/06/id/5288507.shtml，访问日期：2020 年 11 月 11 日。

同主体"约定优先",突出了意思自治;三是承继与创新并重,在合同法的基础上进行了大的修订,吸纳了司法解释中的精华,是符合我国国情的民法典合同编。

从具体条文中也可以看到许多亮点,例如禁止高利放贷的规定。高利放贷是民间借贷领域的突出问题,近年来,"校园贷""套路贷"等频发,高利贷问题引起广泛关注,今年两会审议通过的《中华人民共和国民法典》中对高利放贷予以禁止,《民法典》合同编第680条明确规定:"禁止高利放贷,借款的利率不得违反国家有关规定。"民法典禁止高利放贷,表明了国家鼓励人们投资实体经济,有利于推进公平放贷,解决因高利放贷导致的一系列社会问题。有利于助推实体经济发展,实现脱虚向实,助推经济高质量发展。

虽然《最高人民法院关于审理民间借贷案件适用法律若干问题的规定》为民间借贷利息划出了"两限三区",但司法解释仅对超出法定上限部分的利率进行否定及规制,而民法典从上位法的高度,对高利放贷行为进行规制,也是我国首次在人大立法层面,明确对高利放贷行为予以禁止,这不仅是法律效力层级的提升,更是对高利放贷行为在法律治理结构方面的完善。

另一大亮点是确立了情势变更的适用。民法典合同编规定:合同成立后,合同的基础条件发生了当事人在订立合同时无法预见的、不属于商业风险的重大变化,继续履行合同对于当事人一方明显不公平的,受不利影响的当事人,可以与对方重新协商;在合理期限内协商不成的,当事人可以请求人民法院或者仲裁机构变更或者解除合同。人民法院或者仲裁机构应当结合案件的实际情况,根据公平原则变更或者解除合同。

关于情势变更,在司法实践中早已适用,最高法院曾陆续通过对个案的批复、司法解释等方式,阐释了情势变更的适用,而今情势变更写入民法典合同编,为处理合同履行过程中的情势变更情形,提供了新的指引。

此外,为适应现实需要,合同编在现行合同法规定的买卖合同等15种典型合同的基础上,增加了保证合同、保理合同、物业服务合同、合伙合同四种新的典型合同,使更多的合同能够在民法典中对号入座,有利于民事纠纷的有效预防和精准解决。

总之,民法典合同编具有中国特色、回应社会关切、体现时代精神。民法典为合同主体明确了行为规则,无疑会更好地保护民事主体合法权益,进一步保障交易公平有序,维护社会经济秩序,增强市场经济发展的动力,为实现"两个一百年"奋斗目标、实现中华民族伟大复兴中国梦,提供有力法治保障。

情境训练 买卖合同纠纷处理

情境案例

2019年5月20日,G市农副渔业有限公司(以下简称"农副公司")与该市兴旺副食品批发公司（以下简称"兴旺公司"）签订了一份购买活鱼的合同，其中约定，未来3年内，兴旺公司向农副公司购买武昌鱼20吨，每吨3万元，鲫鱼10吨，每吨2万元，甲鱼20吨，每吨10万元，共计280万元。合同规定："每年根据市场需求，甲方（兴旺公司）直接从乙方（农副公司）进货，乙方保证甲方的购货需求。"农副公司为保证按期向兴旺公司供货，且便于兴旺公司取货，遂将兴旺公司所需的鱼集中放置于临近一条大河的水池中。

合同签订后，双方又签订一份补充协议，协议约定，农副公司应当于6月5日向兴旺公司提供5吨武昌鱼、5吨甲鱼，共计65万元。

6月4日，农副公司催促兴旺公司前来取货，并提出也可由农副公司送货，由兴旺公司承担费用。但兴旺公司提出，因其库存的鲜鱼尚未售完，暂不能收货。

至6月10日，兴旺公司仍未前来取货。6月中旬以后，因连续罕见的暴雨，致使农副公司池中的水涨满并溢出。鱼纷纷跳入旁边的大河中，许多甲鱼也游入大河中。农副公司派大批人员打捞抓捕，但仍损失了大批的鱼，总计损失近50万元。鱼塘内仅剩余价值15万元的鲜鱼。恰好此时，兴旺公司催促农副公司交货，农副公司提出，因为兴旺公司迟延收货，已经导致鲜鱼损失50万元，其只能交付价值15万元的鲜鱼，但兴旺公司应当向其支付65万元的价款。兴旺公司表示，农副公司应当采取措施，防止鲜鱼损失，因此，其损失应当由其自己负担。双方为此发生争议。

训练目标

理清本案争议焦点，明确责任、风险转移时间等问题，解决损失应由谁承担。

1. 本案中鲜鱼毁损灭失的风险应当由谁承担？

2. 农副公司是否已经尽到减轻损失的义务？

3. 迟延收货的法律后果。

训练方法与步骤

1. 分组讨论，详细分析案例，解决争议焦点问题。

2. 形成小组案例分析报告。

3. 堂上组织讨论，小组分别进行汇报。

情境训练　租赁合同纠纷处理

情境案例

万城地产有限公司（以下简称"万城公司"）建造了一栋5万平方米的凯蒂大厦，在大厦启用以后，便开始招租。洪福商业集团有限公司（以下简称"洪福公司"）租用底商，2017年8月，双方签订一份"底商租用合同"，约定洪福公司租用万城公司的凯蒂大厦一层底商约3000平方米，租期为5年，年租金1500万元。2017年12月，洪福公司又与高明电器、江北厨卫、林楠家具等 15 个小商户分别签订了"底商租用合同"，合同约定，租期为 4 年半。该转租合同签订后，被送交给万城公司，万城公司并没有明确表示同意，但是，当高明电器等小商户入驻之后，万城公司也未表示反对，且万城公司关于大厦管理的通知都直接发给了每个小商户。但万城公司提出，应当由洪福公司按月收取租金，交付给自己。2018 年 9 月，洪福公司自己因经营不善，无力交租，将小商户交给他的租金挪用。由于洪福公司已经有数月没有交付租金，万城公司催告后，要求解除合同。高明电器等 15 家小商户拟决定，代替洪福公司按时缴纳租金，但在讨论时也有两家小商户不同意。最后经过表决，仍通过了一份"共同租用底商的决定"。当该决定送达万城公司时，万城公司认为，此种交租方式太麻烦，拟将该底商全部收回，并租给第三人。双方为此发生争议。

训练目标

理清本案争议焦点：

1. 转租合同是否生效？
2. 出租人解除了租赁合同，转租合同是否有效？
3. 15 家小商户能否共同作出决定，代替洪福公司承租？
4. 当 15 家小商户作出共同决定，要承租底商的时候，万城公司能否拒绝？

训练方法与步骤

1. 分组讨论，详细分析案例，解决争议焦点问题。
2. 形成小组案例分析报告。
3. 堂上组织讨论，小组分别进行汇报。

情境训练 建筑施工合同纠纷处理

情境案例

2019 年 9 月 18 日，A 市路桥总公司中标了该市高速公路某合同段的施工项目，与发包人 A 市高速公路工程建设指挥部（以下简称"工程指挥部"）签订了《建设施工承包合同》。10 月 28 日，路桥总公司又与 A 市四通建设工程公司（以下简称"四通公司"）签订了一份《施工协议书》，将该中标项目部分转包给四通公司进行实际施工，并且收取合同中标价的 2.5% 作为固定利润，但四通公司并无相关施工资质。在转包后，路桥总公司曾经向工程指挥部致函，告知这一情况，但工程指挥部未予答复。2020 年 11 月 20 日，四通公司被 A 市第一建筑总公司（以下简称"建筑公司"）兼并，建筑公司具有合法的建设资质，兼并后的公司名称仍为第一建筑总公司，该公司承继四通公司承包的项目，成为新的承包人，建筑公司曾向工程指挥部发函，明确告知了该公司变更的情况，工程指挥部未表示异议。工程完工后，工程经验收合格，但工程指挥部提出，路桥总公司将工程施工转包给四通公司未经其同意，且四通公司并无相关施工资质，即使四通公司后来被建筑公司兼并，但实际施工人仍是原四通公司的工人，因此，该施工合同是无效的，其有权拒绝支付工程价款。由于该工程已经抵押给某建设银行，建设银行要求行使抵押权，建筑公司以建设工程优先权人的名义，主张就该工程拍卖、变卖的价款优先受偿。当事人为此发生争议。

训练目标

理清本案争议焦点：

1.《施工协议书》是否有效？

2. 四通公司并无资质，是否应当认定该合同无效？

3. 建筑公司以建设工程优先权人的名义，主张就该工程拍卖、变卖的价款优先受偿的主张能否成立？

训练方法与步骤

1. 分组讨论，详细分析案例，解决争议焦点问题。

2. 形成小组案例分析报告。

3. 堂上组织讨论，小组分别进行汇报。

情境训练　物业服务合同纠纷处理

情境案例

凤凰房地产开发有限公司建造了"东逸雅苑"小区，2017年5月1日，在楼盘开始销售时起便聘请梧桐物业服务有限公司（以下简称"梧桐物业"）负责物业管理。梧桐物业资质等级为三级。双方签订了3年期的《物业管理委托合同》。2017年10月初，已有200多户业主陆续入住该小区。当地的一家著名企业公诚信托有限公司（以下简称"公诚公司"）为了解决员工的住房问题，购买了两栋大楼住房，约占整个小区面积的1/3，但是其仅为该小区的一个大业主。同年12月，该公司员工陆续入住，各入住的员工直接与公诚公司签订租赁合同。为管理小区，梧桐物业从农村聘请了维修、保洁、保安等20余人，但他们未经培训就上岗了。由于维修人员技术不熟练，业主与维修人员多次发生争议。一名维修人员甚至将公诚公司的一位员工打伤，该公司表示强烈不满，便提出解聘梧桐物业，并同时聘请了当地的佳业物业负责小区物业管理。但是梧桐物业拒绝佳业物业入驻，公诚公司又联名了小区的其他150户业主直接向法院起诉，以梧桐物业服务质量差且物业费过高为由，要求解聘梧桐物业，并要求梧桐物业赔偿被打伤员工的医疗费用等损失。

训练目标

理清本案争议焦点：

1. 公诚公司能否解聘梧桐物业？

2. 公诚公司能否聘请佳业物业管理小区物业？

3. 业主利益如何维护？

训练方法与步骤

1. 分组讨论，详细分析案例，解决争议焦点问题。

2. 形成小组案例分析报告。

3. 堂上组织讨论，小组分别进行汇报。

情境训练 保证合同纠纷处理

情境案例

朱某、欧阳某、郑某系朋友关系，2018 年 9 月 14 日，朱某向郑某借款，约定用几天就归还，郑某于当日通过手机银行向欧阳某转账 5 万元。9 月 15 日，郑某又通过手机银行向欧阳某转账 15 万元，欧阳某在收到转账后均随即在朱某茶行通过 POSE 机刷卡将借款支付给朱某。9 月 19 日，朱某出具借条一张，借条上载明"今郑某借给朱某现金人民币贰拾万元整"，未载明还款期限，朱某、欧阳某分别在借款人处、保证人处签名按捺手印。因朱某未对上述借款予以偿还，欧阳某亦未对上述借款承担保证责任，2019 年 2 月 5 日，郑某为维护自己的权益，向法院提起诉讼，要求欧阳某承担连带保证责任，偿还其 20 万元及利息。欧阳某辩称，其虽然承认郑某向其转账 20 万元，并且自己将 20 万元在朱某茶行 POSE 机刷卡向朱某完成交付，但自己并未为这笔借款担保，其提供担保的是另外一笔未实际履行的借款，故自己并不应该为这笔借款承担保证责任。一审法院判决欧阳某偿还郑某借款 20 万元。后欧阳某不服判决以事实认定错误、举证责任分配存在问题以及一审中未追加朱某为第三人属一审程序有误向二审法院上诉，二审法院在进行审理后驳回欧阳某上诉，维持一审判决。

训练目标

理清本案争议焦点：

1. 朱某、欧阳某、郑某三人之间为何种法律关系？

2. 郑某利息损失的要求应如何认定？

3. 应否追加朱某为第三人？

训练方法与步骤

1. 分组讨论，详细分析案例，解决争议焦点问题。

2. 形成小组案例分析报告。

3. 堂上组织讨论，小组分别进行汇报。

单
元
五
准合同

■■■ 知识目标

正确理解无因管理和不当得利的概念和特征，掌握无因管理和不当得利的构成要件及内容。

■■■ 能力目标

通过本单元学习，能在实务中准确判断分析无因管理和不当得利之债中当事人享有哪些债权、承担哪些债务，正确应用相关法律规定解决处理无因管理和不当得利纠纷。

■■■ 内容结构图

《民法典》总则编第 121 条规定：没有法定的或者约定的义务，为避免他人利益受损失而进行管理的人，有权请求受益人偿还由此支出的必要费用。第 122 条规定：因他人没有法律根据，取得不当利益，受损失的人有权请求其返还不当利益。这两条对无因管理和不当得利的规定过于简略，无法满足生活生活和司法实践的需要，因此《民法典》分编就有必要对无因管理和不当得利作更为集中和详细的规定。

我国《民法典》从结构体系的编排上，未设立债法编，在此前提下，《民法典》在合同编中设置了准合同分编，对无因管理和不当得利进一步细化、补充和完善。

准合同制度最早始于罗马法，这一概念最初被称为"类合同"，意思是"与合同很类似"，后来逐步演化为"准合同"。罗马法上的准合同概念对许多国家的立法产生了深远影响。《法国民法典》未规定债法总则，因而规定了准合同，其中包括无因管理、不当得利和非债清偿三种形式。《德国民法典》设置了独立的债法总则编，因而排斥了准合同的概念。英美法并没有在立法上采纳债法的概念，因而一直采纳准合同的概念。从两大法系的经验来看，如果没有设置独立的债法总则编，基本都采纳了准合同概念，以有效调整各类债的关系，这对债法规则的体系化大有裨益。[1] 我国《民法典》在合同编第三分编规定了"准合同"，包括无因管理和不当得利，需要说明的一点是，合同编通则分编中的规定，除了专门适用于合同的以外，同样适用于准合同中的无因管理和不当得利。应注意的是，准合同并不同于合同，因为债权债务关系的产生并非出于当事人的合意，而是源于法律的规定。

项目一　无因管理

引例

王甲承包村里的鱼塘，精心饲养，就在鱼要大量出塘上市之际，王甲不幸身亡。王甲的儿子王乙在外地工作，无力照管鱼塘，王甲的同村好友李某便主动担负起照管鱼塘的任务，并组织人员将鱼打捞上市出售，获得收益4万元。其中，应向村里上缴1万元，李某组织人员打捞出售鱼支出劳务费共计2000元。现李某要求王乙支付2000元费用，并要求平分所剩的2.8万元。

问：1. 李某的行为属于什么性质的行为？

2. 李某的要求是否合法？

基本原理

一、什么是无因管理

依《民法典》第979条之规定，无因管理，指没有法定或约定的义务，为避免他人利益受损失而管理他人事务的法律事实。对他人事务进行管理的一方称为管理人，其事务受管理的一方称为受益人，也称为本人。管理人和受益人之间因此而产生的债权债务关系，即是无因管理之债，管理人应尽善良管理等义务，避免受益人利益受损，同时管理人有权要求受益人偿还因管理事务而支出的必要费用，有权请求受益人适当补偿因管理事务所受的损失。

无因管理之债的产生，是基于法律的规定，而非当事人的约定。管理人实施的是对他人事务进行管理和服务的行为，这是一种事实行为，因为管理人在对他人事务实施管理或服务行为的时候，并不需要意思表示的核心要素，尽管无因管理的成立需要管理人有为他人谋利益的意思，但该意思并不是以设立民事法律关系为目的的意思，也无须表示出来，因此不构成意思表示。如送迷路的小孩回家，为身在外地的邻居代缴水电费等行为，都是无因管理行为。

---

〔1〕　王利明："准合同与债法总则的设立"，载《法学家》2018年第1期。

法条链接

《中华人民共和国民法典》

第979条 管理人没有法定的或者约定的义务，为避免他人利益受损失而管理他人事务的，可以请求受益人偿还因管理事务而支出的必要费用；管理人因管理事务受到损失的，可以请求受益人给予适当补偿。

管理事务不符合受益人真实意思的，管理人不享有前款规定的权利；但是，受益人的真实意思违反法律或者违背公序良俗的除外。

二、无因管理成立的条件

相关案例

1. 王某上班途中被刘某骑电动车撞倒摔伤昏迷，刘某跑掉，张某路过，见状即将王某送往医院治疗，张某交付给医院各种费用计3000元。王某经治疗清醒后，张某要求其返还垫付的医药费，王某向张某表示感谢，但是提出自己没有钱，张某应向撞伤自己的刘某要钱，因该费用是因刘某的行为造成的损失。双方为此发生纠纷。

2. 林某15岁，为某中学高一的学生。某晚，林某晚自习放学回家途中，见一孩童（6岁）在路边因迷路不能回家而哭泣。王某问清楚情况后，即搭乘出租车将该孩童送回家中，花费车费30元。林某向该孩童的父亲王某请求返还其已付的车费30元，并支付其回家的车费30元。

根据《民法典》第979条的规定，无因管理行为的成立需具备以下三个要件：

1. 管理人需对他人事务进行管理。管理事务包括处理、管理、保存、改良及提供各种服务和帮助等。管理人在管理事务中必须明确认识到，他所管理的事务是他人的事务，而非自己的事务。例如上述案例1中张某将受伤的王某送往医院救治的行为，上述案例2中林某将迷路的小孩送回家的行为均属于为他人提供服务。

管理人管理的事务必须是他人的事务，应主要从客观标准来分析判断。管理人主观认为管理的事务是他人的事务，而客观上属于自己的事务，此时不能成立无因管理；管理人主观认为是自己的事务而进行管理，但客观上却属于他人的事务，此时可成立无因管理。

通常情况下，是否属于他人事务，以客观标准判断即可，如上述引例中，送受伤的王某去医院救治，送迷路的小孩回家，这些事务从客观标准判断管理人管理的是他人的事务。但是在案例1中，该"他人"到底是撞人的刘某，还是受伤的王某，单从客观标准无法认定，此时还需要从管理人张某的主观意思来判断，从案例情况看，张某将受伤的王某送往医院救治，是为了张某的利益，其管理的是王某的事务；如果张某是撞人者刘某的朋友，他因担心刘某撞人跑掉可能承担更重的责任而将王某送往医院救治，则此时张某管理的就是刘某的事务。

一般认为，对下列事务的管理均不能成立无因管理：①违法行为和违背社会公德的行为，如主动为他人看管的物品为赃物；②不足以发生民事法律后果的纯粹道义上或其他的一般生活事务，如代他人取快递；③单纯的工作行为，如帮同事完成报表；④须经本人授权方得管理的行为，如放弃继承、行使追认权等。

对他人事务进行管理的行为从性质上讲，属于事实行为而非法律行为，因为管理人在对他人事务事实管理或服务行为的时候，并不需要意思表示的核心要素，管理人为他人管理事务的意思也无须表示出来，其只要有为他人谋利益的意思即可。因此，无因管理行为并不要求管理人具有相应的民事行为能力，而只要求管理人有相应的认知能力即可。如案例 2 中，王某虽为限制民事行为能力人，但其已具备送迷路小孩回家的认知能力，因此王某的行为可成立无因管理之债。

2. 管理人具有为他人利益进行管理的意思。这是无因管理成立的主观要件，也是无因管理制度的目的所在。"为他人利益进行管理"，既包括通过管理人的行为使本人取得一定利益，也包括因管理人的行为使本人避免一定损失。该要件所要求的是，管理人在对他人事务实施管理时，其动机就是为了避免他人利益受损失，管理人需意识到自己是在为他人利益进行管理或服务，如案例 1 中的张某将王某送往医院救治是为了避免王某因抢救不及时而遭受更大损害，案例 2 中林某送迷路的小孩回家是为了避免小孩走失和其家人着急不安等；同时要求管理人因管理或服务取得的利益归于本人的，而非属于自己。应当注意的是，管理人实施管理或服务行为最终是否达到了效果，即管理的最终结果是否有利于本人，是否使本人利益免受损失，并不影响无因管理的成立，这只牵涉到无因管理的效力问题。

该要件并不要求管理人须有为他人利益的明确表示，也不要求管理人有专为他人谋利益的目的，只要管理行为在客观上是为避免他人利益遭受损失，即可成立无因管理。须注意的是，管理人在为他人利益管理他人事务中，因其管理行为自己也受有利益的，并不影响无因管理的成立，换言之，管理人在为他人利益进行管理的同时也可以有为自己利益管理的意思。如上述案例 2 中，林某搭乘出租车送迷路小孩回家，林某自己也受乘出租车的利益，但这并不影响其行为构成无因管理。再如帮邻居扑灭火灾，兼为避免自身受损。

3. 管理事务应符合受益人的真实意思。无因管理制度的目的在于鼓励乐于助人的精神，但是如果不管事务的管理是否合乎受益人意思，不分青红皂白，一律课以受益人偿还义务，可能会过度干预受益人的自由意思，因此有必要平衡"鼓励乐于助人的精神"和"禁止干预他人事务"。《民法典》第 979 条第 2 款规定："管理事务不符合受益人真实意思的，管理人不享有前款规定的权利；但是，受益人的真实意思违反法律或者违背公序良俗的除外"。据此规定，若管理事务不符合受益人真实意思的，管理人和受益人之间不成立无因管理之债，但本人的意思与法律和公序良俗相冲突时，则不受该要求的限制，即管理人所管理的事务是本人应尽的法定义务或公益义务，或指为了避免社会公共利益遭受损害的，则不受本人意思的限制。比如，甲故意遗弃自己的孩子，乙发现迷途的孩子，将其送回家，花费必要费用1000元，该管理行为虽不符合受益人真实意思，受益人的真实意思为遗弃，但是因为扶养、教育和保护未成年子女是父母的法定义务，甲的真实意思违反了《民法典》第26条的规定，所以，乙的行为仍然构成无因管理，有权要求甲支付1000元。

判断管理事务是否符合受益人的真实意思，应依本人明示或可推知的意思为准。如甲家里楼房年久失修，曾数次表示要加固维修，后甲外出，乙见楼房无法遮挡风雨，遂帮甲维修，此管理事务符合受益人明示的意思；而上述相关案例1中王某受伤晕倒，送其就医则属于受益人可推知的意思。

4. 管理人没有法定或约定的义务。无因管理的"无因"，就是没有法律上的原因、根据。此处的法律根据指的就是存在管理的义务，可以是法定义务，也可以是约定义务。法定义务既包括因民法上的直接规定而产生的义务，也包括因其他法律的直接规定而产生的义务，如上述案例1中，如果是刘某将受伤的王某送往医院救治，就不能产生无因管理，因为王某是刘某撞伤的，因为这一侵权行为而产生了救助王某的法定义务；上述案例2中，如果林某是一名警察，则属于履行法定职责，也不能成立无因管理。约定义务，是指基于管理人与本人之间的约定而产生的义务。如果管理人与本人之间存在委托合同关系，则管理人对他人事务的管理属于履行合同义务的行为，无论合同成立有效与否，其均无管理债权人事务之意思，因其实施管理行为的目的在于履约。判断管理人有无管理的义务，应以管理人管理事务当时的客观情况为标准，而不能以管理人的主观认识或管理后的情况为标准。

三、无因管理之债的内容

管理人的行为只要符合上述三个要件，则构成无因管理行为，在管理人和本人（受益人）之间产生无因管理之债，在该种债的关系中，管理人不仅享有权利，而且承担义务。

（一）管理人的义务

无因管理的管理人本无管理他人事务的义务，但一旦着手管理，就必须管好，这是其法定义务。具体如下：

1. 善良管理义务。这一义务要求管理人在进行管理或服务时，应符合两个要求：其一，应采取有利于受益人的方法进行管理。管理方法是否有利于受益人，应采取客观标准进行认定，即从管理行为的后果来判断。其二，应根据本人的利益需要进行继续管理。根据《民法典》第981条之规定，中断管理对受益人不利的，无因管理人无正当理由不得中断。如果无因管理人未尽到善良管理义务而致本人利益受损，则发生债务不履行的法律后果，管理人应依法承担相应的民事赔偿责任。

合同编

2. 通知和等待指示的义务。《民法典》第982条规定："管理人管理他人事务，能够通知受益人的，应当及时通知受益人。管理的事务不需要紧急处理的，应当等待受益人的指示。"因此，管理人着手进行管理后，应将管理的事实及时通知受益人，并等待受益人的指示，除非该事务需紧急处理。但该义务以有可能和有必要为前提。如果管理人尚不知道受益人是谁，或不知受益人的住址或因其他原因无法通知，则不负通知义务；如果受益人已经知道管理开始的事实，管理人也无须负通知义务。

3. 报告和转交财产的义务。《民法典》第983条规定："管理结束后，管理人应当向受益人报告管理事务的情况。管理人管理事务取得的财产，应当及时转交给受益人。"无因管理所得的利益最终是归属于受益人的，因而管理人应及时将管理的情况报告给受益人，并将实施管理行为过程中取得的财产及时转归受益人。

（二）管理人的权利

管理人为避免他人利益受损而管理他人事务，管理无报酬，管理所得利益应归还本人，且在管理过程中还承担善良管理义务、通知义务、报告及转交财产义务。因此，应赋予管理人相应的权利，以体现权利义务相一致的原则。根据《民法典》第979条的规定，管理人在无因管理之债中所享有的权利的就是：必要费用偿还请求权和损失补偿请求权。管理人助人为乐，为避免他人利益受损失而管理他人事务，有权要求本人偿付因管理而支出的必要费用，适当补偿因管理事务而遭受的损失。必要费用和损失的不同在于，费用是为了管理而"自愿之支出"，只要属于管理事务而支出的必要费用，受益人须全额返还；损失则非自愿之财产减损，也并非管理事务所必然发生的费用，因此不是请求偿还，而是请求适当补偿。必要费用中不应当包括报酬，因为如果必要费用包括报酬，则管理人可据此请求支付劳务报酬，这等于变相迫使本人接受有偿劳务，有悖意思自治，且有违无因管理制度宗旨（鼓励利他行为）。费用是否必要，应以支出时为准，"必要性"之有无，当以客观标准判断，即必须事实上为必要。如乙全家外出旅游，台风将至，为避免乙的房屋受损，甲支出5000元帮邻居乙加固屋顶，在修理过程中因受雷电惊吓而摔伤，花费医药费500元，前者为必要费用，可请求受益人偿还，后者即为实际损失，可请求受益人适当补偿。何为"适当"？法律并未作出明确规定，司法实践中，应由法官结合损失发生的原因、管理人的主观因素、无因管理人的实际损失额和受益人所避免的利益损失等，进行全面考量确定。

法条链接

《中华人民共和国民法典》

第981条 管理人管理他人事务，应当采取有利于受益人的方法。中断管理对受益人不利的，无正当理由不得中断。

第982条 管理人管理他人事务，能够通知受益人的，应当及时通知受益人。管理的事务不需要紧急处理的，应当等待受益人的指示。

第983条　管理结束后，管理人应当向受益人报告管理事务的情况。管理人管理事务取得的财产，应当及时转交给受益人。

四、无因管理的追认

《民法典》第984条规定："管理人管理事务经受益人事后追认的，从管理事务开始时起，适用委托合同的有关规定，但是管理人另有意思表示的除外。"

1. 受益人的追认权。受益人行使追认权是一种单方、不要式法律行为，受益人所作出的追认意思表示是有相对人的意思表示，相对人为管理人。受益人行使追认权应采用明示的方式，而不能通过积极的推定行为对无因管理进行默示追认，原因在于，根据《民法典》规定，无因管理人原本就负善良管理义务、通知与听候指示义务、报告及转交财产义务，这些法定义务和委托合同中的受托人的义务有相同之处，所以当本人请求管理人履行上述义务时，并不足以构成默示追认。

2. 追认的法律效果。管理人管理事务经受益人事后追认的，从管理事务开始时起，适用委托合同的有关规定，即管理人与受益人之间的关系在受益人追认后发生变化，从无因管理之债转化为委托合同关系，且溯及至管理事务开始时，双方之间的权利义务关系应适用《民法典》关于委托合同的规定。管理人向受益人主张费用偿还请求权（含利息）的法律规范基础，就应从《民法典》的第979条转换为第921条。因管理人所采取的管理方法并非有益于本人并造成损失，本人可以依《民法典》第929条的规定，要求有故意或重大过失的管理人承担赔偿损失的责任。管理行为得到追认的管理人能否请求报酬呢？答案仍然是否定的，因为依《民法典》第928条第1款，委托合同中，报酬的取得须以约定为前提，追认行为无法替代双方之约定。管理行为被追认后，管理人原则上可随时中断管理，因为委托合同中，受托人享有随时解除合同的权利，但若中断时间不当，根据《民法典》第933条的规定，管理人须负赔偿责任。

需注意的是，《民法典》第984条中有"但书"的规定，"但是管理人另有意思表示的除外"，按此规定，如管理人的意思表示与受益人不同，则双方之间的关系仍应适用无因管理的有关规定。

法条链接

《中华人民共和国民法典》

第921条　委托人应当预付处理委托事务的费用。受托人为处理委托事务垫付的必要费用，委托人应当偿还该费用并支付利息。

第928条　受托人完成委托事务的，委托人应当按照约定向其支付报酬。因不可归责于托人的事由，委托合同解除或者委托事务不能完成的，委托人应当向受托人支付相应的报酬，当事人另有约定的，按照其约定。

第929条　有偿的委托合同，因受托人的过错造成委托人损失的，委托人可以请求赔偿损失。无偿的委托合同，因受托人的故意或者重大过失造成委托人损失的，委托人可以请求赔偿损失。

受托人超越权限造成委托人损失的，应当赔偿损失。

第930条　受托人处理委托事务时，因不可归责于自己的事由受到损失的，可以向委托人请求赔偿损失。

第933条　委托人或者受托人可以随时解除委托合同。因解除合同造成对方损失的，除不可归责于该当事人的事由外，无偿委托合同的解除方应当赔偿因解除时间不当造成的直接损失，有偿委托合同的解除方应当赔偿对方的直接损失和合同履行后可以获得的利益。

第984条　管理人管理事务经受益人事后追认的，从管理事务开始时起，适用委托合同的有关规定，但是管理人另有意思表示的除外。

五、不适法无因管理

《民法典》第980条的规定："管理人管理事务不属于前条规定的情形，但是受益人享有管理利益的，受益人应当在其获得的利益范围内向管理人承担前条第一款规定的义务。"此条规定了不适法无因管理中受益人的义务。所谓不适法无因管理，指管理人无法定或约定义务，管理了他人事务，但并不符合受益人的真实意思，受益人真实意思违反法律或者违背公序良俗的除外。依前述无因管理成立的要件，如果管理事务不符合受益人真实意思，则管理人和受益人之间不成立无因管理之债，此时管理人不能适用《民法典》第979条向受益人主张权利；但是如果本人从管理行为中实际享有了管理利益，而管理人又有必要费用的支出和损失，此时受益人仍要对管理人承担必要费用的偿还义务和损失的适当补偿义务，但义务范围有所限制，只在受益人所获得的利益范围内承担偿还和补偿义务。

六、无因管理与无权代理的区别

无因管理行为中，管理人在为本人利益进行管理或服务时是没有合法根据的，无权代理人在以本人名义实施民事行为时同样也没有合法根据，这是这两种行为的共同之处。二者的区别在于：①行为人是否以本人名义实施相应的行为。管理人在进行管理或服务时，是以自己的名义进行的，而无权代理人在实施民事法律行为时，是以本人名义进行的。②行为性质不同，管理人从事的管理和服务行为从性质上讲是一种事实行为，因此管理人并无民事行为能力的要求；无权代理人代为实施的是民事法律行为，因此无权代理人有民事行为能力的要求。③行为的法律后果不同，无因管理行为实施后，在管理人和本人之间形成无因管理之债，管理人应负善良管理义务，并应将管理所得利益归于本人；无权代理行为发生后，如构成表见代理，则无权代理对本人发生法律效力，法律后果由本人承受，如不构成表见代理，该行为是否对本人有效关键看本人是否追认，本人追认则无权代理对本人发生法律效力，本人拒绝追认，则无权代理行为法律后果由无权代理人承担。

引例分析

1. 李某为王乙管理鱼塘的行为，构成无因管理，李某与王乙之间成立了无因管理之债。其一，李某对王乙事务进行了管理，王甲死亡，管理鱼塘应是继承人王乙的事务，现李某主动担负起管理鱼塘的任务，并组织人员将鱼打捞并出售，这属于对王乙事务的管理；其二，李某具有为王乙利益管理的主观动机，王甲死亡，王乙身在外地，鱼塘处于无人管理的境地，李某担负起管理鱼塘的任务，避免了王乙的利益受损；其三，李某对鱼塘进行管理，法律没有规定他必须管理，王乙也没有委托他管理，也就是说李某没有法定义务，也没有约定义务。因此李某的行为构成无因管理，李某与王乙之间产生无因管理之债，李某是管理人，王乙是本人（受益人）。

2. 在无因管理之债中，管理人有权请求受益人偿还因管理事务支出的必要费用，适当补偿因管理事务受到的损失；同时管理人要善良管理、通知、报告及转交财产等义务。李某在管理鱼塘的过程中，因管理鱼塘支出必要费用 2000 元，因管理鱼塘取得财产 2.8 万元，该 2.8 万元是属于王乙所有的，所以李某有权请求王乙偿还因管理事务支出的 2000 元，但必须把在管理鱼塘中所取得的 2.8 万元款项转交给王乙。

思考与练习

一、不定项选择题

1. 甲聘请乙负责照看小孩，丙聘请丁做家务。甲和丙为邻居，乙和丁为好友。一日，甲突生疾病昏迷不醒，乙联系不上甲的亲属，急将甲送往医院，并将甲的小孩委托给丁临时照看。丁疏于照看，致甲的小孩在玩耍中受伤。下列说法正确的是（　　）。

A. 乙将甲送往医院的行为属于无因管理

B. 丁照看小孩的行为属于无因管理，不构成侵权行为

C. 丙应当承担甲小孩的医疗费

D. 乙和丁对甲的小孩的医疗费承担连带责任

2. 刘某承包西瓜园，收获季节突然病故。好友刁某因联系不上刘某家人，便主动为刘某办理后事和照看西瓜园，并将西瓜卖出，获益 5 万元。其中，办理后事花费 1 万元，摘卖西瓜雇工费以及其他必要费用共 5000 元。刁某认为自己应得劳务费 5000 元。关于刁某的行为，下列哪一说法是正确的？（　　）

A. 5 万元属于不当得利

B. 应向刘某家人给付 3 万元

C. 应向刘某家人给付 4 万元

D. 应向刘某家人给付 3.5 万元

3. 甲在市场卖鱼，突闻其父病危，急忙离去，邻摊菜贩乙见状遂自作主张代为叫

卖，以比甲原每斤 10 元高出 5 元的价格卖出鲜鱼 200 斤，并将多卖的 1000 元收入自己囊中，后乙因急赴喜宴将余下的 100 斤鱼以每斤 3 元卖出。下列哪些选项是正确的？（　　）

  A. 乙的行为构成无因管理

  B. 乙收取多卖 1000 元构成不当得利

  C. 乙低价销售 100 斤鱼构成不当管理，应承担赔偿责任

  D. 乙可以要求甲支付一定报酬

  4. 甲外出时家中失火，邻居乙（15 岁）取自家衣物参与救火，救火过程中乙手部烧伤，花去医药费 300 元，衣物损失 200 元。下列说法正确的是（　　）。

  A. 乙的行为构成无因管理，甲应偿付乙 300 元

  B. 乙的行为构成无因管理，甲应偿付乙 200 元

  C. 乙的行为构成无因管理，甲应偿付乙 500 元

  D. 因乙是限制民事行为能力人，乙的行为不构成无因管理，甲无须补偿乙

  5. 某日，甲拾得乙的耕牛，遂通知乙，乙说第二天再牵牛回去。当晚，甲将乙的牛和自家的牛一起拴在牛圈里。第二天，乙来牵牛时，发现牛又丢失，该责任由谁承担？（　　）

  A. 甲承担

  B. 乙承担

  C. 甲乙共同承担

  D. 甲承担主要责任，乙承担次要责任

二、问答题

  无因管理之债中，管理人发生的意外损失，谁承担后果？本人利益发生意外毁损灭失，谁承担后果？

三、案例分析

  张某在一风景区旅游，爬到山顶后，见一女子孤身站在悬崖边上，目光异样，即心生疑惑。该女子见有人来，便向崖下跳去，张某情急中拉住女子衣服，将女子救上来。张某救人的过程中，随身携带的价值 2000 元的照相机被碰坏，手臂被擦伤；女子的头也被碰伤，衣服被撕破。张某将女子送到山下医院，为其支付各种费用 500 元，并为包扎自己的伤口用去 20 元。当晚，张某住在医院招待所，但已身无分文，只好向服务员借了 100 元，用以支付食宿费。次日，轻生女子家人赶到医院，向张某表示感谢。

  问题：1. 张某与轻生女子之间存在何种民事法律关系？

  2. 张某的照相机被损坏以及治疗自己伤口的费用女子应否偿付？

  3. 张某向服务员借的 100 元，能否要求女子清偿？

  4. 张某能否请求女子给付一定的报酬？

5. 张某是否应赔偿女子衣服损失？

项目二　不当得利

9 月 25 日，刘某将 2000 元人民币存入某银行。银行为其出具储蓄存单，载明存入金额（大写）人民币贰万元整。10 月 18 日，刘某将 2 万元全部提前支取。12 月，银行在核对账目时发现差款 1.8 万元，找到刘某，要求刘某予以返还。

问：刘某应否给银行返还 1.8 万元？

一、什么是不当得利

所谓不当得利，指没有合法根据，一方获得利益而使他人受到损失的法律事实，获得不当利益的人叫得利人，受到损失的人叫受损人。受损人有权要求得利人返还所获得的不当利益，得利人应承担该种偿还责任，受损人和得利人之间因此产生的债权债务关系，即称为不当得利之债。

不当得利从性质上讲属于民事法律事实中事件的范畴，而引起该不当得利事实的发生原因，可以是行为（可以是受损人自己的行为，也可以是第三人的行为），也可以是事件。前者如甲应付乙价款 77 元，甲支付 100 元，应找回 23 元，但乙因为失误而找了 33 元，甲获得了 10 元的不当利益，此不当得利是因为受损人自己的过失行为而导致的。后者如因天气原因，甲的池塘的鱼跃入了乙的池塘，共计 14 条，乙获得了 14 条鱼的不当利益，此不当得利因事件而引起。

二、不当得利的构成要件

不当得利的构成须具备以下四个要件：

1. 须一方获得利益。所谓一方获得利益，即财产增加，包括积极增多和消极增多。积极增多指财产总额增加，如因为银行工作人员的失误，本应入甲账户的钱却入了乙的账户，乙的财产总额积极增多；消极增多指财产总额应该减少而未减少，如本应支出的费用而没有支出，本应负担的债务而不再负担。在前述案例中，刘某的财产从 2000 元增加到 2 万元，属财产的积极增多，刘某获得了 1.8 万元的利益。

2. 须他方受有损失。受有损失，即财产减少，包括积极减少和消极减少。积极减少指财产总额减少，如银行工作人员失误，本应从甲账户中扣款 10 000 元却从乙的账户中扣除了，乙的财产总额积极减少；消极减少指财产总额应该增加却未增加，如本应入甲帐户的钱入了乙的账户，甲的财产应增加却未增加，即属于消极减少。在前述案例中，银行的财产总额减少了 1.8 万元，属财产的积极减少。

3. 取得利益与受有损失因同一事实而引起。得利人取得利益和受损人受有损失是基于某种共同性原因而同时发生的两个结果。前述案例中，刘某取得 1.8 万元利益和银行受有 1.8 万元的损失，都是因为银行工作人员的失误行为所引起。

4. 须无合法根据。得利人取得利益，如果有法律上的正当原因，则法律予以保护，当然没有要求得利人返还利益于受损人之理，比如甲因受赠而取得乙的房子，从赠与合同履行的客观结果看，甲得利了，乙受损了，但是甲的得利是因合法有效的赠与合同而产生，有合法根据，因此受法律保护。只有取得利益与受有损失均无法律上的原因，而后才能产生不当得利的问题。前述案例中，刘某的得利无合法根据。

具备上述四个要件，一般均可成立不当得利之债。但根据《民法典》第 985 条规定，下列情形下，受损人不得要求得利人返还利益：其一，履行道德上的义务而为给付。例如，被收养的子女对其生父母所支付的赡养费。其二，债务到期之前的清偿。未到履行期限的债务，债务人享有履行期限尚未届至的抗辩权，但债务人自愿放弃自己的期限利益，提前清偿债务，这是对自己利益的放弃，为法律所允许。其三，明知无给付义务而进行的债务清偿。此种情形被排除适用不当得利的返还规则，但如果构成无因管理或者《民法典》第 524 条的合法利益第三人代为履行条件，仍可以通过无因管理规则或者合法利益第三人代为履行的债权转让规则获得救济。[1]

法条链接

《中华人民共和国民法典》

第 524 条　债务人不履行债务，第三人对履行该债务具有合法利益的，第三人有权向债权人代为履行；但是，根据债务性质、按照当事人约定或者依照法律规定只能由债务人履行的除外。

债权人接受第三人履行后，其对债务人的债权转让给第三人，但是债务人和第三人另有约定的除外。

三、不当得利之债的内容

不当得利在得利人和受损人之间产生债的关系，得利人是债务人，受损人是债权人。不当得利的受损人有权要求得利人返还不当利益，包括原物、孳息、价金和使用原物所产生的其他利益。受益人在返还不当利益时，因其主观状态的不同，返还责任也有区别：

第一，善意得利人只返还现存利益。所谓善意，是指得利人在取得利益时，不知道且不应当知道自己取得的利益没有法律根据。根据《民法典》第 986 条规定，善意得利人返还的利益仅以现存利益为限，如取得的利益已经不存在，得利人不承担返还义务。

---

〔1〕 刘书星："《民法典》不当得利请求权的定位及相关诉讼问题"，载《法律适用》2020 年第 19 期。

第二，恶意得利人的返还及赔偿责任。所谓恶意，是指得利人知道或者应当知道自己取得的利益没有法律根据。根据《民法典》第 987 条规定，恶意受益人要将所取得的利益全部返还，即便该利益不存在时，也不得免除或减轻其返还义务；同时受损人还可依法请求得利人赔偿损失。如果得利人取得利益时为善意，但事后为恶意，要求其返还的利益以恶意开始时的利益范围为准。

第三，无偿受让利益第三人的返还义务。根据《民法典》第 988 条规定，得利人已经将取得的利益无偿转让给第三人的，受损人有权请求第三人在取得利益的相应范围内承担返还义务，而不论该第三人在主观上是善意还是恶意。

法条链接

《中华人民共和国民法典》

第 985 条　得利人没有法律根据取得不当利益的，受损失的人可以请求得利人返还取得的利益，但是有下列情形之一的除外：

（一）为履行道德义务进行的给付；

（二）债务到期之前的清偿；

（三）明知无给付义务而进行的债务清偿。

第 986 条　得利人不知道且不应当知道取得的利益没有法律根据，取得的利益已经不存在的，不承担返还该利益的义务。

第 987 条　得利人知道或者应当知道取得的利益没有法律根据的，受损失的人可以请求得利人返还其取得的利益并依法赔偿损失。

第 988 条　得利人已经将取得的利益无偿转让给第三人的，受损失的人可以请求第三人在相应范围内承担返还义务。

四、不当得利和侵权行为的区别

不当得利和侵权行为都是引起债发生的原因，就其本身性质而言，都不合法，而且在不当得利和侵权行为中都有一方损失的存在。但二者有着本质的区别：①不当得利事实的出现可因受害人自己的过错造成，而侵权行为法律事实的出现则是侵权人的过错造成的；②不当得利中的受损只针对财产性利益，侵权行为所侵害的既包括财产权，也包括人身权；③不当得利的构成要件中必须有一方获得利益，而在侵权行为中，造成的结果通常都是受害人财产或人身受到损害，而侵权行为人自己并未从中获得利益；④侵权行为之债中的因果关系是指侵权行为与损害事实之间有引起和被引起的客观联系，而不当得利之债中的因果关系，只是基于某种共同性原因同时发生一方获得利益和他方受有损失这两个结果；⑤不当得利之债的内容是返还不当利益，其目的是维护社会公平，因为任何人都没有理由保有无合法根据使他人受到损失而获得的利益，侵权行为之债的内容主要是赔偿损失，其目的是补偿受害人因被侵权而遭受的损失，使权利回复到未受侵害的圆满状态。

 引例分析

  银行在给刘某存钱时，因工作人员的失误，将 2000 元写成了 2 万元，该失误行为造成刘某获得了 1.8 万元的利益，银行损失了 1.8 万元，两者之间存在因果关系，而且该得利和受损没有任何合法根据，因此在刘某和银行之间产生了不当得利之债，银行是受损人，是该不当得利之债中的债权人，可向刘某主张要求返还不当利益；刘某是受益人，是该不当得利之债中的债务人，而且是恶意的受益人（刘某明知自己存入2000 元，发现储蓄存单有错，便将 2 万元提前全部支取，显属恶意），因此其应返还全部的不当利益给银行，包括 1.8 万元的本金和利息。

■ 思考与练习

一、不定项选择题

1. 甲丢失一部手机，被乙捡到，乙在使用过程中被失主甲认出，此时，甲可基于（   ）之债要求乙归还。如果乙拒不归还，甲可基于（   ）之债要求乙归还。

A. 不当得利   B. 无因管理   C. 侵权

D. 合同   E. 缔约过失

2. 下列哪种情形下发生不当得利？（   ）

A. 甲支付乙赌债 1 万元

B. 丙幼年被人收养，成年后给付生父母赡养费

C. 丁提前半年归还朋友戊的 2 万元借款

D. 己将淘宝卖家多发的货物据为己有

3. 甲驾车前往某酒店就餐，将其汽车停在酒店停车场内。饭后，取车时，停车场工作人员称："已经给你洗了车，请付洗车费 5 元。"甲表示"我并没有让你们洗车"。双方遂发生争执。本案应如何处理？（   ）

A. 基于不当得利，甲须返还 5 元

B. 基于无因管理，甲须支付 5 元

C. 基于合同关系，甲须支付 5 元

D. 无法律根据，甲无须支付 5 元

4. 一日清晨，甲发现一头牛趴在自家门前，便将其拴在自家院内，打探失主未果。时值春耕，甲用该牛耕种自家田地。期间该牛因劳累过度得病，甲花费 300 元将其治好。两年后，牛的主人乙寻牛来到甲处，要求甲返还，甲拒绝返还。下列哪一种说法是正确的？（   ）

A. 甲应返还牛，但有权要求乙支付 300 元

B. 甲应返还牛，但无权要求乙支付 300 元

C. 甲不应返还牛，但乙有权要求甲赔偿损失

D. 甲不应返还牛，无权要求乙支付 300 元

5. 张某发现自己的工资卡上多出了 2 万元，便将其中 1 万元借给郭某，约定利息 500 元；另外 1 万元投入股市。张某单位查账时发现此事，原因在于财务人员工作失误，遂要求张某返还。经查，张某借给郭某的 1 万元到期未还，投入股市的 1 万元已获利 2000 元。下列哪一选项是正确的？（　　）

A. 张某应返还给单位 2 万元

B. 张某应返还给单位 2.2 万元

C. 张某应返还给单位 2.25 万元

D. 张某应返还给单位 2 万元及其孳息

二、问答题

不当得利之债中，得利人承担的返还不当利益的范围能否包含可得利益？

三、案例分析

甲门前公路上有一泥沟，某日，一辆货车经过时，由于颠簸掉落货物一件，被甲拾得据为己有。甲发现有利可图，遂将泥沟挖深半尺。次日，果然又拾得两袋车上颠落的货包。甲的行为应如何定性？

拓展阅读

1. 易军："中国法上无因管理制度的基本体系结构"，载《政法论坛》2020 年第 5 期。

2. 易军："论中国法上的'无因管理制度'与'委托合同制度'的体系关联"，载《法学评论》2020 年第 5 期。

3. 蒋言："无因管理价值基础的体系化与制度阐释"，载《法律科学（西北政法大学学报）》2020 年第 6 期。

4. 金可可："《民法典》无因管理规定的解释论方案"，载《法学》2020 年第 8 期。

5. 刘书星："《民法典》不当得利请求权的定位及相关诉讼问题"，载《法律适用》2020 年第 19 期。

6. 陈自强："不当得利法体系之再构成——围绕《民法典》展开"，载《北方法学》2020 年第 5 期。

7. 黄杨、张慧："直播带货资金被划扣，店主诉运营公司返还被驳回"，载《人民法院报》2020 年 10 月 22 日。

情境训练　无因管理的认定

情境设计

养马专业户邓某发现路边有一匹无人看管的马，就把马带回家。回家后到处打听都没有发现附近有谁丢了马，于是就将该马与自己的马一起饲养，没过几天，马配了种，怀上了小马驹。不久，邻村的何某找到邓某，说明是自己丢了马，经确认丢失的母马确实为何某所有。何某要求把马领走，但邓某认为母马可以领走，母马产下的马驹应归自己所有，因为是由于自己的精心饲养和照料才使母马怀上马驹，但何某认为自己的母马生下的马驹理所当然属于自己所有，双方争执不下。

目的与要求

掌握无因管理之债成立的要件和内容。

工作任务

任务一：邓某照料马的行为属于什么行为？

任务二：邓某要求日后产的马驹归自己所有的主张能否成立？为什么？

任务三：假如在邓某照料马时，马突然发狂，踢伤邓某，邓某为此支付医药费500元，由谁负担？

任务四：假如在邓某照料马期间，马突然遭雷击死亡，几天后何某找到邓某赔偿，如何处理？

训练方法与步骤

学生自由组合，4~8 名为一组，先在组内开展讨论，再与其他小组进行交流，小组代表发言，最后由授课教师点评。

1. 各小组将本组意见写成书面材料；

2. 每一小组推选 1~2 名代表发言，并可与其他小组展开辩论。

考核标准

1. 能正确判断当事人之间是否构成无因管理之债。

2. 能正确认定无因管理之债的内容。

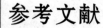

参考文献

［1］王利明：《违约责任论》，中国政法大学出版社 2000 年版。

［2］王利明：《合同法案例研习》，中国人民大学出版社 2019 年版。

［3］王利明：《民法》，中国人民大学出版社 2020 年版。

［4］陈晓君：《合同法学》，中国政法大学出版社 2002 年版。

［5］张民安、王红一：《合同法》，中山大学出版社 2003 年版。

［6］王泽鉴：《民法学说与判例研究》，中国政法大学出版社 1998 年版。

［7］尹忠显主编：《新合同法审判实务研究》，人民法院出版社 2006 年版。

［8］郭明瑞、房绍坤：《新合同法原理》，中国人民大学出版社 2000 年版。

［9］张俊浩主编：《民法学原理》，中国政法大学出版社 1991 年版。

［10］胡长清：《中国民法总论》，中国政法大学出版社 1997 年版。

［11］郭明瑞、张平华编著：《合同法学案例教程》，知识产权出版社 2006 年版。

［12］最高人民法院国家法官学院编：《法律教学案例精选》，中国政法大学出版社 2008 年版。

［13］崔建远：《合同法总论》，中国人民大学出版社 2011 年版。

［14］崔建远主编：《合同法》，法律出版社 2016 年版。

［15］梁慧星：《民法总则讲义》，法律出版社 2018 年版。

［16］韩世远：《合同法总论》，法律出版社 2018 年版。

［17］李永军：《合同法》，中国人民大学出版社 2020 年版。

［18］王玉梅：《合同法》，中国政法大学出版社 2019 年版。

［19］邱枸丹、吴之欧：《合同法案例研习》，法律出版社 2018 年版。

［20］岳业鹏编著：《中华人民共和国合同法案例全解下册（分则部分）》，法律出版社 2015 年版。